EXPLORING EDUCATIONAL TECHNOLOGY

교육 공학 탐구

한국교육공학회 편찬
나일주 · 조은순 편집

박영사

  이 책 "교육공학 탐구"는 한국교육공학회 창립 30주년을 기념하기 위해 많은 분들의 노력을 통해 탄생하게 된 도서입니다. 2014년도 전임 이인숙 학회장 재임 때 기획되었고 약 2년간의 집필과 편집과정을 통해 이제 그 모습을 세상에 드러내게 되었습니다.

  한국교육공학회는 교육공학 관련 학자와 전문가를 근간으로 하여 기업교육 종사자, 초·중등학교의 교원, 연구원, 학생회원 등을 포함하고 있습니다. 현재 총 회원수가 약 750명, 인터넷 등록 회원을 포함하면 3,000명을 상회할 만큼의 규모를 가지고 있습니다. 지난 30년 동안에 전국의 대학에서 교육공학 전공 학사 3900여명, 석사 2700여명, 박사 400여명이 배출되었으며 이들 중 많은 분들이 학회의 회원으로 활동하고 있습니다.

  이 책에는 과거와 현재와 미래의 교육공학의 모습을 이론, 실제, 그리고 그 실천의 현장까지 포괄적으로 다루고 있어서 현재의 한국교육공학회의 역량이 집결된 서적으로 보아도 좋을 것입니다. 같은 길을 가며 같은 학술적 흥미를 가진 많은 독자들에게 일독을 권해 드립니다.

  이 책을 기획하고 저자를 선정하고 집필을 독려하고 집필하고 이를 편집하여 하나의 책으로 엮어내는 것은 상상외로 많은 시간과 노력이 드는 일입니다. 이 책이 출판되기까지 이를 기획하신 여러분들, 학문적 열정을 쏟으신 집필진 여러분들, 보다 나은 책이 되도록 시간과 노력을 아끼지 않으신 나일주 조은순 두 분의 편집자님들, 그리고 이 과정의 간사로서 수고하여주신 남민우 교수님, 또 출판을 위해 수고하신 박영사의 여러 관계자분들께 깊은 감사의 말씀을 드립니다. 교육공학을 공부하는 한 사람으로서 또 현임의 학회장으로서 저는 이 책의 발간을 진심으로 기쁘게 생각하며 이 책자가 우리나라 교육공학의 발전과정에서 중요한 하나의 이정표가 되기를 기대해 봅니다.

2016. 5. 17.

정재삼 ▮ 이화여자대학교 교육공학과 교수 / 제17대 한국교육공학회 회장

i

하나의 학문분야는 독특한 역사적 배경과 독자적인 탐구대상, 그리고 탐구대상을 연구하는 방법론이 정립되면서 그 모습을 드러내기 시작합니다. 한국교육공학도 그 동안 한국교육개혁의 역사와 함께 시대적 요청에 부응하기 위해 씨앗이 발아되기 시작해서 그 동안 다양한 탐구대상에서 독특한 방법론을 활용, 장족의 학문적 발전은 물론 실천적인 교육성과를 거두어 왔습니다. 1963년 이화여대 시청각교육학과를 신설, 1988년 교육공학과로 명칭을 변경한 이화여대 교육공학과와 1983년 한양대학교 교육공학과가 신설되면서 교육공학은 공식적인 제도권역 안에서 학문적 토대를 구축하기 시작했습니다. 그 외에도 서울대학교 교육학과를 비롯하여 기존 교육학과에 교육공학 전공이 개설되면서 교육공학은 교육학과의 분과학문을 넘어 독자적인 탐구분야로 부각되기 시작했습니다. 또한 1996년 설립된 안동대학교 교육공학과와 관동대학교 교육공학과를 비롯, 2001년 건국대학교 교육공학과 설립되면서 한국교육공학은 명실상부한 학과로 대내외에 이름을 알리기 시작했습니다.

교육공학은 탐구대상으로 학교교육은 물론 기업교육과 사회교육, 평생교육이나 직업교육 등 교육의 전 분야에 걸쳐서 교육방법의 개선과 교육혁신을 주도하는 학문으로 기대 이상의 발전을 거듭해왔습니다. 연구내용과 방법론도 교육공학에 학문적 영향을 주고 있는 심리학과 경영학, 커뮤니케이션학, 설계과학, 인지과학과 뇌과학, 기타 인문사회과학은 물론 공학적 관점과 접근을 융합, 명실상부한 학문적 탐구분야로 자리매김을 거듭해오고 있습니다. 특히 교육공학의 학문적 뿌리라고 볼 수 있는 미디어와 테크놀로지의 교육적 활용을 넘어 교육패러다임의 혁명적 전환을 가속화시키는 교육 혁신적 노력을 전개하고 있습니다. 또한 기술발전과 사회변화의 양상, 그리고 교육적 요구에 부응하기 위해 교육공학 자체의 학문적 발전은 물론 교육공학과 다양한 학문과의 접목과 융합을 통해 부단히 변신을 거듭해왔습니다. 이러한 학문적 발전의 중심에서 한국교육공학회는 중추적인 리더십을 발휘해왔습니다.

한국교육공학회 30주년 기념사업의 일환으로 발간되는 이 저서의 발간을 진심으로 축하드립니다. 향후에도 첨단기술 발전의 교육적 적용은 물론 다양한 학문 간 융합을 통해 교육문제 해결과 교육공학의 학문적 발전이 이루어지기를 기원합니다. 이 책이 한국교육공학의 위상을 재점검하고 교육의 미래와 미래의 교육을 혁신적으로 변화시켜 한국교육발전에 이바지할 수 있는 한국교육공학의 시금석이 되기를 기대하며 더 발전된 미래의 한국교육교육공학의 아름다운 모습을 상상해 봅니다.

2016. 5. 17.

김종량 ▮ 학교법인 한양학원 이사장／4대 한국교육공학회 회장

    교육공학을 연구하는 학자들의 모임은 다른 학문에 비해서 대체로 늦은 1985
년에 시작되었지만, 초창기부터 세계적 수준의 학문연구를 지향하면서 지난 30년
동안 그 양과 질적인 면에서 비약적으로 발전하여 온 것으로 생각됩니다. 1985년
에 창립된 한국교육공학회는 15년 후인 2000년 이래로 교육공학의 학문적 총본산
이라 할 수 있는 미국교육공학회와 공동으로 국제학술대회를 격년제로 개최하고
있으며, 일본의 교육공학회와도 정기적 교류를 해 오고 있습니다. 그로부터 15년
이 지난 현재에는 해외에서 개최되는 교육공학 국제학술대회에 많은 한국 교육공
학자들이 논문을 발표하고 있는 것은 물론 해외의 대학들에서 많은 한국의 학자들
이 교수나 연구자로 참여하여 교육공학 발전의 핵심적 역할을 수행하고 있는 것을
볼 수 있습니다. 또한 영문학술지 "Educational Technology International"은 벌
써 16년째 정기적으로 발행되고 있습니다. 이런 저력으로 미뤄 볼 때, 머지않은
장래에 한국 교육공학 연구는 세계최고의 수준에 이르게 되리라는 예상을 조심스
럽게 해 보게 됩니다.

    이러한 시점에서 한국교육공학회 창립 30주년을 기념하여 한국 교육공학 연
구의 수준과 연구역량을 보여주는 이 책 "교육공학 탐구"를 발간하게 됨을 교육공
학도로서 매우 기쁘고 자랑스럽게 여기며 축하를 드립니다. 이 책의 발간을 통해
서 그 간의 학문탐구의 역량을 가늠해 볼 수 있는 기회가 될 뿐만 아니라, 학문 후
속세대가 되는 여러 신진 학자들에게 교육공학이라는 학문에 대한 지적 촉매제가
되기를 기대해 봅니다. 이 기념 학술서를 발간하기 위해서 탐구주제의 개발과 집
필자 선정, 편집과 발간의 업무를 감당한 나일주, 조은순 두 분 편집자들의 노고와
최고 수준의 학문적 역량을 발휘한 집필진에게 심심한 경의를 표하는 바입니다.

2016. 4. 22.
양용칠 ▌ 안동대학교 교육공학과 교수 / 제11대 한국교육공학회 회장

한국교육공학회 창립 30주년을 맞아 학계의 현 주소를 성찰하고 미래방향을 고민하는 원고를 담은 기념책자를 발간하게 된 것을 진심으로 축하드립니다. 30년의 세월은 교육공학회를 양적으로 성장하게 하였을 뿐 아니라 질적으로도 그 수준을 높여주었기에 오늘과 같은 귀한 원고들을 책에 담을 수 있었다고 생각합니다. 공자께서 나이 삼십이면 이립(而立)한다 하셨습니다. 이처럼 한국교육공학회도 창립 서른 돌을 맞았으니 학문을 주도해오던 서양학계와 교육공학의 발생지인 미국 학계의 연구와 이론에 크게 의존하던 역사를 벗어나, 나름대로 독립된 학문의 기틀을 확립할 시기가 된 것이 아닐까 생각해봅니다.

이 책은 제가 16대 회장으로서 학회 창립 30주년을 기념하기 위해 추진한 여러 사업 중 가장 핵심적인 사업이었습니다. 이제 제17대 정재삼 회장님께서 결실을 맺어 이 책자를 여러 독자 앞에 내놓을 수 있게 되었으니 회장님은 물론 모든 학회 회원, 직접 참여하신 집필진 및 편집위원장님들과 기쁨을 함께하며 그간의 노고에 심심한 감사의 인사를 드립니다.

이 책자의 모든 원고가 우리 학회 내부 구성원에게는 교육공학회의 힘을 재확인하고 연구의 방향을 확인해 가는데 기초가 되기를 바라봅니다. 또한 우리 학회가 불혹(不惑)의 나이인 40주년을 맞을 때, 이 기념책자에 실린 귀한 글들이 뿌리가 흔들리지 않는 학문영역을 완성하는 데 있어 밑바탕이 되었음을 확인할 수 있게 되기를 기대해봅니다.

2016. 5. 17.
이인숙 ▌ 세종대 교수 / 한국교육공학회 제16대 회장이 책은 한국 교육공학회 창립 30주년을 기념하는 책입니다. 30년의 세월은 한 학문의 생성과 발전을 이루기 위해서는 짧은 세월일 수도 있지만, 인간으로 말하자면 어린아이가 청년 티를 벗을 정도로 긴 세월이기도 합니다. 지난 30년 동안 여러 학자들이 한국 교육공학을 현재와 같은 모습으로 만들어 놓는 데에 많은 공헌을 하셨습니다. 초대회장으로 학회를 연 이영덕 교수님과 유태영, 호재숙, 김종량, 허운나, 박성익, 김영수, 나일주, 양용칠, 권성호, 김희배, 강명희, 이인숙 교수님 등 학회장으로 봉사해 오신 분들 이외에도 학회의 임원과 회원으로 또 현장과 일선에서 실천가로서, 학생으로서 수많은 분들이 음으로 양으로 교육공학회의 발전과 학문 발전에 공헌하여 왔습니다.

지난 30년 동안 우리나라 교육의 환경과 여건에는 많은 변화가 있었으며 교육공학은 연구와 실천을 통해 그 변화하는 환경에 많은 응답을 해왔습니다. 학회가 출범한 1985년부터 10년 정도의 기간은 교육공학을 교육계와 산업계에 소개하고 교수설계와 개발의 중요성을 후학들에게 교육하는 시기였 습니다. 이 기간 동안 학교는 물론 기업과 정부, 군 기관 등에서 교수설계의 필요성, 그리고 교수설계의 이론과 실천을 통한 교육의 질적 개선을 도모하고자 노력하였습니다. 각급 학교에서는 교단 선진화가 진행되기도 하였습니다. 그 후 1996년부터 2005년까지 10년은 컴퓨터 교육과 인터넷 활용교육 등 ICT의 교육적 활용이 크게 화두가 되었던 시절이었습니다. 이 시기에 각급 학교의 교실에는 인터넷 망이 보급되고 다양한 온라인 교육과 원격교육이 시행되었습니다. 또한 사이버대학이 설립되고 각 대학에 교수-학습 센터들이 속속 설치되어 변화하는 디지털 환경에 적응하기 시작하였습니다. 2006년부터 2015년까지의 10년간은 본격적인 디지털 네트워크 시대이자 모바일 교육과 묵스로 대변되는 대중 개방교육이 꽃피기 시작하는 시기였습니다. 이동성과 컴퓨팅 능력을 보유한 스마트 기기들이 교육에 도입되면서 스마트 교육이라는 말이 화두가 되고 학습분석학이 각광을 받으며 학습자의 학습행태를 기초로 한 교육을 시도하게 되었습니다. 이러한 환경 속에서 교육공학은 그 정체성을 유지하며 서비스의 범위를 학교에서 기업으로 기업에서 군과 정부기관과 각급 평생 교육기관으로, 또 현재에는 학문융합의 사회적 요구에 따라 의약학, 공학 등 다양한 분야로 확장 발전시키고 있습니다.

이 책은 변화하는 교육환경 속에서 그간 이루었던 교육공학 탐구의 방향과 결실을 살펴보고 이에 기초한 향후의 발전방향을 짚어보기 위한 집단지성의 산물입니다. 이 책은 크게 네 개의 부분으로 이루어져 있습니다. 첫째 부분은 교육공학의 이론적 구심점을 이루는 교수설계와 학습 그리고 테크놀로지에 관한 세 개의 장들로 구성되었고, 둘째 부분은 교육공학과 관련된 정부, 대학, 평가 등 교육공학의 사회적 연결고리들과 관련된 세 개의 장들로 되어있습니다. 세 번째 부분은 교육공학의 실천과 관련된 장들로서 공개학습자료, 학교교육, 기업 군 정부기관에 관련된 세 개의 장들이고, 마지막 부분은 학문의 융합과 미래의 교육공학을 다루는 두 개의 장으로 구성되어 있습니다. 독자들은 각 장들의 주제와 관련하여 그간의 발전과정과 현재의 상태를 이해하며 미래에 대한 방향을 짐작하실 수 있을 것입니다. 특히 교육공학을 연구하는 연구자들에게는 이 책이 교육공학의 연구주제를 다양화하고 보다 넓은 안목에서 자신의 연구를 심화할 수 있는 기회가 될 수도 있을 것입니다.

이 자리를 통해 편집자들은 그간 이 책이 발간되기까지 수고해 주신 분 여러분들에게 깊은 감사를 드립니다. 가장 먼저 이 책의 각 장들을 집필해 주신 필자들 한 사람 한 사람에게 깊은 감사의 말씀을 전합니다. 지난 30년을 뒤돌아 보면서 현재의 상태를 점검하여 추출한 많은 내용을 짧은 분량의 한 개 장으로 생산해 내는 작업은 상당한 지적 노력과 끈기와 통찰이 필요 했을 것입니다. 편자와의 의사소통과정에서 인내도 필요하였을 것입니다. 각 장을 집필해주신 필자들에게 다시 한번 경의를 표하는 바입니다. 또한 최초에 이 책의 발간을 결정하고 기획하신 이인숙 한국교육공학회 전임회장님과 이를 추진하고 지원해주신 현임 정재삼 회장님, 이 책의 출판을 흔쾌히 수락해 주신 박영사의 임직원 여러분들께도 감사를 드립니다. 끝으로 이 책의 편집 간사로 수고해 주신 목원대학교의 남민우 교수님, 교정을 보아주신 서울대학교의 박성한, 조성민, 유미나 선생을 비롯한 석·박사 학생 여러분들에게도 고마움을 전합니다.

인간의 지성사는 한 학문의 분야가 여러 현자들의 혜안과 노력, 그리고 반복적 점검의 결과로 조금씩 발전을 이룩하며 발전해 나간다는 것을 보여줍니다. 국내의 교육공학을 세계적 수준으로 끌어 올린 지난 30년간의 노력에 대해 이 작은 책자는 이 길에 동참하는 많은 분들에게 그 고마움을 답하는 하나의 기념품이 될 수도 있을 것입니다. 교육공학의 수준향상이 교육의 수준향상과 직결되는 디지털 기반의 지식사회에서 교육공학에 거는 사회적 기대는 과거 어느 때 보다 더 큰 것이라 할 수 있겠습니다. 이 책이 과거를 되짚어 보고 미래교육의 방향을 설정하고 기획을 하기 위한 기초적 지식의 초석이 되기를 바라며 한국교육공학회 출범 30년의 이정표가 되기를 기대합니다. 저희 편자들 또한 이 책의 편집과정을 통해 우리나라 교육공학발전에 조금이나마 기여 할 수 있는 기회를 갖게 된 것에 대해 진정으로 감사하는 바입니다.

2016. 5. 15.

나일주 ▌ 서울대학교
조은순 ▌ 목원대학교
근지

제 3 장   교육공학과 테크놀로지

김현진_ 한국교원대학교 교수

제 4 장 교육공학 관련 정부정책
송해덕_ 중앙대학교 교수

제 5 장 교육공학과 교육평가-대학교육을 중심으로-
서민원_ 인제대학교 교수

제 6 장 대학교육 혁신과 교육공학

송상호_ 안동대학교 교수
이지현_ 서울대학교 교수

제 7 장 공개교육자료(OER), 묵스(MOOCs) 그리고 학습분석학(Learning Analytics)

임철일_ 서울대학교 교수
조일현_ 이화여자대학교 교수

제 8 장   유아, 초등, 중등 학교에서의 교육공학 실천

임정훈_ 인천대학교 교수

제 9 장 기업, 군, 공공기관에서의 교육공학 실천

최성우_ 숭실대학교 교수
송영민_ 공군본부 소령
하영자_ 교육부 중앙교육연수원 교수

제10장 학문융합과 교육공학

유영만_ 한양대학교 교수

제11장 미래 교육환경과 교육공학

조은순_ 목원대학교 교수

제 1 장

교수설계이론 및 모형

나일주 ▮ 서울대학교 교수

Ⅰ. 교수설계의 의미 및 전개 맥락

교수설계는 지식을 조직하고, 실어 나르고, 공유하게 하며 제대로 공유되었는지를 확인하고, 새로운 지식을 창조할 수 있도록 하는 기반을 마련하는 데에 활용되는 지식의 체계이자 실천의 방법이다. 한 곳에 있는 지식을 다른 곳으로 옮기는 데에는 상상외로 많은 노력과 지혜가 필요하다. 또한 지식의 전달과 공유가 발생하는 상황과 맥락의 다양성에 의해 복잡성과 불확실성까지 더해지게 되어 심층적인 사고와 논리가 필요하게 된다. 지식은 인간이 소유한다. 교수설계의 지식은 한 인간이 소유하고 있는 지식을 다른 인간에게, 또는 다수의 인간이 소유하고 있는 지식을 또 다른 다수에게 전달하거나 공유하게 하는 과정에서 필요로 되는 지식이다. 그렇기 때문에 교수설계의 지식은 다양한 모습을 띠게 된다. 교수설계의 이론은 이러한 복잡한 과정을 개념과 원리를 사용하여 상징적 통합물의 형태로 표현하고, 교수설계의 모형은 이러한 과정들을 이해할 수 있도록 개념화하고 분절화하여 실천적으로 활용될 수 있도록 지침을 제공한다.

이 장에서는 교수설계에 대한 포괄적 이해를 위하여 교수설계가 가지는 세 가지의 원형적 모습을 살펴보고, 이러한 교수설계의 활동이 전개되는 맥락을 현재의 시점에서 조망한 다음 교수설계의 이론과 모형들을 개관하기로 한다. 또 우리나라 교수설계 연구의 현재 상황을 점검하고, 미래의 과제는 무엇이 있는지 살펴보고자 한다.

1. 교수설계의 의미

교수설계(Instructional Design) 또는 교수개발(Instructional Development)은 교육공학에서 가장 핵심적인 연구영역이자 전문활동으로 인식되고 있으나, 그 구체적인 의미는 학자마다 서로 다른 각도에서의 강조점을 가지고 조금씩 달리 이해되고 있다. 이는 교수설계 자체가 복합적 특성을 지닌 활동이라는 데에서 그 원인을 찾아볼 수 있다. 지금까지 교수설계의 특성에 관한 여러 논의를 살펴보면, 교수설계는 크게 예술(Art), 기능(Craft), 과학(Science)의 세 가지 특성을 복합적으로 포함하고 있는 활동으로 이해된다.

(1) 예술로서의 교수설계

'교수설계란 무엇인가'에 대하여 몇몇 교육공학자들은 그것이 지닌 예술적 측면을 강조한 나머지 교수설계를 과학적 지식이나 기술에 의존하여 최적의 교수체제나 가장 좋은 교육의 방법을 찾는 활동이라기보다는 인간학습과 관련된 수행활동을 돕기 위한 경험의 창조과정이라고 본다.

데이비스(Davies, 1981)는 교수설계의 예술적 측면을 강조하면서 예술(Art)로서의 교수설계활동의 특성을 다음과 같이 열거하였다.

첫째, 수단은 목적 혹은 결과 속에 이미 존재하고 있는 것으로 볼 수 있다. 따라서 교수설계의 과정에서 먼저 목적을 수립하고 그에 맞는 수단을 강구한다든지 혹은 사용가능한 수단에 맞추어 목적을 수립하는 방법은 한계가 있다. 교수설계 과정의 보다 신중하고도 현실적인 태도는 교수설계의 목적과 수단을 같은 상황의 머리와 꼬리로 보고 서로를 규정하는 것일 것이다.

둘째, 계획과 전개는 분리관계 또는 전후관계에 있는 것이 아니라 점진적으로 함께 실행되는 것이다. 따라서 계획을 먼저 세우고 그에 따른 설계를 해나가는 식의 전개는 문제해결을 목적으로 하는 교수설계의 성격상 효과적인 방법이라고 보기 어렵다. 계획과 전개는 성격상 분리되는 것이 아니라 함께 가면서 서로를 보완해주는 관계에 있는 것이다.

셋째, 교수설계의 목적은 특정한 결과물을 만들어내는 데에 있는 것이 아니라 바람직한 인간 수행활동을 이끌 수 있는 경험들을 창조해내는 데에 있다. 따라서 교수설계는 같은 내용을 여러 가지 형태로 담아내는 기능적인 역할을 하는 과정이 아니라 내용과 형태를 분리할 수 없는 것으로 보고 새로운 경험을 창조해내는 과정이어야 한다.

이러한 교수설계의 특성들은 교수설계가 일련의 단계별 과정을 거쳐서 일어나는 활동이 아니라 인간의 수행활동에 관련된 '경험의 창조'를 뜻함을 시사하고 있다. 이때에 창조된 경험이란 단순한 지식보다는 이해를, 교수보다는 학습을, 피동적 활동보다는 능동적 활동을 강조하는 환경이다. 즉, 교수설계를 예술활동으로 보는 입장은 교수설계의 시행과정에서 과업들이 기능적으로 단절된 채로 진행되지 않으며 교수설계에 참여하는 사람들의 상호관계와 환경 속에서 새로운 경험이 창조되는 측면을 강조하고 있다.

(2) 기능으로서의 교수설계

이 입장에서는 교수설계를 예술로 생각하는 것은 예측이 불가능한 값비싼 것이라고 비판하면서 교수설계는 신뢰할 수 있는 기능이어야 한다고 주장한다. 여기서 기능(Craft)이란 "일관되게 높은 질의 결과물을 만들기 위한 체계적 방법의 창조적 적용(Medsker, 1981)"으로 규정된다. 또 체계적 방법이란 과학적 원리를 실제적으로 활용하되 논리적·객관적 전략을 사용한다는 것이다. 수단과 목적은 분리되어 체제의 목적은 문제해결책과는 독립적으로 수립된다. 창조적 적용이란 대중생산과는 달리 직관이나 예술적 힘을 사용하여 결과물을 만들어냄을 뜻한다. 따라서 기능은 예술과 과학의 중간쯤에 있다고 이해할 수 있다.

기능으로서의 교수설계는 단계별로 그 과정을 나누어 체계적으로 진행된다. 우선 필요분석을 통하여 얻어진 분석자료를 토대로 하여 교수의 목적이 수립되는데 이 단계의 목적은 그 목적의 달성에 필요한 수단을 고려하지 않고 세워진다. 필요한 수단에 대한 고려는 목적이 파악된 이후의 설계작업을 통하여 이루어진다. 이렇게 특정 목적이 수립되고 나면 그 목적을 달성하기 위하여 어떤 내용을 어떻게 조직하여 교육 프로그램이나 교수체제에 포함할 것인지, 어떤 방법을 활용할 것인지 등에 대한 설계와 제작활동이 진행된다. 일단 목적달성을 위한 수단이 결정된 후에는 그 수단에 대한 가상적 상황에서의 형성적 평가활동과 수정이 이루어지게 된다. 지금까지 구안된 대부분의 교수설계 과정모델들이 바로 기능으로서의 교수설계의 개념을 반영하고 있다고 볼 수 있다.

기능으로서의 교수설계과정의 결과물은 분석, 설계, 제작, 평가의 체계적 단계를 거치게 되는데 이는 곧 일관된 질의 보장으로 연결된다. 기능으로서의 교수설계는 적절한 시점에 설계자의 창의력을 요구한다는 점에서 예술로서의 교수설계와 유사한 점을 가지나, 과학적 원리를 체계적으로 설계과정에 적용함으로써 신뢰도 높은 교수자료를 설계하고자 한다는 점에서 예술로서의 교수설계와는 구분된다.

(3) 과학으로서의 교수설계

교수설계의 과학적 접근방식은 과정으로서의 과학과 결과로서의 과학에 의존한다. 교수설계를 과학으로 이해하는 학자들은 과학적 접근방식을 교수이론과 모델, 과학적 원리들의 생성이라는 측면과 이러한 이론, 모델, 원리들의 효율적 적용이라는 측면으로 나누어 설명하고 있다.

첫째, 교수설계를 과학으로 보고 접근하는 방식은 보다 나은 교수설계 활동과 그에 대한 이해를 돕기 위하여 교수와 관련된 지식을 생성해내는 데 노력을 기울인다. 이때 교수와 관련된 지식은 교수이론, 모델, 원리 등의 형태로 나타나며 처방적 성격을 지닌다. 교수이론이나 모델 또는 원리들은 교수의 목적과 조건에 맞는 교수방법이나 체제를 체계적인 형태로 제시해주어야 하며, 다른 학문 영역의 과학적 지식이나 연구결과, 경험 등도 그 이론적 틀 속에 통합하고 있어야 한다.

다음으로, 과학적 접근방식은 교수설계에서 과학적 지식을 활용하는 데 있어서 과학적 과정을 도입할 것을 요구한다. 일반적으로 과학적 과정은 관찰-가설화-실험의 단계를 거치는데, 교수설계에서는 전미분석(front-end analysis), 교수전략의 처방, 형성평가의 단계로 나타나게 된다. 여기서 전미분석이란 교수설계의 초기단계에서 고려하여야 할 다각도의 현실적인 요소들을 파악해내는 활동으로서 '관찰'이라는 과학의 첫 단계에 해당하는 작업이다.

전미분석에서 수집·분석된 정보들은 교수전략을 처방하는 기초가 된다. 교수전략의 처방이란 과학적 과정 가운데 관찰에 기초를 둔 '가설화'에 해당한다. 마지막으로, 처방된 교수전략들은 형성평가를 통하여 검증되고 수정된다.

교수설계를 과학으로 보고 이해하는 입장은 교수설계의 실행을 과학적 과정에 따라 단계별로 시도한다는 점에서 교수설계를 기능으로 보는 입장과 유사하나, 교수설계를 이해하고 그 활동을 돕기 위하여 전문지식을 생성하는 과학활동 그 자체를 강조한다는 점에서 기능적 입장과 큰 차이를 보이고 있다.

2. 교수설계의 준거

예술, 기능, 과학으로서의 교수설계를 이해하는 각자 입장은 '교수설계'라는 총체적인 활동을 각기 다른 각도에서 설명하고 있음을 알 수 있었다. 교수설계의 복합적 특성은 그것을 한마디로 요약하여 개념화하는 것을 어렵게 만들고 있으며 교수설계라고 이름붙일 수 있는 전문가의 활동이 다양할 수 있음을 시사하고 있다. 따라서 교수설계는 명확하게 한두 문단으로 규정될 수 있기보다는 교수설계를 '인 것과 아닌 것'으로 구분해줄 수 있는 다음 세 가지 준거를 통하여 보다 분명하게 개념화될 수 있다고 본다.

첫째, 교수설계는 교수-학습과 관련된 문제를 해결하기 위하여 '최적의 교수체제 또는 교수방법'을 처방하고자 하는 전문활동 영역'이다.

둘째, 교수설계는 '분석-설계-제작-평가의 과정'을 거쳐 완성되는 활동인 동시에 그 활동 속에서 환경과 사람 간의 상호작용을 통한 '교육적 경험의 창조'를 추구한다.

셋째, 교수설계는 교수설계자의 활동을 통하여 축적된 경험을 바탕으로 체계적인 과학적 지식을 생성해낸다.

3. 현대적 교수설계의 전개맥락

교수설계분야는 기술적, 사회·문화적, 그리고 정치·경제적 맥락 등의 흐름에 따라 끊임없이 적응하며 변화한다.

전통적으로 교수설계는 학교교육과 빅 쓰리(Big 3; Government, Business, Industry)로 표현되는 정부, 기업, 산업의 교육을 그 주요 연구와 실천의 대상으로 삼아왔다. 이외에도 다양한 비형식적 교육기관이나 가정, 교회, 병원 등의 요구에 의한 교수설계의 활동도 존재하였으나 이는 미미한 수준이었다. 이러한 전통적인 집합교육중심의 교수설계는 인터넷의 등장과 함께 큰 변혁을 겪게 된다.

정보통신기술 또는 지식 테크놀로지로 일컬어지는 통합적 기술환경의 등장은 교수설계분야의 실천현장에 큰 변화를 가져오게 되며 이것이 현대적 교수설계의 맥락을 형성하게 된다.

첫째, 이러닝의 등장에 의한 '원격교육'의 요소가 교수설계에 포함되게 되었다. 이 무렵 학습자 중심 교수설계와 네트워크를 통한 상호작용 측면이 강조된 것은(허균, 나일주, 2003) 이러한 기술적 환경의 변화를 반영한 것으로 볼 수 있다. 이후 블랜디드러닝(blended learning)이 등장하고 이전에는 당연시 되었던 '페이스 투 페이스(face to face)' 교수학습은 '전통적' 수업으로, 원격교육은 '이러닝'으로 불리는 현상이 발생하게 되었다. 사이버 대학들이 생겨나고 다양한 이러닝 공급조직들과 연수원들이 생겨난 것은 그만큼 원격교육을 중심으로 한 교수설계의 수요가 증가하였음을 의미한다.

둘째, '학습자원'에 대한 새로운 관점이 형성되게 된다. 이후 월드와이드 웹(world wide web)과 같은 네트워크의 활용이 대중화되면서 온라인이 또 하나의 교수-학습 환경으로써 자리매김하게 된 것이다. 위키와 같은 백과사전은 물론이고 다양한 이미지, 비디오 정보, OER(open education resource), OCW(open course ware) 등에 대한 접근이 용이해짐으로써 '학습자원'은 그 의미와 영역을 확장하게 되었다. 코스웨어는 물론이고 학습자원의 설계와 관련된 분야까지 즉, 학습자들이 경험하는 박물관이나 미술관과 같은 문화시설, 이러닝, 소셜미디어, 가상세계까지 학습자가 존재할 수 있는 곳은 어디든지 새로운 교수설계의 범주로 포함될 수 있게 되었다.

셋째, 모바일 환경은 새로운 교수설계의 요구를 창출하고 있다. 모바일 러닝, 스마트 러닝은 기존의 교수설계와는 다른 방식의 사고와 이론을 요구하고 있다. 현대의 학습자들은 모바일 스마트 폰을 '나 자신'이라고 인식할 정도로 불가분의 관계로 보며 항상 '끼고 산다.' 모바일 학습은 현대의 교육이 당면하고 있는 가장 큰 시장이자 도전일 수 있다. 교수설계의 지식확장의 기회이기도 하다. 소셜미디어나 가상의 세계도 이러한 '모바일 환경'이 배경이 된다. 교수설계의 영역이 모바일, 소셜미디어에까지 확산되는 시점이 되었다.

마지막으로, 묵스(MOOCs) 등 새로운 교육적 실험이 교수설계 지식의 확장을 요구하고 있다. 초대형 온라인 코스가 된다면 이는 여러 측면에서 기존의 교

그림 1-1 전통적 교수설계와 현대적 교수설계의 맥락변화

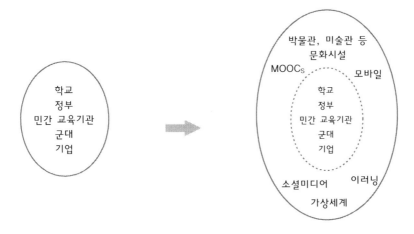

수설계 지식만으로는 다룰 수 없는 영역이 되게 된다. 교육적 실험이 계속되는 동안 학습의 공간은 지속적으로 확장되게 될 것이며 이에 따른 교수설계의 분야도 새로운 모습으로 분화되게 될 것을 예상해 볼 수 있을 것이다.

　이상에서 언급한 정보통신기술의 발달에 따른 기술과 교육의 결합, 그에 따른 교수설계 영역의 변화를 학습 생태계 변화의 관점에서 기존의 전통적 교수설계 맥락 즉, 네트워크의 사용이 보편적 현상이 되기 전의 교수설계 맥락과 현대적 교수설계 맥락을 비교하여 그림으로 표현하면 [그림 1-1]과 같다.

Ⅱ. 교수설계의 이론과 모형

　교수설계는 하나의 학문 영역으로서 교수설계자가 효과적으로 학습의 과정 및 자원을 분석, 설계, 개발, 실행, 평가할 수 있도록 과학적인 처방을 제공해주는 이론과 모형들을 포함한다.

　교수설계의 이론과 모형을 구성할 때의 키워드는 교수라는 말과 설계라는 말의 의미를 규정하는 것이다. 교수라는 말의 원래 의미는 '가르친다'는 뜻이고 영어의 의미를 보면 '지시한다'라는 의미가 포함되어 있다. 이러한 교수의 의미는 현대로 오면서 인기가 시들해 졌다. 이는 인지주의와 구성주의를 중심으로

지식은 인간의 내면에서 구성되는 것이라는 생각이 힘을 얻으면서 '교수'보다는 '학습'이라는 개념에 더 중점을 두게 되었기 때문이다. 이러한 시대적 흐름에 따라 현대의 교수설계는 교수-학습 설계, 학습설계 또는 학습 환경설계 등으로 그 내적인 의미가 변화하고 있다. 설계, 즉 디자인이라는 용어는 건축 디자인, 의상 디자인, 인테리어 디자인 등 다양한 분야에서 사용되고 있으며, 현대에 더욱 인기가 높아지고 있다. 보편적으로 디자인은 객체나 시스템을 위한 계획이나 규칙을 만드는 것(wikipedia, 2015), 비구체적인 형태나 아이디어를 구체적인 형태로 만들어 내는 것, 개발을 위한 청사진으로서 미리 준비하는 것 등을 의미한다. '디자인'이라는 말 속에는 준비, 계획, 구체화, 규칙 등이 포함된다. 여기에 주어진 맥락과 환경을 고려하게 되면 '어포던스(affordance)'가 포함되게 된다. 앞에서 본 바와 같이 현대적 교수설계의 상황이 복잡해지고 또 이를 적용하는 분야 또한 다양해짐에 따라 교수설계의 이론과 그 절차를 표현하는 모형들도 다양해졌다.

인지적 영역에 대한 교수설계의 경우, 이론은 미시이론(micro theory)과 거시이론(macro theory)으로 나누어 보는 것이 보통이다. 전자는 개별요소에 대한 설계이론을, 후자는 여러 요소들을 연결하여 절차화하는 설계이론을 일컫는다(Reigeluth, 1983). 내용요소전시이론(Component Display Theory)은 미시설계를, 정교화이론(Elaboration Theory)은 거시이론의 좋은 예가 된다. 그러나 인지적 영역 중에서도 문제해결이나 창의성 증진과 같이 특수한 목적을 가지고 개발되는 이론들도 존재하며 보다 더 큰 맥락에서 교수학습의 환경을 설계하는 것과 관련된 이론들도 존재한다. 또 동기나 태도와 같이 지향하는 심리적 대상을 중심으로 개발되는 이론들도 있다.

지면관계상 여기에서는 각각의 교수설계 이론들의 내용을 다룰 수는 없기 때문에 각 이론들의 구체적 내용에 대해서는 이를 전문적으로 다루는 서적들(Reigeluth, 1983; 임철일, 2012; 정인성, 나일주, 1989)을 참고하시기 바라며 여기에서는 교수설계이론의 형성과정과 몇 개의 대표적인 모형들에 대해 개관하고 교수설계 모형연구의 상황을 살펴보기로 한다.

1. 교수설계 이론의 형성과정

교수설계에 관한 이론이나 모델은 여느 과학이론 혹은 모델의 창출과정과 같이 대개 다음의 4단계를 거쳐 형성된다.

첫째, 교수－학습활동에서 얻은 각종 데이터, 경험, 통찰력 및 논리에 기초하여 가설(Hypotheses)을 생성한다. 이 가설들은 발달도상에 있는 것으로 이론이나 모델이 형성됨에 따라 수정되거나 정교화될 수 있다.

둘째, 가정에 포함된 변인들이 구체화되고 분류되면서 개념이나 용어가 설계된다. 이때 교수설계이론이 가지는 목적이 진술되고 그 목적을 달성할 수 있는 일련의 방법들이 구체화되며, 그 방법들이 가장 잘 활용될 수 있는 조건들이 일반적 수준에서 제시된다.

셋째, 변인들의 원인－결과의 관계를 표현해주는 원리들이 추출되는 단계로서 "이러이러한 조건에서 이런 방법이 이런 결과를 가져올 것이다"라는 형태로 원리들이 표현된다.

마지막으로 실제로 이론이나 모델을 설계하는 단계로, 이론에서는 원리들을 통합적 체계로 나타내게 되며, 모델에서는 방법들을 통합적 체계로 나타내게 된다. 교수설계이론은 근본적으로 처방적 성격을 띠며 교수설계자가 보다 효과적으로 교수체제를 설계할 수 있도록 교수의 조건과 결과의 인과관계를 표현하여야 한다.

이렇게 형성된 교수설계이론들은 지금까지 교수설계 분야에서 축적된 지식과 경험을 체계화시킴으로써 교수설계에 대한 이해와 더불어 과학적인 설계활동의 길잡이가 되게 된다. 메릴(Merrill)의 구인전시 이론과 으뜸원리(First Principles), 라이거루스(Reigeluth)의 정교화 이론, 란다(Landa)의 알고－휴리스틱 이론, 켈러(Keller)의 ARCS 모델 등은 다소간 이러한 과정을 통해 구안된 이론들이라 볼 수 있다.

(1) 체제성과 교수설계

교수설계의 이론들은 주로 인간 학습의 원리와 이론들을 근간으로 하고 지식의 성격을 구명한 다음 이를 교수－학습의 상황에 처방적으로 제시할 수 있는 방안을 마련하는 원리를 규명하는 데에 그 목적을 두고 개발된다. 이때 체제의 개념은 인간과 인간, 인간과 매체나 기계, 그리고 다양한 교수자원과의 관계를 규정하는 중요한 개념이 된다. 실제로 체제의 개념은 교수설계와 일반적 의미에서의 교수방법을 구분하는 개념이 된다는 점에서 교수설계자들이 이를 이해하는 것은 중요하다.

체제는 관심대상이 되는 무언가가 작동하는지 작동하지 않는지를 투입과 산출이라는 간단한 기제에 의해 살펴보는 단순 명쾌한 구조를 가진다. 투입에 비해 산출이 좋으면 투입을 더 늘릴 수도 있고 나쁘면 줄일 수도 있다. 이를 피드백이라 한다. 대개 이러한 단순한 시스템은 그 내용이 되는 요소들이 분명하게 규정되며 이를 경성체제, 즉 딱딱한 시스템(hard system)이라 부르게 된다. 자동차의 부품들의 동작은 이러한 형태의 시스템으로 분류된다.

보다 복잡한 체제는 단순 명쾌한 구조가 서로 얽혀서 무엇이 투입이고 무엇이 산출인지를 알 수 없게 된다든가 투입에 대한 산출의 정도를 알아낼 수 없는 구조를 가지게 된다. 이는 물리적인 세계에서만이 아니라 인간의 활동영역에서 더 빈번하게 나타나는 현상이 되며 이때의 시스템은 그 외형이 분명치 않은 연성체제, 즉 말랑한 시스템(soft system)이 되게 된다. 이때에는 그 시스템을 관찰하는 사람의 관심에 따라 시스템을 규정하게 되고 그 규정된 시스템조차도 항시 변화할 수 있는 개연성을 가진다. 인간이 요소가 되는 시스템들은 항상 이러한 시스템이 될 가능성을 가진다.

너무 단순화한 측면이 있으나 이상이 하드 시스템과 소프트 시스템으로 일컬어지는 시스템 이론의 중심 사상이다. 교수설계가 교수체제설계라는 말과 혼용되어 불리는 이유는 교수설계의 대상에 대해 단순한 방법적인 설계를 하기보다는 그 대상에 대해 투입과 산출의 개념을 부과하고 그 내용이 되는 요소들을 시스템적 관점으로 대하는 경우가 대부분이기 때문이다.

교수설계를 체제적 관점으로 본 상태에서 시스템을 규정하고, 파악하며, 분석하고 개발하는 과정을 관장하는 교수설계자는 체제적(systematic) 관점과 총괄체제적(systemic) 관점을 택할 수 있다. 교수설계자는 대상이 되는 교수설계의 맥락과 상황에 따라 두 가지 관점 중 하나에 더 중점을 두기도 하고 둘 다를 채택할 수도 있다. 이는 그 교수 설계자의 지식과 경험과 판단에 달린 것이 된다.

체제적 관점에서 보는 교수-학습은 '교수-학습 체제'로 인식되며 이는 보다 큰 체제 환경의 일부로 여겨진다. 예를 들어 묵스의 한 개 코스의 개발은 그 코스에 소요되는 다양한 하위체제들을 포함하는 한 개의 시스템을 개발하는 것으로 인식될 수 있으며 이는 보다 큰 체제 즉, 전체 과정의 일부로서의 하위 시스템으로 파악될 수 있다. 체제적 관점은 교수설계를 단독의 활동으로 보기 보다는 커다란 체제의 부분으로 파악할 수 있는 넓은 시각을 제공한다는 점에서도 장점이 있다.

초기 교수설계이론가들은 교수설계 절차가 선형적이고 단편적이며, 구성요소간의 상호작용성이 낮아 효과성이 부족하다는 문제점을 극복하기 위해 '체제'의 관점을 도입하게 되었다. 체제의 개념은 교수체제의 전체성, 통합성, 융통성을 최대한 보장해주는 개념으로 모든 교수과정을 효과적으로 고려하는 가운데 각 구성요소 간의 통합적 상호 연계성을 강조한다. 교수설계에 체제의 개념이 더해진 '교수체제설계(ISD: Instructional Systems Design)'는 교수에 영향을 줄 수 있는 내·외적 요인들과 교수목표 달성을 위한 각 요소들 간의 긴밀한 상호관계성을 고려하여 교수를 설계해가는 과정을 의미한다.

(2) 교수설계의 변인들과 지식영역

교수설계의 이론은 교수의 조건, 교수 방법, 그리고 교수의 결과라는 세 변인들 사이의 관계를 규정하되 교수의 조건과 결과를 종속변인으로 보고 그 방법을 처방하는 이론으로 규정된다(Reigeluth, 1983).

1) 교수조건
교수조건은 교수방법의 효과와 상호작용을 하지만, 교수설계자나 교수자에 의해 통제될 수 없는 제약조건을 의미한다. 예컨대 교과내용의 특성, 교과목표, 학습자 특성, 제약조건 등이 있다.

2) 교수방법
교수방법은 조직전략, 전달전략, 관리전략으로 구분되며 각각은 다음의 의미를 가진다. 첫째, 조직전략은 교과의 내용을 그 구조와 학습자의 수준에 적합하게 조직하는 방법을 뜻한다. 조직전략은 미시적 전략과 거시적 전략으로 나눌 수 있다. 미시적 전략은 단 하나의 아이디어를 가르치고자 할 때 그 아이디어에 관한 교수를 조직하는 방법이고, 거시적 전략은 복합적인 여러 아이디어를 가르치고자 할 때 여러 아이디어를 선택·계열화·요약·종합하도록 조직하는 방법이다. 둘째, 전달전략은 조직한 내용을 효과적이고 효율적으로 학습자에게 전달하는 방법이다. 셋째, 관리전략은 조직전략과 전달전략의 내용들을 언제, 어떻게 활용할 것인가를 결정하는 데 필요한 체계적인 정보를 제시하는 전략이라고 할 수 있다. 교수방법은 교수자가 필요에 따라 조정할 수 있으며, 교수자 간의 역량 차이를 드러나게 하는 요인이기도 하다.

3) 교수결과

교수결과는 효과성, 효율성, 매력성으로 나눌 수 있다. 교수의 효과성은 학습자가 교수의 내용을 어느 정도 획득하였는지, 학습목표를 달성했는지 여부 측정함으로써 파악할 수 있다. 반면, 교수의 효율성은 목표달성을 이루는 데 가능한 최소의 비용과 노력이 드는 정도를 의미한다. 학습 성취보다는 교수자나 학습자의 학습측면에서 어느 정도의 노력, 시간, 비용을 들여 효과가 나타났느냐에 더 관심이 있다. 교수의 매력성은 학습자가 흥미를 느껴서 계속해서 공부를 하길 원하느냐의 여부에 따라 결정된다.

롸이거루스(Reigeluth)와 메릴(Merrill)이 제시한 교수 관련 변인들은 개별 요소로 고려되기보다 통합적인 관점에서 체제적으로 고려되어야 한다.

이러한 이론을 정립하기 위하여 소요되는 지식의 범주를 리치 등(Richey, Klein & Tracey, 2011; 정재삼 외 공역, 2012)은 다음의 여섯 영역으로 보았다.

① 학습자와 학습과정
② 학습과 수행맥락
③ 내용 구조 및 계열
④ 교수적·비교수적 전략
⑤ 매체와 전달체제
⑥ 설계자와 설계과정

교수설계전문가들에 따라 다소간의 이견은 있을 수 있겠으나 이들의 제안은 교수설계 이론의 실증적 기초를 설립하는 데 필요한 것들로 판단된다.

2. ADDIE와 전통적 교수설계의 모형

인간은 모형을 만드는 동물이다. 과거와 현재의 상황에 비추어 미래를 예견할 수 있는 능력이 있으며 이 능력을 바탕으로 마음속으로 모형을 그리게 된다. 일상생활에서 이러한 과정은 자동적으로 일어나지만 복잡한 과제를 수행하기 위해서는 보다 정교화되고 외현적 형태로 만들어진 모형이 필요해지게 된다. 특히 여러 사람이 함께 특정한 과업을 실현해 내기 위해서는 구체적이고 가시적인 형태의 모형이 필요해지게 된다. 교수설계의 모형은 교수설계를 실천해 내기 위한 청사진으로서의 위치를 가진다. 이는 교수설계이론과 교수설계의 실천 사이의 다리역할을 한다고 보아도 좋을 것이다. 교수설계의 모형은 대개 시각적으로 표현되며 설계의 내용이 되는 요소들을 규정하고 그 요소들 사이의 관계와 순서를 규정하는 것이 보통이다.

대부분의 교수체제설계(ISD) 모형은 ADDIE(Analysis – Design – Development – Implementation – Evaluation)의 요소를 포함하고 있으며 보다 더 크게 보면 분석 – 종합 – 평가라는 일반적 과업의 과정을 거친다. 일반적으로 이러한 절차적 모형의 원형을 ADDIE(애디) 모형으로 부르며 이는 교수설계에서 매우 기본이 되는 모형이라고 할 수 있다. 전통적인 모형인 Dick과 Carey(1978, 1985, 1990, 1996, 2005, 2011)의 ISD 모형, 그리고 Kemp 교수체제설계 모형(Kemp et al., 2014) 등은 기본적으로 ADDIE 모형을 근간으로 한다.

우선 애디(ADDIE) 모형의 내용을 살펴보자. ADDIE(Analysis – Design – Development – Implementation – Evaluation)라는 축약어가 표현하고 있듯이 이 모형은 교수설계의 과정이 분석, 설계, 개발, 실행, 평가의 다섯가지 요소로 이루어져 있다는 점을 표현하고 있으며 교수설계가 이루어지는 순서 또한 ADDIE의 글자 순서임을 표현한다. 분석(Analysis) 단계에서는 학습자의 현재 상태와 기대되는 이상적인 상태 간의 격차를 분석하는 '요구분석', 수업 목표를 달성하는 데 필요한 지식, 기술, 태도가 무엇인지를 파악하고, 학습내용을 규명하는 '과제분석', 학습과제의 학습을 위한 학습자의 동기, 인지 능력, 학습 태도 등의 특징을 파악하는 '학습자 특성 분석', 그리고 학습과제의 학습을 위한 물리적인 환경과 학습자의 수행 환경에 대해 분석하는 '학습환경분석'을 실시한다. 설계(Design) 단계에서는 학습자가 학습을 마친 후 습득하게 될 학습성과를 진술하는 '행동목표 진

그림 1-2 Kemp의 교수설계모형

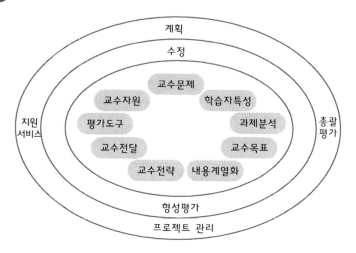

술', 목표의 달성 여부를 평가하기 위한 도구를 개발하는 '평가도구 설계', 목표
달성을 위한 구체적은 교수-학습 방안을 구안하는 '교수전략 설계', 그리고 어떠
한 매체를 사용할지를 계획하는 '교수매체 선정'을 수행한다. 개발(Development)
단계에서는 수업의 효과성과 효율성을 높이기 위해 '교수 자료 개발'과 '수정'을
실시한다. 실행(Implementation) 단계는 수업 혹은 교육프로그램을 직접 실시하
는 단계이다. 마지막 평가(Evaluation) 단계에서는 교육목표, 내용, 방법의 적절
성을 평가하기 위한 '형성평가'를 실시하고, 최종적으로 '총괄평가'를 실행한다.

　　Dick과 Carey의 모형은 교수 절차를 통합적으로 볼 수 있게 해주며 맥락,
내용, 학습과 교수간의 연계성에 초점을 맞춘다. 이 모형에서는 ① 교수목표 정
의, ② 교수분석 시행, ③ 학습자 및 맥락 분석, ④ 수행목표 진술, ⑤ 평가도구
개발, ⑥ 교수전략 개발, ⑦ 교수자료 개발 및 선택, ⑧ 형성평가 설계 및 실시,
⑨ 교수수정, ⑩ 총괄평가 설계 및 시행으로 일컬어지는 10개의 단계가 반복적
이고 연속적으로 진행된다. 이 모형의 특징은 교수설계를 순차적으로 진행되는
과업으로 본다는 점이다.

　　널리 알려진 전통적 모형 중의 하나인 Kemp의 교수설계모형은 9가지 교
수 설계 요소를 포함하고 지속적인 계획, 설계, 개발 및 평가를 도입한 모형으로
체제적이며 비선형적으로 구성되어 있다는 점에서 총괄체제관점(systemic)을 도
입한 것으로 볼 수도 있다.

전통적인 교수체제설계 모형은 교수설계의 전체적 과정을 체계적으로 안내한다는 점에서 그 가치와 중요성을 인정받아왔지만 실제로 학교나 기업 등 교육현장에 적용되는 데 있어서 개선되어야 할 한계점들이 있음을 많은 연구들이 지적해 왔다(박기용, 강이철, 2007; 유영만, 1994; 1998; 임철일, 연은경, 2006; 정재삼, 1996; Andrew & Goodson, 1980; Johnes & Richey, 2000; Wedman & Tessemer, 1990). 이들의 지적은 ADDIE 모형을 비롯한 초기의 ISD 모형들이 너무 일반적인 것이라 지적하면서 ① 구체적인 적용을 위해서는 상황파악능력과 설계능력 등 많은 부분을 교수설계자의 개인적 능력에 의존한다는 한계, ② 수업의 방법보다는 학습내용을 구체적으로 구성하는 데에 초점이 맞추어져 있어 교수설계자보다는 내용전문가가 더 중요한 역할을 한다는 비판(임선빈, 1996; 임철일, 연은경, 2006; Romiszowski, 1992), ③ 단계를 따라서 지침을 제공하고 있으나 막상 실제 적용은 어렵다는 점, ④ 탈맥락성을 해결하기 위해서는 수업설계자들의 종합적 성찰이 필요하다는 지적(이승희, 유영만, 2002) 등으로 요약된다.

결국 ADDIE 모형은 그 일반성으로 인해 가장 유명한 모형이 되었으면서도 또 바로 그 일반성으로 인해 비판을 면치 못하는 모형이 되기도 한다. 그러나 분명한 것은 현시점에서도 교수설계 분야를 대표하는 모형은 역시 ADDIE 모형이며, 많은 새로운 모형들이 시도되었으나 이들 역시 ADDIE 모형의 품안에 있거나 약간의 새로운 요소들을 도입하는 경우가 대부분이라는 것이다. 이러한 전통적 모형의 한계는 이를 극복하면서 현대적 맥락에 부합하는 새로운 교수설계 모형의 개발을 위한 계기가 되었다.

3. 교수설계 연구

그간의 교수설계 분야의 연구들이 진행되어 오고 있는 상황을 범주화하여 소개하는 방법은 다양할 수 있겠으나 여기에서는 크게 교수설계의 모형이나 전략을 개발하는 연구인 '모형개발 연구'와 새롭거나 지속되어 오고 있는 이론적 논의를 바탕으로 교수설계 분야의 새로운 지평을 열기위한 '신분야 개척 연구'의 둘로 크게 구별하여 살펴보기로 한다.

(1) 모형개발 연구

모형개발 연구는 그 개발의 목적에 따라 크게 ① 교과서적 모형 ② 현장중심적 모형 ③ 주제중심적 모형 ④ 테크놀로지 중심적 모형 개발이라는 네 가지 방향에서 연구가 진행되어 오고 있다.

첫째, 교과서적 모형에 대한 연구이다. 이러한 모형은 주로 교수설계에 대해 소개하고 후진을 양성할 목적으로 교수설계 이론에 기반을 두고 교수설계 분야 입문자들을 위해 만들어진 것들이다. 교과서적인 교수설계 절차모형들은 주로 체제적(systematic) 관점에서 개발되며, 논리적인 알고리즘과 절차적인 접근법을 중요시한다는 특징이 있다. 이러한 접근법은 교수설계의 전체적인 과정을 체계적으로 안내한다는 점에서 의의가 있으며, 초보 교수설계자가 절차적 단계에 따라 교수설계를 수행하는 데에 도움이 된다. 이러한 모형들이 너무 일반적이어서 구체적인 교수설계 현장에 적용하는 데 어려움이 따를 수 있음은 물론이다. 애디모형, Dick과 Carey의 모형, Kemp모형, Jones와 Richey(2000) 그리고 Tripp과 Bichemeyer(1990)가 제안한 래피드 프로토타입 모형, 임철일과 국내 연구자들(2006; 2007)이 개발한 단순 모형(Simple ISD), 메릴의 으뜸원리(First Principles) 등은 그 예이며 대개 이들 모형들은 교과서에 수록되고 시간이 흐름에 따라 버전업되면서 약간씩의 수정이 가해지는 특징이 있다.

둘째, 현장 중심적 모형에 대한 연구이다. 유아에서 대학에 이르는 학교교육, 기업교육, 공학교육, 의학교육과 같이 특정 교수설계의 현장을 염두에 두고 개발된 모형들이 그것이다. 학교교육을 위한 모형으로는 김두정(1995)의 현장교사 수업모형, 임정훈 등(2004)의 초·중등학교에서 교실수업과 웹기반 학습을 연계한 커뮤니티 기반 교수설계 모형, 김영진, 김영환(2006)의 웹을 활용한 체험학습 교수설계 원리, 임철일 등(2010)의 학교 현장의 교사를 위한 ETISD 모형 등 많은 모형들이 개발된 바 있다. 기업교육의 맥락에서는 외국의 경우 IBM의 SATE(A System Approach to Education), Hewlett Packard는 EPP(Education Planning Process) 등이 자체적으로 개발되어 사용된 것으로 알려져 있고 대개의 대기업들은 자체적인 교수설계모형들을 보유한 것으로 보아도 무방할 것이다. 우리나라의 경우에도 LG의 HPT−ISD 모형, 삼성의 교육체계설계모형(S−EDS) 등이 개발되어 지속적인 수정과정을 거쳐 활용되고 있다. 우리나라 기업의 교수설계 모형들은 대개 산학협력을 통해 한국의 기업문화와 조직특성, 교육담당자들의 역할, 그리고 전문성 등을 고려하여 한국 기업에 적합한 교수설계 모형에 대한 연구를 통해 개발된다(조은순, 2011). 학교나 기업에서의 교수설계모형들은 현장의 특성을 반영하고 있는 까닭에 현장의 환경과 맥락이 변화하면 그에 적응하여 함께 변화하여야 한다는 특성을 가진다.

셋째, 주제중심적 모형에 대한 연구이다. 이러한 부류의 연구에서는 문제해결, 케이스 기반 학습, 시나리오기반 학습, 목표기반 학습, 플립러닝, 액션러닝, 창의성 개발, 상호작용 증진 등 바람직한 교육적 주제를 중심으로 교수설계 모형이 개발되게 된다. 문제해결 교수설계모형은 문제를 중심으로 학습을 시작하는 교수설계모형이다(Barrow, 1985). 실제적이고 비구조화된 문제를 해결하는 능력 향상을 위해 개발되고 있는 문제해결 교수설계 모형은 오프라인 교수-학습 환경과 블렌디드 러닝 환경, 그리고 웹기반 환경에서의 문제해결 교수설계 모형 등의 연구가 이루어지고 있다. 오프라인 교수-학습 환경에서의 문제해결 교수설계 모형은 정현미(2009)의 문제중심학습 설계모형, 임철일(1998)의 문제해결 시나리오(PSS) 교수학습환경 설계 모형 등이 개발된 바 있으며, 블렌디드 러닝 환경에서의 문제해결 관련 교수설계 모형으로는 이상수와 이유나(2007)의 창의적 문제해결을 위한 블렌디드 수업모형, 그리고 웹기반 환경에서의 문제해결은 박수홍 등(2008)의 지식창출형 e-PBL 지원시스템의 개념적 모형이 개발되었다. 케이스 기반 학습은 실제문제 혹은 사례를 중심으로 학습이 이루어진다는 점으로 보아 문제해결과 공통점을 지니고 있으나, 케이스 기반 학습에서는 구조화된 문제로 해결책을 찾을 수 있도록 하는 단서가 있다는 점이 문제해결과의 차이점이다. 케이스 기반 학습을 위한 교수설계 모형은 김용삼(2007)의 사례기반추론 교수-학습 모형과 김일수(2009)의 육군 초급장교 전술 역량 증진을 위한 사례기반학습 설계모형 등이 개발된 바 있다. 시나리오기반 학습은 임병노(2008)가 온라인 탐구활동 활성화를 위한 시나리오기반 탐구 모델을 개발하는 연구를 수행하였으며, 목표기반 학습은 조규락, 조영환, 김미경, 성봉식(2004)이 Goal-based Scenarios 모형을 적용한 설계 연구를 진행한 바 있다. 플립러닝은 기존의 수업형식을 뒤집어 학생들이 교수자가 제작한 동영상을 수업 전에 미리 보고 오게 하고 수업시간에는 질의응답이나 토론, 팀별활동 등 학생 중심 학습으로 바꾸어 학습하도록 하는 것이다(Bergmann & Sams, 2012). 플립러닝을 주제로 한 교수설계 모형 개발은 주로 초중등교육과 대학교육에서 이루어져 왔다. 초중등 교육의 경우 학습자 중심 수업을 강조하는 측면에서 전희옥(2014; 2015)의 사회과 거꾸로 교실 수업 모형이 개발된 바 있다. 대학에서는 다양한 교과목에 플립러닝을 적용한 모형 개발이 활발하게 이루어지고 있다. 이동엽(2013)은 분석, 설계, 개발, 실행, 평가를 통한 체계적이고 체제적인 접근을 통해 플립러닝 교수설계 모형을 제시하였다. 초기에는 권오남 외(2013)의 대학 미적분학 강의 사례를 중심으로 한 수업 모형 개발과 같이 이공계 강좌의 모형 개발이 주를 이루었으나, 최근에는 김백희(2014)의 교체식 토의 수업 방안 연구, 김지선(2014)의 글쓰기 교과과정 개발을 위한 모형 개발, 김보경(2014)의 교직수업을 위한 역진행 수업모형 개발, 임철일 외(2015)의 대학 역전학습 온·오프라인 연계 설계전략에 관한 연구, 이지연 외(2014)의 학습자 중심 플립러닝(Flipped Learning)수업의 적용 연구 등 교과목으로 확대되는 추세이다. 그러나 여전히 플립러닝과 관련된 연구는 교수설계모형 개발 보다는 교육 방법론의 측면에서 플립러닝이 지니는 의미와 역할에 대한 연구나 학업 성취도 측면에서 기존의 수업 방식과 비교하여 플립러닝의 효과성을 검증하는 연구들에 치우쳐 있다. 이는 플립러닝을 주제로 한 교수설계 모형 개발이 대학의 교과목 적용뿐만 아니라 다양한 분야에서 이루어져야 함을 시사하고 있다. 액션러닝을 위한 모형으로는 박수홍과 홍광표(2009)의 트리즈 원리를 이용한 사회과 창의적 문제해결 교수설계모형의 개념적 모형, 장경원(2011)의 대학교육을 위한 Action Learning 프로그램 설계모형 등이 있다. 창의력 개발과 관련한 교수설계 모형 개발은 주로 창의적 문제해결(CPS)을 중심으로 이루어져 왔다. 이와 관련하여 지금까지 연구 및 개발된 모형으로는 구양미 등(2006)의 창의적 문제해결을 위한 웹기반 교수, 학습 모형, 송해덕(2007)의 창의적 문제해결력의 구성요인과 교수설계원리의 탐색, 이상수와 이유나(2007)의 창의적 문제해결을 위한 블렌디드 수업 모형 개발, 임철일(1997)의 창의적 사고의 향상을 위하여 컴퓨터 매개통신을 활용하는 교수학습환경 설계 모형, 임철일 등(2011)의 창의적 문제해결(cps) 모형을 활용한 온라인 기반의 대학 수업 모형 등이 존재한다. 교수자와 학습자 간의 상호작용 증진 및 학습자들간의 상호작용 증진을 위하여 임철일(1999)의 상호작용적 웹기반 수업 설계를 위한 종합적 모형의 탐색 연구가 이루어졌으며, 안성혜와 윤선화(2007)의 초등학생을 대상으로 한 한국 속담에 대한 인터랙티브 학습설계 모형 등이 개발된 바 있다. 김영수 외(2012)는 협력 중심의 창의적 지식구성을 위한 융합형 학습환경의 설계하고 효과를 분석한 바 있다.

넷째, 테크놀로지 기반 교수설계 모형 연구들이다. 이러한 모형들은 온라인 러닝, 모바일러닝, 유비쿼터스러닝과 같은 학습환경 발달의 맥락을 반영한다. 정인성(1997)의 웹기반 가상교육 프로그램 개발을 위한 NBISD 모형, 삼성의 N-ISD모형, 조은순(2000)의 국제간 인터넷 프로젝트 중심학습의 수업설계, 조은순(2001)의 기업 e-learning을 위한 효과적인 교육훈련과정 설계모형, 이옥화와 정인성(2001)의 웹기반 대학 가상수업 팀티칭 모형, 나일주와 정현미(2001)의 웹기반 교육 프로그램 설계를 위한 활동 모형, 장정아(2005)의 온라인 문제해결학습을 위한 교수설계모형, 임정훈(2009)의 모바일학습을 위한 교수설계모형, 학습 콘텐츠 개발 모형(강경종, 2005), 유비쿼터스 기반의 차세대 모델(조일현 등, 2006), 김동식과 권숙진(2007)의 인지 부하 이론에 기초한 PDA 기반 학습 프로그램 설계 연구. 성과 창출 과정으로서의 e-러닝 교수설계 모형(조일현, 2008), 스마트러닝 교수학습 설계모형(임걸, 2011), 스마트러닝 개념화와 교수학습전략(강인애 등, 2012) 스마트러닝 기반 협력적 문제해결 수업모형(김현주, 임정훈, 2014) 창의적 문제해결을 위한 스마트 지원 시스템에 관한 연구(임철일 외, 2014), Flipped MOOC와 학습분석을 활용한 모형(조일현, 2015) 등이 그 대표적인 예들이 된다.

(2) 신분야 개척연구

교수설계의 축적된 지식기반에 터하여 창의적 접근을 통해 교수 설계 분야의 지평을 확장하거나 방향전환을 시도하는 일단의 연구들이 여기에 속한다. 기실 모든 연구들은 이러한 개척연구의 범주에 드는 것이 마땅하다. 새로운 지식의 창출이 모든 연구들의 목적이며 그 새로운 지식 자체가 새로운 분야를 개척한 것으로도 볼 수 있을 것이기 때문이다. 이러한 맥락에서 본다면 세 권의 시리즈로 소개된 라이거루스(Reigeluth, 1983; 1994; 2005)의 '교수설계 이론과 모형'은 결국 신분야 개척연구의 결과들을 집대성하여 수록한 것으로 볼 수 있을 것이다. 그렇기 때문에 여기에서는 우리나라의 연구를 중심으로 하여 교수설계와 관련되어 있으면서도 좀 낯선, 새롭게 개척되고 있는 연구의 분야를 소개하기로 한다.

　　이러한 연구들은 ① 교수설계 분야의 영역과 외형을 넓히는 연구와 ② 그 질적 수준을 높이려는 연구의 둘로 나누어 볼 수 있겠다.

　　교수설계 분야의 외형을 넓히려는 시도들은 그간의 교수설계 연구에서 간과되었거나 그 중요성이 부각되지 않았던 분야들에 대한 연구를 수행함으로써 이루어진다. 시각지능 분야(Rha, 2007)의 일련의 연구는 그 대표적인 것이다. 언어자와 시각자의 구분에 의한 차별적 처지의 가능성 연구(Mayer, Anderson, 1991), 시각지능의 범주, 기능, 작동기제와 학습의 관계(Rha, 2007), 텍스트 자료의 시각화 과정(허균, 2006), 문제해결학습과 시각화 경향성의 관계(성은모, 2010), 일차원적 텍스트의 중층구조적 시각자료화(한안나, 2006), 절차적 과제의 시각화 과정연구(변현정, 2013) 등의 일련의 연구들은 텍스트 중심의 교수설계라는 전통적 방식의 제한적 사고에서 벗어나 시각지능, 또는 전체 '시각'이라는 감각의 작동과정에 대한 연구를 통한 새로운 교수설계의 지평을 제시한다. 한 예로 이러한 연구들을 기반으로 한 스토리텔링 방식을 활용한 교수설계(박소화, 2012), 판타지의 교수적 활용(김인수, 2009), 이지현(2012)의 디지털학습을 위한 시각적 조직자 디자인 모델 개발 등의 연구들은 보다 넓은 장면에서의 교수설계의 연구와 실천의 가능성을 보여준다. 텍스트 자료를 중층구조화 함으로써 이를 시각적으로 파악할 수 있게 하려는 시도 등은 교수설계의 분야라기보다는 컴퓨터 과학분야의 연구라고 생각될 수도 있겠으나 그 연구의 결과물이 현대의 테크놀로지가 제공하는 교수－학습 환경에서 교수설계 분야에 요구되는 필수 지식이 된다는 점에서 교수설계 분야의 주요 연구가 될 수 있을 것이다.

　　양용칠(2015)의 '교수의 조건'은 새로운 각도에서 교수설계를 조망하는 시각을 제공하며 유영만(2005)의 지식학습생태계에 대한 일련의 연구들은 '설계'라는 일반적인 의미를 심화하고 교수설계를 지식학습생태계 내에서의 지식의 생성, 축적, 유통, 소멸의 과정에 통합하기 위한 노력을 하고 있다는 점에서 교수설계 분야의 외형을 넓히려는 시도로 볼 수 있을 것이다.

　　'발굴학습(Excavative Learning)'이라는 개념의 도입(나일주, 이정은, 홍서연, 2013; 이선주; 2015), 극한적 상황에서의 교수설계에 관한 연구(나일주, 김윤영, 유미나, 고대원, 2013) 등은 교수설계의 영역이 교수자가 학습자를 '가르치고자 하는' 패러다임에서 학습자가 적극적으로 타인으로부터 '배우고자 하는' 패러다임으로의 변화 가능성을 제시한다거나 물리적 자원이 매우 부족한 상황에서의 교수설계의 전략 등 교수설계분야의 외형의 확장을 시도한 연구들로 볼 수 있다.

이 외에도 문제해결에 대한 조나센(Jonassen 등, 1991)의 일련의 연구들은 문제해결이라는 교수적으로 중요한 이슈에 대해 구성주의적 접근을 시도하는 선도적 연구들로서 '구성주의적 교수설계'라는 새로운 외형을 확장한 것으로 볼 수 있을 것이다.

교수설계의 질적 수준을 높이기 위한 연구들은 그간 교수설계에 대한 사고의 틀을 변화시키거나 새로운 방법론의 도입을 통해 교수설계의 과정과 결과물의 질을 고양시키는 연구들을 말한다. 교수와 학습에 대한 철학적 논의인 구성주의 관련 연구와 이를 교수설계와 연관시키고자 노력한 연구들은 그 대표적인 연구들이 된다. 구성주의에 관한 다양한 논의들은 결국 '학습환경설계'와 같은 새로운 개념들을 탄생시키는 계기가 되었으며 이는 '교수설계'라는 것의 본질적 가치와 역할을 재규정하고 그 질을 고양하는 촉매제로 작용하게 될 것이다. 연구 방법에 대한 연구들은 또 다른 방향에서 교수설계의 질을 향상시키게 된다. 양적, 질적 연구, 개발연구와 형성적 연구의 방법론 등은 오랜 기간 동안 교수설계의 모형을 개발하거나 효과를 검증할 때의 질을 가늠하는 방법들이 되어 왔다. 최근에는 새로운 방법으로 빅데이터 기반의 학습분석을 통한 연구들이 출현하고 있다(나일주외 2015; 조일현; 2014).

III. 우리나라의 교수설계 연구와 미래의 과제

1. 교수설계연구의 양적 추이

우리나라의 학자들에 의한 교수설계 모형의 개발, 수정, 적용 등에 관한 연구들의 양적 추이를 종합하면 다음의 표와 같다. <표 1-1>은 1991년부터 2014년에 거쳐 '교육공학연구', '교육정보미디어연구', '기업교육연구' 등 주요 교육공학 관련 학술지에 게재된 논문들의 집계이다.

또 <표 1-2>는 '서울대학교', '고려대학교', '이화여자대학교', '한양대학교'의 학위논문의 집계결과이다.

표 1-1   국내 주요 학술지의 교수설계관련 논문의 편수와 비율

연도	1991~1995	1996~2000	2001~2005	2006~2010	2011~2014	30년 전체
교육공학 연구	4	10	7	7	14	42 (34.7%)
교육정보 미디어연구	0	1	6	7	5	19 (15.7%)
기업교육 연구	0	2	3	2	0	7 (5.8%)
총 논문 수	4편	15편	31편	33편	38편	121편

*( ) 안 단위 %: 소수점 둘째 자리에서 반올림하여 소계가 제시된 수치의 합계와 다를 수 있음

표 1-2   주요대학교(서울대학교, 고려대학교, 이화여자대학교, 한양대학교) 석사, 박사학위 논문 수와 비율

연도	90	91	92	93	94	95	96	97	98	99	00	01	02	03	04	05	06	07	08	09	10	11	12	13	14	총계
박사 학위	-	1	-	-	-	-	-	-	-	-	-	1	-	-	-	-	-	-	-	1	1	3	1	2	2	5	17 (17.3%)
석사 학위	-	-	2	-	1	2	-	1	1	2	-	3	4	2	5	5	8	4	6	10	5	4	7	9		81 (82.7%)
계	0	0	1	2	0	1	2	0	1	1	2	1	3	4	2	5	5	8	5	7	13	6	6	9	14	98

<표 1-3>은 교수설계와 관련된 논문들을 해당 학술지에 게재된 전체 논문 수와 대비해 본 것이다. 이는 1991년부터 2014년까지 동안에 해당 학술지에 게재된 모든 논문들을 대상으로 서치엔진을 사용하여 키워드 검색을 통해 일차 선정을 한 후에 각 논문들의 내용을 검토하여 재분류한 결과이다. 이 표를 통해 교수설계에 관한 논문은 대개 전체 교육공학 관련분야 논문의 3~5% 정도의 비중을 차지하고 있음을 알 수 있으며 이 중 모형개발 연구가 50~70% 정도를 차지하고 있음을 알 수 있다.

같은 방법으로 서울대학교, 이화여자대학교, 고려대학교, 한양대학교를 대

표 1-3   주요 학술지에서의 교수설계 관련 논문 비율

학술지 명	교수설계 논문 수 (전체 논문 수 대비 비율)	모형개발 논문 수 (전체 논문 수 대비 비율)	학술지에 게재된 총 논문 수
교육공학연구	34(4.8%)	30(4.0%)	711
교육정보미디어연구	15(3%)	13(2%)	494
한국정보교육학회논문지	41(7.3%)	24(4.3%)	560
기업교육연구	6(2.8%)	3(1.4%)	210
합계	114(1.5%)	83(1.1%)	7,416

표 1-4	교수설계모형(모델)관련 학위 논문		
대학명	교수설계 관련 논문 수	모형개발 논문 수
서울대학교	12	10
이화여자대학교	29	10
고려대학교	38	7
한양대학교	12	9
합계	91	36

상으로 조사한 결과는 <표 1-4>와 같다. 다만 대학 전공들의 특성상 전체 논문 수를 산정하는 것은 의미가 적어 생략하였다.

　　이상의 지표들을 바탕으로 우리나라에서의 교수설계에 대한 연구상황을 간단히 개관한다면 ① 양적인 측면에서 교육공학 전체 연구 중 약 3~5%를 차지하며 ② 지난 30년 동안에 걸쳐 꾸준히 그 연구가 진행되어 왔고 ③ 최근에 좀 더 연구활력이 고양되고 있는 상황이라고 요약해 볼 수 있겠다.

2. 교수설계연구의 미래과제

　　교수설계 연구는 현장에서의 기대를 충족시키는 것과 학문영역으로서의 내적 성숙을 이루어야 하는 두 가지의 소명을 동시에 수행해 내는 역할을 한다.

　　미래의 교수설계 연구를 제안하는 방법은 다양할 수 있겠으나 이를 앞에서 정리하였던 구조에 맞추어 ① 모형개발 연구와 ② 신분야 개척연구의 둘로 나누어 제안하기로 한다.

(1) 모형개발 연구

　　첫째 영역은 현실의 필요를 반영하는 교수설계의 모형, 이론, 원리들을 개발하는 연구들이다. 현시점에서의 예로는 플립 러닝이나 묵스의 설계 등을 대상으로 하는 연구들이 있겠다.

　　둘째 영역은 미래의 교육적 가치로 지목되는 기술들을 계발하고 구현할 수 있는 교수체제에 대한 연구들이다. 자기주도적 학습, 창조성, 의사소통, 협동, 윤리성 등과 같이 21세기 기술로 지목되는 가치들에 대한 연구가 그 예가 된다.

　　셋째 영역은 새로운 철학을 포용하는 교수설계에 대한 연구들이다. 예를 들

면 구성주의 교수설계, 지식창출, 생태학적 접근 등이 가능하도록 하는 연구들
이 있겠다.

넷째 영역은 학습자의 생활과 문화의 변이에 적응하는 연구들이다. 모바일,
유비쿼터스와 같이 학습환경이 변화하고 SNS, 문자/목소리/비디오 메시지와 같
은 상호작용 환경이 달라지면서 학습문화도 지속적으로 변화한다. 이러한 새로
운 문화(Jung & Gunawardena, 2014)와 생활패턴에 적응하는 교수설계 연구가 필
요하다.

(2) 신분야 개척연구

첫째, 교수설계의 연구방법론과 연구의 양태에 관한 연구들이다. 필자는 현
재의 연구방법론만으로는 교수설계 분야가 활발한 발전을 이루는 데에 제약이
된다고 생각하고 있다. 전통적인 양적, 질적 연구방법과 개발연구의 몇 가지 패
턴을 넘어서는 교수설계라는 특수한 대상물을 중심에 둔 연구방법론에 대한 연
구가 필요하다. 이는 교수설계 분야의 발전을 위한 지식생성에 대한 방법적 개
연성을 규정하는 중요한 연구들이 될 것이다.

둘째, 인간이 가진 감각과 학습을 연결짓는 연구들이다. 교육공학의 발원은
시각과 청각 같은 감각을 교육에 적극적으로 활용하는 데에 있었다. 시각지능과
같은 감각에 기초한 지능들을 이해한다면 현재 전개되고 있는 디지털화되어 있
는 시각적 현상들을 체계적으로 학습에 활용할 수 있는 길이 열릴 수 있게 될
수도 있다. 감각과 학습을 잇는 기초적 분야의 연구가 필요하며 이는 햅틱이나
입체영상과 같은 현대 매체의 기능 속에 포함되는 감각들을 학습과 관련하여 이
해하고 교수설계에 활용할 수 있는 길을 열어 줄 수 있을 것이다.

마지막으로 생활패턴과 학습패턴에 걸맞은 새로운 매체적 조합에 대한 실
험적 연구들이다. 특정 환경에서의 학습패턴은 그 환경에 걸맞은 매체적 조합을
요구할 것이기 때문에 그러한 환경에서의 매체적 조합은 어떠한 것이어야 하는
지를 연구하는 것이다. 이는 다분히 상상력을 요구하는 창의적 영역이나 많은
가능성을 열어줄 수 있는 분야이다. 정지화상과 오디오와 텍스트를 한 개의 단
위로 하는 스팻포맷(SPAT: Still Picture+Audio+Text)과 같은 새로운 매체적 조
합(나일주, 2015; Rha, 2015)은 그러한 형태의 매체적 조합을 바탕으로 한 수많은
교수설계 연구의 기반이 되어 줄 수 있을 것이다. 가상현실이나 3차원적 그래

픽, 3차원 프린팅 등의 다양한 매체들을 조합함으로써, 또 이후에 나타나게 될 새로운 형태의 디지털 개발물들을 조합함으로써 새로운 특성을 가진 매체가 등장하게 되고 또 그 결과로 교수설계의 영역과 범위를 넓힐 수 있는 만큼 이들에 대한 창의적이고 개척적인 연구들이 제안되고 또 수행되어야 할 것이다. 이러한 연구들이나 제안들은 이를 바탕으로 하는 더 많은 수의 연구들을 촉발할 수 있기 때문에 교수설계라는 학문적 영역의 양적 질적인 성숙에 필수적인 요소가 될 것이다.

강경종(2005). 자기주도적 학습을 위한 e-Learning 교수·학습 콘텐츠 개발 모형. 농업교육과 인적자원개발, 37(4), 103-134.

강인애·임병노, 박정영(2012). 스마트러닝의 개념화와 교수학습전략 탐색: 대학에서의 활용을 중심으로. 교육방법연구, 24(2), 238-303.

계보경·김현진·서희전·정종원·이은환·고유정·전소은·김영애(2012). 미래학교 체제도입을 위한 Future School 2030 모델 연구. 연구보고 KR 2011-12. 대구: 한국교육학술정보원.

구양미·김영수·노선숙·소성민(2006). 장의적 문제해결을 위한 웹기반 교수, 학습 모형과 학습환경 설계. 교과교육연구, 10(1), 209-234.

권성호(2011). 교육공학의 탐구 (제3판). 서울: 양서원.

권오남·이지현·배영곤·김유정·김현수·오국환·장수(2013). 반전학습(Flipped Classroom) 수업 모형 개발: 대학 미적분학 강의 사례를 중심으로. 수학교육논집, 30, 91-111.

김경자·김아영·석희(1997). 창의적 문제해결능력 신장을 위한 교육과정 개발의 기초-창의적 문제해결의 개념모형 탐색. 교과과정연구, 15(2), 129-153.

김도헌(2003). 웹기반형 교수설계자의 전문성 개발을 위한 실천공동체(Community of Practice) 형성방안: 미국 G 대학교의 '설계스튜디오' 사례분석. 교육공학연구, 19(3), 199-229.

김동식·권숙진(2007). 인지 부하 이론에 기초한 PDA 기반 학습 프로그램 설계 연구. 한국컴퓨터교육학회, 10(1), 67-75.

김두정(1995). 현장 교사의 수업모형 : 수업에 대한 교사의 사고 경향. 교육공학연구, 11(1), 73-95.

김백희·김병홍(2014). 플립 러닝을 기반으로 한 역할 교체식 토의 수업 방안 연구. 우리말연구, 37, 141-166.

김보경(2014). 교직수업을 위한 역진행 수업모형 개발. 교육종합연구, 12(2), 25-56.

김영봉·최철용·강병재·박혜경·김혜진(2007). 교육심리학. 고양: 서현사.

김영수·김경자·조경원·허희옥·김현진·강의성(2012). 협력 중심의 창의적 지식구성을 위한 융합형 학습환경의 설계 및 효과 분석. 교육정보미디어연구, 18(1), 95-119.

김영진·김영환(2006). 웹을 활용한 체험학습 교수설계 원리 구안. 교육정보미디어연구, 12(3), 85-115.

김용삼(2007). 사례기반추론 교수-학습 모형의 설계 및 개발. 경인교육대학교 교육대학원 석사학위 논문.

김인수(2009). 교육적 맥락에서 환상의 구성요소와 구현원리에 관한 연구. 서울대학교 박사학위 논문.

김일수(2010). 육군 초급장교 전술역량 증진을 위한 사례기반학습 설계모형 개발연구. 서울대학교 석사학위 논문.

김지선(2014). 글쓰기 교과과정 개발을 위한 고찰. 인문연구, 72, 557－586.

김현주・임정훈. (2014). 스마트러닝 기반 협력적 문제해결 수업모형 개발: 설계기반연구. 교육공학연구, 30(4), 651－677.

나일주(1999). 웹 기반 교육. 서울: 교육과학사.

나일주(2010). 교육공학 관련 이론 (개정판). 서울: 교육과학사.

나일주(2015). 플립러닝과 지속가능한 교수방법. 2015 정보미디어 학회 춘계 학술대회 자료집. 발표자료 website: www.slideshare.com & www.gglearn.com

나일주・김윤영・유미나・고대원(2013). 극한적 상황에서의 교수설계: 환경요소, 모형, 설계변인 및 전통적 교수체제설계에의 시사점. 2013 한국 교육공학회 춘계학술대회 자료집, 42.

나일주・이정은・홍서연(2013). 발굴학습의 논리. 2013 한국 교육공학회 춘계학술대회 자료집, 43.

나일주・임철일・조영환(2015). 학습분석 모델 및 확장 방안 연구. 창조비타민L프로젝트 위탁연구. 서울특별시교육청.

나일주・정인성(1999). 교육공학의 이해. 서울: 학지사.

박기용・강이철(2007). 설계의 본질에 기반한 교수설계의 정체성 성찰. 교육공학연구, 23(1), 63－96.

박선아・유영만(2012). 학교교육 블랜디드 러닝을 활용한 협력적 지식창출 절차적 모형 개발 연구. 교육공학연구, 28(4), 803－843.

박성익・임철일・이재경・최정임(2011). 교육방법의 교육공학적 이해 (제4판). 서울: 교육과학사.

박소화(2012). 스토리텔링 기반 교수설계 원리 및 모형 탐색. 서울대학교 박사학위 논문.

박수홍・홍광표(2009). 트리즈 원리를 이용한 사회과 창의적 문제해결 교수설계모형의 개념적 모형 구안. 교육공학연구, 25(1), 235－263.

박연정・조일현(2014). 학습 분석학 기반 대시보드의 설계와 적용. 교육정보미디어연구, 20(2), 191－216.

박혜영(2014). 인공지능 시장 경쟁, 딥러닝으로 재점화. 정보통신진흥센터, 2014 ICT Spot Issue, 2014－07.

변현정(2013). 절차적 과제 학습을 지원하는 비주얼 내러티브 설계원리 탐색. 서울대학교 박사학위 논문.

성은모(2009). 이러닝 학습환경에서 디지털 텍스트 구조의 시각 표상 설계원리 개발연구. 교육공학연구, 25(3), 105－133.

성은모(2011), 초등학생의 시각화 경향성과 교과 학습태도가 교과 학업성취에 미치는 영향의 구조적 관계분석. 초등교육연구, 24(3), 27－50.

성은모·임정훈·김세리(2010). 초등학교 IPTV 활용 수업에서 시각화 경향성이 교과태도, 학습몰입도 및 만족도에 미치는 영향. 초등교육연구, 23(3), 293－320.

송해덕(2007). 창의적 문제해결력의 구성요인과 교수설계원리의 탐색. 열린교육연구, 15(3), 55－73.

안성혜·윤선화(2007). 초등학생을 대상으로 한 한국 속담에 대한 인터랙티브 학습설계. 한국콘텐츠학회 학술대회 논문집.

양용칠(2015). 수업의 조건. 서울: 교육과학사.

유병민(2002). 정보구조 변화에 따른 풀다운 메뉴의 네비게이션 효과분석. 교육공학연구, 18(1). 151－174.

유영만(1994). 수업체제설계의 연구동향과 발전방향: 패러다임 전환과 이론적 실천에의 시사점. 교육공학연구, 10(1), 3－43.

유영만(1998). 수업체제설계: 탐구논리와 실천논리. 서울: 교육과학사.

유영만(2005). 지식생태학과 교육공학. 교육공학연구, 21(1), 159－194.

이동엽(2013). 플립 러닝 (Flipped Learning) 교수학습 설계모형 탐구. 디지털정책연구, 11(12), 83－92.

이상수·이유나(2007). 창의적 문제해결을 위한 블렌디드 수업 모형 개발. 교육공학연구, 23(2), 135－159.

이선주(2015). 기업맥락에서의 발굴학습 모형 개발. 서울대학교 석사학위 논문.

이승희·유영만(2002). 성찰적 실천의 관점에 비추어 본 수업설계자의 전문성 개발방안 탐색. 교육정보방송연구, 8(2), 173－193.

이옥화·정인성(2001). 웹기반 대학 가상수업 팀티칭 모형 개발 연구. 교육정보방송연구, 7(2), 27－49.

이인숙(1999). 대학 집합수업과 통합된 웹기반 온라인 수업 학습자의 인식 및 학습유형 분석. 교육공학연구, 15(1), 197－218.

이지수·심현애·김경연·이강성(2010). 증강현실기반 학습프로그램이 학습동기 및 학업성취도에 미치는 영향: Keller의 동기설계 모형을 적용한 초등과학 학습프로그램의 개발 및 적용. 교육의 이론과 실천, 15(1), 99－121.

이지연(2008). 미국 대학의 이러닝 수업설계 사례를 중심으로 살펴본 교수설계자의 역할 탐구. 교육공학연구, 24(2), 129－151.

이지연·김영환·김영배(2014). 학습자 중심 플립러닝(Flipped Learning)수업의 적용 사례. 교육공학연구, 30(2), 163－191.

이지현(2012). Development of a visual summarizer design model for digital learning. 서울대학교 박사학위 논문.

임걸(2011). 스마트러닝 교수학습 설계모형 탐구. 한국컴퓨터교육학회 논문지, 14(2), 33－45.

임병노(2008). 온라인 탐구활동 활성화를 위한 시나리오기반탐구(Scenario－Based Inquiry) 모델 개발. 교육정보미디어연구, 14(1), 5－30.

임선빈(1996). 문제 해결 학습을 위한 수업 설계의 기본방향: 구성주의 수업 이론을 중심으로, 교육문제연구, 8, 228－248.

임정훈(2009). 모바일 학습(Mobile Learning)을 위한 교수학습 모형의 설계 방향 탐색. 한국교육논단, 8(1), 101－124.

임정훈·임병노·최성희·김세리(2004). 초·중등학교에서 교실수업과 웹기반 학습을 연계한 커뮤니티 기반 프로젝트 학습모형 개발 연구. 교육공학연구, 20(8), 103－135.

임철일(1997). 창의적 사고의 향상을 위하여 컴퓨터 매개통신을 활용하는 교수학습환경 설계 모형에 관한 연구. 교육학연구, 37(2), 271－301.

임철일(1998). 문제해결 시나리오(PSS) 교수학습환경 설계 모형의 개발과 적용. 기업교육연구, 1(1), 3－26.

임철일(1999). 상호작용적 웹기반 수업 설계를 위한 종합적 모형의 탐색. 교육공학연구, 15(1), 3－24.

임철일(2012). 교수설계 이론과 모형. 교육과학사.

임철일·김성욱·한형종·서승일(2014). 창의적 문제해결을 위한 스마트 지원 시스템의 수업 적용. 아시아교육연구, 15(3), 171－201.

임철일·연은경(2006). 기업교육 프로그램 개발을 위한 사용자 중심의 래피드 프로토타입 방법론에 관한 연구. 기업교육연구, 8(2), 27－50.

임철일, 이지현, 장선영 (2007). 교육프로그램 개발을 위한 '간편 교수체제설계' 모형에 관한 개발연구. 기업교육연구, 9(2), 55－76.

임철일·조영환·장선영·하미리(2005). 사용자중심설계 모형에 관한 개발연구: 웹기반 문제중심학습을 중심으로. 교육학연구, 43(3), 231－263.

임철일·홍미영·박태정(2011). '창의적 문제해결(cps)' 모형을 활용한 온라인 기반의 대학 수업 모형 개발 연구. 교육정보미디어연구, 17(3), 399－422.

장경원(2011). 대학교육을 위한 Action Learning 프로그램 설계모형 개발 연구. 교육공학연구, 27(3), 475－505.

장정아(2005). 온라인 문제기반학습 설계모형 개발 연구. 서울대학교 박사학위 논문.

전희옥(2014). 사회과 거꾸로 교실 수업 모형 개발. 사회과교육연구, 21(4), 51－70.

전희옥(2015). 사회과 '공감·배려'생활 중심 다문화교육 수업 모형－Flipped Class(거꾸로 교실) 모형을 중심으로. 학습자중심교과교육학회 학술대회, 2015(1), 206－226.

정범모(2005). 교육과 교육학. 서울: 배영사.

정인성(1997). 가상기업교육 설계를 위한 Network－Based ISD 모형. 21세기 한국기업교육의 나아갈 길. 한국기업교육학회 창립총회 및 학술대회 논문집, 41-63.

정인성·나일주(1989). 최신 교수설계이론. 서울: 교육과학사.

정재 (1996). 교수설계와 교수체제개발의 최근 경향과 논쟁. 교육공학연구, 12(1), 1-31.

정재삼·임규연·김영수·이현우 공역(2012). 교수설계 지식기반. 서울: 학지사.

정현미(2009). 문제중심학습 설계모형 및 체크리스트 개발. 교육정보미디어연구, 15(1), 155-185.

조규락·조영환·김미경·성봉식(2004). Goal-based Scenarios (GBS) 모형을 적용한 웹 기반 교육용 컨텐츠의 설계 및 개발연구. 컴퓨터교육학회 논문지, 7(5), 9-21.

조은순(2000). 국제간 인터넷 프로젝트 중심학습의 수업설계 전략 고찰. 교육공학연구, 16(1), 247-266.

조은순(2001). 기업 e-learning을 위한 효과적인 교육훈련과정 설계모델의 검토. 기업교육연구, 3(1). 99-118.

조일현(2006). 유비쿼터스 기반의 차세대 학습모델 개발연구. 연구보고 KR 2006-4. 서울: 한국교육학술정보원.

조일현(2008). 성과 창출 과정으로서의 e-러닝 교수설계 모형. 지식경영연구, 9(4), 35-49

조일현(2015). Flipped MOOC와 빅데이터를 활용한 기업교육 혁신 방법론. 한국기업교육학회 학술대회, 6.

조일현·허희옥·서순식·강의성·전봉관(2006). 유비쿼터스 기반의 차세대 학습모델 개발연구. 연구보고 KR 2006-4. 서울: 한국교육학술정보원.

최경애(1992). 학습과제분석 방법으로서의 학습위계의 타당성 및 유용성 연구. 서울대학교 박사학위 논문.

한신혜·최소영·임철일(2013). 초등학교 교사를 위한 교수체제설계 모형(ETISD)의 교사 인식 및 학습자 만족도에 관한 연구. 교육공학연구, 29(1), 133-160.

한안나(2006). 웹 기반 학습환경에서 시각적 조직자의 개발 및 활용 효과 연구. 서울대학교 박사학위 논문.

한안나·나일주(2006). 전자 텍스트 설계에서 시각지능 이론을 적용한 시각적 조직자 프로토타입 개발 연구. 평생학습사회, 2(2), 137-162.

허균(2006). ICT 활용교육을 위한 언어정보 시각화 과정의 프로토콜 분석 연구. 서울대학교 박사학위 논문.

허균·나일주(2003). 웹 기반 교육에서 최적몰입경험. 한국컴퓨터교육학회, 6(2), 71-79.

Andrews, D. H., & Goodson, L. A. (1980). A comparative analysis of models of instructional design. Journal of Instructional Development, 34(4), 2-16.

Barrows, H. S. (1985). *How to design a problem-based curriculum for the preclinical years (Vol. 8).* New York, NY: Springer Pub. Co.

Bergmann, J., & Sams, A. (2012). *Flip your classroom.* International Society for

Technology in Education.

Brown, J. S., & Duguid, P. (1993). Stolen knowledge. *Educational Technology*, 33(3), 10−15.

Davies, I. K. (1981). Instructional development as an art: One of the three faces of ID. *Performance & Instruction*, 20(7), 4−7.

Dick, W., & Carey, L. M (1978) *The systematic design of instruction*. Glenview, IL: Scott, Foresman.

Dick, W., Carey, L., & Carey, J. O. (2005). *The systematic design of instruction (6th ed.)*. Boston, MA: Allyn & Bacon.

Duffy, T. M., & Jonassen, D. H. (1991). *Constructivism: New implications for instructional technology? Educational Technology*, 31(5), 7−12.

Frankola, K. (2001). Why Online learns drop out. *Workforce*, 80(10), 52−61.

Jones, T. S., & Richey, R. C. (2000). Rapid prototyping methodology in action: A developmental study. *Educational Technology Research and Development*, 48(2), 63−80.

Jordan, K. (2014). Initial trends in enrolment and completion of massive open online courses. *The International Review of Research in Open and Distance Learning*, 15(1), 130−166.

Jung, I., & Gunawardena, C. N. (2014). *Culture and Online Learning*. Sterling, VA: Stylus Publishing, LLC.

Knuth, R. A., & Cunningham, D. J. (1993). Tools for constructivism. In T. M., Duffy, J. Lawyek, & D. H. Jonassen (Eds.), *Designing environments for constructive learning*. New York, NY: Springer−Verlag.

Mayer, R. E., & Anderson. R. B.(1991). Animated needs narrations: An experimental test of a dual−coding hypothesis. *Journal of Educational Psychology*, 83, 484−490.

McLellan, H. (1993). Evaluation in a situated learning environment. *Educational Technology*, 33(3), 39−45.

Medsker, K. L. (1981). Instructional development as a craft. *Performance & Instruction*, 20(7), 11−14.

Merrill, M. D. (2002). First principles of instruction. *Educational technology research and development*, 50(3), 43−59.

Morrison, G., Ross, S., & Kemp, J. (2014). Designing Effective Instruction (3rd Edition).

Park, J. H., & Choi, H. J. (2009). Factors Influencing Adult Learners' Decision to

Drop Out or Persist in Online Learning. *Journal of Educational Technology & Society*, 12(4), 207−217.

Reigeluth, C. M. (1983). *Instructional−design theories and models: An overview of their current status*. Hillsdale, NJ: Lawrence Erlbaum Associates.

Reigeluth, C. M. (1994). *The imperative for systemic change*. New Jersey: Educational Technology Publications.

Reigeluth, C. M. (2005). New instructional theories and strategies for a knowledge−based society. NJ: Lawrence Erlbaum Associates.

Rha (2007). Human visual intelligence and the new territory of educational technology research. *Educational Technology International*, 8(1), 1−16.

Rha (2015). *Instructional contents delivery through SPAT format in mobile environment : Introduction to gglearn system*. Global Knowledge Alliance International Forum. Retrieved from

http://www.slideshare.net/iljurha/instructional−contents−delivery−through−spat −format−in−mobile−environment−introduction−to−lib−study−system (resou rce website: www.slideshare.com & www.gglearn.com)

Richey, R. C., Klein, J. D., & Tracey, M. W. (2011). *The instructional design knowledge base: Theory, research, and practice*. New York, NY: Routledge.

Romiszowski, A. J. (1992). *Computer mediated communication: a selected bibliography*. Englewood Cliffs, NJ: Educational Technology Publications.

Tripp, S. D., & Bichelmeyer, B.(1990). Rapid prototyping: An alternative instructional design strategy. *Educational Technology Research and Development*, 38(1), 31−44.

Wedman, J. F., & Tessmer, M. (1990). A layers−of−necessity instructional development model. *Educational Technology Research and Development*, 38(2), 77−85.

Winn, W. (1993). Instructional design and situated learning: Paradox or partnership? *Educational Technology*, 33(3), 16−21.

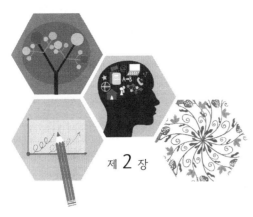

제 2 장

교육공학과 학습이론

양용칠 ▌ 안동대학교 교수

Ⅰ. 서론

　교육은 기본적으로 학습자의 학습을 돕는 활동이다. 이 활동을 직접적으로 연구하는 핵심적 분야가 교육공학이다. 교육공학은 교수자와 학습자를 중재하는 매체연구로부터 직접 교수자 역할을 수행하는 테크놀로지기반교수(예, CAI, WBI, Mobile‒Learning, Smart‒Learning) 연구로 이어져 왔다. 테크놀로지의 급속한 발달로 교육공학의 발전은 눈부시게 이루어지고 있다. 전통적 교육방식은 테크놀로지로 대체될 수 있다는 착각을 일으킬 정도로 교육환경의 변화를 경험하고 있다. 사실, 교육공학은 테크놀로지의 발달 덕분에 교육학의 변두리에서 가운데로 진입하게 되었다. 실제로 학교를 비롯한 모든 형식적 및 비형식적 교육기관에서 테크놀로지가 교육에 엄청난 영향력을 발휘하고 있다(나일주, 2015). 물론 테크놀로지를 활용한 교육이 전통적 교육의 효과를 능가하는지는 다각적 관점과 다양한 측면에서 종합적으로 검토되어야 할 문제이다. 하여튼 교육에 첨단 테크놀로지의 활용이 교수‒학습에도 새로운 변화와 도전을 가져오고 있음은 분명하다.

　한국교육공학회가 학문공동체로 결성된 지 30년이 되면서 교육계가 교육공학에 거는 기대와 역할이 크게 부각되고 있다. 아마도 이 시기는 정보통신기술

(ICT)의 발달이 급속하게 이루어진 시기와 맞물린 시대적 영향의 탓도 큰 것 같다. 학회가 결성된 1985년은 퍼스널 컴퓨터가 학교에 막 도입되는 시기에 해당한다. 인터넷과 전자메일을 비롯한 각종 정보통신기술은 교수-학습뿐만 아니라 일상생활에도 엄청난 변화를 가져왔다. 퍼스널 컴퓨터는 모든 전통적 매체를 통합한 기능을 수행하는 주요한 교육매체로 활용되고 있다. 이런 테크놀로지의 교육적 활용이 학습자의 학습을 촉진시키는 데 실제로 기여하는가? 기여한다면, 테크놀로지가 학습자의 학습을 촉진시키는 이유는 무엇인가? 교수-학습의 개선에 테크놀로지가 효과적으로 활용되고 있는가?와 같은 질문에 답하기 위해서 지난 30년 동안 다각적 연구와 노력이 수행되어 왔다.

교육공학은 테크놀로지를 활용하여 학습자의 학습을 도와주는 방법과 전략을 개발하는 분야이다. 그러므로 교육공학을 연구하기 위해서 인간의 학습은 어떻게 일어나며, 이러한 학습이 잘 일어나도록 하기 위해서 어떤 방법과 기술이 필요하며, 학습자의 학습을 돕는 교수자의 역할은 무엇인지 우선적으로 관심을 가질 필요가 있다. 이를 위해서 교육공학자는 학습이론에 관한 충분한 지식과 연구능력도 갖추어야 한다. 학습이론은 학습을 돕는 기법을 연구하는 교수이론에 직접적 영향을 주고, 교수-학습이론에서 연구된 원리와 법칙이 교육공학의 핵심인 교수설계의 연구에 영향을 주기 때문이다. 이 장에서는 교육공학의 발전에 영향을 준 학습이론들을 정리해 보고, 장차 학습이론이 교육공학의 연구에 미칠 영향을 조망해 본다.

II. 교육공학의 발전에 미친 학습이론의 영향

교육공학의 형성과 발전에 미친 가장 크게 영향을 미친 것은 학습이론이다 (Richey et al., 2011). 학습이론은 학습현상의 원리와 법칙을 탐구하고, 교육공학은 인간의 학습을 촉진시킬 조건과 환경의 설계 및 활용을 탐구하는 분야이다. Reiser와 Ely(1997)가 교육공학을 정의한 여러 논문을 검토한 후 교육공학의 핵심적 개념은 인간의 학습을 촉진할 방법을 궁리하는 분야임을 분명히 하고 있다. Sullivan 등(1993)도 교육공학의 연구영역에 관한 검토에서 "학습이론의 발전이 교육공학의 실제에 중요한 영향을 미치고, 교육공학은 인간학습의 분야에 많이 의존하고 있다"(Sullivan, 1993: 100)는 결론을 내렸다. 학습이론과 교육공학 간에는 "학습"이라는 공통인자로 강한 유대를 맺고 있다. 이 절에서는 교육공학의 발전에 직접적 영향을 미친 대표적 학습이론을 검토하면서 교육공학과 학습이론의 관계를 정리한다. 이를 위해서 학습이론에 주류를 이루고 있는 행동주의, 인지주의와 구성주의 학습이론의 기본 원리와 교육공학에 미친 영향을 살펴본다.

1. 행동주의 학습이론

(1) 기본 원리

행동주의에서 학습은 조건형성의 과정으로 일어난다. 조건형성은 자극과 반응의 연합과정이고, 학습은 반응강화(response strengthening)의 과정이다. 이 과정에서 학습현상은 반응에 대한 강화, 연합, 변별, 소거, 일반화 등의 개념으로 설명된다. 학습동기는 강화자극의 강도에 기초를 두고 발생하는 것으로 본다. 즉, 정적인 결과를 가져오는 자극을 찾고 이에 대한 반응이나 부정적인 결과를 가져오는 자극을 피하기 위해서 동기가 유발된다. 행동주의는 학습자를 반응에 대한 보상이나 강화를 받아 행동하는 수동적 유기체로 보기 때문에 학습환경은 학습자의 반응을 유도할 보상(피드백)을 반복적으로 제공하는 형태로 구성된다.

Merriam과 Caffarella(1999)는 행동주의 학습의 기본 원리를 세 가지로 정리하였다. 첫째, 학습자의 내적 사고과정보다는 관찰 가능한 외적 행동의 변화에 초점을 둔다. 학습은 행동의 변화로 기술되기 때문에 교수방법에서 학습과제에 개입되는 학습자의 인지처리는 거의 고려되지 않고, 기계적 수용, 반복, 연습과 같은 방법에 달려 있다.

둘째, 환경이 행동을 형성한다. 즉, 학습 행동을 개별 학습자가 결정하는 것이 아니라 환경요인이 결정한다. 학습은 외부 환경에 철저한 영향을 받고 있음을 의미한다. 학습자가 학습을 하는 것이 아니라, 환경이 학습을 시키는 것으로 볼 수 있다. Gagné(1962)는 일찍이 정적 및 부적 훈련전이에 관한 연구에서 중다시행을 활용하여 복잡한 운동 과제를 피험자에게 훈련시키는 실험연구를 수행하였다. 여기서 그는 피험자의 훈련 기간 중에서 전이가 거의 일어나지 않는 기간을 관찰할 수 있었는데, 그것은 피험자 스스로 훈련하는 기간에서 일어난 것이 아니라 환경자극으로 훈련하는 기간에 일어났음을 발견하였다.

그리고 셋째, 접근성과 빈도의 원리가 학습과정을 핵심적으로 설명한다. 이것은 바람직한 습관을 형성하기 위해서 반복과 강화를 강조하는 것과 같은 원리이다. Skinner(1968)는 이들 원리를 활용하여 행동을 형성하거나 관리하기 위한 다양한 외적 강화스케줄을 개발하였다.

(2) 교육공학에 미친 영향

행동주의 학습이론이 교육공학의 발전에 미친 영향은 지배적일 정도로 강력하다. 특히 정보통신기술을 활용한 학습프로그램의 개발의 효시라고 할 수 있는 교수기계의 개발과 프로그램수업, 과제분석과 행동목표의 설정에 미친 영향은 지금도 크다(Burton et al., 1996). 예컨대, 프로그램수업의 개발을 위한 전략으로 목표의 구체화, 학습과제의 세분화, 통제된 계열화, 자율적 학습속도, 적극적 반응유발, 즉각적 피드백, 목표지향평가 등은 모두 행동주의 학습이론에서 도출된 원리들이다.

Saettler(1990)는 행동주의 학습이론이 교육공학의 발전에 미친 영향을 여섯 영역으로 요약하였다. 첫째, 수업에서 행동목표의 진술에 영향을 미쳤다. 행동목표는 교수목표를 구체적이고 관찰 가능한 동사를 활용하여 진술함으로써 교수전략의 개발을 분명히 하는 데 도움을 주었다. 또한, 행동목표의 활용은 학습과제를 구체적으로 측정 가능한 단위의 지식이나 기능으로 분할하도록 하였으며, 교육을 과학적으로 접근케 하는 교육목표분류, 완전학습전략, 교육책무성확대 등에 크게 영향을 주었다.

둘째, 교수기계의 등장에 기여하였다. Skinner의 조작적 조건형성의 원리를 기초로 해서 Pressey(1963)가 선택형 응답기를 개발하였으며, Crowder(1962)는 오반응에 대한 보완을 위한 분지형 학습형태를 개발하는 데 영향을 주었다. 이것을 효시로 해서 컴퓨터보조수업(CAI)과 같은 교수프로그램을 개발하는 데 결정적 역할을 하였다.

셋째, 프로그램교재의 활용에 영향을 주었다. 교수기계의 영향으로 프로그램교재가 학교에서 활용되기 시작하였다. 이 교재는 학습과제의 소단계 분할, 학습자의 능동적 참여, 즉각적 피드백의 제공, 학습자의 자율속도를 바탕으로 학습활동을 유도하도록 제작되었다. 여기서 프로그래밍(programming)이란 "교육의 목표인 최종수행으로 인도하도록 치밀하게 배열된 유관성 있는 학습계열의 구성"(Burton et al., 1996: 56)을 말한다.

넷째, 개별화수업의 확산에 기여하였다. 교수기계와 프로그램 교재는 개별화 교수프로그램을 개발하는 데 결정적 영향을 주었다. 이 시기에 개발된 대표적인 개별화 교육프로그램은 개별처방수업(IPI), 욕구부응학습프로그램(PLAN), 개별화수업체제(PSI), 개별안내수업(IGI) 등이다.

다섯째, 컴퓨터보조수업의 등장에 역할을 하였다. 1960년대 퍼스널 컴퓨터의 등장으로 교수기계, 프로그램교재, 개별화 수업의 원리를 컴퓨터에 활용함으로써 컴퓨터를 학습의 보조수단으로 이용하는 획기적인 계기가 되었다. 이것은 오늘날 모바일과 스마트 러닝의 설계와 개발에 기본원리로 채택되었다.

그리고 여섯째, 교수설계의 체제접근 활용에 영향을 주었다. 교수기계, 프로그램교재, 개별화수업, 컴퓨터보조수업의 등장과 함께 교수설계에 체제접근의 활용은 교육공학의 학문적 틀을 완성하는 계기를 만들었다.

이와 같이 교육공학의 발전에 미친 행동주의 학습이론은 지금도 많은 교육프로그램의 설계와 개발에 유용하게 적용되고 있다. 체제접근을 활용한 수많은 교수설계모형과 정보통신기술을 활용한 다양한 교수 접근은 행동주의 학습원리를 기반으로 하고 있다. 특히 위계적으로 낮은 학습내용이나 학업성취가 뒤쳐진 학습자를 위한 학습프로그램이나 교수전략의 개발에는 행동주의 학습원리의 적용이 필수적이다.

그러나 행동주의 학습이론과 원리를 기초로 설계된 수많은 학습프로그램은 학습자의 깊은 사고력과 창의력의 개발을 방해한다는 비판을 피할 수 없었다(예, Hannafin & Rieber, 1989). 즉, 행동주의 학습원리에 근거한 교수설계는 기계적 암기나 단순한 개념의 학습에는 효과적이나 깊은 처리나 이해를 촉진시키는 복잡한 학습에는 별로 유익하지 않는 것으로 밝혀졌다. 특히 지식의 전이에 한계가 있다는 문제점이 무엇보다 크게 부각되었다(예, Tennyson, 2010). 이것은 주로 환경이나 조건에 따라 학습함으로써 학습자의 수동적 행동이 고착화되어 개방적이고 창의적으로 생각하거나 행동할 여지가 약화될 수 있기 때문이다.

2. 인지주의 학습이론

(1) 기본 원리

인지주의 학습이론은 주로 무수하게 복잡한 인간행동을 자극과 반응의 단순한 연결구도로 설명하려는 행동주의에 대한 반발로 일어났다. 인지주의자는 인간이 생각하고 행동하는 방법을 설명하기 위해서 지각 및 인지 체계로 들어오는 자극에 대하여 작동하는 정신 과정을 연구해야 보다 복잡다단한 인간행동을 설명할 수 있다고 주장한다(예, Anderson, 1983). 이것을 설명하기 위한 기본 구도로 정보처리접근이 제시되었다. 즉, 정보처리접근은 감각기관을 통해서 주의를 받은 정보가 단기기억에 저장되며, 여기서 시연을 통해서 약호화된 정보는 장기기억으로 저장된다. 인지주의자들은 이렇게 저장된 정보가 외부의 자극에 반응하기 위해서 인출되는 과정을 설명함으로써 인간의 기억현상과 지식형성을 이해하고자 하였다. 그들은 이런 정보처리과정을 통해서 외부에서 관찰 가능한 행동의 기저에 있는 내적 정신과정에 관심을 두게 되었다. 예를 들면, 인간의 기억은 학습될 항목들이 서로 의미 있게 관련되거나 학습자의 기존지식과 연결될 때 쉽게 일어난다. 여기서 학습, 의미, 기억은 순환적 관계로 이루어져 있다(Winn, 2004). 학습자가 학습하는 내용은 그 내용이 얼마나 의미 있는가에 영향을 받고, 의미는 학습자가 기억하는 내용에 영향을 받으며, 기억은 학습자가 학습한 것에 영향을 받는다. 이들 간의 상보적 관계는 인지적 학습이론을 형성하는 기본 기제이다. 또한, Ausubel(1969)도 학습은 학습될 내용에 적절한 기억구조가 형성되어 있거나 선행조직자를 통해서 활성화될 때 가장 효과적으로 일어남을 강조하였다. 그래서 그는 인지주의 학습이론의 핵심은 의미형성에 있다고 주장한다.

인지주의자가 학습연구를 주도하면서 인간학습의 본질에 관한 논쟁을 일으켰다(Mayer, 2001). 즉, 학습은 자극과 반응의 인지적 연결을 강화하는 것인가? 기존지식에 새로운 지식의 추가인가? 아니면 조직화된 정신표상의 구성인가? 그리고 학습된 것은 무엇인지를 어떻게 특징지을 수 있는가? 이런 논쟁으로 학습의 과정에 대한 근본적 가정이 바뀌게 되었다. 즉, 학습은 자극에 대한 반응을 강화함으로써 일어나는 것이 아니라 기존의 지식이 새로운 지식을 받아들임으로써 지식의 표상(representation of knowledge)이 변화되는 것으로 보게 되었다.

또한 인지주의자는 학습을 환경에서 오는 자극을 이해하기 위해서 인간 유기체가 스스로 자신의 경험을 재조직화하는 과정으로 보기도 한다(Driscoll, 2005). 학습경험의 재조직화는 학습자 내부에서 능동적으로 일어나는데, 이 과정은 새로운 지식이 학습자의 기존 지식에 연합되는 것이다. 인지주의자는 학습자의 기존지식을 스키마(schema)라 명명하고, 이것을 학습과 경험을 통해서 형성된 지식의 표상 또는 정신모형으로 보았다(Winn, 2004). 스키마는 학습자가 환경을 직접적으로 경험할 때 보다 높은 수준의 일반성을 갖고 있다. 따라서 스키마는 외부의 경험이나 수업을 통해서 변화될 수 있으며, 특히 스키마는 새로운 지식이나 경험을 해석할 맥락을 제공하기 때문에 인지과정에서 핵심적 역할을 수행한다.

요컨대, 인지주의 학습이론은 새로운 지식과 기존지식의 결합, 결합된 지식의 저장, 저장된 지식의 표상과 변형, 그리고 이들 지식의 인출에서 일어나는 인지처리과정을 이해하려는 데 있다(Mayer, 2001). 이러한 인지 처리를 설명하기 위해서 정보의 약호화, 정교화, 조직화, 활성화 확산과 같은 개념들이 개발되었으며, 여기에 선행지식, 유의미성, 처리깊이, 선행조직자, 초인지 등을 통해서 학습이 일어나는 원리와 법칙을 설명한다.

(2) 교육공학에 미친 영향

인지주의도 근본적으로 행동주의와 같은 인식론적 관점을 표명하기 때문에 교육공학에 미친 영향은 행동주의와 많이 일치한다. 기본적으로 지식은 객관적으로 존재하기 때문에 교수자가 정보나 지식을 학습자에게 전달할 수 있다고 가정한다. 행동주의에서 지식을 전달하는 과정과 마찬가지로 학습과제와 학습자의 분석, 학습목표의 설정, 교수전략의 개발, 학습결과의 평가로 이루어지는 절차가 동일하게 적용된다. 하지만 인지주의가 교수설계에서 행동주의와 다른 점은 이들 과정에서 일어나는 내용이다(Winn, 2004).

교수설계 과정에 나타난 두 학습이론 간의 차이는 다음과 같다. 먼저, 학습과제 분석에서 행동주의에서는 학습내용의 위계나 계열을 분석하는 데 비해서 인지주의는 학습자가 구성하기를 기대하는 지식 단위(스키마의 일종)의 분석이나 학습자가 정보를 처리하는 단계를 분석한다. 물론, 지식의 단위와 정보처리의 단계가 함께 분석될 수도 있다. 다음으로, 학습자 분석에서 인지주의는 학습내용과 관련된 선행지식(학습목표의 학습을 위해서 필요한 지식이나 정보)과 사전지식(학습목표에 관련된 내용을 이미 습득한 지식이나 정보)의 확인을 통해서 학습자의 정신 모형을 기술하려고 한다. 정신 모형은 학습자가 정보를 기억에 표상·변형하는 방법과 전략을 이해하려고 제시된 개념이다. 행동주의에서는 수업하기 전에 과제수행의 수준을 분석하고, 그 분석을 바탕으로 행동목표를 진술하는 데 비해서 인지주의에서는 인지목표를 진술한다. 행동목표는 수업 후에 변화된 행동을 구체적으로 관찰할 수 있도록 진술되지만, 인지목표는 구체적 행동보다 높은 수준의 의도를 추론케 하는 동사로 진술된다(Morrison et al., 2001). 즉, 인지목표의 진술에는 이해, 응용, 해석, 평가, 활용과 같은 동사가 주로 사용된다. 예컨대, 인지목표는 '주어진 그래프를 해석할 수 있다'로 진술될 수 있다. 이것을 행동목표로 진술하면, '주어진 그래프에서 평균점수 이하를 받은 학습자의 수를 말할 수 있다'로 될 수 있다. 따라서 교수목표의 진술 방식에 따라서 교수방법과 전략도 다르게 개발된다.

인지주의에서 개발된 교수방법과 전략은 선행조직자의 도입, 기억술의 활용, 약호화 및 정교화 전력의 활용, 은유법의 이용, 학습자료의 군분류(chunking)를 대표적으로 들 수 있다. 이러한 인지적 교수방법들은 주로 교수설계의 모형을 개발하는 데 적용되었다(Tennyson, 2010). 대표적인 인지적 교수설계모형은 대화기반수업모형(Collins & Stevens, 1983), 구성요소시연이론(Merrill, 1983), 정교화이론(Reigeluth & Stein, 1983), 구조적 학습처방이론(Stevens & Scandura, 1987), 인지적 학습보조이론(Mayer, 1984), 그리고 학습조건이론과 교수의 아홉 가지 사태(Gagné, 1985) 등을 들 수 있다. 특히 Gagné가 학습유형별 학습의 조건과 정보처리과정에 적합하도록 교수사태(instructional events)를 설정한 것은 교수설계와 학습프로그램의 연구에 중요한 기틀을 제공해 주었다(양용칠, 2014).

무엇보다 인지주의가 교육공학에 미친 가장 중요한 영향은 교수설계의 초점이 외부적 환경에서 학습자로 바뀌었다는 데 있다(McLeod, 2003). 교수설계자는 학습자가 정보를 효과적으로 처리할 수 있도록 학습자의 수준과 능력에 맞추어 과제를 분석한다. 이러한 분석을 위해서 교수자는 학습자의 인지적 정보처리를 촉진하거나 방해하는 학습자의 관련 특성을 충분히 고려해야 한다. Blanton(1998)은 교수설계에 미친 인지적 학습이론의 영향으로 교수목표는 학습자의 현재 능력과 수준, 사회적 관심과 학습자의 미래의 요구도 고려해야 함을 강조하였다.

그러나 인지주의가 교육공학(교수설계)에 끼친 많은 영향에도 불구하고, 인지주의에 근거한 학습이론은 지식습득을 기억과 동일한 것으로 보기 때문에 교수자는 메시지의 전달에만 의지하는 수업을 하게 된다는 비판을 받는다(Mayer, 2001). 이에 대해 인지주의자들은 인지적 관점에서 수행되는 수업은 단기적으로 보면 기억에 의존하는 방법이지만, 장기적으로 보면 학습자에게 보다 유의미한 학습을 수행하도록 하는 잠재력을 갖게 할 수 있음을 강조한다. 학습자가 특정한 학습내용에 대한 선행지식을 학습자가 갖추지 못하였을 때, 교수자는 선행조직자를 동원해서라도 유의한 학습이 일어나도록 도와주어야 다음 학습에 도움을 줄 수 있다. 이렇게 하여 누적된 지식은 점차 새로운 정보나 지식을 받아들일 수 있는 스키마로 작용될 수 있다. 그럼에도 불구하고 학습자가 학습내용과 관련된 스키마나 선행지식이 없을 때 여전히 그것을 활용하는 전략이나 방법의 선택과 개발이 어렵기 때문에 학습은 쉽게 이루어지지 않는다. 또한, 인지주의도 행동주의 학습이론과 마찬가지로 사전에 제한적으로 설정된 교수목표를 상정하고 있기 때문에 행동주의가 갖는 동일한 단점이 지적되고 있다. 즉, 사전에 결정된 교수목표를 갖는다는 것은 수업의 분명한 목표나 방향을 위한 조직화에 도움이 될 수 있지만, 고정된 기대감이 학습의 잠재적 가능성을 더욱 제한할 수 있다. 이러한 문제는 학습자가 보다 복잡한 학습내용과 상황에 직면할 때 학습 수행에 어려움을 겪는 원인으로 지적된다.

3. 구성주의 학습이론

(1) 기본 원리

인지심리학자들은 학습과 사고의 연구에서 정신과정과 지식구조를 이해하기 위해서 단순한 실험실 과제보다는 보다 복잡한 과제로 연구하였다. 그 결과로 그들은 학습자가 정보를 단순히 처리하는 수동적 수령자가 아니라 환경과 상호작용을 통하여 지식을 능동적으로 구성하고, 자신의 정신 구조를 재조직화한다는 사실을 이해하게 되었다. Resnick(1989)이 학습은 정보를 기록함으로써 일어나는 것이 아니라 정보를 해석함으로써 일어난다고 보았다. 학습자는 지식의 수용자가 아니라 지식의 의미 형성자이다. 예를 들어, 한 자릿수 문장제 덧셈과 뺄셈을 배우는 초등학교 1학년 학생을 자세히 관찰해 보면, 학습의 구성적 과정에 지배되고 있음을 알 수 있다. 즉, 1학년 학생이 한 자릿수 덧셈과 뺄셈을 누구에게서도 배우지 않은 기상천외한 덧셈과 뺄셈 전략을 구사하고 있음을 쉽게 관찰할 수 있다. 그들은 덧셈과 뺄셈의 해결 전략을 스스로 구성한다.

　　지식습득의 관점에서 구성주의 학습원리와 인지주의 학습원리는 분명하게 다르다. 지식은 교수자로부터 모든 학습자에게 동일하게 전달되는 것이 아니라, 학습자 개개인이 들어오는 지식을 나름대로 구성한다고 본다. 즉, 구성주의 관점에서 학습자는 지식을 주관적으로, 행동주의와 인지주의 관점에서 지식을 객관적으로 인식하는 것으로 가정한다. 지식습득의 객관적 관점은 세상에 대한 개인의 경험이 모여서 자신의 마음에 표상되기 때문에 지식은 학습자와 독립적으로 존재하고, 학습은 지식을 학습자 외부에서 내부로 전이하는 과정이라고 본다. 반면에 주관적 관점에서 지식은 개인의 경험과 이해의 수준에 따라 구성되기 때문에 학습자의 인식에 존재하고, 학습자는 의미를 추구하는 능동적 유기체로 본다. 유완영(2014)은 구성주의에서 구성의 과정은 학습자가 경험하는 사물이나 사상에 의미(meaning)를 붙이는 과정이라고 한다. 즉, 의미를 붙인다는 것은 학습자가 경험하는 사물과 사상에 대한 선행 경험, 스키마, 또는 신념으로 그것들을 해석하는 것을 말한다(Jonassen, 1991). 따라서 모든 학습자가 같은 내용을 동일한 의미로 습득하는 것이 아니고, 개별 학습자 내부에서 일어나는 이해과정에 따라 다른 의미로 습득할 수 있다. 새로운 상황에 대한 학습경험은 지식의 구성과정에 교란을 일으키게 되고, 그 상황을 자신의 내재적 세계와 협상을 통하여 의미를 구성해 나가는 과정을 학습이라고 본다(Corte, 2010).

　　한편, 구성주의도 학습자에게 일어나는 심리적 과정과 학습에 영향을 주는 사회적 및 상황적 측면에 따라 인식론적 관점이 갈라진다. 이 둘의 차이를 Illeris(2003)는 이렇게 정리한다. 하나의 관점은 새로운 지식과 정보는 학습자의 선행학습과의 내부적 심리과정으로 일어나는 인지적 구성주의이다. 또 다른 관점은 모든 학습은 학습자와 그의 환경 및 문화와의 외부적 상호작용으로 일어나는 사회적 구성주의이다. 이들 학습의 관점은 학습자 개인의 심리적 기제인가, 또는 사회적 환경인가에 따라 다르지만, 기본적으로 학습자를 학습과정의 중심에 두고 있다는 점에 공통성을 띤다. 어느 관점이든 학습자가 학습무대의 중심에 서게 되었다는 점에서 객관주의 학습이론과는 크게 대조된다. 즉, 객관주의는 교수자가 학습무대의 중심에서 주도적 역할을 하는 것으로 본 반면에, 구성주의는 학습자가 학습무대의 중심에서 자신의 학습에 책임지는 것으로 본다. 따라서 구성주의에서 보는 학습자는 자신의 학습을 자신이 조절하고 통제하는 자기조절능력, 초인지능력, 타인과 협동능력을 지닌 존재이다(Corte, 2010).

상황적 관점에서 학습은 사회적 및 문화적 맥락에서 참여를 통한 상호작용으로 일어난다. 학습의 협력적 성질은 학습의 사회적 본질을 강조하는 상황적 관점과 밀접하게 관련된다. 학습은 개인의 순수한 독자적 활동만으로 쉽게 일어날 수 없으며, 대체로 여러 사람이나 집단과 분산적 활동으로 일어난다. 개인의 학습은 접근 가능한 타인, 환경, 자원, 도구 등과 협력적으로 일어난다. 그렇다고 협력과 상호작용이 개별적으로 일어나는 학습을 완전히 배제하는 것은 아니다. 학습은 분산인지와 개별인지 간의 상호작용으로 보다 촉진될 수 있음을 의미한다.

일부 구성주의자는 지식의 구성과정을 발견의 과정으로 보기도 한다(Illeris, 2003; Tobias & Duffy, 2009). 지식의 구성적 과정과 발견의 과정은 새로운 것을 자신의 경험이나 기존지식으로 이해하고 해석한다는 점에서는 동일한 정신과정으로 볼 수 있지만(Driscoll, 2005), 지식의 구성은 순수한 발견의 과정으로 일어날 수 없다(Kintsch, 2009). 따라서 구성주의는 학습이 능동적 및 구성적 과정으로 일어나도록 교사의 모델링, 코칭, 스케폴딩과 같은 지원이나 안내 활동이 제공되어야 한다. 이를 위해서 교사에 의한 타인 조절(예, 코칭이나 스케폴딩)과 학습자에 의한 자기조절(예, 자기 통제나 점검) 간의 균형은 구성주의 학습환경의 설계에 다양하게 적용될 수 있다(양용칠, 2014).

인지적 구성주의는 학습이 외부와 단절된 상태, 즉 상황적 환경과 독립적으로 일어난다는 주장으로 비판을 받는다. Lave와 Wenger(1991)는 인지와 학습은 사회 및 환경과 독립된 것이 아니라 상호작용으로 일어나며, 지식은 상황적이라고 주장한다. 사회적 구성주의는 학습을 학습자 내부에서 일어나는 '구성적 과정'보다는 학습자 외부의 '참여와 사회적 협상'을 더욱 중시한다. 그러나 구성주의의 상황적 관점은 적절치 못한 여건에서 도출된 부정확하고 과장된 측면이 있고, 학습에서 지식의 역할을 폄훼하거나 부적절하게 검토한 결과라는 주장이 있다(Corte, 2010). 따라서 인지심리학과 상황이론의 긍정적 측면을 통합하는 이론적 탐구 및 경험적 연구가 수행될 필요가 있다.

요컨대, 구성주의 학습이론에서 학습은 개인의 경험과 이해의 수준에 따라 지식을 구성하는 과정에서 일어나며, 학습자는 의미를 추구하는 능동적 유기체이다. 지식의 구성은 학습자 내부에서 일어나는 심리적 과정과 학습자 외부에서 일어나는 사회적 상황에 따라 인지적 구성주의와 사회적 구성주의로 나눈다. 하지만 두 이론은 학습자를 학습과정의 중심에 두고 있다는 공통성을 갖고 있다. 이것은 교수자 중심 교수환경에서 학습자 중심 학습환경으로 변화되는 교육 환경의 개발에 결정적 의미를 지닌다. 구성주의자는 지식의 구성과정을 순수한 발견학습의 과정과 동일한 개념으로 보지 않는다. 구성주의에서 학습은 지식의 구성적 과정을 돕는 안내와 스케폴딩이나 코칭과 같은 전략으로 일어날 수 있음을 강조한다.

(2) 교육공학에 미친 영향

행동주의와 인지주의 학습이론은 여전히 교육공학의 연구에 무시하지 못할 영향력을 발휘하고 있다. 그러나 상호작용을 요구하는 학습환경과 학습자 중심 테크놀로지의 등장으로 구성주의 학습이론이 강력하게 부각되면서 이를 활용하는 학습환경의 설계와 구성에 대한 연구가 크게 관심을 끌고 있다(나일주, 2007; Hannafin & Land, 1997; Jonassen & Land, 2012). 특히, 인터넷을 비롯한 테크놀로지 매체는 이전의 다른 교수매체에서는 구현하기 어려운 구성주의의 교수-학습 전략을 개발하는 데 효과적인 수단이 되고 있다(강인애, 1997). 구성주의를 활용하는 교수조건과 방법에 대한 연구는 주로 학습자중심 학습환경설계, 협동학습과 문제스케폴딩(problems scaffolding), 목표기반시나리오(GBS), 문제중심학습(PBL), 인지도제학습, 경험 기반 및 시뮬레이션학습을 실행하는 데 기여하고 있다.

인터넷을 활용하는 학습환경의 보편화로 구성주의를 중심으로 한 교수설계와 개발 필요성이 높아지고 있지만, 구성주의는 이에 대응할 만한 근거기반학습의 원리와 법칙을 분명하게 내놓지 못하고 있다(Jonassen & Land, 2012). 또한 구성주의 교수설계의 연구에 직접적으로 활용되는 데 필요한 경험적 연구결과가 많지 않아서 실제적 교수설계나 교수방법으로 정착되지 못하고 있다는 비판도 있다(Driscoll, 2005; Duffy & Cunningham, 1996). 이에 대응하기 위한 실제적 연구가 학습과학으로 나타났다. 특히, 사회적 구성주의는 교실수업의 복잡한 실제성에 대한 학습연구의 관심을 새롭게 자극하였다. 학습과학자들은 교실수업의 문제를 해결할 수 있는 교수-학습이론을 개발하기 위해서 실험실에서 이론적 연구보다 교실에서 실제적 연구를 수행하고 있다(Sawyer, 2006). 또한, 이들은 복잡한 교실수업에서 일어나는 실제적 학습문제를 연구하기 위해서 양적 및 질적 연구방법을 활용하며, 이런 연구 접근은 학습의 사회적 및 맥락적 특성을 이해하는 데 기여할 것으로 기대된다. 따라서 구성주의 학습이론이 첨단 테크놀로지를 효과적으로 활용하는 학습환경의 설계에 적용되기 위해서는 복잡한 실제적 환경에서 연구된 결과를 바탕으로 수행될 필요가 있다. 현재로선 구성주의 학습이론을 교수설계에 적용하는 연구가 학습과학의 영향으로 다소 주춤하는 듯 한 경향을 보이지만, 구성주의가 주도하는 깊이 있는 이해와 복잡한 과제의 해결과정에 대한 연구는 문제해결력과 창의력을 중시하는 시대적 요구로 여전히 힘을 얻고 있다.

이상과 같은 기본 관점에서 본다면, 구성주의는 인간의 마음과 학습의 본질에 관한 인식론에서 출발하였기 때문에 학습현상을 설명하는 실증적인 근거나 자료에 바탕을 두지 못하고 있다는 지적을 받는다(예, Driscoll, 2005). 구성주의가 철학적 인식론이냐, 심리학적 인식론이냐에 따라 학습이론으로서 구성주의에 대한 평가가 달라질 수 있지만(Kirschner, 2009), 학습의 구성과정에 대한 깊은 이해와 정교한 처리에 대한 이론적 및 경험적 연구가 여전히 요구된다. 구성과정이 어떻게 일어나는지에 대한 설명은 여전히 분명치 않다. 구성과정을 발견의 과정으로 설명하려는 관점은 구성주의 학습을 발견학습에 의존하고 있다는 비판을 받는다. 이것은 학습자에게 최소한의 안내만 제공하는 전략을 활용함으로써 작용기억에 인지적 과부하를 초래한다는 것과 같은 맥락이다(Mayer, 2004).

그러나 이러한 비판에도 불구하고, 구성주의 학습이론은 인간학습의 여러 복잡한 현상을 설명할 수 있는 부분을 많이 갖고 있음은 분명하다. 그렇기 때문에 교육공학자들은 구성주의 학습의 기본 원리를 교수설계에 적용하려는 연구를 활발하게 수행하고 있다(임철일, 2012; 정재삼, 1996; 정현미, 2003; Hannafin & Land, 1997; Jonassen & Land, 2012; McLeod, 2003; Tennyson, 2010). 구성주의는 다양한 이론적 및 인식론적 관점이 있고, 구성주의에 기초한 학습환경이나 교수 프로그램의 효과에 대한 논쟁도 여전하다(Tobias & Duffy, 2009). 그렇지만 학습자 중심 학습환경의 성공적 개발은 구성주의 학습이론에 근거한 경험적 연구의 결과에 크게 의존할 것으로 보인다.

지금까지 정리한 행동주의, 인지주의와 구성주의 학습이론의 주요 개념과 교육공학의 발전에 미친 영향을 요약하면 다음 <표 2-1>과 같다.

표 2-1 | 행동주의, 인지주의, 구성주의 학습이론의 주요 내용 비교

학습이론 내용구분	행동주의	인지주의	구성주의
학습원리	자극과 반응을 강화로 연합시키는 과정	기존지식과 새로운 지식을 결합하는 과정	개인의 경험과 지식, 환경(상황)과 상호작용을 통한 지식구성 과정
학습자관점	환경으로 통제되는 수동적인 유기체	스키마 영향으로 경험을 재조직화하는 능동적인 유기체	경험과 지식으로 의미를 추구하는 능동적 유기체
학습요인	자극의 체계적 배열, 자극 제시의 적시성, 변별, 일반화, 강화	인지처리활동을 촉진하는 약호화, 정교화, 조직화, 활성화, 맥락화, 초인지	내적 경험, 자기조절, 발견, 의미추구, 협력, 협상, 참여의 상호작용
과제분석	지식의 위계적 및 계열적으로 분석	지식을 처리하는 정보의 가장 작은 단위로 분석	학습자 경험과 지식 수준에 맞도록 분석
학습자분석	과제수행 수준 분석	선행지식, 사전지식, 정신모형의 기술	현재 상태, 학습요구와 능력, 학습상황과 맥락
교수목표	구체적인 행동적으로 진술(준거와 조건포함)	포괄적인 진술 (행동을 추론하는 동사의 활용)	추상적, 개별적인 진술 (문제해결능력, 추론적, 창의적 사고)
교수전략	강의와 교재로 정보제시, 연습과 반복, 규칙적인 복습, 피드백 제공 전략	스키마 기반 약호화와 정교화, 조직화(선행조직자), 기억술, 군분류 전략	실제적 과제, 스케폴딩, 코칭(모델링), 자기조절, 문제해결학습 전략
교수설계	행동목표의 진술 학습과제의 분할 교수내용의 계열화 학습자 개별화수업 교수목표지향평가 체제적 접근 활용	인지목표의 진술 선행지식의 강조 정보처리단계분석 조직화, 약호화, 정교화 학습내용의 군분류 초인지 전략 활용	학습 및 적용상황 분석 학습과제의 맥락화 사회적인 협상 요구 협력적인 학습 조장 자기조절 및 공동조절 학습자 중심 학습환경
제한점	단순과제 학습에 한정 학습결과 전이에 한계 학습자의 활동에 제한 창의적인 사고에 방해	유의미한 학습과정 한정 인지처리 과정이해 부족 지식표상(스키마) 다양성 인지구조 이해연구 한계	철학적 인식론에 바탕 경험적 연구결과 부족 학습자 구성과정 불명 실제적 학습상황 한계

4. 학습이론이 교수설계에 미친 영향

학습이론이 행동주의에서 인지주의로 변화할 때 교육공학의 패러다임에 본질적 변화는 나타나지 않았다. 왜냐하면 인지주의 학습이론도 행동주의(반응강화)와 같이 지식습득을 객관적 인식론에 근거를 두었기 때문이다. 그러나 인지주의(지식습득)에서 구성주의(지식구성) 관점으로 변화는 객관주의에서 주관주의로 인식론의 근본적 전환을 초래하였기 때문에 교육공학연구의 패러다임에 전

환을 가져왔다. 특히, 교육공학 연구의 핵심인 교수설계의 이론과 모형 개발연구에 보다 분명한 변화를 야기하였다. 예를 들면, 학습이론의 객관적 관점에서 교수설계는 학습과제를 먼저 가능한 한 작은 단위로 분석한다. 그 단위별로 학습목표를 획일적으로 설정한 후에 학습자의 수준과 특성에 적합하도록 교수자가 학습과제를 제시하는 형태로 교수전략이 개발된다. 반면에 학습이론의 구성적 관점에서 교수설계는 학습과제를 구체적으로 분석하지 않으며, 학습목표도 학습자의 경험과 이해 수준에 따라 다양하게 설정된다. 학습과제의 제시전략도 학습자 중심으로 과제의 해결을 돕는 형태로 개발된다. 따라서 구성주의 학습환경은 학습자의 다양한 수준과 경험을 바탕으로 이해를 깊게 하거나 구성하도록 설계된다(Jonassen & Land, 2012). 구성주의 학습이론을 반영하는 대표적 학습환경의 설계는 모델기반학습환경설계(Seel, Ifenthaler, & Pirmay-Dummer, 2008), 사례기반학습환경(Kolodner, Owensby, & Guzdial, 2004), 문제기반학습환경설계(Hung, Jonassen, & Liu, 2008), 메타인지와 자기조절기반학습환경설계(Azevedo, 2008) 등을 들 수 있다.

한편, 인지주의 학습이론은 행동주의와 동일한 인식론적 관점이지만, 인지적으로 학습자의 유의미한 경험과 능동적 참여를 강조하는 점에서 구성주의 학습이론과 일치하는 측면도 있다. 즉, 인지주의에서 학습자의 내부에서 일어나는 심리적 과정은 구성주의 학습의 과정과 유사한 이론적 근거를 지닌다. 그러나 구성주의는 외부의 맥락이나 상황과 학습자 간에 상호작용을 강조하는 점에서 인지주의와 다르다. 즉, 인지주의는 학습자의 내적 과정에 초점을 두고, 구성주의는 내적 과정을 포함해서 학습자의 외적 환경에도 초점을 둔다. 따라서 인지주의를 중심으로 행동주의는 학습자의 외적 자극을 중시하고, 구성주의는 학습자의 내적 구성을 강조하는 연속선상에 있는 것으로 볼 수 있다. 이 관계는 [그림 2-1]과 같이 표현될 수 있다.

또한, 인지주의와 구성주의가 학습의 현상을 설명하는 데 유사성을 보이기는 하지만, 교수설계의 적용면에서는 다른 관점을 보인다. 즉, 인지주의는 지식 습득에 객관적 관점을 취하기 때문에 체제접근에 근거한 교수설계가 가능하지만, 구성주의는 체제접근에 근거한 교수설계가 쉽지 않다(Jonassen, 1991). 구성주의 교수설계는 복잡한 실제적 학습과제의 제공, 실제적 사례기반학습환경의 제공, 성찰 연습의 촉진, 맥락과 내용의존 지식구성과 지식의 협력적 구성을 지

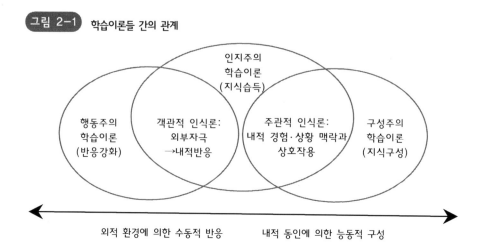

그림 2-1   학습이론들 간의 관계

원하도록 한다(Jonassen & Land, 2012). 그리고 구성주의 학습이론으로부터 지식
의 구성을 지원하는 학습환경의 설계는 다음과 같이 도출될 수 있다(Siemens,
2005). 첫째, 개인적 인지갈등의 해소와 교사나 동료와의 사회적 협상을 장려한
다. 둘째, 세상의 실제적 환경을 탐구과정에 활용한다. 셋째, 유의미한 실제적
맥락을 제공하여 사고와 문제해결 과정에 성찰을 자극한다. 그리고 넷째, 깊은
이해를 촉진시키는 지적 도구를 제공한다(Lowyck, 2014). 구성주의 학습이론에
근거한 교수설계는 인터넷과 웹을 활용한 모바일과 스마트 러닝 환경의 개발에
도 유용하게 활용될 수 있다.

　　그러나 Ertmer와 Newby(1993)는 행동주의, 인지주의, 구성주의 학습이론
을 비교한 후에 한 가지의 학습이론이 모든 학습자와 학습과제에 적합할 수 없
으며, 각 학습이론에 적합한 교수전략은 학습자의 지식수준과 학습과제가 요구
하는 인지처리의 수준에 따라 결정될 수 있음을 강조하였다. 즉, 학습자의 지식
수준이 낮고 과제가 요구하는 인지처리의 수준이 낮을 때(예, 쌍연합학습, 변별학
습, 기계적 학습 등)는 행동주의 학습원리에서 도출된 교수방법이 적절하고, 학습
자의 지식수준이 다소 높고 과제가 요구하는 인지처리의 수준도 높아지면(예, 개
념학습, 원리학습, 절차실행 등) 인지주의 학습이론에서 도출된 교수방법이 적합하
다. 한편, 학습자의 지식수준이 높고 과제가 요구하는 인지처리의 수준도 높을
경우에(예, 문제해결학습, 인지전략학습, 창의적 학습 등) 구성주의 학습이론에 근거
한 교수방법이 보다 효과적일 수 있음을 제안하고 있다(그림 2-2). 그러나 이들

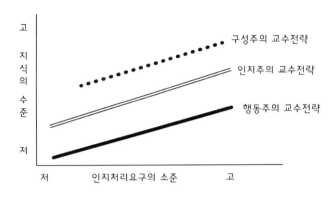

그림 2-2   학습자의 지식과 과제별 인지처리요구의 수준별 교수전략 (Etmer & Newby, 1993)

학습이론에서 도출된 교수방법이나 전략은 교수설계에 상호보완적으로 활용될 수 있다. 각 학습이론들의 연속선상에서 교수전략이 도출되지만, 학습과제와 학습자의 수준에 따라 적용될 교수전략과 방법에 분명한 차이를 나타내고 있다. 교수설계는 이러한 차이를 적절하게 고려하여 학습상황에 가장 적합한 학습이론을 선택하여 적용할 수 있을 것이다.

III. 학습이론과 교육공학의 발전 전망

학습이론이 교육공학의 발전에 끼친 전반적 영향을 제대로 검토하지 못한 상태에서 미래를 전망하기는 매우 조심스럽다. 그렇지만 미래의 과제나 방향을 조망하는 것 자체가 현재 상황을 보다 분명하게 이해하는 데 도움을 줄 수도 있다. 특히, 교육공학은 끊임없이 새롭게 발전하는 테크놀로지를 교육실제에 활용하기 위한 연구를 지속적으로 수행해야 하는 과제를 안고 있기 때문에 미래의 전망은 불가피하다. 따라서 지금까지 학습이론이 교육공학의 연구에 미친 영향을 고려하면서 교육공학의 이론, 연구 방법, 그리고 실천 방안을 필자가 2000년 (양용칠, 2000)에 쓴 것을 바탕으로 그 간에 변화 내용을 추가하는 것으로 전망을 대신하고자 한다.

1. 교육공학의 이론 연구와 학습이론

교육공학은 학습이론의 유형이나 특성에 직접적인 영향을 받아왔다. 이러한 영향은 교육공학의 학문적 정체성이 확보될 때까지는 계속될 것으로 보인다. 실제로 교육공학의 학문 성격상 학습이론의 영향을 벗어나서 독립적인 연구 영역을 확보하기는 쉽지 않을 것 같다. 앞으로 교육공학의 이론적 기초는 학습이론에서 연구된 결과와 발전에 여전히 의존할 가능성이 높다. 학습이론이 교육공학의 발전에 강한 영향을 준 것으로 주장하는 학자들은 학습이론에 관한 깊은 지식은 교육공학자에게 필수적 능력으로 본다(Shiffman, 1995). 이유는 교육공학의 모든 영역에 학습이론이 녹아있기 때문이다. 교육공학자는 적절한 교수설계 전략의 활용을 최적화하기 위해서 각 학습이론의 강점과 약점을 이해할 필요가 있다. 이러한 관계를 전제하면서 학습이론이 교육공학이론의 발전에 미칠 영향을 전망해 본다.

첫째, 학습이론에 근거한 실증적 연구에서 나온 결과를 활용해서 학습을 촉진시킬 교수설계의 전략과 기법이 더욱 중요하게 연구될 것 같다. 근자에 와서 교육공학 연구는 교수-학습이론을 기초로 수행되기보다는 테크놀로지를 기반으로 하는 전달체제의 연구에 집중되고 있다(Mayer, 2001). 테크놀로지의 활용에 강한 연구자들은 테크놀로지의 전달 기능에 초점을 둔 연구에 관심을 두고, 이론적 연구에 강한 학자들은 실험적 검증을 위한 학습 프로그램의 개발에 초점을 두려는 경향이 있다. 이러한 테크놀로지와 이론 간에 분리된 연구는 학습의 실질적 촉진에 영향을 주지 못하고 있다는 비판에 따라 최근에는 이들 두 접근을 아우르는 학제간 융합적 접근으로 연구를 수행해 나가고 있다(Tennyson, 2010). 이에 따라 테크놀로지기반연구는 학습이론을 기반으로 하는 연구를 필요로 하고, 학습이론기반연구는 테크놀로지의 활용을 필요로 한다. 특히, 그간의 교육공학연구에서 학습이론이나 교수이론을 바탕으로 교수와 학습을 개선하기 위한 연구는 상대적으로 많지 않다(정현미, 양용칠, 2005). 그 이유는 테크놀로지의 변화속도가 워낙 빨라서 첨단 테크놀로지를 교육현장에 적용하는 실증적 연구를 수행할 기회를 갖지 못하는 데서 찾을 수 있다. 새로운 테크놀로지의 기술이나 이론을 소개하는 수준에서 현장에서 실증적 검증이나 적용을 시도하는 경험적 연구에 대한 관심이 높아질 것이다.

둘째, 교육공학 자체의 정체성을 확보하기 위하여 자체의 이론 개발에 더욱 관심을 갖게 될 것이다. 교육공학은 시대적 사회적 변화에 따라 새로운 분야와 함께 새로운 과제가 끊임없이 제시되고 있으나, 교육공학자들은 이를 해결할 이론적 배경과 전문성을 충실히 갖추지 못하고 있다(Reigeluth & Carr–Chellman, 2009). 오히려 다른 분야의 학자들(예, 정보통신공학자, 경영학자, 심리학자, 두뇌과학자 등)이 교육공학의 분야에 관심을 많이 보이고 있다. 이러한 현상은 교육공학 연구자들이 대부분 테크놀로지를 활용하는 전달체제의 연구에 주로 관심을 두었기 때문에 나타날 수 있었다. 사실상 순수한 교육공학자가 테크놀로지에 전문적 능력을 발휘하기란 쉽지 않다. 그런데 교육공학자들이 이런 테크놀로지 활용연구에 치중하면 이것을 전공하는 전문연구자들의 수준을 따라잡기 어렵고, 그 결과로 교육공학자들의 고유한 연구영역을 상실할 수도 있다.

셋째, 첨단 테크놀로지를 교육에 활용하기 위한 교수설계의 원리와 기법을 개발하는 연구가 더욱 확대될 것이다. 새로운 테크놀로지는 새로운 교수–학습환경의 설계와 개발을 창출하도록 할 것이고, 이러한 설계는 학습을 촉진하는 새로운 학습환경을 구성하는 데 기여하게 될 것이다. 그런데 현재 많은 교육공학연구자들은 새로운 공학 기술을 활용한 새로운 교수설계 모형이나 전략의 탐구보다는 새로운 테크놀로지에 학습내용을 담아서 전달하는 연구에만 초점을 두고 있다(Gozma, 2000).

그리고 넷째, 교육공학의 연구는 학습자의 특성에 맞는 교수–학습이론과 테크놀로지의 특성을 통합하는 이론 개발과 교수설계의 기법개발을 촉진하게 될 것이다. 기본적으로 교육공학은 이들 세 가지에 대한 이해를 바탕으로 연구되는 학문이다(Hannafin & Land, 1997; Jonassen & Land, 2012). 학습이론가는 학습현상을 탐구하고, 수업전문가는 교수기술을 연구하고, 테크놀로지스트는 테크놀로지를 개발하여 새로운 원리와 산물을 내어놓지만, 교육공학자는 이 분야에서 연구된 결과를 통합하여 학습을 개선하는 처방적 원리나 기법을 구체적 상황에 맞도록 제시하게 될 것이다.

2. 교육공학의 연구방법과 학습이론

학습이론은 심리학에서 주로 연구된 과학적 방법을 활용하여 탐구되었다.

여기서 나온 원리와 법칙을 교육공학 연구에 접목하기 위해서 학습이론의 탐구에서 적용된 방법이 자연스럽게 활용되어 왔다. 심리학 연구에 활용된 연구방법이 교육공학의 연구방법에 미칠 전망을 간단히 제시한다.

첫째, 심리학에서 개발된 다양한 연구방법들이 교육공학의 연구에 주로 활용되어 왔으나, 이들 연구방법의 역할이 점차 약화되고 교육공학의 고유한 연구방법을 활용하는 비중이 높아지고 있다. 심리학의 연구방법은 크게 경험적인 것과 비경험적인 것으로 나눌 수 있다. 경험적 연구에는 실험 연구, 조사 연구, 사례연구, 프로그램평가 연구, 개발 연구, 질적 연구를 들 수 있으며, 비경험적 연구는 문헌조사, 개념분석, 프로젝트·모델·툴·소프트웨어의 설명 등을 들 수 있다. 교육공학의 고유한 방법은 개발연구 이외는 활발하게 연구되거나 적용되지 않고 있다.

둘째, 심리학의 연구방법에 절대 의존에서 벗어나 다양한 학문의 연구방법을 도입함으로써 교육공학의 학문적 특성에 적합한 연구방법의 개발에 관심이 높아질 것이다. 위에서 지적한 것처럼, 교육공학의 연구방법은 주로 심리학에서 연구된 경험적(양적) 연구가 대체로 주종을 이루어 왔다. 최근에 교육공학 연구의 대안적 방법론으로서 문화기술적, 생태학적, 기호학적, 예술적, 사례적 연구의 필요성이 다각도로 지적되고 있지만(Driscoll, 2005), 이런 방법들이 교육공학의 학문적 특성에 적합한 방법인지에 관한 논쟁의 여지는 남아있다. 이들 방법을 활용한 연구물도 그렇게 많이 나오지 않고 있다. 주로 학습이론의 연구에 적용된 경험적 연구방법과 최근에 부쩍 늘어난 질적 연구방법을 포함한 새로운 대안적 연구방법들은 교육공학의 학문적 특성을 반영하는 새로운 연구방법의 개발에 기여하게 될 것이다.

그리고 셋째, 구성주의는 학습을 연구하는 방법으로 내성적 또는 성찰적 접근에 의존하는 경향을 보인다. 구성주의는 기본적으로 철학적 인식론 접근이기 때문에 심리학의 경험론적 접근과는 본질적으로 다르다. 교육공학은 경험론적 접근을 기반으로 연구되어 오다가 최근에 대안적 방법으로 질적 연구나 문화적 연구로 확대되어 나가고 있다. 그러나 구성주의 학습이론이 실질적으로 교육공학의 탐구에 영향을 주기 위해서 경험적으로 검증된 연구결과의 도출에 관심이 더욱 높아질 것이다.

3. 교육공학의 현장실천에 미칠 전망

교육공학은 기본적으로 이론적 탐구보다는 교육의 이론이나 원리를 교육현장의 개선(주로 학습의 개선)을 위한 실천적 내용을 연구하는 데 초점을 둔다. 여기서는 학습이론이 교육현장의 학습여건이나 환경을 개선하는 데 미칠 영향을 간단히 제시해 본다.

첫째, 학습이론의 발전과 함께 교육공학의 주요한 무대는 사이버학습환경의 설계가 될 것이다. Winn과 Snyder(1996)는 교육공학 연구의 시기를 학습이론 패러다임의 변화에 맞추어 교수설계, 메시지설계, 그리고 환경설계로 구분한 바 있다. 교수설계 시기는 행동주의 학습이론의 영향으로 수업내용의 분석 중심으로 설계되었고, 메시지설계 시기는 인지주의 학습이론의 영향으로 수업내용설계에서 교수형태의 설계로 변화되었고, 환경설계 시기는 구성주의 학습이론의 영향으로 학습자 스스로 학습내용의 이해를 구성하도록 설계되었다. 특히 학습환경의 설계는 사이버학습환경(이러닝, 모바일러닝, 또는 스마트러닝)의 교수개발에 중요한 관심사로 부각되고 있다. 현재 구성주의 학습이론을 반영하는 학습자 중심학습환경의 설계연구가 집중적으로 수행되고 있다(예, Jonassen & Land, 2012; Willis, 2005).

둘째, 학습이론 이외 심리학 분야의 발전도 교육공학의 발전에 기여할 가능성이 높다. 인공지능 심리학, 신경과학 심리학의 발전에 따라 교육공학의 인간학습 촉진에 미치는 영향은 매우 크게 확산될 것이다. 또는 산업 및 조직 ─ 인간요인 심리학은 수행공학의 연구와 실제에 영향과 변화를 줄 것으로 기대된다. 이들에 대한 연구는 교육공학의 실제적 응용과 인간공학(humanistic technology)에 대한 관심으로 교수설계에 반영되어 나갈 것이다.

끝으로 셋째, 교육공학의 지평 확대를 위해서 교육공학의 고객(교수자, 교수프로그램개발자, 교육훈련당담자, 학습 및 교육컨설턴트 등)의 교육적 요구, 사회적 관심, 정책적 문제나 학습의 이슈들이 더욱 깊게 연구될 것이다. 이를 위해서 교육공학자는 이들의 요구에 맞는 이론 개발과 실제 연구에 깊이 개입하게 될 수 있다. 즉, 교수자 중심의 전달체제개발에서 학습자 중심의 학습환경체제의 개발과 관련된 연구로 빠르게 전환되어나갈 것으로 보인다(Sawyer, 2006).

IV. 결론

이 장에서는 교육공학의 발전에 미친 학습이론의 영향을 행동주의, 인지주의, 구성주의 학습이론을 중심으로 정리하고, 이를 바탕으로 학습이론이 교육공학의 발전에 미칠 전망을 간단히 살펴보았다. 교육공학은 일반체제이론, 커뮤니케이션이론, 테크놀로지의 영향도 받았지만, 행동주의, 인지주의와 구성주의로 대표되는 학습이론에 절대적 영향을 받으면서 발전되어 왔다(Richey, Klein & Tracy, 2011). 이것은 테크놀로지를 바탕으로 학습자의 학습을 촉진시키는 방법과 전략을 탐구하는 학문이라는 교육공학의 특성 때문이기도 하다. 이것은 교육공학의 연구가 제대로 수행되기 위해서는 학습이론에 대한 깊은 이해가 선행되어야 함을 의미한다. 교육공학의 발전에 기여한 초기의 학자들은 대부분 교육심리학이나 학습심리학을 배경으로 연구한 학자들이었다는 사실에서도 그것을 확인할 수 있다(예, Gagné, Glaser, Dick, Resnick, Merrill, Keller, Hannafin 등). 이들의 영향력으로 교육공학의 발전은 학습이론의 영향을 더욱 강하게 받았을 수도 있다.

초창기 교육공학의 발전에 기여한 학자들 이후에 테크놀로지의 발전이 급속하게 이루어지면서 학습이론 전문가보다는 테크놀로지 전문가가 교육공학의 연구를 주도하는 듯 한 경향이 나타나고 있다. 이것은 교육공학의 발전에 학습이론과 테크놀로지의 주도성 또는 영향력의 문제가 아니라, 교육공학의 학문적 특성상 학습이론을 바탕으로 활용되지 않으면 어떤 테크놀로지의 특성도 학습의 개선에 기여하기 어려울 것이라는 우려 때문일 수도 있다. 따라서 향후 테크놀로지의 발전이 빨라질수록 교육공학자는 학습이론에 대한 이해와 관심을 더욱 높여가야 할 것이다. 교육공학에서 학습이론을 바탕으로 하지 않은 테크놀로지의 활용은 사상누각이 될 수 있고, 첨단 테크놀로지를 바탕으로 하지 않은 학습이론의 활용은 시대착오적일 가능성이 높기 때문이다.

이런 관점에서 필자는 교육공학의 발전에서 학습이론과 테크놀로지를 결합하는 연구가 앞으로도 중요한 과제라고 본다. 특히, 교육공학자는 구성주의 학습이론과 첨단 테크놀로지의 결합 연구를 위해서 구성주의 학습이론에 대한 탐구를 더욱 확대해 나갈 필요가 있다. 비판적이고 창의적 인재 양성이 어느 때보다 중요하게 요구되는 시점에서 필자는 구성주의 학습이론을 활용하는 학습환경의 설계와 개발연구는 교육공학자에게 지워진 시대적 과제라고 본다.

참고
문헌

강인애(1997). 객관주의와 구성주의: 대립에서 대화로. 교육공학연구, 13(1), 3-19.

나일주(2015). 묵스의 이해. 서울: 학지사.

나일주(2007). 교육공학관련 이론. 서울: 교육과학사.

유완영(2014). 구성주의에서 의미의 의미. 교육공학연구, 30(1), 1-18.

임철일(2012). 교수설계이론(2판). 서울: 교육과학사.

정재삼(1996). 교수설계(ID)와 교수체제개발(ISD)의 최근 경향과 논쟁-21세기를 대비하는 교수공학의 지식기반 구축을 위하여. 교육공학연구, 12(1), 41-74.

정현미(2003). 웹기반 학습환경 설계전략으로서 공동체접근 탐색: 공동체기반 학습환경설계에 관한 소고. 교육공학연구, 19(3), 161-196.

정현미·양용칠(2005). "교육공학연구" 20년 연구 흐름 분석. 교육공학연구, 21(4), 167-194.

양용칠(2000). 교육공학의 발전과 심리학: 영향과 전망. 교육공학연구, 16(3), 27-50.

양용칠(2014). 수업의 조건. 서울: 교육과학사.

Anderson, J. R. (1983). The architecture of cognition. Cambridge, MA: Harvard University Press.

Ausubel, D. P. (1969). A cognitive theory of school learning. Psychology in the Schools, 6, 331-335.

Azevedo, R. (2008). The role of self-regulation in learning about science with hypermedia. In D. Robinson & G. Schraw(Eds.), Recent innovations in educational technology that facilitate student learning(pp. 127-156). Charlotte, NC: Information Age.

Blanton, B. B. (1998). The application of the cognitive learning theory to instructional design. International Journal of Instructional Media, 25(2), 171-177.

Burton, J. K., Moore, D. M., & Magliaro, S. G. (1996). Behaviorism and instructional technology. In D. H. Jonassen(Ed.), Handbook of research for educational communications and technology(pp. 46-73), New York: Macmillan.

Collins, A., & Stevens, A. (1983). A cognitive theory in inquiry teaching. In C. M. Reigeluth(Ed.), Instructional-design theories and models. Hillsdale(pp. 247-278), NJ: LEA.

Corte, E. de. (2010). Historical developments in the understanding of learning. In H. Dumont, D. Istance, & F. Benavides(Eds.), The nature of learning: Using research to inspire practice(pp. 35−67). OECD Publications.

Crowder, N. A. (1962). The rationale of intrinsic programming. Programmed Instruction, 1, 3−6.

Driscoll, M. P. (2005). Psychology of learning for instruction(3rd ed.). Boston, MA: Pearson Education.

Duffy, T. M., & Cunningham, D. J. (1996). Constructivism: Implications for design and delivery system of instruction. In D. H. Jonassen(Ed.), Handbook of research for educational communications and technology. New York: Macmillan.

Ertmer, P. A., & Newby, T. J. (1993). Behaviorism, cognitivism, constructivism: Comparing critical features from an instructional design perspective. Performance Improvement Quarterly, 6(4), 50−70.

Gagné, R. M. (1962). Military training and principles of learning. American Psychologist, 17, 83−91.

Gagné, R. M. (1985). The conditions of learning(4th ed.). Boston, MA: Reinhart

Glaser, R. (1990). The reemergence of learning theory within instructional research. American Psychologist, January. 29−39.

Gozma, R. (2000). The relationship between technology and design in educational technology research and development: A reply to Richey. ETR&D, 48(1), 19~21.

Hannafin, M. J., & Land, S. (1997). The foundations and assumptions of technology−enhanced, student−centered learning environments. Instructional Science, 25, 167−202.

Hannafin, M. J., & Rieber, L. P. (1989). Psychological foundations of instructional design for emerging computer−based instructional technologies: Part I. ETR&D, 37(2), 91−101.

Hung, W., Jonassen, D. H., & Liu, R. (2008). Problem−based learning. In J. M. Spector, M. D. Merrill, J. V. Merrienboer, & M. P. Driscoll(Eds.), Handbook of research on educational communications and technology(pp. 485−506.

Illeris, K. (2003). Towards a contemporary and comprehensive theory of learning. International Journal of Lifelong Education, 22(4), 396−406.

Jonassen, D. H. (1991). Objectivism versus contructivism: Do we need a new philosophical paradigm? Educational Technology Research and Development, 39, 5−14.

Jonassen, D. H., & Land, S. M. (2012). Theoretical foundations of learning environments(2nd ed.). Taylor & Francis.

Kintsch, W. (2009). Learning and constructivism. In S. Tobias & T. M. Duffy(Eds.),

Constructivist instruction: Success or failure?(pp.223−241). New York: Routledge.

Kirschner, P. A. (2009). Epistemology or pedagogy, that is the question. In S. Tobias & T. M. Duffy(Eds.), *Constructivist instruction: Success or failure?*(pp.223−241). New York: Routledge.

Kolodner, J. L., Owensby, J. N., & Guzdial, M. (2004). Case−based learning aids. In D. H. Jonassen(Ed.), *Handbook of research for educational communications and technology*(pp. 829−864), Mahwah, NJ: LEA.

Lave, J., & Wenger, E. (1991). *Situated learning: Legitimate peripheral participation*. New York: Cambridge University Press.

Lowyck, J. (2014). Bridging learning theories and technology−enhanced environments: A critical appraisal of its history. In J. M. Spector et al.,(Eds.), *Handbook of research on educational communications and technology*(pp. 1−20). New York: Springer.

Mayer, R. E. (1984). Aids to text comprehension. *Educational Psychologist*, 19, 30−42.

Mayer, R. E. (2001). Changing conceptions of learning: A century of progress in the scientific study of instruction. In L. Corno(Ed.), *Education across a century: The centennial volume*(pp. 34−75). Chicago, IL: National Society for The Study of Education.

Mayer, R. E. (2004). Teaching of subject matter. In S. T. Fiske, D. L. Schacter, & C. Zahn−Waxler(Eds.), *Annual Review of Psychology*, 55, 715−744.

McLeod, G. (2003). Learning theory and instructional design. Available at http://www.principals.in/uploads/pdf/Instructional_Strategie/learningtheory.pdf

Merriam, S. B., & Caffarella, R. S. (1999). *Learning in adulthood: A comprehensive guide*(2nd ed.). San Francisco, CA: Jossey−Bass.

Merrill, M. D. (1983). Component display theory. In C. M. Reigeluth(Ed.), Instructional−design theories and models(pp. 279−333). Hillsdale, NJ: LEA.

Morrison, G. R., Ross, S. M., & Kepm, J. E. (2001). *Designing effective instruction*. New York: John Wiley & Sons.

Pressey, S. L. (1963). Teaching machine (and learning theory) crisis. *Journal of Applied Psychology*, 47, 1−6.

Reigeluth, C. M., & Carr−Chellman, A. (2009). *Instructional−design theories and models: Building a common knowledge base*. New York: Routledge.

Reigeluth, C. M., & Stein, F. (1983). The elaboration theory of instruction. In C. M. Reigeluth(Ed.), *Instructional−design theories and models*. Hillsdale(pp. 335−382),

NJ: LEA.

Reiser, R. A., & Ely, D. P. (1997). The field of educational technology as reflected through its definitions. *ETR&D*, 45(3), 63−72.

Resnick, L. B. (1981). Instructional psychology. *Annual Review of Psychology*, 32, 659−704.

Resnick, L. B. (1989). Introduction. In L. B. Resnick(Ed.), *Knowing, learning, and instruction: Essays in honour of Robert Glaser*(pp. 1−24). Hillsdale, NJ: LEA.

Richey, R. C., Klein, J. D., & Tracey, M. W. (2011). *The instructional design knowledge base*. New York: Routledge.

Saettler, P. (1990). *The evolution of American educational technology*. Englewood, CO: Libraries.

Sawyer, R. K. (2006). Introduction: The new science of learning. In R. K. Sawyer(ed.), *The Cambridge handbook of the learning sciences*(pp. 1−18), New York: Cambridge University Press.

Shiffman, S. S. (1995). Instructional systems design: Five views of the field. In G. J. Anglin(Ed.), *Instructional technology: Past, present and future*(2nd ed., pp. 131−142). Englewood, CO: Libraries Unlimited.

Seel, N. M., Ifenthaler, D., & Pirmay−Dummer, P. (2008). Mental models and problems Solving: Technological solutions for measurement and assessment of the development of expertise. In P. Blumschein, J. Stobel, W. Hung, & D. H. Jonassen (Eds.), *Model−based approaches to learning: Using systems models and simulations to improve understanding and problem solving in complex domains* (pp. 17−40). Rotterdam: Sense Publishers.

Siemens, G. (2005). Connectivism: A learning theory for the digital age. Available at http://er.dut.ac.za/handle/123456789/69

Skinner, B. F. (1968). The technology of teaching. New York: Meredith.

Stevens, G. H., & Scandura, J. M. (1987). A lesson design based on instructional prescriptions from the structural learning theory. In C. M. Reigeluth(Ed.), *Instructional design theories in action*. Hillsdale, NJ: LEA.

Sullivan, H. J., Igoe, A. R., Klein, J. D., Jones, E. E., & Savanye, W. C. (1993). Perspectives on the future of educational technology. ETR&D, 41(2), 97−110.

Tennyson, R. D. (2010). Historical reflection on learning theories and instructional design. *Contemporary Educational Technology*, 1(1), 1−16.

Tobias, S., & Duffy, T. M. (2009). The success or failure of constructivist instruction: An introduction. In S. Tobias & T. M. Duffy(Eds.), *Constructivist instruction:*

Success or failure?(pp.3 — 10). New York: Routledge.

Willis, J. (2005). *A framework for task—based learning.* New York: Longman.

Winn, W. (2004). Cognitive perspectives in psychology. In D. H. Jonassen(Ed.), *Handbook of research on educational communications and technology*(pp. 79 — 112). Mahwah, NJ: LEA.

Winn, W., & Snyder, D. (1996). Cognitive perspectives in psychology. In D. H. Jonassen(Ed.), *Handbook of research for educational communications and technology*(pp. 46 — 73), New York: Macmillan.

제 3 장

교육공학과 테크놀로지

김현진 ▮ 한국교원대학교 교수

교육공학에서 테크놀로지(technology)는 교육공학을 다른 교육분야와 구별하는 중요한 키워드이다. 최근 컴퓨터를 비롯한, 모바일, 인공지능, 로봇 등 첨단 테크놀로지의 등장과 이들의 교육적 가능성에 관심이 높아지면서 교육공학 분야에 대한 관심도 높아지고 있다. 특별히 한국의 맥락에서는 학교교육을 위한 교육정보화 정책으로 수업시간에 테크놀로지 활용이 높아지고, 고등교육 이상에서 이러닝 및 스마트러닝이 활발히 활용되면서 관련 교수설계에 대한 실천과 연구가 꾸준히 진행되어 왔다.

교육공학에서는 오래된 아날로그 매체뿐만 아니라 첨단 테크놀로지를 통해 의미있는 교육을 하고자 노력하고 있다. 이러한 이유로 교육공학의 전문가를 컴퓨터를 잘 다루는 기술인으로 생각하는 경우가 있는데, 교육공학인들이 가지는 테크놀로지에 대한 친화력이나 역량은 단순히 테크놀로지 리터러시 수준을 의미하지는 않을 것이다. 오히려, 테크놀로지를 교수설계에 의미있게 통합하고, 궁극적으로 좋은 교육을 이끄는 데 관심을 두기 때문에, 교수와 학습을 위한 설계 역량이 더욱 중요할 것이다. 교육공학 분야에서도 테크놀로지가 효과적인 교육을 위해 중요하다와 그렇지 않다는 것에 대해서 지속적인 논쟁이 있어 왔다 (Clark과 Kozma의 논쟁 참고).

교육공학에서 테크놀로지의 의미와 역할을 이해하는 것은 단순하지 않다.

이는 테크놀로지의 의미와 범위가 단일하지 않기 때문이며, 시대를 따라 그 중요성도 달라지기 때문이다. 따라서 이 장에서는 테크놀로지의 개념과 범위를 먼저 살펴보고, 교육공학에서의 테크놀로지와 관련된 이론 및 실천의 사례를 탐구하고, 한국의 교육공학 30년 동안의 테크놀로지와 관련된 연구의 흐름을 짚어본 후, 제언을 하고자 한다.

Ⅰ. 교육공학의 맥락에서 테크놀로지의 개념

교육공학에서 테크놀로지는 무엇이라고 정의되는가? 교육공학의 가장 최근 정의에서는 과학기술적인(technological) 과정과 자원으로 설명하였다(Januszewski & Molenda, 2008). 과학기술적인 과정이 교수개발과 자원의 사용을 포함하는 일련의 활동이라면 과학기술적인 자원은 사진, 비디오, 오디오 카세트와 같이 오래된 매체에서부터 컴퓨터 및 모바일 기기 등 첨단 매체까지의 하드웨어와 소프트웨어를 포함한다. 이 연구에서는 후자인 과학기술적인 자원에 초점을 두며 테크놀로지의 의미를 살펴볼 것이다.

교육공학에서의 테크놀로지는 오랜 역사를 통해 이해해야 하는데, 이는 교육공학의 시초와도 맞물리는 교수매체(instructional media)에서부터 시작되기 때문이다. 교육공학에서 테크놀로지를 지칭하는 주요 용어로 교수매체와 자원이 함께 활용되어 왔다(예: Betrus, 2008 참고). 따라서 테크놀로지의 의미를 이해하기 위해서는 이 두 가지 개념을 이해할 필요가 있다. <표 3-1>에서는 교수매체와 자원의 개념을 정리하였다.

표 3-1 교수매체와 자원의 개념

용어	개념
교수매체	-교사, 흑판, 교과서가 아니라 이를 통하여 수업에서 학습자에게 제시되는 물리적인 수단 (Reiser, 2007, p.18) -교육목표가 효과적이고 효율적인 방법으로 달성되도록 하기 위해 교수자와 학습자, 학습자와 학습자 사이에 필요한 의사소통을 도와주는 다양한 형태의 매개 수단(박성익 외, 2011, p.273)
자원	-학습자가 학습 촉진과 수행 향상을 위하여 상호작용하는 도구, 자료, 장치, 환경, 그리고 사람 (Betrus, 2008, p.213)

역사적으로 볼 때, 교수매체는 교육공학에서 오랫동안 사용되어 온 가장 일반적인 용어이다. 초기 시각교육 및 시청각교육의 관점에서 교수매체는 교사, 흑판, 교과서를 제외하고, 수업시간에 학습자에게 제시되는 물리적인 모든 수단을 의미한다(Reiser, 2007: 18). 의사소통의 관점에서 교수매체란 교육목표가 효과적이고 효율적인 방법으로 달성되도록 교수자와 학습자, 학습자와 학습자 사이에 필요한 의사소통을 도와주는 다양한 형태의 매개 수단(박성익 외, 2011: 273)이다. 이러한 정의들은 교수매체에 대한 협의의 관점에 기초한다. 최근에는 교수매체를 물리적인 수단뿐만 아니라 인적자원, 전달 내용, 시설 등을 포함하는 광의의 개념으로 설명한다(Betrus, 2008).

교육공학 공동체 내에서 교수매체의 조작적 정의는 확장되어 왔지만, 일반적으로 여겨지는 교수매체의 정의는 의사소통 관점에 근거한다(박성익 외, 2011). 이러한 이유 중 하나는 사이(between)라는 매체(medium)의 어원과 의사소통에 초점을 둔 매체의 사전적인 정의 때문으로 보인다. 이러한 측면에서 테크놀로지(technology)로서 교수매체는 다양한 기능의 테크놀로지를 포함하기보다는 의사소통의 매개 수단인 전달체제(delivery system) 테크놀로지에 한정될 수 있다. 또한, 교수매체라는 용어는 '교수'에 초점되어, 계획되고, 목표 지향적인 가르침을 위한 수단으로 국한될 수 있다. 따라서 교수매체가 교육공학에서 중요한 키워드임에도 불구하고, 그 명칭이 주는 사전적인 이미지와 교수라는 제한적인 범위는 다양한 관점(예: 학습자 중심의 학습과 환경)을 설명하기에 한계를 가질 수 있다.

한편, 자원(resources)은 의미가 시대마다 다를지라도, 용어 자체는 최근 교육공학의 정의들(예: 1970, 1972, 1994, 2008의 정의)에서 지속적으로 사용되어 왔다. 자원이란 학습자가 학습 촉진과 수행 향상을 위하여 상호작용하는 도구, 자료, 장치, 환경, 그리고 사람들을 말한다(Betrus, 2008: 213). 이는 자원이 원하는 목적을 이루는 데 도움이 되는 자료, 사람, 재산 등을 제공한다(네이버 사전, 2015)는 사전적인 의미와도 유사하다. 여기에서 자원은 의사소통의 수단뿐만 아니라 학습과 수행을 지원하는 보다 다양한 수단을 포괄한다고 볼 수 있다. 또한, 교수매체가 교수에 초점을 두었다면, 자원은 교수와 학습 모두를 포함한다. 각 용어가 포함하는 인식론적 관점과 이에 따른 학습에 기여하는 역할을 <표 3-2>에서 비교하였다.

표 3-2 교수매체와 자원의 개념적인 특징

용어	범위	관점	역할
교수매체	하드웨어, 소프트웨어, 인적자원, 환경	교수	(통신의) 매개 수단
자원	하드웨어, 소프트웨어, 인적자원, 환경	교수, 학습	(통신과 수행의) 매개 수단, 저장, 생산, 공유 등 학습 지원

자원이라는 개념이 교수와 학습을 포함하는 관점과 의사소통 및 수행을 포함하는 교육적인 맥락을 만족시킬 수 있다는 면에서, 교육공학에서의 테크놀로지에 대한 개념을 이해하는 데 적합할 것이다. 따라서, 교육공학에서 테크놀로지에 대한 개념을 정리하기 위해서는 자원의 개념을 좀 더 분석할 필요가 있다.

최근 교육공학 정의에서는 자원을 '적절하고 과학기술적인(appropriate technological)' 자원(Betrus, 2008: 213)으로 한정시키면서, 부적절하고 비과학적인 자원과 구별하였다. '적절한(appropriate)'의 용어는 자원의 교육목적과의 적합성, 윤리성, 효과성과 연계되는데, 이는 교육공학자들의 교수설계의 관점과 일맥상통한다. '과학기술적인(technological)'의 용어는 "과학적이거나 다른 조직화된 지식을 실천 과제에 체계적으로 적용하는 것"(Galbraith, 1967: 12, Januszewski & Molenda, 2008, 재인용)이라는 테크놀로지의 정의에 기초한 것이다. 이처럼 테크놀로지는 개념적인 용어이지만, 테크놀로지를 응용한 결과로 개발된 물리적인 기계나 도구와 수립된 응용과학과 같은 지식의 분야를 지칭하기도 한다(예: Merriam-Webster, 2015 참고). 따라서 적절하고 과학기술적인 자원은 테크놀로지라고 불려도 무방할 것이다.

구성주의 관점의 설계에서 테크놀로지는 '도구(tool)'라는 명칭으로 사용되곤 한다(예: Hannafin et al., 1999; Jonassen, 1999). 도구의 개념이 자료를 창출하는 데 사용되는 역할이라면, 구성주의에서 테크놀로지 즉, 도구는 학습자들이 지식을 창출하는 데 사용되는 역할이다. 학습자들은 완성된 자료를 읽고 이해하는데 초점을 두기보다는 인지적 도구, 탐색 도구, 의사소통 도구로써 테크놀로지를 활용하여 과제를 수행하고 지식창출의 증거로서 학습산출물을 생산한다.

교수와 학습의 테크놀로지를 활용할 때에는 새로운 교수방법을 적용하는 것 이상의 새로운 역할과 가치에 대한 이해가 있어야 한다(Hill & Hannafin,

2001). 즉, 디지털 학습자원은 교육 내용과 형태가 멀티미디어로 구성되고, 고정되지 않고 상황적으로 변형이 가능하게 되었다. 학습의 관점에서 전통적인 교수매체에 대한 접근성이 교사에 국한되었다면, 학습자원은 학생에게 동등한 접근성을 제공하며, 보조 수단이 아닌 교수학습에 중요한 역할을 담당한다. 학습자원의 범위는 전통적인 교수매체와 비교하여 넓어졌는데, 학습자원을 학습을 지원하는 잠재성(potential)을 가진 매체, 사람, 장소 또는 아이디어라고 할 때, 이는 반드시 교수목적으로 제작되지 않은 것도 포함됨을 의미한다. 즉, 자원에 대한 구별 중 설계에 의한 자원(교육용 자원)뿐만 아니라 활용에 의한 자원(비교육용 자원) (Betrus, 2008: 277)이 포함되는 것이다.

교육에서 설계에 의한 자원과 활용에 의한 자원은 함께 활용되어 왔다. 설계에 의한 자원은 교육용으로 제작된 것으로 대부분의 이러닝 콘텐츠, 교육용으로 제작된 도구(예: 클래스팅), 웹퀘스트 자료 등이 포함된다. 활용에 의한 자원은 비교육용을 교육을 위해 사용하는 것으로 구글드라이브, 검색엔진, 페이스북, 다양한 동영상 및 웹기반 콘텐츠 등이 포함된다. 테크놀로지의 발달 특히, 웹의 등장과 함께 활용에 의한 자원이 교육에 많이 적용되고 있다. 이는 다양한 웹기반 도구들이 접근가능하며, 교육에서의 주요 활동인 의사소통과 문서작성, 정보 검색 등을 지원할 수 있기 때문이다. 다른 한편, 이러한 테크놀로지는 개발에 기술력과 예산이 충분해야 하므로 자작이 용이하지 않은 이유도 있을 것이다. 활용에 의한 자원은 비용절감, 기존 자원 활용 등의 장점과 함께 교육에 불필요한 기능이나 비교육적인 콘텐츠까지 감수해야 하는 단점이 있다.

지금까지 교육공학에서의 테크놀로지에 대한 개념을 교수매체와 자원의 개념을 통해 살펴보았다. 테크놀로지의 의미는 사회와 기술의 발달과 함께 지속적으로 변할 것이다. 현재는 테크놀로지, 교수매체, 자원은 대부분 상황에서 상호호환적인 용어로 사용된다. 그러나 구성주의 관점과 인지적인 기능이 강화된 컴퓨터의 등장 이후, 변화된 맥락에서 어떠한 명칭이 적합하고, 교육공학의 전문성과 역할을 잘 대변할 수 있는지 고려해봐야 할 것이다.

II. 테크놀로지와 교육공학의 실천

교육공학 분야는 시청각 매체, 컴퓨터 보조수업, 이러닝, 모바일 학습 등 기술의 발전에 따라 다양한 테크놀로지를 교수설계와 자료 개발에 활용하여 왔다. 테크놀로지와 교육공학의 실천을 이해하기 위해서 테크놀로지의 유형별 기술적 특징, 교육적 특징, 적용 사례에 기초하여 살펴보도록 하겠다.

1. 컴퓨터기반 멀티미디어수업

컴퓨터기반 멀티미디어수업은 컴퓨터의 응용 프로그램이나 코스웨어를 통해 학습자 스스로 공부를 하거나 교수자에 의해 교육내용이 전달되는 형태를 말한다. 컴퓨터기반 수업에서 공학적 특성은 랩톱이나 데스크톱의 PC로, 랩톱을 제외하면 대부분 이동이 자유롭지 못한 하드웨어적인 특성과 사용자의 키보드 입력 및 마우스 조작을 통한 상호작용성이 있다는 점, 그리고 웹기반학습과 구별되게 네트워크로 연결되지 않는다는 점이다. 상징체계에서는 텍스트, 음성, 동영상 및 애니메이션 등 멀티미디어 제공이 가능하며, 처리능력으로는 계산능력, 조직능력 등 인지적 처리는 프로그래밍에 의해 가능하다.

컴퓨터기반 수업에서 사용되고 있는 디지털 자원은 대부분 교육적 목적으로 개발된 설계에 의한 자원이다. 특정 주제에 대해 개발된 교육적 CD-ROM 타이틀처럼, 교육적 의도에 의해 만들어진 자원인 경우가 많다. 컴퓨터기반 수업은 기존의 CAI라고 불리는 프로그램의 형태가 많았는데, 이는 퀴즈나 텍스트 등 대부분 교수 콘텐츠 중심으로 설계된 사례가 많다.

2. 웹기반학습

웹기반학습의 초기의 정의는 Khan(1997)에 의해 설명되었는데, "WBI (Web-based Instruction, 웹기반수업)이란 학습 촉진 및 지원을 하는 의미있는 학습환경을 창출하기 위해서 월드 와이드 웹의 속성과 자원을 활용하는 하이퍼미디어 기반의 교수 프로그램이다"(p.6)라고 하였다. WBI의 요소로 콘텐츠 개발, 멀티미디어 요소, 인터넷 도구(의사소통, 원격 접근 및 탐색 도구 등), 컴퓨터와 저장 기기, 통신망 연결 및 서비스 회사, 저작 프로그램, 서버, 브라우저 및 응용프로그램을 포함시켰다. 이후 Khan(2005)은 이러닝이란 "인터넷 자원과 디지털 테크놀로지를 활용하여 개방성, 융통성, 분산성을 가진 학습환경을 제공하며, 누구나 원하는 시간에 원하는 장소에서 잘 설계된 학습자 중심의 양방향 학습을 가능하게 하는 학습방법"이라고 하여, WBI의 관점에서 학습자 중심의 이러닝 관점을 제시하였다. 국내에서도 여러 학자들은 웹기반학습과 이러닝을 구별하지 않고 사용한다(예: 조은순, 염명숙, 김현진, 2012; 박성익 외, 2012; 이상수, 강정찬, 이인자, 2006).

기술적으로 인터넷 통신망을 사용한다는 면에서 웹기반학습과 이러닝은 구별되지 않는다. 반면, 교육의 맥락에서 볼 때, 웹기반 학습은 보다 다양한 스펙트럼을 가진다. 이러닝이 초기에 기업에서 사용되고, 원격교육, 온라인학습과 연계되는 고등교육의 맥락에서 사용된 반면, 웹기반 학습은 교육의 대상의 국한 없이 웹을 기반으로 하는 학습의 형태를 아울러 지칭하였기 때문이다.

한편, 기술적으로 웹기반 학습은 소셜미디어 러닝과의 구분도 분명하지 않다. 다만, 소셜미디어 러닝은 기술적인 의미에서만 지칭되지 않고, 웹2.0의 개방, 참여, 협력, 공유의 정신이 함께 부여되는 특징 때문에 고유한 웹 서비스와 학습의 방식이 되는 것이다.

이런 의미에서 웹기반 학습에는 웹브라우저 및 검색엔진을 활용하여 웹기반 학습자료를 탐색하는 탐색수업과 자원기반수업이 있다. 탐색수업과 자원기반수업이 개방된 학습자료와 학습자 중심 학습이라는 면에서 의미가 있다. 반면, 불필요한 정보 탐색에 의한 시간적, 인지적 소모라는 한계가 있다. 이러한 한계를 넘고자, 웹기반 탐색수업인 웹퀘스트(WebQuests)가 개발되었다(Dodge, 1995). 웹퀘스트는 교사가 과제 시나리오와 학습자원 리스트를 미리 선정하여, 과다한 정보 탐색 시간을 줄이면서도, 학습자 중심의 활동을 수행할 수 있도록 하였다. 웹퀘스트는 교사가 개발한 웹페이지에 도입, 탐구과제, 과정 및 학습자원, 평가, 결론으로 구조화된 순서를 학생이 따라가며 탐색하는 방식을 가진다. 대표적인 웹기반 구성주의적 학습모델의 적용사례로 개발하기 어렵지 않으면서도 교육효과가 크다는 장점을 가진다. Webquest.org 사이트를 방문하면 전 세계의 교사가 자신이 개발한 웹퀘스트를 사이트에 올려 함께 공유하고, 커뮤니티에 참여하고 있다. 이 외에도 e-포트폴리오, 웹기반 토론학습 및 협력학습으로 CSCL, 웹기반 PBL 등 다양한 교수학습 사례가 있다.

웹기반학습에서 사용되고 있는 디지털 자원은 설계에 의한 자원과 활용에 의한 자원 모두를 포함한다. 설계에 의한 자원인 경우에는 교수설계자나 교수자가 직접 교육용 웹페이지를 만드는 경우에 해당된다. 위의 웹퀘스트나 교육용 e-포트폴리오를 개발하였다면 설계에 의한 자원이 될 것이다. 웹기반 학습에서 더욱 많이 사례는 활용에 의한 자원이 된다. 특히 도구형 웹 콘텐츠를 사용하는 경우가 해당되는데, 웹 브라우저, 웹 검색엔진, 웹 게시판, 웹에서 활용할 수 있는 다양한 그래픽, 사진 및 텍스트 편집도구 등은 교육용으로 개발된 것은 아니나 교육적으로 많이 활용되고 있다. 이러한 이유로 개인 교수자의 웹기반 학습 환경 설계의 범위가 도구형 소프트웨어를 개발하기보다는 기존의 웹 도구에 교수방법이나 교육용 콘텐츠를 통합하는 것에 초점을 두는 경우가 종종 있다.

3. 이러닝

이러닝은 앞서 언급한 것처럼, 웹기반학습, 온라인학습과 용어가 호환적으로 사용되고 있다. 앞서 살펴본 Khan(2004)을 비롯하여 이러닝의 정의는 다음과 같다. 이러닝이란,

인터넷 기술을 이용하여 지식과 수행을 향상시키기 위해서 다양한 유형과 범위의 학습활동과 자원을 전달하는 활동이다(Rosenberg, 2001).

인터넷을 기반으로 상호작용을 극대화함으로써 분산형의 열린 학습공간을 추구하는 교육이다(이인숙, 2002).

이러한 정의에서 이러닝의 공통적인 요소는 기술적인 측면에서 인터넷과 같은 네트워크 기능을 활용한다는 점이며, 교육의 측면에서는 상호작용성, 개방성 및 유연성을 가진 학습이라는 점이다. 이러한 관점을 토대로 웹기반학습과 구별되는 이러닝만의 특징을 다음 몇 가지 측면에서 논의할 수 있다.

먼저, 기술적인 측면에서 대부분의 이러닝 환경에서는 학습관리시스템(LMS) 또는 코스관리시스템(CMS)을 포함하고 있다는 점이다. 대부분 학습자 로

그인이 필요하며, 강의계획서, 학습자료, 게시판, 학생 출결과 과제제출 등 학사
관리가 온라인으로 가능하도록 되어 있다. 상용화된 LMS/CMS(예: 블랙보드)나
오픈소스 LMS/CMS(예: Moodle)가 있다.

두 번째, 이러닝은 웹기반 원격교육(Betrus, 2008: 290)이라는 용어로 사용될
만큼, 원격교육과 연계되어 있다. 교실에서 선생님과 함께 이러닝 수업을 하는
경우보다는 교수자와 학습자가 원격지에서 온라인을 통해 수업하는 경우가 많
다. 이런 이유로, Khan(2004)을 비롯한 몇 몇 학자들의 이러닝 정의에서 원하는
시간과 원하는 장소에서 공부할 수 있다고 한 점은, 원격교육의 정의에서도 볼
수 있는 공통된 점이다.

세 번째, 이러닝의 디지털 자원은 대부분 설계에 의한 자원이 많다. 웹기반
학습의 경우에는 웹에 공개된 다양한 도구를 활용하는 반면, 이러닝 콘텐츠는
전문적인 설계팀과 설계절차에 따라 개발된다. 즉, 기획자, 설계자, 내용전문가,
콘텐츠 개발자, 시스템 개발자, 서비스 운영자 및 교수자 등이 참여하여 콘텐츠
를 만들고 있으며 대부분 기획단계, 설계단계, 개발단계, 평가단계가 포함된 다
양한 이러닝 교수개발모형 중 하나에 근거하여 개발하게 된다.

이러닝은 1990년대 중반부터 기업에서 사용되기 시작하다, 고등교육과 초·
중등교육까지 이러닝이라는 용어와 사례가 확산되고 있다(조은순 외, 2012). 기업
에서는 비용절감을 위한 사원교육의 일환으로 이러닝이 도입되기 시작하여,
1999년 이후 '고용보험법'에 의해 교육비용이 지원되면서 급속히 확산되었다(박
성익 외, 2011). 비용 효과의 이유로 초기에는 텍스트 및 음성 강의 형태로 제공
되었지만, 플래쉬와 동영상 및 다양한 형식의 교수설계모형이 도입되어 개발되
어 양적, 질적으로 다양화되었다.

고등교육의 이러닝 사례는 교육공학의 실천 및 연구분야에서 중심이 되고
있는데, 일반 대학교의 온라인 강좌에서부터 사이버대학교에 이르기까지 운영
목적과 방식에서 다소 상이하다. 많은 대학에서는 면대면 강의를 지원하거나,
면대면과 온라인 수업을 혼합하는 블렌디드 학습(blended learning)의 방식으로
이러닝을 채택하고 있다. 또한, 전국적으로 이러닝으로만 전문학사 또는 학사학
위과정이 제공되는 곳은 원격대학으로 구분되는 19개의 사이버대학과 2개의 원
격대학 형태의 평생교육시설이 있다(교육부, 한국교육학술정보원, 2013). 원격대학
의 일종인 방송통신대학은 일부 이러닝의 콘텐츠를 제공하지만, 주된 매체는 방

송이다. 이러한 사이버대학에서의 이러닝 학위와 일반대학의 블렌디드 학습 및 개별 강좌 형태의 이러닝 사례는 우리나 고등교육 이러닝의 대표적인 형태라고 할 수 있다.

한편, 초·중등 이러닝 사례는 국가 교육정보화 정책과 맞물린 사이버학습[1]과 EBS 수능강의 인터넷 서비스가 있다. 사이버학습은 사교육비 경감과 교육격차 해소를 위해 2004년부터 시작되었으며, 공교육을 지원하기 위한 학습자 주도 인터넷 기반의 학습서비스를 제공하고 있다. 대부분 초등학교와 중학교 콘텐츠로 보충학습의 성격을 가지지만, 이 외에도 멘토링 제도, 창의적 체험활동 지원, 화상상담시스템 등 다양한 콘텐츠와 서비스를 추가 제공하고 있다(교육부, 한국교육학술정보원, 2013).

4. 소셜미디어러닝

2005년부터 등장한 웹 2.0의 확산으로 소셜미디어 또는 SNS(Social Network Service)라는 용어가 사용되기 시작하였다. 소셜미디어의 정의는 기술적 측면으로는 "사용자 제작 콘텐츠의 생산 및 교환이 가능한 웹 2.0의 개념적이고, 기술적인 기초에 세워진 인터넷 기반의 응용프로그램의 집합"(Kaplan & Haenlein, 2010: 61)이라고 할 수 있다. 반면, 사회현상 측면에서는 "사용자가 만든 온라인 공동체를 통해 정보, 아이디어, 개인적 메시지 및 다른 콘텐츠(비디오 같은)를 공유하기 위한 전자적 의사소통의 형태"(Merriam-Webster, 2014)라고 할 수 있다. 즉, 소셜미디어의 기반인 웹 2.0은 기술적인 혁명이기보다는 사회적인 혁명이라고 본다(Downes, 2005). 플랫폼으로서의 웹을 통해 다양한 생산, 공유 활동이 가능하며, 참여와 개방을 통해 결과적으로 집단지성이 가능해졌다는 점이다(Solomon, Schrum, 2007).

이러한 웹 2.0을 통칭하는 소셜미디어 또는 SNS 기반의 학습을 소셜러닝 또는 소셜미디어러닝이라고 한다. 소셜러닝은 단지 소셜미디어를 사용한다는 기술적인 의미 이상을 지니며, 협력적 지식창출을 하는 비형식학습의 개념까지 포

---

[1] 2004년도에 시작한 사이버가정학습은 2013년도에 명칭이 사이버학습으로 변경되면서, 서비스 범위도 확대되었다(교육부, 한국교육학술정보원, 2013)

함한다. 사용자가 카페나 Facebook, 카카오톡 메신저, Twitter, Wikis 등 다양한 SNS 서비스를 활용하며 정보를 공유하며 창출하는 행위 자체가 학습이라는 것이다.

학교 교육에서는 이러한 비형식학습의 성격보다는 소셜미디어의 장점을 살려서 수업에 활용하고자 하였다. 소셜미디어를 활용한 웹기반 협력과 토론에서는 의사소통 및 자료 공유가 용이하며, 협력과 학습의 과정 모니터링이 가능하고, 결과적으로 의미 있는 교수·학습 활동으로 연결된다.

소셜미디어러닝의 디지털 자원은 대부분 활용에 의한 자원이 많다. 이는 대부분 사용자 즉, 학습자들이 토론과 협력을 통해 콘텐츠를 창출하며, 이를 위해 플랫폼으로서 기존의 웹 2.0 서비스를 활용하기 때문이다. 2005년 이후 소셜미디어가 확산됨에 따라 단순히 웹브라우저를 활용하는 웹기반학습과 이러닝은 소셜미디어의 다양한 도구를 활용하여 소셜미디어러닝으로 통합되고 있다. 웹기반 토론, 웹기반 협력학습인 경우 대부분 위키, 구글드라이브, 네이버, 다음 등 SNS 서비스의 협력가능한 메뉴를 활용하고 있다. 이런 경우 로그인을 위한 사이트마다의 회원가입, 유해사이트에 노출 등 사용을 위해 감수해야 하는 점들이 한계로 남는다.

5. 모바일/스마트러닝

스마트폰, 스마트패드와 같은 모바일 기기가 보급되면서 이를 교육에 활용하고자 하는 관심도 높아졌다. 기술적으로 모바일러닝, 유러닝, 스마트러닝은 다를 수 있으나 현장에 적용되는 관점에서 이러한 용어를 호환적으로 사용하도록 한다. 한국의 맥락에서는 학교교육 정보화 분야에서 유러닝과 스마트교육이라는 정책 용어가 사용되어 이에 대한 정의는 첨단 스마트 기기와 통신기술 교육적 활용을 넘어서 21세기 역량을 증진시키기 위한 미래교육의 방향에서 교육의 혁신을 갖고자 하는 좀 더 포괄적으로 설명이 되었다. 스마트러닝의 정의는 하나의 관점에서 설명되기보다는 그 스펙트럼을 이해하는 것이 더 중요할 것이다. 다음 <표 5-3>은 스마트러닝 또는 스마트교육에 대한 다양한 정의에 기초하여 스마트러닝의 특징을 나타낸 것이다.

표 5-3 스마트교육 깊이와 넓이

분류	하위분류	내용
깊이 (수준)	변화의 수준	스마트 기술 활용 교육방법 변화 ~ 종합적 변화
	기술의 수준	소박한 기술 ~ 첨단 기술
넓이 (범위)	교육 요소	교육시간, 방법, 역량, 내용, 공간의 확장
	학습자 역량	3C, 학습 및 혁신능력 등
	교육 방법	개별화학습, 협력학습, 지능형학습, 체험학습, 교사중심 수업 등
	적용 기술	스마트 기기, 클라우드 시스템, SNS, 전자칠판 등
	적용 활동	교수학습, 교수학습 외(생활지도 등)

출처: 김현진·허희옥·김은영(2012). 스마트교육 교원연수 프로그램 개발 연구. 연구보고 CR 2012-7. 한국교육학술정보원. p.16

모바일 기기는 PDA, UMPC(Ultra Mobile Personal Computer), 태블릿 PC 등 비교적 오래전부터 사용이 되어 왔으나, 최근 스마트폰과 스마트패드 등의 스마트 기기에 의한 스마트러닝은 클라우드 컴퓨팅, 보다 강화된 상호작용성 및 개방된 콘텐츠를 기반으로 교육적 잠재성을 더욱 높이고 있다.

초기 모바일러닝은 주로 PDA나 UMPC에 기반하여 구축되었는데, 교육적 잠재성은 손쉬운 휴대성으로 언제 어디서나 학습에 접근이 가능하며, 이로 인해 학생들은 상황적 학습과 적시 학습(just-in-tim learning)이 가능하다는 것이다. 또한, 웹을 통해 학생들은 디지털 자료의 생산 및 동료와의 공유로 인한 협력학습이 가능하다는 점이다(So, Seow, & Looi, 2009).

한편, 스마트 기기의 교육적 가능성은 모바일러닝의 특징을 모두 포함하면서 더욱 확대되고 의미있다. 스마트 기기를 통한 스마트러닝의 교육적 시사점은 첫째, 다양한 형태의 콘텐츠 활용이다. 초기 모바일 기기는 거의 설계에 의한 자원이 많았다. 스마트 기기에 무선인터넷 서비스 활용이 가능하면서 설계에 의한 자원뿐만 아니라 활용에 의한 자원이 가능한데, 다양한 교육적, 비교육적 앱이 활용될 수 있다. 이러한 앱은 정보를 관리하고, 생산해내는 데 활용되는 도구형 앱부터 정보를 탐색하고, 습득하는 콘텐츠 앱까지 다양하게 활용될 수 있다.

둘째, 스마트기기의 클라우드컴퓨팅 서비스를 활용한다면 스마트기기, PC 등 기기에 국한되지 않고 자료를 볼 수 있으며, 협력을 위한 자료의 공유도 수월해진다.

셋째, 개인화도구의 성격이 강한 스마트기기의 특성상, 기록, 관리 측면에서 자신의 일상의 기록을 학습으로 연계하거나, 반대로 학교에서의 학습의 결과를 일상으로 연계하여, 평생학습의 습관을 줄 수 있다.

반면, 많은 경우 인터넷이 연결되었을 때에 적시 학습에 효과가 있으며, 스마트패드의 경우 경량화되어 가지만 현장학습에 휴대하기에 다소 무거울 수 있다. 또한, 다양한 앱을 통해 풍부한 콘텐츠가 있어도 활용에 의한 자원의 한계점으로 현장에서는 정작 수업에 활용할 스마트러닝 콘텐츠가 부족하다고 할 만큼, 교육용 콘텐츠 개발 및 기존 콘텐츠의 교육적 활용 안내가 있어야 할 것이다.

6. 지능적 첨단 학습

지능적 첨단 학습은 하드웨어로는 모바일기기 외에 로봇, 사물인터넷(The Internet of Things), 웨어러블 테크놀로지(Wearable Technology) 등이며, 인공지능 등 첨단 기술이 포함되는 소프트웨어가 포함된다. 특별히 로봇을 포함한 지능적 학습이나 첨단 지능적 매체를 활용한 학습의 가능성에 높은 관심이 있지만 교육공학분야에서 아직 많지 않은 듯하다. 이는 최근 10년간의 교육공학분야의 연구동향에서 나타난 바이다(김현진, 2015). 이 장에서는 로봇과 지능적 첨단 학습의 예로 로봇학습에 대해 설명하도록 하겠다.

로봇이라는 용어는 1920년대부터 정의되었을 만큼 오래되었지만, 현대의 로봇의 정의는 '컴퓨터로 제어되고, 종종 인간이나 동물처럼 보이도록 만들어진 실물 또는 이미지 장치, 사람의 일을 할 수 있고, 자동적으로나 컴퓨터의 제어에 의해 작동되는 장치'(Merriam-Webster, 2014)라고 정의된다. 로봇이 컴퓨터에 의해 제어되고 사람의 일을 한다는 점은 지능적인 기기라는 의미로 볼 수 있다. 일반적인 컴퓨터가 사람의 조작에 의해 반응적으로 작동한다면, 로봇의 스스로 판단과 제어가 가능한 지능성은 컴퓨터와는 다른 방식의 상호작용을 보이며, 한 차원 높은 인지적 도구로 역할을 할 수 있는 가능성을 보인다. 이러한 점에서 로봇이 가진 교육적 특징은 다음과 같다.

첫째, 적시적(just-in-time)으로 맞춤형 콘텐츠와 활동을 지원할 수 있다. 지능형 서비스가 가능한 로봇의 핵심 기술은 학습자의 음성과 화상을 통해 요구 사항을 즉시적으로 파악하여 맞춤형 콘텐츠를 제시할 수 있다. 또한, 화상인식기술이 더욱 발전되어 학습자의 얼굴표정과 학습자가 휴대한 물체 인식을 통해서도 즉시적인 맞춤형 콘텐츠가 제공될 수 있다.

둘째, 로봇의 자율성과 지능성은 학습자가 자신의 학습요구를 모르거나 메타인지적 또는 인지적 역량이 부족할 경우에 능동적으로 학습컨설팅과 콘텐츠를 제시할 수 있다. 로봇은 학습을 지원하는 보조교사의 역할을 할 수 있는 것이다.

셋째, 로봇의 동적인 시스템은 상호작용을 통한 학습활동의 범위를 보다 확대할 수 있다. 컴퓨터에서 대부분 하게 되는 읽고, 쓰는 학습 행위 이상의 물리적인 활동을 함께 행할 수 있다. 그리기, 이동하기, 운동하기 등 다양한 신체활동을 통한 체험식 학습활동에 더욱 효과적일 수 있다.

넷째, 로봇의 감정표현이 가능한 기술은 학습자의 정서적 변화 교육에도 효과적이다. 국내외 교육용 로봇은 이미 자율제어와 감정표현이 가능하여, 인지적인 콘텐츠뿐만 아니라 구연동화, 대화형 언어를 통한 콘텐츠 제공이 가능하다(이영준 외, 2007). 이러한 기술을 활용하여 인성교육과 태도변화에 활용한다면 효과를 볼 수 있다.

로봇을 교육에 활용하는 방법을 Baker와 동료들(2012)은 세 가지 유형으로 정리하였는데, 학습목표로서 로봇교육, 학습지원으로서 로봇교육, 학습도구로서 로봇교육이다. 학습목표로서의 로봇교육은 인공지능 및 로보틱스 등 로봇 자체에 대해 배우는 공학 및 과학 강좌이다. 초·중등교육에서는 학생들이 프로그래밍을 통해 교구로봇을 제작하는 수업이 여기에 해당된다. 레고 마인드스톰, 피크프리켓, 로보로보, 전자키트 등 교구로봇이 활용되며, 많은 경우 STEAM, 실과, 과학, 창의적 체험활동 등 교과에서 활용되고 있다(김철, 2013).

학습지원 로봇은 보조교사로봇처럼 교사를 지원하는 로봇이다. 우리나라에서 시범적으로 개발되었던 한울 로보틱스의 '티로(Tiro)'<그림 3-1>은 초등학교 교실에 적합하도록 설계된 교사 업무 보조 지능형 로봇이다. 티로는 엔터테인먼트 기능으로 재미있는 학습 진행과 공지사항 전달 등 교육과 행정업무 보조 기능을 수행하였다(이영준 외, 2007).

학습도구로서 로봇 활용은 국어, 수학, 과학, 지리 등의 일반 교과 및 문제해결, 의사결정 등 일반적인 학습을 위해 사용되는 경우이다. 로봇이 학습자의 특성과 수준을 지능적으로 판단하여 적합한 콘텐츠를 제공하고, 학습자의 행위

제
3
장

그림 3-1 한울로보틱스의 티로

출처: 이영준 외 (2007). 로봇의 교육적 활용 방안 및 적정 기능 연구. p.22

에 지능적으로 반응하면서 학습을 보다 효과적으로 도울 수 있는 것이다. 우리나라의 경우 둘리로봇, 유진로봇, 하늘아이 멘토로 등 영어학습, 단어학습 및 동화구연 등의 서비스를 제공할 수 있다.

현재, 우리나라의 로봇교육은 많은 경우 학습목표로서의 로봇인 경우가 대부분이다. 정보 교과에서 배우는 로봇이 가장 많으며, 재량 및 특기적성에서 프로그래밍 학습의 도구로 활용되는 것이다(김철, 2013). 학습도구로서의 로봇은 센서 활용 과학실험, 모터와 LED 활용 창작표현활동과 노작활동 등의 수학교과 활용 등이 있었다. 교육공학에서 로봇을 교육에 활용한다는 의미는 학습지원과 학습도구로서의 로봇일 것이다. 로봇의 인지적 도구로서, 로봇의 동적인 시스템, 자율성과 인지능력을 활용한 맞춤형 콘텐츠와 맞춤형 활동 지원 서비스는 다른 미디어와 구별되는 로봇의 비교우위 핵심기술과 장점이므로, 이러한 특징을 활용한 설계 및 연구가 필요할 것으로 보인다.

III. 교육공학과 테크놀로지의 연구동향

한국의 교육공학에서 테크놀로지와 관련된 연구는 교육공학학회가 설립된 1985년 이후 꾸준히, 그리고 발전적으로 진행되어 왔다. 테크놀로지와 관련된 교육공학 연구는 인쇄, 시청각매체를 포함하는 전통적인 교수매체연구와 컴퓨터 관련 연구로 구별될 수 있다. 이러한 연구의 동향은 몇 몇 연구자들에 의해서 꾸준히 정리되어 왔다(김동식, 1996; 김영수 외, 2006; 김현진 2015; 이옥화 외, 2006; 임현진, 유예솜, 정재삼, 2014; 정현미, 양용칠, 2005). 이러한 연구의 동향 분석을 바탕으로 교육공학과 테크놀로지의 연구동향을 살펴보도록 하겠다.

1. 초기 20년(1985년-2005년) :
컴퓨터 기반에서 네트워크 기반으로의 변화

1985~1995년까지는 테크놀로지의 유형에 있어서 인쇄 및 시청각 매체, 컴퓨터 기저 매체가 많이 거론되었으나, 1996년 이후에는 컴퓨터 네트워크 기반 통합매체 즉, 웹기반 매체와 관련된 연구가 더 많이 수행되었다(정현미, 양용칠, 2005). 김영수 외(2006)에서 조사한 1985년부터 2005년까지 20년 동안 교육공학 분야의 교수매체 연구동향을 요약하면 인쇄매체 및 교육방송 등 아날로그 교수 매체는 교육공학연구와 교육정보미어연구 각각 18편과 21편인 데 비해, 컴퓨터 영역에 해당되는 매체는 157편과 99편으로 월등히 높은 것으로 나타났다. 특히 인터넷, 웹기반, 온라인 교수학습에 해당되는 논문이 가장 많은 것으로 나타났다. 이러한 연구가 1996년부터 나왔다는 것은 인터넷 기술의 확산과도 관련이 있는 것으로 해석된다. 2002년부터 모바일 기술과 유비쿼터스 컴퓨팅을 기반으로 하는 연구도 시작되었다(이옥화 외, 2006).

2. 최근 10년(2006년-2015년) :
이러닝과 웹기반 학습의 교수설계 연구

(1) 테크놀로지 유형별 연구 동향

최근 10년 내외의 테크놀로지 관련 연구 동향은 이전 1985~2005년의 연구와 비교할 때 유사함과 변화가 함께 관찰되었다. 유사한 점은 이전과 같이 가장 많이 연구된 테크놀로지의 유형이 이러닝과 웹기반학습이라는 것이다. 눈에 띄는 변화는 2008년부터 꾸준히 연구가 진행되고 있는 모바일러닝 연구의 약진이다. 이는 이러닝의 연구가 2010년 이후 다소 감소한 것과 대조를 보이는데,

향후 테크놀로지 유형별 연구의 경향이 주목된다. 소셜미디어러닝도 많지는 않지만 지속적으로 연구되고 있으며, 지능적 첨단학습과 관련된 연구는 동향이 잡히지 않을 정도의 영역별 단편의 논문들이 실렸다. 멀티미디어 자료를 포함한 컴퓨터 기반 연구는 거의 찾아보기 어렵다. 이러한 현상은 대부분의 테크놀로지 기반 수업이 온라인 기반이며, 교사들이 개인용 컴퓨터를 사용하여 수업자료를 저작해도 웹 서버에 저장하고, 공유하는 것이 일반적(Reiser, 2008)이기 때문으로 해석된다. 그 외의 기타에 해당되는 논문은 교육정보화 또는 ICT 총칭의 연구, 일반적인 디지털환경 또는 컴퓨터 매체에 적용되는 설계원리의 연구가 포함되었다.

(2) 교육공학의 영역별 연구 동향

독립된 학문과 실천의 분야로서 교육공학의 영역은 창출(설계, 개발, 평가), 활용, 관리로 볼 수 있다. 교육공학의 영역은 연구 주제와 연계되기 때문에 교육공학 선행연구에서도 많이 사용되어 왔다.

테크놀로지와 관련된 연구 중 가장 많이 연구된 교육공학의 영역은 창출이며 하위 영역으로는 설계 쪽의 교수전략 및 방법이다. 많은 연구에서 특정한 교수전략 및 방법에 기반하여 설계를 하고 효과를 측정하고자 하였다. 이 외에 학습자 특성에 대한 연구도 비교적 높은 빈도수를 보였는데, 주로 학습자 중심의 이러닝 및 웹기반 쪽의 연구가 많았다. 메시지 디자인과 관련된 연구는 인지부하이론을 기반으로 꾸준히 연구되고 있으며, ISD와 같은 체제적 설계과정에 대한 연구는 한 편을 제외하면 없었다.

한편, 테크놀로지 관련 활용 영역도 다양한 분야에서 연구가 진행되었다. 매체활용연구는 새로운 테크놀로지 환경에서 효과적인 활용에 영향을 주는 요인을 구조적으로 살펴보거나, 활용에 대한 사례 연구이다. 매체활용 연구의 결과는 교수설계 및 활용에 대한 시사점으로 연계되었다. 혁신과 보급 연구는 학교교육에 이러닝 및 모바일러닝, 스마트러닝 등이 도입됨에 따라 수용성 연구가 진행되었으며, 이러닝 및 원격교육에 대한 관련 정책과 규제의 수립에 대한 연구도 보고되었다. 관리에 대한 연구는 교수설계자에 대한 연구만이 2편 진행되었다.

평가에 대해서는 주로 요구분석, 준거지향 측정도구 개발 및 프로그램에 대한 형성평가와 총괄평가가 소수 진행되었다. 이 외에 기타에 해당되는 연구 영역은 학습과정에 대한 탐색연구가 눈에 띄게 많아져서 향후 지속적으로 높아질 것으로 예상된다. 특히, 이러한 연구는 다양한 테크놀로지 유형에서 나타나는데, 질적연구 및 단계별 측정으로 진행되며, 학습자의 학습과정과 상호작용에 초점을 두었다. 향후에도 테크놀로지 환경하에서의 학습과정연구는 더욱 다양해지고 발전될 것으로 보인다.

(3) 테크놀로지 유형별 교육공학 연구 영역의 동향

각 테크놀로지 유형에 따라 어떠한 주제 즉, 교육공학 영역에서 연구가 되었는지 좀 더 살펴본다면 관련 연구 동향에 대한 구체적인 이해를 할 수 있을 것이다. 먼저, 테크놀로지 유형별 가장 높은 빈도수를 보인 이러닝 연구는 교육공학의 전 영역에 걸쳐 고루 연구가 진행되었다. 특징적인 것은 비슷한 수이지만 설계영역보다 학습자특성에 대한 연구가 가장 많다는 것이다. 이는 이러닝의 확산으로 이미 성숙의 단계에 있는 이러닝의 맥락과 원격교육과 관련된 특성상 새로운 교수전략 및 모형을 개발하는 연구보다는 효과에 영향을 주는 학습자의 역할에 관심이 높은 것으로 해석된다. 최근에는 이를 학습과정으로 연계하여, 상호작용분석과 학습과정을 질적 및 혼합연구를 통해 분석하는 연구들이 진행되었다. 활용 영역의 연구도 다양한데, 이러닝 활용 현장에서 효과에 영향을 주는 요인을 구조적으로 파악하는 연구가 많았다. 이 외에 다른 유형과 달리 이러닝 연구에서만 다룬 교육공학의 영역은 설계영역의 체제적 설계 과정, 관리 영역의 교수설계자의 설계 분석 연구, 원격대학원, 사이버대학 등 관련한 정책과 규제에 대한 연구이다.

웹기반학습 연구는 교수전략이나 모형 개발 및 효과 분석 연구가 가장 높으며, 학습자 중심 학습에서의 학습자 특성 및 학습과정을 탐색하는 연구가 다음을 잇는다. 소셜미디어러닝 연구에서는 교수전략 및 방법이 가장 높게 나왔고, 매체활용 및 혁신과 보급, 요구분석, 학습과정 등의 연구가 비교적 다양한 영역에 걸쳐 연구되었다.

스마트러닝, 스마트패드, 스마트교육, 디지털교육, 모바일러닝 등 다양한 용어로 집합된 모바일러닝 연구는 교수전략 및 방법영역에서 가장 높게 나왔다. 특징적인 것은 혁신과 보급의 연구가 다른 테크놀로지와 비교하여 가장 높은데,

상대적으로 새로운 테크놀로지이기 때문으로 해석된다. 모바일러닝 등의 일반적인 용어보다 스마트교육 및 디지털교육 등 정책과 관련된 연구가 많은 것이 특징이다. 첨단 지능적 학습에 해당되는 연구는 하드웨어 측면보다는 증강현실, 3D 가상세계 등 소프트웨어적 관련 연구들이었는데, 설계, 활용, 평가, 이론 등 다양한 영역에서 단편의 연구가 진행되었다.

테크놀로지 유형이 기타에 속하는 연구에서는 크게 교육정보화 및 ICT 등 학교교육 현장에서의 활용과 관련된 연구가 많았다. 여기에서 가장 큰 특징은 테크놀로지의 활용 및 학습자로서의 교사의 전문성과 학습을 이해하는 교사 대상의 연구가 많았는데, 예비교사 교육 및 교사/교수 등의 연구가 여기에 해당되었다. 한편, 특정한 테크놀로지 유형보다는 디지털환경을 고려하여 원리 중심으로 연구한 메시지 디자인 관련 연구가 꾸준히 관찰된다.

IV. 교육공학 분야에서의 테크놀로지 미래

첨단 테크놀로지가 개발되고, 이에 따라 사람들은 일상의 변화를 경험한다. 이메일, 인터넷 검색, 온라인쇼핑, 온라인 공동체, 그리고 온라인 대화에 익숙하다. 테크놀로지가 문화를 조형한다는 말을 지지하는 증거이다. 이와 같이 테크놀로지는 교육에서도 지속적으로 활용될 것이고, 이에 따라 교수·학습의 모습도 달라질 것이다. 그 방향은 긍정적이고 좋은 방향이길 바랄 뿐이다. 이를 위해서 교육공학의 역할은 참으로 중요하다. 그러나 현재 테크놀로지의 교육적 활용에 관심을 갖는 분야는 교육공학만이 아니다. 고등교육과 다양한 교과교육학에서도 테크놀로지를 교수·학습에 통합하고 있기 때문이다. 이러한 맥락에서 교육공학의 역할은 무엇인가? 교육학의 역할이 교육의 현재를 분석하고 미래를 예측하여, 이를 다양한 맥락의 교육분야에 전파하는 것처럼, 교육공학은 테크놀로지의 교육적 특성과 효과에 대한 지식기반을 실천과 연구를 통해 잘 정리하고, 이를 선도적으로 전파하는 역할이라고 하겠다.

이를 위해서 향후 테크놀로지와 관련된 교육공학의 지식기반을 잘 구축할 수 있도록 다음과 같은 몇 가지 측면에서 제언을 하고자 한다.

첫째, 현재 웹기반학습 및 이러닝 관련 연구는 가장 높은 테크놀로지 유형이지만 향후 모바일러닝 등 새로운 테크놀로지 유형의 연구도 많아질 것으로 보이며, 이를 위해 설계가 통합된 연구 사례가 더욱 공유되어야 한다. 한국교육공학의 최근 10년 동안 모바일러닝은 꾸준히 증가하여 왔다. 최근 스마트 기기의 확산 및 로봇과 같은 첨단 테크놀로지의 교육적 활용에 관심이 높아지는 가운데, 아직 이 분야의 실천과 연구는 많지 않다. 교육분야에서 도입될 테크놀로지를 예측하는 Horizon Report(Johnson et al., 2014)는 스마트러닝와 관련된 BYOD(Bring Your Own Device)와 클라우드 컴퓨팅부터 게임, 학습분석과 사물인터넷(Internet of Things), 웨어러블 테크놀로지(Wearable Technology)에 이르기까지 첨단 테크놀로지의 도입을 예측하였다. 비록 테크놀로지의 교육현장 도입과 변화는 점진적(Reiser, 2012)이지만, 테크놀로지의 교육적 가능성과 설계원리를 선구적으로 연구한다면 이러한 변화에 도움을 줄 수 있을 것이다.

둘째, 테크놀로지의 변화에 따라 새로운 테크놀로지의 교육적 가능성과 효과를 보고자 하는 연구와 함께, 교육의 변화에 따라 테크놀로지를 연구하는 것도 필요하다. 즉, 교육의 본질과 문제의 변화에 따라 어떠한 테크놀로지가 어떻게 사용되어야 하는지에 대한 연구이다. 이를 통해 테크놀로지가 교육의 본질과 현실에 동떨어지지 않고, 어떻게 연계되고 기여하는지 의미를 파악할 수 있다. 예를 들면, 교육공학자들이 구성주의 패러다임의 변화에 따라 학습을 위한 테크놀로지의 의미있는 역할을 연구한 것처럼, 역량 중심의 교육과정, 미래 교육, 비형식학습 등 교육의 변화에 테크놀로지가 어떻게 기여할 수 있는지 연구할 필요가 있다. 이러한 연구들에서 테크놀로지는 첨단 테크놀로지만을 추구하지는 않는다. 교육현장에서 인쇄물, OHP, VCR와 같은 자원이 여전히 많이 사용되고 있다(Betrus, 2008). 새로운 교육의 변화에 따라 아날로그 테크놀로지는 재해석되고 의미 있게 사용될 것이며, 컴퓨터 기반 테크놀로지에 초점될 수 있는 교육공학의 정체성을 확장시키는 데 기여할 것이다.

셋째, 테크놀로지 기반 교육의 맥락을 이해하는 연구의 지식기반은 지속될 것인데, 이를 위한 다양한 주제와 연구방법이 고려되어야 할 것이다. 최근 10년 내외 테크놀로지 관련 연구에서 눈에 띄는 변화는 상호작용, 지식창출과정 등 학습과정 탐색의 연구가 많아진 것과 특정 맥락 안에서 변인간의 관계를 구조적으로 이해하려는 연구가 많아진 점이다. 설계 영역이 교육공학의 가장 높은 관심을 보인 연구 영역이지만, 관련 맥락을 이해하는 연구 또한 의미가 있다. 특별

히 구성주의와 학습자 중심의 테크놀로지 기반 학습에서 학습과정의 추적은 지
식창출과정과 연계되어 설계의 효과를 보여주는 증거가 되기 때문에, 맥락을 이
해하는 기초연구 이상의 역할을 한다. 교육공학분야에서 이러한 접근은 지속적
으로 발전할 것으로 보이며, 이를 위한 관련 이론(예: 사회문화심리학 이론들)과
연구방법(예: 문화기술지 등 질적 연구 및 혼합연구) 등이 꾸준히 공유되어야 할 것
이다.

참고
문헌

교육부·한국교육학술정보원(2013). 2012년도 교육정보화백서. 한국교육학술정보원.

김동식(1996). 한국교육공학 연구 동향 분석. 교육공학연구, 12(1), 177−193.

김영수·양영선·허희옥·두민영(2006). 교육매체 연구의 동향. 권성호·임철일(편)(2006). 교육공학연구의 동향: 회고와 전망 (pp.61−92). 서울: 교육과학사

김철(2013). 로봇활용교육의 체계적 문헌고찰에 관한 연구. 한국정보교육학회 논문지, 17(2), 199−209.

김현진·허희옥·김은영(2012). 스마트교육 교원연수 프로그램 개발 연구. 연구보고 CR 2012−7. 서울: 한국교육학술정보원

네이버사전(2015). Resource. 네이버사전. 2015. 1. 5.
    http://endic.naver.com/search.nhn?sLn = kr&searchOption = all&query = resource

박성익·왕경수·임철일·박인우·이재경·김미량·임정훈·정현미(2011). 교육방법의 교육공학적 이해. 서울: 교육과학사

박성익·임철일·이재경·최정임·임정훈·정현미·송해덕·장수정·장경원·이지연·이지은(2012). 교육공학의 원리와 적용. 서울: 교육과학사

이상수·강정찬·이인자(2006). 웹 기반. 권성호, 임철일(편)(2006). 교육공학연구의 동향: 회고와 전망 (pp.177−227). 서울: 교육과학사

이영준·김경·유헌창·임웅·계보경(2007). 로봇의 교육적 활용 방안 및 적정 기능 연구. 연구보고 KR 2007−26. 한국교육학술정보원

이옥화·김미량·김민경·조미헌·허희옥(2006). 정보통신기술의 교육적 적용이 교육공학에 미친 영향. 권성호·임철일(편)(2006). 교육공학연구의 동향: 회고와 전망(pp.125−147). 서울: 교육과학사

이인숙(2002). e−러닝: 사이버공간의 새로운 패러다임. 서울: 문음사

임현진·유예솜·정재삼(2014). 최근 10년간 한국 교육공학 연구 동향 비교 분석: "교육공학연구"와 "교육정보미디어연구"를 중심으로. 교육정보미디어연구, 20(2), 137−159

정현미·양용칠(2005). '교육공학연구' 20년 연구 흐름 분석. 교육공학연구, 21(4), 167−194.

조은순·염명숙·김현진(2012). 원격교육론. 서울: 양서원

Bell, P., & Winn, W. (2000). Distributed cognitions, by nature and design. In D. Jonassen & S. M. Land (Eds.), *Theoretical foundations of learning environments* (pp. 123−145). New Jersey: Lawrence Erlbaum Associates.

Betrus, A. K. (2008). Resources. In Januszewski, A., & Molenda, M. (Eds.),

Educational technology: A definition with commentary (pp. 213–240). New York: Lawrence Erlbaum Associates.

Clark, E. C. (1983). Reconsidering Research on Learning from Media, *Review of Educational Research, 53*(4), 445–459.

Clark, R., & Mayer, R. E. (2011). *E–learning and the science of instruction: Proven guidelines for consumers and designers of multimedia learning* (3rd ed.). San Francisco, CA: Jossey–Bass/Pfeiffer.j

Dale, E. (1946). *Audiovisual methods in teaching.* NY: Dryden Press.

Dempsey, J. V., & Van Eck, R. (2012). E–learning and instructional design. In R. A. Reiser & J. V. Dempsey (Eds.), *Trends and issues in instructional design and technology* (Vol. 3, pp. 281–289). MA: Boston: Pearson.

Dodge, B. (1995). WebQuests: A technique for internet–based learning. Distance Educator, 1(2), 10–13.

Downes, S. (2005). E–learning 2.0. *elearn Magazine.* Retrieved January 5, 2015 from http://elearnmag.acm.org/featured.cfm?aid=1104968.

Gillani, B. B. (2003). *Learning theories and the design of e–learning enviornments.* Lanham, Maryland: University Press of America.

Hannafin, M. J. (1992). Emerging technologies, ISD, and learning environments: Critical perspectives. *Educational Technology Research and Development,* 40(1), 49–63.

Hannafin, M. J., Land, S. M., & Oliver, K. (1999). Open learning environments: Foundations, methods, and models. In C. M. Reigeluth (Ed.), *Instructional–Design Theories and Models: A New Paradigm of Instructional Theory* (pp. 115–140). Mahwah, NJ: Lawrence Erlbaum Associates.

Heinich, R., Molenda, M., & Russell, J. D.(1989). *Instructional media and the new technology of instruction.* NY: Macmillan Pub. Co.

Heinich, R., Molenda, M., Russell, J.D.,& Smaldino, S.E.(1996). Instructional media and technologies for learning. Upper Saddler River, NJ: Prentice Hall.

Hill, J. R., & Hannafin, M. J. (2001). Teaching and learning in digital environments: The resurgence of resource–based learning. Educational Technology Research and Development, 49(3) 37–52.

Hoban, C., Hoban, J. C., & Zissman, S. (1937). Visualizing the curiiculum. NY: Dryden Press.

Hutchins, E. (1995). How a cockpit remembers its speeds. Cognitive Science, 19, 265–288.

Jonassen, D. (1982). The technoogy of text: Principles for structuring, designing, and displaying text. Englewood Cliffs, NJ: Educational Technology Publications.

Jonassen, D. H. (1991). Objectivism versus constructivism: Do we need a new philosophical paradigm? Educational Technology Research and Development, 39(3), 5−14.

Jonassen, D.H. (1996). Computers in the classroom: Mindtools for critical thinking. Columbus, OH: Merrill/Prentice−Hall.

Jonassen, D. (1999). Designing Constructivist Learning Environments. In C. M. Reigeluth (Ed.), Instructional−Design Theories and Models: A New Paradigm of Instructional Theory (pp. 215−239). Mahwah, NJ: Lawrence Erlbaum Associates.

Jonassen, D. H., Campbell, J. P., & Davison, M. E. (1994). Learning with media: Restructuring the debate. Educational Technology Research and Development, 42(2), 31−39.

Jonassen, D., Carr, C., & Yueh, H.−P. (1998). Computers as Mindtools for Engaging Learners in Critical Thinking. TechTrends, 43(2), 24−32.

Jonassen, D., & Reeves, T. C. (1996). Learning with Technology: Using computers as cognitive tools. In D.H. Jonassen. In D. Jonassen (Ed.), Handbook of research for educational communications and technology (pp. 693−719). New York: Macmillan.

Johnson, L., Adams Becker, S., Estrada, V., & Freeman, A. (2014). NWC horizon report: 2014 K−12 education. Austin, Texas: The New Media Consortium

Kaplan, A., & Haenlein, M. (2010). Users of the world, unite! The challenges and opportunities of Social Media. Business Horizons, 53, 59−68.

Khan, B. H. (1997). Web−Based Instruction Englewood Cliffs, New Jersey: Educational Technology Publications.

Khan, B. H. (2005). Managing E−Learning Strategies: Design, Delivery, Implementation and Evaluation. 강명희 외 역. e−러닝 성공전략. 서울: 서현사

Kozma, R.B. (1991). Learning with media. Review of Educational Research, 61(2), 179−211.

Kozma, R.B. (1994). Will media influence learning: Reframing the debate. Educational Technology Research and Development, 42(2), 7−19.

Merriam−Webster (2014). Social media. In Merriam−Webster. com. Retrieved December 11, 2014, from
http://www.merriam−webster.com/dictionary/social%20media

Merriam−Webster (2015). Technology. In Merriam−Webster. com. Retrieved Jun 11,

2015, from http://www.merriam-webster.com/dictionary/technology

Molenda, M. (2008). Using. In A. Januszewski & M. Molenda (Eds.), Educational Technology: A definition with commentary (pp. 141-173). New York: Lawrence Erlbaum Associates.

Molenda, M., & Boling, E. (2008). Creating. In A. Januszewski & M. Molenda (Eds.), Educational Technology: A definition with commentary (pp. 81-139). New York: Lawrence Erlbaum Associates.

Pea, R., D. (1993). Practices of distributed intelligence and designs for education. In G. Salomon (Ed.), Distributed cognitions (pp.47-87). Cambridge: Cambridge University Press.

Reiser, R. A. (2007). A history of instructional design andtechnology. In R. A. Reiser & J. V. Dempsey (Eds.), Trends and issues in instructional design and technology (Vol. 2, pp. 17-34). Upper Saddle River, NJ: Pearson/Merrill Prentice Hall.

Reiser, R. A. (2012). A history of instructional design and technology. In R. A. Reiser & J. V. Dempsey (Eds.), Trends and issues in instructional design and technology (Vol. 3, pp. 17-34). MA: Boston: Pearson.

Rosenberg, M. J. (2001). E-learning: Strategies for delivering knowledge in the digital age. NY: McGraw Hill.

Salomon, G. (1993). No distribution without individuals' cognition: A dynamic interactional view. In G. Salomon (Ed.), Distributed cognitions(pp.111-138). Cambridge: Cambridge University Press.

Salomon, G., Perkins, D. N., & Globerson, T. (1991). Partners in cognition: Extending human intelligence with intelligent technologies. Educational Researcher, 20, 10-16.

Solomon, G., & Schrum, L. (2007). web 2.0 new tools, new schools. Oregon: Eugene, DC: Washington: ISTE.

제 4 장

교육공학 관련 정부정책

송해덕 ▌ 중앙대학교 교수

Ⅰ. 교육공학 관련 정책의 중요성

우리나라에서 교육공학이 도입된 지 30년이 되면서, 교수－학습의 질 개선을 목표로 다양한 교육공학 연구들이 수행되며 교육실천에 많은 영향을 미쳐왔다. 이들 연구들은 교육공학의 학문적 기초, 방법, 평가, 교수전략, 교수설계모델, 설계·계획·실행, 최신 테크놀로지, 테크놀로지 통합 등 다양한 분야를 포함한다. 이들 교육공학에 대한 연구 영역들 중 비교적 최근에 관심이 주어진 분야가 교육공학 관련 정책분야이다.

교육공학관련 정책은 넓은 의미에서 교육정책의 하나로 볼 수 있다. 교육정책은 교육실천과 연구에 영향을 미친다는 점에서 중요성을 지닌다. 사전적인 의미로 정책이란 어떤 결과물을 창출하기 위한 의사결정 원리를 기술하거나 가이드라인, 혹은 규정 등에 대한 구체적인 진술을 의미한다. 교육정책이라고 하면 현 박근혜 정부에서 강조하고 있는 '행복교육'이나 '능력중심사회의 건설'과 같이 구호나 캠페인 같은 형태로 인식하기 쉽다. 그러나 이들 정책들은 구체적으로 교육실천장면에서 이를 달성하기 위해 다양한 형태로 나타난다. '행복교육'을 위한 진로지도교육으로 자유학기제가 추진되거나, '능력중심사회 건설'을 위해 국가직무능력표준이 개발되고 이를 채용, 인사, 경력개발, 교육과정 개발에 적용하기 위한 법령이나, 규정 등이 제시되고 있는 것을 예로 들 수 있다. 교육정책은 그 자체로는 강제성을 갖지는 않으나, 규정을 통해 실현이 된다는 점에서 교육실천에 대한 영향력이 크다. 정책 그 자체는 넓거나 혹은 좁은 범위로 나타날 수 있으며, 구체적이거나 모호한 형태로 나타날 수도 있다. 그렇지만 궁극적으로는 보다 구체적인 규정과 절차를 통해서 실행된다는 점에서 교육실천과 밀접히 관련되며(Harris & Walling, 2013), 다시 해당분야에 대한 교육연구에도 영향을 준다.

교육정책이 교육실천과 연구에 영향을 미치는 것처럼 교육공학에 대한 정책 역시 교육공학의 실천과 연구에 영향을 미친다. 예를 들어 미국 오바마 대통령은 취임 초기 젊은 세대를 가르치고 미국이 당면하고 있는 여러 도전들을 극복하기 위해 교육에서 테크놀로지를 활용할 필요성을 정책으로 주창한 바 있다. 이에 약 65억 달러, 즉 우리 돈으로 7조 3,000억 원 이상이 교육공학정책 실행을 위한 추진비용으로 배정되었다. 그 결과 미 교육부에서 테크놀로지를 통한 교육증진(Enhancing Education Through Technology) 프로그램을 통해 주에서 지역 학교구로 재원이 배분되고, 이 재원을 활용할 수 있도록 연방사무국, 주교육부서, 지역 학교구에 의해 구체적인 규정이 발표된 바 있다(Harris & Walling, 2013). 그렇다면 우리나라에서는 교육공학과 관련하여 어떠한 정책들이 추진되어 왔는가?

우리나라는 정부 주도하에 초·중등교육, 고등교육, 세계화 교육부분에서 테크놀로지의 활용을 통해 학습성과를 촉진시키고자 다양한 교육공학 관련 정책들이 제안되어 교육실천과 연구에 지대한 영향을 주어왔다. 이와 같이 교육공학정책의 중요성과 영향력에도 불구하고 그동안 교육공학 학문분야에서 교육공학정책을 주요 연구주제로 한 분석은 비교적 적은 실정이다. 한국교육공학회 30주년을 맞는 시점에서 향후 교수학습에 영향을 줄 수 있는 교육공학의 미래방향 탐색을 위해서 그동안 우리나라에서 교육공학과 관련하여 어떠한 정책들이 수립되어 실행되어 왔는가를 검토해 볼 필요가 있다.

이에 본 장에서는 우리나라 교육공학관련 정책의 추이와 동향에 대한 분석을 통해 미래 교육공학 정책 연구의 방향을 탐색해 보는 것을 목적으로 한다. 이를 위해 그동안 교육공학관련 실행과 연구에 결정적인 영향을 미친 것으로 평가되는 교육정보화 관련 정책들과 교실수준에 영향을 미친 정책들, 그리고 교육

정책 관련 정책들을 고안하고 집행하는 교육공학 정책 관련 부서와 기구들의 특
징을 살펴보고자 한다. 이러한 정책의 추이변화와 동향분석을 통하여 교육공학
관련 정책이 교육공학연구에 어떠한 영향을 주었는지를 고찰하고, 미래 교육공
학 실행과 연구의 활성화를 위해 요구되는 교육공학 정책 연구의 방향을 모색할
수 있을 것으로 기대된다.

II. 국내 교육공학관련 정책 및 기관 동향

우리나라에서 교육공학 관련 실행에 가장 큰 영향을 준 정책으로 교육정보
화 관련 정책을 들 수 있다. 이에 본 고에서는 먼저 교육정보화 정책의 변천과
정을 살펴봄으로써 국내교육공학관련 정책이 어떻게 변화되어 왔는지를 살펴보
고자 한다. 이와 함께 교실관련 교육공학 정책으로 평가받는 스마트 교육추진전
략을 자세히 살펴보고자 한다. 끝으로 이들 교육공학 관련 정책을 주도하는 국
가 기관들과 주요부서들과 주요 업무에 대해 개관한다.

1. 교육정보화 정책

교육정보화 정책의 시초는 1996년 1월 정보화촉진기본법(현 국가정보화 기
본법, 법률 제12844호)의 제정에 따라 정보화촉진 등을 위하여 정보화촉진기본계
획을 수립(제5조 제1항)한 것이라 할 수 있다. 이에 따라 1996년에 1단계 '교육정
보화 종합추진 계획'을 수립하였으며, 이후 5년 단위로 정보화계획을 재수립하
여 발표하고 있다(정성무, 2013).

따라서 1996년부터 현재까지 총 4단계에 걸쳐 추진되어 온 '교육정보화' 추
진계획을 바탕으로, 각 단계에서 교육정보화정책의 추진 비전과 목적, 세부 정
책 추진의 변화 양상을 구체적으로 확인하고자 한다.

<교육정보화 1단계>에서는 교육정보화의 물적 기반 등 인프라 구축에 중
점이 두어졌다. 이 시기는 1996년부터 2000년까지 '교육정보화 종합추진 1단계
계획'에 따른 교육정보화 추진 시기로써 교육 인프라 구축에 정책 추진의 초점

이 있었다. 이 단계에서 정보화 추진은 고도화된 정보화 사회의 변화 양상을 교육에 적극 반영함으로써 누구나, 언제, 어디서나 교육의 기회를 제공받을 수 있는 열린교육사회, 평생학습사회를 구현하여 궁극적으로 교육의 질을 향상하는 데에 그 목적이 있었다(강병운, 1995). 이를 위한 추진과제로 ① 학술연구의 정보화, ② 각 급 학교 정보화, ③ 평생학습정보화, ④ 교육행정의 정보화가 추진되었다.

구체적으로 학술연구를 위한 교육자료의 개발과 보급이 주로 이루어졌다. 교육정보 자료의 개발은 교육용 소프트웨어의 개발과 교육정보 데이터베이스의 구축으로 나누어 추진되었다. 이러한 과제의 일환으로 학술정보 공유 및 유통체제인 학술정보서비스(RISS)를 구축하여 2000년도에 1단계 교육정보화 추진계획이 완료될 당시 204개 기관, 570만 건의 학술자료의 데이터베이스화를 이루었다. 초중고등학교에 교육정보자료를 제공하는 에듀넷 서비스도 1996년부터 제공되었다.

다음으로 정보기자재 보급을 통해 교단선진화를 위한 인프라 구축이 추진되었다. 모든 교실에 PC와 TV 등의 기기를 구축하고 교원에게 1인 1PC를 지급하며, 학내 인터넷 통신망을 구축하는 것을 주요 내용으로 하였다. 이러한 과제 추진을 통하여 2000년까지 모든 학교(10,064교)에 컴퓨터 실습실 설치와 학내전산망 구축을 완료하였으며, 모든 교실(214,000실)에 PC와 영상장비 등 교단선진화장비를 설치하였고, 모든 교원(340,000명)에게 1인 1PC를 보급하는 등 ICT 인프라 기반을 구축하는 성과를 거두었다. 또한 정보기술을 활용할 수 있는 역량 강화를 위한 교육정보화 연수가 이루어졌다. 또한 매년 전 교원의 25%에 대해 ICT 활용 연수가 실시되었다. 교원정보화연수는 모든 교사가 교수·학습에 교육용 소프트웨어와 인터넷 등을 활용하여 각종 교육정보를 활용할 수 있도록 하는 데 중점을 두고 추진되었다. 이 밖에도 범정부 차원에서 전 국민 1,000만 명을 대상으로 한 정보화 교육이 추진되었고, 교육정보화를 위한 법 제도의 정비도 함께 이루어졌다.

이들 과제들은 교육정보망의 구축과 교육정보통합시스템을 기반으로 하여 이루어졌다. 학교종합정보관리시스템 구축 및 교육 행정기관의 업무처리 절차 재설계(Business Process Reengineering) 추진 등을 통해 교육행정정보화가 추진된 결과, 학교생활기록부 전산화 프로그램이 보급되었고 교육부와 시·도교육청

간 문서유통시스템 등의 도입을 통해 행정절차의 간소화 및 생산성 향상을 가져왔다.

1단계 추진과제와 성과들중 교육공학적 측면에서 중요한 점은 교육용 소프트웨어의 개발, 교육정보 데이터 베이스구축, 컴퓨터 실습실 구축 등과 같이 교육에서 테크놀로지를 활용하기 위한 물적기반의 구축이 추진되었다는 점이다. 이 시기에는 특히 컴퓨터 보조학습을 위한 다양한 교수설계원리에 대한 탐색들이 본격적으로 이루어졌다는 특징을 가진다.

<교육정보화 2단계>에서는 학교에서의 ICT 활용과 교육지원 시스템 구축 등 ICT 활용 촉진에 중점이 두어졌다. 2001년도에 발표된 2단계 교육정보화 종합 발전 방안은 1단계 교육정보화 종합 계획의 완료와 ICT 기술의 비약적 발전을 반영하여 지식기반사회의 도래에 따라 지식정보를 잘 활용할 수 있는 국민을 육성하기 위한 필요에 의해 수립되었다. 2단계 교육정보화의 비전은 '세계를 선도하는 지식 강국 건설'에 있었다. 이를 실현하기 위한 추진 목표들로 ① 지식기반사회 대처능력 배양, ② 창조적인 산업인력 양성, ③ 함께하는 정부문화의 창달, ④ 종합적 성과 지원 체제 구축이 제시되었다.

구체적인 추진과제로는 먼저 '지식기반사회 대처능력 배양'이라는 목표를 위해서 ① 국민 ICT 활용 능력 개발 지원, ② ICT 활용 초·중등학교 교수·학습방법 및 내용 혁신, ③ 평생교육 및 직업훈련의 정보화 지원 등이 추진되었다. 이러한 정책과제의 목적은 모든 국민이 학습과 일상생활에 컴퓨터와 인터넷을 잘 활용하도록 함으로써, '세계에서 컴퓨터를 가장 잘 쓰는 나라'를 만들고, 모든 교과 수업에 ICT를 활용함으로써 학생들의 자기주도적 학습 능력과 문제해결력을 신장시켜 창의적 인재를 육성하며, 평생교육과 직업훈련을 위한 종합정보시스템을 구축하는 데 있었다.

다음 '창조적 산업인력 양성' 목표를 위해서는 ① ICT 산업인력 양성과 ② 교육지식정보 유통·활용 체제 구축이라는 과제가 추진되었다. 전자는 국가적 ICT 산업인력 양성 체제 확립 및 산·학·연 협동을 통해 현장 적합성이 높은 ICT 산업인력을 2005년까지 총 14만 명을 양성하는 데 그 목표가 있었다. 후자는 교육지식정보 확충을 통하여 누구나 유용한 정보를 손쉽게 획득할 수 있는 체제를 구축하는 것을 목표로 하였다.

또한 '함께 하는 정보문화 창달'이라는 목표 추진을 위해 ① 건전한 정보문화 환경 조성과 ② 정보화 혜택 확산이라는 두 가지 과제가 수립되었다. '건전한 정보문화 환경 조성'을 위해서는 학교에서의 정보통신윤리 교육 강화, 건전한 사이버 문화 조성을 위한 조직 구성 및 활동 지원, 불건전 정보 유통 방지체제 구축 등의 세부 과제를 수립하였다. '정보화 혜택의 확산'은 교육정보화 격차 해소를 위한 방안으로서 저소득층과 소외계층에게 PC나 통신비를 지원해주고 다양한 교수·학습 기회를 제공하는 방안이 추진되었다. 또한 재외국민을 위한 국제 교육네트워크 운영 활성화와 남북한 교육정보화 협력 사업 등이 계획되었다.

끝으로 '종합적인 성과 지원 체제 구축'은 앞의 세 가지 목표 추진을 위한 기반이 되는 목표로, 이를 위해 ① 교육정보화 지표 개발 및 평가, ② 교육정보 인프라 고도화, ③ 전자교육행정 구현 등의 과제가 수립되었다. 주요 내용으로는 표준화된 교육정보화 지표 개발을 통하여 교육정보화 사업의 투입과 산출을 객관적으로 평가하여 사업의 효율성을 향상시키고, 1단계 교육정보화 종합계획에서 구축한 초·중등학교 인프라를 고도화하고, 교육행정정보시스템을 구축하며, 온라인 민원서비스를 제공하는 것 등을 주요내용으로 담고 있다.

2단계 추진과제와 성과들 중 교육공학 관련 정책으로 특이한 점은 지식강국 건설을 위한 ICT활용의 중요성이 강조되면서 초·중등학교에 ICT 활용능력 개발을 지원하기 위해 교육과정 개발과 ICT 활용 교수학습방법 개선 사업이 적극적으로 추진되었다는 점이다. 또한 이를 위한 교육정보화 지표 개발이 함께 추진되었다.

<교육정보화 3단계>에서는 '교육정보화 서비스 고도화'가 핵심목표로 추진되었다. 2006년도에 발표된 3단계에서의 비전은 'u-학습사회, 인재강국 구현'으로 이를 실현하기 위하여 ① 전 국민의 지식창출 및 학습역량 강화, ② 학습 환경의 유비쿼터스화 기반 마련, ③ 교육정보화 글로벌 리더 도약, ④ 지식정보 격차 해소 및 안전성 강화의 4가지 추진 목표가 제시되었다. 그리고 이러한 비전 및 추진 목표를 달성하기 위하여 6개 영역 17개 혁신과제와 2개 영역 4개 기반조성 과제가 중점 추진과제로 선정되었다.

중점 추진 과제에 해당하는 6개 영역들은 e-교수·학습 혁신 체제 구축, e-평생학습 지원체제 구축, e-교육안전망 구축, 지식공유 활용체제 구축, e-

러닝 세계화 추진, u−러닝 기반 구축을 포함하였다. 구체적으로 초·중·고등교육 및 평생학습에서의 이러닝 활성화와 지식정보의 생성 및 유통문화를 조성하고, e−평생학습도시 구축 시범 사업과 평생학습정보네트워크 구축 등의 과제 등이 추진되었다. 그 밖에도 소외계층이나 다문화가정, 장애아동들의 교육격차 해소를 위한 정보화지원이 지속적으로 실시되었으며, 학교의 정보통신 인프라 고도화를 위한 사업 역시 계속적으로 추진되었다. e−교육행정 지원체계 구축과 성과 및 품질 관리체계 구축과 같이 미래형 교육정보화를 위한 기반을 조성하기 위한 과제가 추진되었다. 구체적으로 교육행정정보시스템(NEIS)과 교육인적자원 통계의 고도화가 추진되었다.

3단계 추진과제와 성과들중 교육공학 관련 정책으로 인상적인 점은 이전 단계 교육정보화에서 강조된 ICT 활용능력 개발 지원체제의 구축이 이 단계에는 e−교수학습 지원체제 구축으로 그 초점이 바뀌었다는 것이다. 이를 위해 초·중등학교에서의 교수·학습지원 혁신을 위한 전략과제로 사이버가정학습 서비스 강화와 전자교과서 실험 개발 등이 추진되었다. 또한 e−러닝을 넘어서 u−러닝 개념이 도입되면서 초·중등 학교에서 전자교과서 활용을 중심으로 u−러닝 선도모델 운영과 표준정립, 인프라 조성사업 등이 함께 추진되었다. 또한 이러닝 의 세계화가 추진되면서 국제파트너십이 구축되고 지식서비스 해외진출을 위한 e−러닝 활성화 방안이 적극적으로 모색되기 시작하였다.

<교육정보화 4단계>에서는 소프트파워의 강화가 핵심목표로 추진되었다. 4단계 교육정보화 정책은 2010년 5월에 발표되었다. 4단계 교육과학기술정보화 기본계획의 비전은 '선진 교육과학기술정보화를 통한 인재 대국, 과학 강국'의 실현에 있었으며 이를 위해 ① 학습자 중심의 선진화된 디지털 학습사회조성, ② 연구자의 가치를 창조하는 선진과학기술 연구 환경의 조성을 목표로 하였다. 이와 같이 2대 영역에서 목표가 제시된 점은 이명박 정부에서 교육인적자원부와 과학기술부가 통합되어 교육과학기술부로 개편되면서 교육정보화 계획의 틀이 개별사업 단위의 정보화에서 벗어나 교육과 과학을 총체적으로 지원·선도하기 위해 소프트파워를 강화하는 것을 기본 방향으로 삼았기 때문이다.

구체적으로 4개 영역, 21개 전략과제, 62개의 추진과제가 국가정보화 기본계획의 10대 과제 정책목표와 연계하여 수립되었다. 이들 영역 중 먼저, ICT 기

반의 창의적 인재 양성 영역에서는 9개 전략과제들이 제시되었다. 건강하고 창의적인 디지털 인재 양성을 위해 소통과 신뢰의 교육문화를 조성하고, 지속 가능한 선진 교육체제를 구현하기 위한 세부 과제들이 개발 추진되었다. 다음으로 선진 R&D 역량 강화 영역에서는 5개 전략과제들이 제시되었다. 연구자의 연구역량을 극대화하고, 과학기술 연구 환경을 효율화하며, 과학기술을 생활화하기 위한 세부과제들이 개발 추진되었다. 이들 2개영역의 과제들은 2개 기반조성 영역을 통해 실시되었는데 이들은 소통과 융합의 정보화와 교육과학기술 정보화 인프라 기반조성이다. 구체적으로 소통과 융합의 정보화를 위해서 교육 연구 융합 환경이 구축되고 오픈액세스(open access)기반 연구개발 협업플랫폼의 구축을 통해 학술연구 및 평생학습을 위한 지식의 선순환 체제 구축이 추진되었다. 또한 교육과학기술 정보화 인프라 조성을 위해 클라우드 컴퓨팅, 유비쿼터스 센스 네트워크, 슈퍼컴퓨팅, 과학기술연구망고도화 등 정보통신기술의 발전에 부합하는 인프라 구축과 녹색 기술 기반의 효율적인 인프라 구축 방안 등이 추진되었다.

이상의 영역별 세부 추진과제를 달성하기 위하여 2010년부터 2014년까지 각 추진과제별로 구체적인 실행계획을 설정하였다. 이 계획에 따르면 4단계 계획이 종료되는 시점인 2014년에는 학습자들이 디지털기술을 자연스럽게 받아들이고 이를 학습에 적극적으로 활용하게 될 것으로 기대되었다. 이를 위해 학습자 중심의 맞춤형 학습 환경이 조성되고 각종 학교시설물과 교육매체에 유비쿼터스 기술을 접목한 u-school, u-class의 구현을 미래의 학습 환경으로 내다보았다. 이러한 미래 교육환경 구현을 지원하기 위해 2011년도에는 '스마트교육 추진전략'이 함께 제시되었다.

4단계 추진과제와 성과들 중 교육공학관련 정책측면에서 인상적인 점은 이전 단계에서 사용되었던 e-교수학습지원체제가 u-교수학습체제로 변경되고 이를 위한 구체적인 추진전략으로 스마트교육추진전략이 제시되었다는 점이다. 또한 2단계에 제안되었던 ICT가 다시 사용되면서 ICT 기반 창의인재 양성이 목표로 제시되었다.

이상의 교육정보화 단계별 중점과제와 이들의 교육공학적 특성과 시사점을 간략하게 정리하면 다음의 <표 4-1>과 같다. 교육정보화 1단계에서는 초중고등학교에서 테크놀로지 인프라 기반의 구축이 이루어졌으며, 2단계에서는 이

표 4-1 교육정보화 단계별 중점, 주요과제, 교육공학적 특성

단계	1단계	2단계	3단계	4단계
시기	1996~2000	2001~2005	2006~2010	2010~2014
중점	교육정보 인프라 구축	ICT 활용 촉진	교육정보화 서비스 고도화	소프트파워 강화
주요과제	·학술정보서비스 구축 (RISS) ·에듀넷 서비스 개통 ·교원 1인당 1PC, 학교컴퓨터 실습실 설치 ·학교종합정보관리 시스템 구축	·ICT 활용 교수학습 방법 혁신 ·ICT 산업인력 양성 ·정보통신윤리교육 강화 ·교육행정정보시스템 개통 ·교육정보화 지표개발	·초중고등 e-러닝 활성화 ·e-러닝을 통한 대학 교수학습 지원 ·e 평생학습도시 구축 ·교육행정정보시스템 고도화	·ICT 기반 창의적 인재양성 ·선진 R&D 역량강화 ·소통과 융합의 정보화 ·교육과학기술 정보화 인프라 기반 조성 ·u 교수학습체제
교육공학적 특성	·에듀넷 개통 ·정보소양 기준 개발	·ICT 활용 교육과정 개발 및 교수학습 방법 개선	·e-러닝 교수학습 혁신체제 구축	·u 교수학습체제 구축

를 바탕으로 ICT를 교육과정과 교수방법에 활용하고자 하는 노력이 중점적으로 이루어졌고, 3단계에서는 ICT가 e러닝으로 초점이 바뀌면서 평생학습까지 확대되었다. 4단계에서는 e러닝에서 u러닝으로 교육에서 첨단 테크놀로지 활용이 심화되는 것과 함께 소프트 파워가 강조되면서 다시 ICT를 창의인재양성을 위해 활용하기 위해 스마트 교실정책들이 추진되었다.

2. 초중등학교 교실관련 정책

교육정보화 정책의 추진과정에서 시사되는 것처럼 그동안 교육공학 관련 정책들이 다양하게 추진되어 왔다. 이들 중 교육공학 측면에서 중요한 점은 학교현장 특히 교실의 교수-학습에 얼마나 적용성이 높은 정책들이 제시되어 왔는가 하는 점이다. 이 점에서 교육정보화 정책들 중 교실 관련 주요 정책들로는 교실 정보화 인프라 구축, ICT 활용 교육과정 개발과 교수방법의 개발, e-러닝 교수학습지원체제 구축, 그리고 u-class 사업 등을 들 수 있다. 이들 정책 중 가장 주목할 만한 교실관련 정책으로는 교육정보화 4단계에서 실시된 스마트 교육추진전략을 들 수 있다.

스마트 교육추진전략은 4단계 교육정보화 추진단계에서 이전 단계에서 사용되었던 e-교수학습지원체제가 선진 u-교수학습체제로 변경되고 이를 위한

그림 4-1 스마트교육 추진전략 비전 및 추진과제

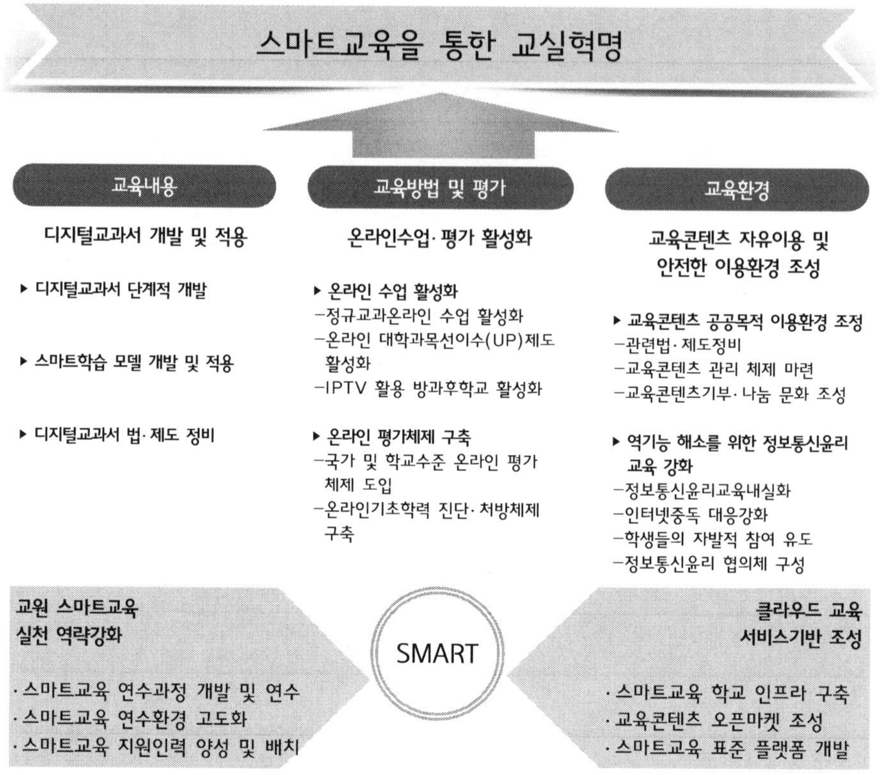

스마트교육을 통한 교실혁명

교육내용

디지털교과서 개발 및 적용

▸ 디지털교과서 단계적 개발

▸ 스마트학습 모델 개발 및 적용

▸ 디지털교과서 법·제도 정비

교육방법 및 평가

온라인수업·평가 활성화

▸ 온라인 수업 활성화
–정규교과온라인 수업 활성화
–온라인 대학과목선이수(UP)제도 활성화
–IPTV 활용 방과후학교 활성화

▸ 온라인 평가체제 구축
–국가 및 학교수준 온라인 평가 체제 도입
–온라인기초학력 진단·처방체제 구축

교육환경

교육콘텐츠 자유이용 및 안전한 이용환경 조성

▸ 교육콘텐츠 공공목적 이용환경 조성
–관련법·제도정비
–교육콘텐츠 관리 체제 마련
–교육콘텐츠기부·나눔 문화 조성

▸ 역기능 해소를 위한 정보통신윤리 교육 강화
–정보통신윤리교육내실화
–인터넷중독 대응강화
–학생들의 자발적 참여 유도
–정보통신윤리 협의체 구성

교원 스마트교육 실천 역량강화

· 스마트교육 연수과정 개발 및 연수
· 스마트교육 연수환경 고도화
· 스마트교육 지원인력 양성 및 배치

SMART

클라우드 교육 서비스기반 조성

· 스마트교육 학교 인프라 구축
· 교육콘텐츠 오픈마켓 조성
· 스마트교육 표준 플랫폼 개발

출처: 교육과학기술부(2011). p.6.

구체적인 추진전략으로 제시되었다. 스마트교육 추진전략은 디지털 융·복합 환경으로의 급격한 사회 변화에 따라 ICT 활용 능력을 갖춘 창의 인재 양성과 교육환경 개선의 필요성에 의해 추진된 정책으로 [그림 4-1]에서와 같이 스마트교육을 통한 교실혁명을 목표로 5개 중점 추진과제들이 추진되었다. 구체적으로 ① 디지털교과서의 개발 및 적용, ② 온라인 수업·평가 활성화, ③ 교육콘텐츠 자유이용 및 안전한 이용환경 조성, ④ 교원의 스마트교육 실천 역량 강화, ⑤ 클라우드 교육 서비스 기반 조성 등을 포함하였다. 이들 중 기존의 교육 패러다임을 혁신할 대표과제로 디지털교과서의 개발 및 적용이 추진되었다. 디지털교과서의 개발은 교육정보화 3단계에서 추진된 것으로 전자교과서의 시범개발을 시발점으로 하며 이 단계에서는 법령 정비를 통한 디지털교과서의 법적 지위 확

보와 초·중·고등학교에의 확산 보급 등 새로운 교수·학습 매체로서의 디지털 교과서를 확산하기 위한 준비가 이루어졌다. 이러한 기본 계획에 따라 2014년 현재 디지털교과서는 초등학교 3, 4학년의 사회, 과학교과와 중학교 1, 2학년의 사회, 과학 교과가 개발되었으며, 초등학교 81개, 중학교 82개 등 총 163개의 연구학교에서 디지털교과서 병용 사용이 추진되고 있다.

2011년에 제시된 스마트교육 추진전략은 교실을 기반으로 하는 교육공학 관련 정책으로 가장 체계적인 틀을 제공하고 있는 정책으로 평가할 수 있다. 스마트교육 추진 전략은 단계별 교육정보화 추진 계획과는 별도로 2011년에 수립된 것으로, 4단계 교육정보화 계획이 담고 있는 'ICT 기반 창의적 인재 양성' 사업을 확대발전시키고, 정보화 사회 → 유비쿼터스 사회 → 스마트 사회로 사회적 패러다임이 변화되는 현상을 반영한 것이다. 이를 위해 교육 내용면에서는 디지털교과서의 개발 및 적용을, 교육방법 및 평가 측면에서는 온라인 수업 활성화와 온라인 평가체제 구축을, 그리고 교육환경면에서는 교육콘텐츠의 공공목적 이용환경 조성과 정보통신윤리교육 강화를 제시하고 있다. 또한 이를 위한 기반으로 교원역량강화와 클라우드 교육서비스기반 조성을 제공하고 있다는 점에서 인프라 측면까지 함께 고려하고 있다. 이러한 점에서 스마트교육 추진전략은 교육공학 정책들을 학교에서 적용하기 위해 추진해야 할 과제들을 학교급 수준에서 최초로 체계적으로 명확히 제시하였다는 점에서 의의를 가진다. 앞으로 스마트 교육을 통한 교실혁명이라는 정책적 비전이 의도한 성과를 거두기 위해서는 이러한 비전이 학생의 학업성과와 어떻게 연계될 수 있으며, 이를 지원하기 위한 구체적인 연구개발 조직에 대한 재원마련이나 조직 기구가 명확하게 제시될 필요가 있다. 또한 디지털 교과서로 국한된 테크놀로지를 보다 확장하여 교실 활용 전략들이 제안되는 것이 바람직하다.

교실관련 정책하여 최근 주목할 정책으로는 소프트웨어 선도학교의 운영을 들 수 있다. 교육정보화 4단계의 소프트파워 강화를 연계한 정책으로 2015년 3월 미래창조과학부(2015)에서는 정보통신테크놀로지(Information Communication Technology: ICT)를 통한 창조한국 건설을 위하여 「K-ICT」 전략을 수립 발표하였다. 이들 중 학교수준의 정책으로 의미있는 것은 ICT 창의인재 양성을 위하여 초중등 교육에서 소프트웨어 교육 필수화를 실시하고, 소프트웨어선도학교를 선정하여 운영한다는 것이다. 2015년도에는 전국의 160개 초중고교에 소프트웨어 교육과정을 도입하여 학생 컴퓨팅사고력과 문제해결력 향상을 위한 SW 교육과정을 운영하며, 이를 2017년까지 1,700개교로 확대할 계획이다.

3. 교육공학 관련 정책 부서 및 전문 기관

교육공학 관련 정책들의 효과적인 기획과 추진을 위해서는 중앙조직과 이와 관련된 국가 연구 사업조직들의 지원체제가 요구된다. 중앙조직면에서 우리나라는 교육부내에 교육공학관련 정책을 전담하는 별도의 부서를 두지 않고, 관련부서들이 분산적으로 배치되어 있다는 특징을 지난다. 교육부 내 교육안전정보국하의 '교육정보화과'에서 교육기관 정보보호, 국가 및 대학정보화, 교육전산망, 나이스 구축, 사이버 안전보안과 관련된 업무를 취급하고 있으며, 같은 국 '이러닝과'에서 사이버대학과 이러닝 국제교류협력 관련 사업을 담당하고 있다. 초·중등 교육정보화는 학교정책실하의 '교육과정정책과'에서 디지털교과서 개발 및 적용과 관련된 사업들을 담당하고 있다.

교육공학 관련 대표적인 국가 연구 사업기관으로는 교육학술정보원(KERIS)을 들 수 있다. 교육학술정보원은 1997년 설립된 국가멀티미디어 교육센터에서 그 시초를 찾아볼 수 있으며, 국내최초 인터넷 교육정보종합서비스인 에듀넷의 개통과 국가연구경쟁력 강화를 위한 학술정보서비스(RISS)의 개통을 거치면서 1999년도에 설립되었다. 한국교육학술정보원은 교육 및 학술정보화를 통해 국가교육발전에 기여를 비전으로 ICT 융합창의인재 양성 지원체제 구축, 학술정보 공유유통선도, 교육행재정 정보서비스 선진화, 안전한 사이버 교육환경구현, 글로벌 교육정보화 연구협력 선도의 전략목표를 수립하여 운영되고 있다. 이를 위해 경영기획본부, 교육정보본부, 학술연구본부, 교육행재정본부, 정보기반본부, 글로벌정책연구단, 행정지원단을 두고 다양한 사업들을 추진하고 있다.

교육공학 관련 또 다른 주요 국가사업기관으로 국가평생교육진흥원을 들 수 있다. 국가평생교육진흥원의 설립연원은 정보화사회에서 지식의 급격한 발달에 따라 지속적으로 새로운 역량을 길러줄 필요성이 제기되면서 한국교육개발원에 평생교육센터가 설치되고, 학점은행제 사업과 독학학위제 등이 실시된 것을 들 수 있다. 이를 바탕으로 2007년 평생교육진흥원이 설립되어 운영되어 오고 있다. 2015년 현재 학점은행·독학사 관리본부, 평생직업교육본부, K-MOOC 진흥본부, 평생교육 사업본부의 총 4개 부서를 두고 사업을 운영하고 있다. 교육공학 측면에서 국가평생교육진흥원에서 진행중인 사업들중 주목한 만한 사업은 한국형 온라인 공개강좌(K-MOOC)의 제공을 들 수 있다. 누구나 어디서나 원하는 강좌를 들을 수 있는 공개강좌서비스인 MOOC가 전 세계적으로 확산됨에 따라 국가평생교육진흥원 주도로 K-MOOC 강좌를 개발해 온라인 공개강좌의 국제적 확산에 동참하며 세계수준의 강의공개를 통한 좋은 강의모델 확산으로 대학수업의 질적혁신과 개인학습자의 자기개발을 목표로 추진되고 있다. 2015년 10월 10개 대학 27개의 강좌가 시범강의로 제공되고 있으며, 추후 지속적으로 참여대학과 강좌를 확대할 예정이다.

대학 내에서 교육공학 관련 전담 부서로서 교수학습개발센터 역시 지속적으로 확장되어 왔다. 교수학습개발센터는 강의방법 및 환경이 변화하며 교육의 패러다임이 학생중심으로 변화함에 따라 대학교육의 질 향상과 교육의 수월성 제고가 관심사로 떠오르면서 1990년대 중반이후 4년제 대학을 중심으로 설립되어 왔다. 교수학습센터의 설치는 선진 각국에서는 이미 50년 전에 시작한 것으로 우리나라 대학의 경우 자발적으로 설치되었기보다는 정부의 대학특성화 정책재정지원사업평가나 한국대학교육협의회 주관으로 실시된 대학종합평가에 대비하여 대학교육의 질적 제고를 위한 필요에 의해 설립운영된 측면이 적지 않다. 교수학습센터의 수는 2004년 68개, 2006년 102개, 2008년 128개, 2012년 169개로 비약적인 증가를 이루었으며, 이는 2012년 기준 전국 219개의 4년제 대학교중 77%에 해당한다(박승호, 2012). 전국단위의 협의회로 대학교육개발센터협의회를 두고 자체적으로 대학교육의 발전을 도모하기 위하여 지속적인 노력을 기울이고 있으며, 2015년 현재 전국 174개 대학이 회원교로 가입되어 있다. 우리나라 교수학습센터들은 크게 교수지원, 학습지원, 이러닝, 교수매체의 네 가지로 구분하여 프로그램들을 운영하고 있다. 이들 중 이러닝 강좌를 개발하고 지원하는 프로그램을 운영하는 부분은 미국이나 외국의 경우와 다른 부분이다. 최근에는 글쓰기 관련 정규교과 및 비정규 교과프로그램을 개발 운영하고 대학차원의 정부의 정책재정지원사업과 연계하여 교육정책과제를 수행하는 등 그 활동 영역을 넓혀가고 있다.

III. 미래 교육공학정책의 발전방향

지난 30년간 우리나라에서 교육공학 관련 정책들은 별도의 독립된 정책으로 추진되어 왔다기보다는 주로 교육정보화 정책과 함께 추진되어 오면서 초중등 교육의 정보화, 대학교육의 질적 혁신, 그리고 평생학습체제의 구축에 기여하여 왔다. 이들 교육공학 관련 정책의 추진과정에서 교육공학자들은 교육부의 관련 부서와 한국교육학술정보원, 한국평생교육진흥원 등 국가 사업기관들에 적극적으로 참여하면서 정책의 추진을 주도하여 왔다. 향후에도 교육실천에 영향력을 가질 수 있도록 교육공학정책들이 지속적으로 추진될 필요가 있으며, 이를 위해서는 교육공학 정책에 대한 연구가 보다 활성화되어야 할 것이다. 이를 위하여 미래 교육공학정책 연구가 활성화되기 위한 비전, 내용, 지원체제 측면에서 가능한 제언들을 제시하고자 한다.

1. 교육공학 정책의 비전

우리나라에서 교육정보화는 과거 20년간 초·중등, 고등교육, 그리고 세계화의 3대 영역을 대상으로 교육행·재정 정보화와 교육학술정보시스템 기반 조성과 함께 추진되어 왔다. 구체적으로 1단계의 정보화 인프라 구축에서 시작하여, 2단계 ICT활용교육 활성화, 3단계 교육학술서비스의 선진화, 그리고 4단계 창의적 디지털 인재 양성을 목표로 진행되어 왔으며, 이러한 교육정보화 추진 정책에 따라 교육공학 실행과 연구도 영향을 받아왔다. 교육정보화 발전 단계에서 시사되듯이, 교육정보화 정책의 변천과정의 특이점은 주로 거시적인 측면에서 IT 산업발전이나 과학기술의 발전에 영향을 받으면서 병행되어 발전되어 왔다는 것을 들 수 있다. 실제로 우리나라 교육정보화 추진단계에서 언급된 정책들은 사용된 테크놀로지 측면에서 ICT 활용 콘텐츠, e-교수학습혁신체제, u-러닝 기반구축, 디지털 인재, 선진 u-교수 학습체제 구축 등 다양하다. 4단계 교육정보화 추진에서 제시된 스마트교육 추진전략에서 표방하는 스마트라는 용어 역시 교육공학이나 컴퓨터 교육 분야에서 학술적으로 연구되어 온 것이기보다는 정권이 교체되면서 e-러닝 이후 산업적 관점에서 고려되어 제기된 용어이다. 이와 같이 테크놀로지의 발전을 중심으로 교육공학 관련정책들이나 과제들이 제안되어 온 것은 교육에서 기술변화를 빠르게 수용한다는 장점이 있다. 그렇지만 테크놀로지 변화에 대한 수용과 함께 고려할 점은 교육공학이 표방하는 테크놀로지를 통해 증대되고 전환될 수 있는 고유의 학습이 무엇이며 이를 어떻게 지원할 수 있는가라는 문제의식이다. 이점에서 인간학습과정에 대한 깊은 이해를 바탕으로 어떻게 하면 테크놀로지를 통해 인지구조의 변화를 비롯해 유의미한 학습이 가능하도록 가르칠 수 있을 것인지, 이러한 변화를 테크놀로지를 통해 보다 정확하게 분석 평가하고, 새로운 대안을 제시할 수 있을 것인지에 중점을 둔 교육공학 관련 정책의 발굴이 중요하다. 이러한 점에서 향후 효용성 높은 교육공학관련 정책들의 제안을 위해서 가장 요구되는 점은 교육공학 관련 정책들의 방향을 어디에 둘 것인가에 대한 고민이라고 볼 수 있다. 나일주(1995)가 지적한 것처럼 학교에서 테크놀로지의 도입은 그 비전과 목표가 뚜렷이 수립된 상태에서 이루어져야 한다. 발달된 테크놀로지는 원인과 수단은 제공하지만 결과에 대한 책임을 지지 않는다. 이러한 측면에서 교육공학 정책이 추구해야 하는 비전과 목표는 향후 교육공학자들의 중요관심사가 되어야 한다.

그렇다면 우리나라에서 교육공학 정책들의 비전은 어떠해야 하는가? 미국 오바마 대통령의 교육공학정책 제안의 근본적인 문제의식은 대학생들의 졸업률 향상, 그리고 교육을 통한 글로벌 사회에서 미국의 경제력 회복에 있었다. 우리나라의 경우 국제학업성취도평가(Program for International Student Assessment, PISA)나 수학·과학 성취도 추이변화 국제비교 연구(Trends in International Mathematics and Science Study, TIMSS)에서 최상위 수준의 평가를 받고 있으며 그 결과 2014년도 세계 주요국을 대상으로 한 학생능력 및 성취도 지수면에서 1위를 차지한 바 있다. 그럼에도 이러한 결과가 암기식 교육의 결과라는 비판이 끊임없이 제기되고 있다. 그 예로 성인을 대상으로 한 국제성인역량조사 (Program for the International Assessment of Adult Competencies, PIAAC)에서는 우리나라는 평균 이하라는 결과가 함께 제시되고 있다. 따라서 우리나라 학생들에게 요구되는 것은 보다 창의적이고 자기주도적이며 자율적인 학습능력을 통한 지속적인 역량의 향상에 목적을 둘 필요가 있으며, 교육공학정책의 비전도 이러한 측면에서 수립될 필요가 있을 것이다.

2. 교육공학정책 주요영역

교육공학의 비전을 창의인재 양성에 둔다고 할 때, 교육공학정책들이 실효를 가지기 위해서는 이들 정책들이 추구해야 할 주요 과제들이 명확화될 필요가 있다. 이들 과제들이 대상별로 체계적으로 제시될 때 정책이 목표로 하는 초·중등 교육, 대학교육, 그리고 세계화의 교육적 성공이 보다 쉽게 촉진될 수 있을 것이다. 그렇다면 이를 위해서는 어떠한 연구 영역들이 고려되어야 하는가? 미 교육공학회의 교육공학정의에 따르면 교육공학의 주요 영역은 분석, 설계, 개발, 실행, 평가 등이 주요 영역으로 언급이 된다. 그렇지만 교육공학 정책의 주요 영역은 국가 교육의 생산성 향상을 위하여 국가교육체제와 연계되어 체계적으로 제시될 필요가 있다. 그 한 가지 시사점을 미 교육부 교육공학실에서 제시한 미 국가교육공학계획 2010에서 찾아볼 수 있다. 미 국가교육공학계획은 미국의 교육공학관련 정책이 나아가야 할 주요 영역과 활동들의 강조점을 제시하고 있다는 점에서 의의가 있다. 2010년 11월 미 교육부 장관 Arne Duncan은 국가적 차원에서 교육공학계획 추진의 필요성을 다음과 같이 밝힌 바 있다.

대학졸업률 부분에서 미국은 36개의 선진국들 가운데 현재 9위에 랭크되어 있다. 오바마 대통령은 2020년까지 미국이 대학졸업자 면에서 세계 최고수준에 도달함으로써, 글로벌 경제에서 미국이 리더십을 다시 차지하고 그 역량을 확실히 하여야 함을 강조한 바 있다. 따라서 이를 위한 계획들은 우리 일상과 전문 활동에서 사용되는 첨단의 테크놀로지를 전체 교육체제에 적용함으로써 학생 학습을 향상시키고, 효과적인 실행을 가속화하며, 그 수준을 향상시킴으로써, 데이터와 정보를 계속적인 개선에 사용할 수 있어야 한다(OET, 2010).

요컨대 이 계획의 기본 목표는 오바마 미 대통령이 강조하였던 것처럼 현재 41%에 불과한 미국 학생들의 졸업률을 2020년까지 60%로 올리기 위해 교육에 첨단 테크놀로지를 사용하는 데에 있다. 이를 위해 학습, 평가, 수업, 인프라 구조, 생산성, 연구개발 면에서 미국 교육을 전환시키기 위한 구체적인 목표를 다음과 같이 제시하였다.

학습: 모든 학습자들이 글로벌 네트워크 사회에서 주도적이고, 창의적이며, 지식기반을 가지고 윤리적인 구성원이 될 수 있도록 학교내외에서 다양한 학습경험들에 참여하도록 한다. 이를 위해 수업의 개별화, 개인화, 차별화가

요구된다.

평가: 중요한 것을 측정하도록 한다. 구체적으로 테크놀로지 매개 교수를 통해 가르치고자 하는 복잡한 능력들을 평가할 수 있도록 테크놀로지를 사용할 필요가 있다.

수업: 교육자들이 개별적으로 혹은 팀을 이루어서 필요로 하는 자원, 전문가, 그리고 학습자들로 하여금 보다 의미 있는 학습경험들에 연계될 수 있도록 한다. 예를 들어 필요로 하는 경우 언제든지 교육자들이 학생들의 학습과 관련된 정보들에 접근할 수 있도록 함으로써 적절한 교육적 의사결정을 가능하도록 하는 분석도구를 제공한다.

인프라구조: 모든 학생들과 교육자들이 필요로 하는 시간에, 필요로 하는 장소에서 어떠한 어려움 없이 학습할 수 있도록 인프라구조를 갖춘다. 인터넷 접근성의 확대와 공개교육자료의 개발과 제공 등이 그 예이다.

생산성: 교육체제의 모든 수준에서 학습결과를 향상시키기 위해 테크놀로지 활용의 이점을 누릴 수 있도록 교육체제의 과정과 구조를 재설계할 필요가 있다. 이는 주로 교육부의 역할과 관련되는 것으로 교육부에서는 교육생산성을 향상시키기 위한 전략들과 실행방안들을 고안하고, 주 정부나 지역 교육청 차원에서 생산성 향상을 위한 테크놀로지 활용을 촉진할 수 있도록 구체적인 규정을 고안하도록 장려한다.

연구개발: 보다 효과적인 교육체제의 설계와 개발을 고안한다. 이를 위해 국가 첨단정보디지털 테크놀로지 연구센터를 설치하고 학습과학, 테크놀로지, 교육에 관련된 연구들을 촉진한다.

요컨대, 미국의 국가교육공학계획에서는 테크놀로지 활용을 통해 대학생 졸업률을 높이고 세계경제에서 글로벌 리더가 되는 것을 비전으로 하여, 이를 위한 주요 추진 영역으로 학생학습, 수업방법, 평가방법, 인프라 조성을 들고 이들 부분에서 노력들이 생산적인 결과로 창출될 수 있도록 지원과 연구개발을 병행할 것을 제안하고 있다. 이러한 점을 고려할 때, 우리나라의 경우에도 교육공학 정책의 주요 연구영역으로 창의적인 인재양성을 교육공학의 비전으로 하고 이를 달성하기 위해 학생학습, 수업방법, 평가방법, 인프라 측면에서 정책의제들을 개발하는 것을 고려할 수 있다.

3. 교육공학정책 추진 및 운영 기관

그렇다면 교육공학정책의 비전을 달성하기 위해서는 이를 지원하는 체제는 어떻게 구성되어야 하는가? 우리나라의 경우 중앙부서인 교육부에 교육공학 관련 정책들을 전담하는 부서를 따로 두지 않고 기능별로 분화하여 여러 부서에서 운영하고 있다. 이러한 지원체제 구축은 부서의 기능을 강조한다는 점에서 탄력적인 대응이 가능하다는 이점이 있다. 그렇지만 정부의 정책방향에 따라 교육공학 관련 정책들을 담당하는 부서들이 수시로 변화할 수 있다는 특징도 있다. 예를 들어 박근혜정부에서는 안전에 대한 중요성이 강조가 됨에 따라 교육안전정보국을 새로이 설치하여 이러닝과를 이에 편제시키고 있다.

이에 대해 미국 교육부의 교육공학정책 추진을 위한 관련기관들과 부서 조직도는 국내교육공학 지원체제 구축에 대한 한 시사를 준다. 미국의 경우에는 [그림 4−2]와 같이 미 교육부 산하에 교육공학실(Office of Educational Technology)을 두고 연방정부 수준에서 초·중등학교에서 교육공학 관련 정책들을 입안하고, 이를 주 정부, 그리고 학교 지역구에서 적절히 실행하도록 관장하고 있다. 교육공학실의 경우 초중등교육실, 고등교육실, 국제협력실, 직업·과학기술·성인교육실 등 교육대상과 별도로 위치하면서 이들에게 테크놀로지를 효과적으로 활용할 있는 방안들을 제공하고 있는 것이다. 이러한 조직구성에 근거해 볼 때, 향후 우리나라의 경우에도 테크놀로지의 교육적 활용을 통해 학생의 학업성취향상이 지속적으로 이루어질 수 있는 정책을 추진할 수 있도록 교육부와 같이 중앙정부차원에서 테크놀로지를 통한 학습지원을 전담하는 조직을 설치하는 것을 고려해 볼 수 있다.

중앙부서 내의 교육공학 전담 부서의 구축과 함께 고려해 볼 점은 현재 한국교육학술정보원이나 국가평생교육진흥원에서 추진중인 교육공학 관련 사업들을 정책적으로 뒷받침하기 위해 가칭 '국가교육공학연구원' 등과 같은 전담 연구기관의 설립하여 교육공학 관련 데이터의 수집, 분석과 미래지향적인 교수학습 지원체제에 대한 정책대안을 지속적으로 발굴하는 것이다.

그림 4-1 미국 교육부 조직도 및 교육공학부서

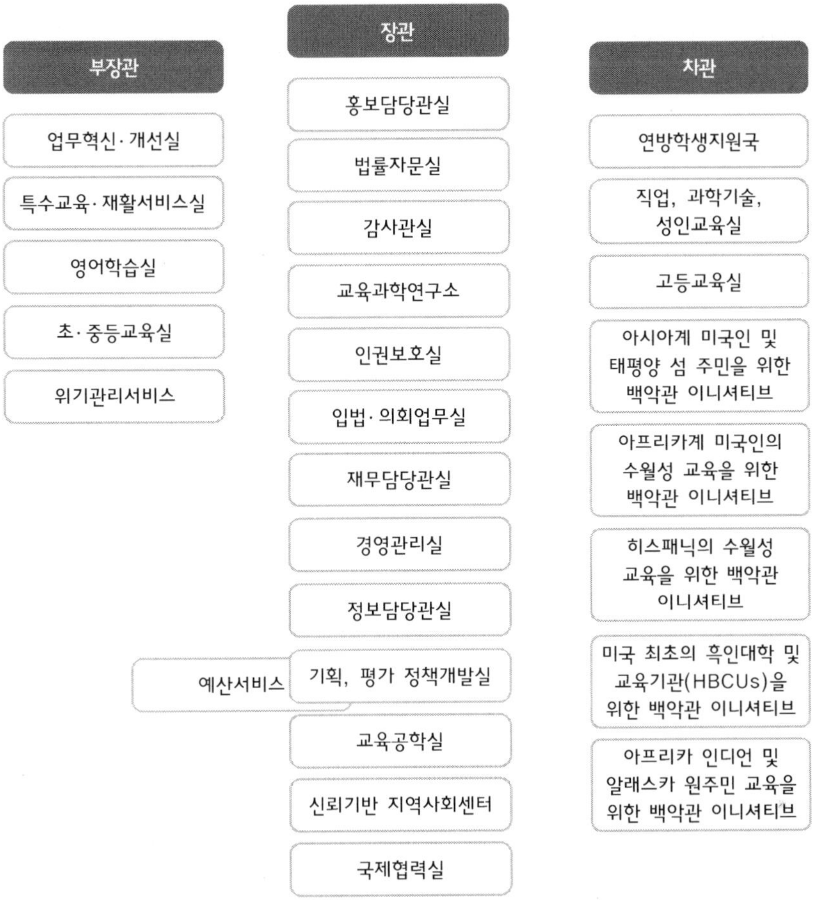

IV. 결어

교육공학의 주요 대상이 초중등교육, 고등교육, 평생교육, 기업체 및 산업체 교육인 점을 고려할 때, 이들 영역에서 어떠한 정책들이 추진되는가는 교육공학 실천과 연구에 지대한 영향을 미칠 수 있다. 과거 30년간 우리나라에서 교육공학은 다양한 정책들을 통해 초중등학교수준에서는 유의미한 학습을 위한 정보 인프라와 교수학습지원체제를 구축하였고, 대학수준에서는 대학교육의 질적 제고를 위하여, 평생교육차원에서는 평생학습이 지향하는 학습자의 기회 확대를 위해 기여하여 왔다. 이들 교육공학 관련 정책들은 교육공학자들의 적극적인 참여하에 교육부 내의 관련 부서와 한국교육학술정보원이나 국가평생교육진흥원 등과 같은 국가수준의 사업기관들이 설치 운영되어 오면서 내실 있게 추진되어 왔다. 앞으로도 지금까지 교육공학 관련 정책들에서 추진되어 온 다양한 노력들을 수용하면서 보다 발전적으로 추진할 수 있는 교육공학자의 역할이 기대된다.

교육공학에 관련된 많은 연구들은 테크놀로지가 인지도구로써 창의적인 학습을 가능하게 한다고 보고하고 있다. 따라서 향후 인간학습에 대한 과학적 이해를 바탕으로 테크놀로지를 통해 학생의 창의적인 역량을 증진시킬 수 있는 국가교육공학정책의 출현이 기대된다. 그리고 이러한 정책들이 실제 교육현장에서 적용 가능할 수 있도록 구체적인 과정과 절차, 규정들이 제안되어야 할 것이다. 이를 보다 효과적으로 지원하기 위해서 교육공학정책을 주도하여 기획하고 운영할 수 있도록 중앙부서에 전담부서를 설치하고 그 실천과 효과에 대한 연구가 가능한 국가수준의 전담 연구원이 설치되는 것을 고려해 볼 수 있다.

교육공학정책 연구는 그 중요성과 영향력에도 불구하고 그동안 한국교육공학 30년사에서 교육공학 실천가들과 연구자들의 관심이 비교적 적었던 분야일 수 있으나, 향후 미래 교육공학의 실천력과 영향력을 높이기 위해서 교육공학의 어느 연구영역보다도 교육공학자들의 관심이 보다 많이 요구되는 분야가 될 것이다.

참고
문헌

강병운(1995). 교육정보화 종합추진 계획. 정보과학회지, 13(6), 105−111.

교육과학기술부(2011). 스마트교육 추진 전략.

교육인적자원부(2001). 교육혁신과 인적자원 개발을 위한 교육정보화 종합 발전 방안.

교육인적자원부(2006). 교육정보화 3단계 발전방안.

교육과학기술부(2010). 교육과학기술정보화 기본계획.

나일주(1995). 기술공학과 학교교육의 변화, 교육개발, (94), 44−47.

미래창조과학부(2015). K−ICT 전략.

박승호(2012). 교수−학습센터 (CTL) 운영현황과 발전방안, 한국대학교육협의회 고등교육 이슈페이퍼 RM 2012−52−551.

송해덕·김규식(2015). 국내교육정보화정책변천에 따른 교육공학 연구동향분석, 교육공학 연구, 31(2), 341−363.

정성무(2013). ICT 발전에 따른 교육정보화 정책의 변화. 2013 교육정보화백서 (pp.42−98). 대구: 한국교육학술정보원.

Office of Educational Technology (OET). (2010. November). *Transforming American Education Learning by technology−National Education Technology Plan.* Retrieved January 20, 2015. from

http://www.ed.gov/sites/default/files/netp2010.pdf

Harris, P., & Walling, D. R. (2013). Policies governing educational technology practice and research. In. J. M. Spector, M. D. Merrill., & J. Elen., & M.J. Bishop. (Eds.), *Handbook of Research on Educational Communications and Technology* (627−640). NY: Springer.

제 5 장

교육공학과 교육평가 - 대학교육을 중심으로 -

서민원 ▐ 인제대학교 교수

Ⅰ. 교육공학과 교육평가의 함수 관계

교육공학과 교육평가는 모두 교육학이라는 범주 내에 있으면서도 각기 독자적으로 폭넓게 발전해온 학문분야이다. 공통적으로는 교육을 통한 인간변화와 발달에 궁극적인 관심을 두고 있으면서도, 교육현상의 전반적인 분야와 밀접하게 연관되어 있는 특징이 있다. 학문적 특성으로는 두 학문분야 모두 일부 오해와 편견에 기인하긴 하지만, 감성적으로는 "딱딱한", "차가운", "어려운", "실용적인", "과학적인", "수리적인", "기술적인"이라는 느낌이 지배적이지 않나 여겨진다. 또한 두 학문분야의 공통점 중에는 과학기술의 발전과 밀접한 관련이 있어 지식의 변화 속도에 민감하고, 교육현장에의 적용이 비교적 빠른 학문분야로 인식되고 있다.

인간에 대한 교육의 평가적 활동 역사는 인간의 삶과 맥을 같이 한다. 밥을 짓는 활동과 수렵활동, 적으로부터의 방어훈련, 그리고 관료의 선발 등 생존을 위한 모든 지식과 기술을 배우고 익히는 과정과 성과에 대한 평가 접근은 오늘날의 교수학습 실제에서의 평가의 원리와 별반 다르지 않음을 유추해 볼 수 있다. 하지만, 오늘날과 같은 교육평가의 체계적인 학문발전 역사는 그리 오래 된 것이 아니다. 1930년대 Tyler는 평가모형으로 목표성취모형(goal-attainment

109

model)을 제안하고, 교육에서 평가의 기능과 역할을 강조하였다(Tyler, 1988). Tyler는 학교수업의 과정에서 교육목표의 선정 및 세분화, 학습경험의 선정 및 조직, 교수·학습의 실행, 교육평가로 이루어지는 일련의 과정을 모형화하고, 이 모형에서 교육평가의 중요성을 특히 강조하였다. Tyler의 목표성취모형은 교육 평가를 교실수업이라는 장면에 한정하고, 특히 교육목표의 달성여부에 초점을 둔 한계가 있다는 비판을 받기도 하였다. 이후 과정을 중시하는 접근, 교실외 교 육현상 전반에 초점을 두는 의사결정모형 등 다양한 평가에 대한 개념과 정의가 등장하였다. 따라서 오늘날 교육평가의 개념을 교수학습이라는 학교교실 수업활 동에 한정하여 이해하는 접근은 매우 미시적이고 협의적인 관점을 반영한다.

교육공학의 실제도 인간의 역사와 함께 발전해 온 것이 분명하다. 인간 삶 의 질을 높이기 위한 다양한 전략적 사고와 매체를 이용한 수렵활동, 이동수단 의 편의 추구 등은 모두 넓게 보아 이러한 노력의 일환인 셈이다. 이후 학교가 등장하고 보다 체계적인 교수학습과정이 강조되면서 교수학습이론의 발전과 병 행하여 교육공학도 청각, 시각, 시청각 설비와 자료 등에 대한 탐구와 함께 학문 적 체계도 본격적으로 구축되기 시작하였다. 무엇보다도 교육공학이 학문적으로 부각을 하게 된 계기는 최근 들어 정보화시대를 선도한 컴퓨터와 인터넷 그리고 교육용 과학적 기기가 발전되면서 획기적인 주목을 받게 되었다. 그 결과 오늘 날 인간의 삶 속에서 교육공학의 인프라가 구축되지 않은 채 이루어지는 활동이 거의 없을 정도로 그 폭이 확대되었다고 볼 수 있다. AECT(1994)에 의한 교육공 학의 학문적 영역에 대한 개념이 오늘날 보편적으로 받아들여지고 있기는 하지 만, 이 역시 교육공학에 대한 협의적 의미로서의 관점을 반영하고 있는 것이 아 닌가 여겨진다.

II. 교육평가의 교육공학적 접근의 틀

교육의 고전적 관점에서 교육평가는 교육공학의 설계원리에 따라 영향을 받고 동시에 피드백을 주는 순환적 과정으로 파악된다. 교육목적과 교육내용, 교육방법에 따라 교육평가가 영향을 받는 순차적인 관계로 간주되며, 앞에서 언 급한 Tyler의 목표모형은 이러한 관점의 대표적인 예라 할 수 있다.

하지만, 교육공학이나 교육평가 모두 교육모형의 각 구성요소와 그 구성요소간의 관계 그리고 전체와 부분의 유기적 관계 속에서 전반적으로 상호 연관되어 있기 때문에 교육공학과 교육평가의 관계를 어느 하나에 종속되거나 인과론적으로 파악하기보다는 상호작용적 관계로 파악하는 것이 바람직하다고 본다.

교육평가는 그 역사적 발전과정과 배경을 살펴볼 때, 교육공학의 발전 흐름과도 밀접한 관련을 가지고 있다. 행동주의심리학에 기반한 교수기계(teaching machine)의 개발 시기에는 프로그램화된 학습평가에 주력하였다. 시간의 함수로 학교교육을 파악하여 완전학습이론이 교육현장을 주도하던 시기에는 준거(criteria)의 달성여부를 확인하는 개별화된 피드백 평가가 중시되기도 하였다. 또한 근간에 와서 구성주의 교수설계가 중시되는 학교학습상황에서는 교과의 지식위주 평가에서 탈피하여 전문가 판단에 의한 실제적인 수행평가가 강조되기도 하였다. 이것은 바로 교육공학과 교육평가가 불가분의 관계임을 말해주는 사례들이다.

실제로 교육공학의 관점에서 평가는 교육공학의 한 하위영역으로 분류되고 있음을 볼 수 있다. 미국교육공학회가 교육공학의 하위영역을 "설계, 개발, 활용, 관리, 평가"의 다섯 가지로 분류함으로써 평가를 교육공학의 주요 활동영역에 포함시키고 있다(AECT, 1994). AECT(1994)는 교육공학이란 용어의 모호함을 보다 명확히 하고자 교수공학이란 용어를 사용하고 있다. 여기서 교수공학이란 학습을 위한 과정과 자원의 설계, 개발, 활용, 관리 및 평가에 관한 이론과 실제를 의미한다고 정의하고 있다. 이와 같은 하위영역 분류에 의하면, 평가는 교육공학과 분리되어 존재하는 것이 아니고 교육공학 그 자체 활동에 포함된다. 이러한 관점에서 "평가란 교수프로그램 또는 결과와 관련된 의사결정을 위해 자료를 제공하는 과정이며, 교수와 학습의 적절성 여부를 판단하는 활동"으로 정의한다(나일주·정인성, 1996; 나일주, 1999; 나일주 외, 2003; 나일주, 2010; 박성익 외 2015). 그리고 이러한 평가활동의 내용에는 ① 정보수집과 의사결정 전략을 사용하여 문제의 속성과 범위를 결정하는 **문제분석** ② 학습자의 지식, 기술, 태도가 미리 설정된 준거에 비추어 보아 얼마나 도달되었는지를 측정하는 **준거지향평가** ③ 산출물의 개발 과정에서 실시되며, 지속적 개선을 위해 정보를 수집 이용하는 **형성평가** ④ 교수 수행 후 실시되는 것으로 완성된 산출물이나 프로그램의 가치에 대한 적절성을 측정하기 위해 정보를 수집하고 이용하는 **총괄평가**의 네 가지를 포함한다. 이처럼 교육공학의 한 하위영역으로서의 평가란 교수·학습

활동에 국한되어 있는 비교적 협의적 의미로서의 관점이라 할 수 있다. 이러한 교육공학에 대한 이해의 접근을 살펴보면, 교수학습의 과정에서 교육공학과 교육평가의 학문적 경계는 사실상 없는 셈이다. 여기서의 교육공학과 교육평가의 함수관계는 다음과 같이 나타낼 수 있다.

① 교육공학 = 교수공학
② 교수공학 = 설계 + 개발 + 활용 + 관리 + 평가
③ 평가 = 문제분석 + 진단평가 + 형성평가 + 총괄평가

이러한 시각과는 달리, 교육평가는 보다 광의적인 의미로도 다양하게 인식되고 있다. 교육평가의 활동 속에는 교실에서 이루어지는 수업뿐만 아니라 비형식적, 비정규적 교육의 모든 현상에 대한 가치판단을 포함한다. 교육의 질 개선과 학업성취도 평가를 위한 제반 평가활동에서부터 "평가에 대한 평가"와 같은 메타평가까지 광의적 의미도 포함한다. 또한 교육공학을 광의적인 의미로 해석하면, 교육공학 또한 교육평가뿐만 아니라 교육이 실제로 이루어지는 전체를 모두 포괄할 수 있는 개념이다. 예컨대, 현재 이루어지고 있는 모든 교육현상에 대한 문제해결적·과학적·체제적 접근이 교육공학적 적용이며 활용이라 할 수 있고, 동시에 교육이 이루어지는 제반 모든 인프라의 설계, 개발, 활용, 관리, 평가활동도 모두 여기에 해당한다고 할 수 있다. 따라서 교육공학과 교육평가를 광의적 의미로 파악할 경우, 교육평가의 교육공학적 적용과 활용에 대한 탐구의 범위는 간단치 않다. 교육평가의 교육공학적 접근 및 활용 분석을 위한 하위차원을 정리해보면 다음과 같이 나타낼 수 있을 것이다.

표 5-1 교육평가의 교육공학적 접근 및 활용 분석을 위한 하위차원

차원	요소	하위 요소	주요 특징
대상	기관	학교	- 유/초/중/고/대학
		기업	- 중소기업/대기업
		공공기관	- 정부산하 및 관련 기관
	개인	교수자	- 교수/교사
		학습자	- 학생/학습자
내용	인프라	정보화(ICT)	- 인터넷/컴퓨터
		도구 및 매체	- 교육매체

		교육환경	- 국제/국내/학교/교실/가정
	프로그램	교육과정	- 정규/비정규 교육내용
		교육프로그램	- 교육관련 제반 프로그램
		연수프로그램	- 연수/훈련/워숍 등 프로그램
	수업	교수	- 교수활동
		학습	- 학습활동
		교수-학습 상호작용	- 수업의 과정
영역	설계 (학습조건의 구체화 과정)	학습자특성 분석	- 학습의 조건을 구체화하기 위해 학습자 특성 (인지, 정의, 심체) 분석
		교수 전략	- 수업 내에서의 전략
		메시지 디자인	- 메시지의 외적 형태(physical form)를 조작하기 위한 계획
		교수 체제 개발(ISD)	- 교수를 분석, 설계, 개발, 수행, 평가하는 절차
	개발 (설계의 구체화 과정)	인쇄 공학	- 책, 정적 시각 자료의 제작
		시청각 공학	- 시각, 청각, 시청각 자료의 제작
		컴퓨터 공학	- 컴퓨터 기반 수업 자료의 제작
		통합 공학	- 다양한 멀티미디어 수업 자료의 제작
	활용 (학습자원과 과정의 사용)	매체 활용	- 학습을 위해 자원을 체계적으로 사용하는 것
		혁신의 확산	- 채택의 목적으로 계획된 전략을 통해 의사소통하는 과정
	관리 (교육공학활동 위한 계획, 조직, 협동,감독)	프로젝트 운영	- 교수설계와 개발 프로젝트의 계획, 운영
		정보운영, 자원 운영	- 수업에 필요한 각종 정보와 자원의 계획, 조정, 운영
		전달 체제 운영	- 교수 자료의 배포를 조직하는 방법
	평가 (학습의 적절성 판단)	문제분석	- 정보 수집과 의사 결정 전략을 사용하여 문제의 본질과 매개변인을 결정
		준거지향평가	- 학습자들이 사전에 정의된 목표에 도달하였는가를 판단
		형성평가	- 교수 프로그램의 적절성에 대한 정보를 수집하여 향후 개발의 기초자료로 삼기 위한 자료의 수집과정
		총합평가	- 활용에 대한 결정을 위해 적절성에 대한 자료를 수집
특성	문제해결적	실제적 접근	- 학습의 과정에서 나타나는 문제에 대한 처방적 접근
	과학적	실증적 접근	실증적 연구결과 적용
	체계적	상호관련성, 전체성, 단계성, 투입-과정-산출	- 학습자, 교수자, 교육 내용, 환경 등과 같은 구성 요소들과 이 구성요소들간의 관계

이처럼 교육공학과 교육평가를 광의적 의미로 파악하는 경우, 교육평가의 교육공학적 활용에 대한 논의는 그 적용범위가 워낙 넓기 때문에 제한된 시간과

여건 속에서 연계의 가능성을 탐구하는 것은 그만큼 쉽지 않음을 짐작해 볼 수 있다.

그러므로 위의 교육공학적 하위차원을 고려하면서 그 한 예시로 고등교육, 그 중에서도 대학교육을 중심으로 한 평가에서의 교육공학의 역할을 살펴보고자 한다.

III. 고등교육평가의 교육공학적 접근과 활용

우리나라의 고등교육은 불과 70여 년 만에 급속도로 양적 성장을 이룩하여 인구대비 세계 최고수준의 고등교육 진학률을 보이고 있다. 이러한 양적 성장을 해오는 동안 우리나라의 대학평가제도는 지난 30여 년 동안 대학교육의 질을 높이고 경쟁력을 향상시키는 데 매우 긍정적인 역할을 해왔다. 또한 대학의 자율적인 인증평가체제는 그동안 대학의 이념과 특성화 방향, 교육과정의 편성과 운영, 교수학습의 질 향상, 전임교원의 확보, 직원개발과 근무여건 개선, 교육시설설비의 확충, 대학행정체제 전문화, 그리고 재정운영의 투명성 보장 등 대학발전에 지대한 영향을 미쳐왔다. 이처럼 우리나라의 대학평가는 대학의 자율적 발전을 손상시키지 않으면서도 비교적 슬기롭게 대학의 질 개선에 큰 기여를 해온 것이다. 그리고 그러한 성과의 이면에는 바로 교육을 문제해결적이고 과학적이며 체계적으로 접근하려는 교육공학적 원리가 담겨 있음을 부인할 수 없다.

우리나라에서 이와 같은 대학평가의 자율적 발전과 성과는 국제적으로도 괄목할 만한 주목을 받고 있다. 하지만, 대학기관평가와 프로그램평가를 대교협이 통합적으로 추진해오던 우리나라의 자율적인 대학평가체제가 2007년도 이후에는 너무도 복잡한 양상을 띠게 되었다. 대학의 자체평가를 따로 법제화하는가 하면, 인증평가 기관을 교육부가 인정해주는 시스템으로 바꾸고, 그와 동시에 기관평가인증기구와 학문분야평가 기구도 모두 개별 기관으로 존립하도록 교육부가 인정해주는 시스템으로 변모되었다. 요컨대 대학자율평가체제를 정부주도 평가체제로 고등교육법을 개정한 것이다.

더욱이 이러한 대학기관과 프로그램 인증평가 외에도, 정부의 재정지원평가, 언론사의 대학순위평가가 동시에 이루어지다 보니, 대학평가의 세부 내용을 잘 이해하지 못하는 대학구성원들의 입장에서는 이러한 다양한 대학평가가 대학에 고통과 부담만 안겨주는 것이 아니냐는 불만의 목소리를 높이고 있는 것도 현실이다. 그러므로 대학자율평가체제와 정부재정지원평가, 그리고 언론사순위평가는 그 평가의 목적과 논리, 방법, 결과활용 측면에서 기본적으로 다른 것임을 분명히 인식할 필요가 있다.

특히 2014년도 이후에는 향후 출산율 감소에 따른 대학 정원의 감소에 대비하여 정원감축을 목표로 대학구조조정에 초점을 두어 정부주도의 대학구조개혁평가로 대학자율평가체제를 대체하려는 법안을 상정해 놓고 있는 상태이다. 우리나라의 대학평가인증체제는 국내의 요구만이 아니라 국제적 상호 관련 속에서 이루어지는 평가체제이다. 정부의 필요에 의해 대학을 구조개혁 목적으로 평가하려는 것과 대학의 질 보장과 질 개선에 자극을 주기 위해 자율적으로 이루어지는 대학평가체제와는 근본적으로 다른 것이다. 대학이 바람직하게 발전하고 경쟁력을 높일 수 있도록 정부차원의 지원과 공신력 부여는 필요하지만, 모든 대학평가를 정부주도의 구조개혁평가로 대체하려는 것은 대학의 자율적 질 개선과 발전이라는 측면에서 신중한 검토가 요구된다. 이것이 바로 대학평가라고 하는 프로그램에 대해 면밀한 설계원리에 기반한 교육공학적 접근과 분석을 필요로 하는 이유이기도 하다.

1. 교육공학적 관점에서의 고등교육평가의 발전배경과 과정

우리나라의 고등교육기관평가는 평가주체에 따라 크게는 정부주도평가와 대학자율평가로 구분해 볼 수 있다. 이러한 발전 배경에는 근본적으로 우리나라의 교육체제가 국공립과 사립이라는 특수한 설립특성에 기반하고 있다. 국공립대학은 정부조직법에 의한 영조물에 불과하기 때문에 정부에 의한 직접적인 관리감독을 받는 특징이 있다. 하지만, 사립대학에 대해서는 사립학교법에 의해 법인격이 보장됨으로써 형식적으로는 사립대학의 자율적 운영에 대하여 공권력에 의한 간섭과 통제 등을 침해받지 않도록 보장하고 있다. 이와 함께 국공립대학이든 사립대학이든 학문의 자유와 대학운영의 자율성이 보장될 수 있도록 헌법에 의해 법률로 정하고 있다.

이러한 배경하에 대학의 자율적 발전을 도모하고 협동적 노력을 기울일 수 있도록 1982년 한국대학교육협의회법이 의원입법으로 제안되어 법률 제3727호로 1984년 대학평가조항을 포함한 법률안이 발효되었다. 시간 흐름상(chronological)으로 분류해 보면, 우리나라의 대학평가는 크게 대학자율평가기구가 설립된 1982년 이전과 이후로 구분해 볼 수 있다. 그리고 1982년 이후는 다시 1992년 대학평가인정제로 전환된 시기 그리고 2007년 고등교육법 개정과 함께 대학기관평가인증과 학문분야프로그램평가인증 주체를 분리하고, 또한 4년제 대학기관평가인증과 전문대학기관평가인증의 주체를 분리하여 정부가 직접 대학인증기관을 인정해주도록 개편한 2010년 시기로 세분화해 볼 수 있다.

정권에 따라 대학평가의 정책이 변화되어 왔지만, 아이러니컬하게도 정권의 보수적인 정치철학과 행정부의 진보적인 정책실행방향이 전혀 다른 엇박자 현상으로 나타나고 있음도 더러 관찰해 볼 수 있는데, 이러한 결과는 곧 교육정책의 설계에 있어서 문제해결적이고 과학적이며 체계적으로 접근하지 못한 데 기인한 것으로 해석할 수 있다.

2. 대학평가체제의 교육공학적 접근과 활용

정부주도에 의한 대학평가는 실험대학평가 이후 재정배분에 목적을 둔 평가로 바뀌었으며, 1982년 이후에도 정부가 대학교육의 최소기본여건에 대한 질을 보장하고 향상시키기 위해 국민세금의 일정 부분을 대학교육예산으로 편성하여 학교당 교수 수와 학생 수에 비례하여 모든 대학에 복지적 차원의 재정을 균등 배분해 주었다. 이러한 재정배분평가는 1998년 김대중 정부 시절 이해찬 장관이 들어서면서 선택과 집중에 의한 선의의 경쟁유도라는 취지하에 차별화된 선별평가(교육개혁우수대학평가)로 대체되었다. 하지만 2011년 이명박 정부 시절 이주호 장관에 의해 교육역량강화사업이라 칭하여 정량지표의 포뮬러로 산출한 결과에 따라 포괄지원 방식으로 변환되어 복귀하게 된다. 물론 일부분은 학부교육선도대학평가와 같이 여전히 선택과 집중에 의한 선별지원방식을 2015년 지금까지도 병행 유지하고 있다. 이후 박근혜 정부가 출범하며 서남수 장관의 정책적 의지에 따라 포뮬러지표에 의한 포괄지원 방식은 사라지고, 기존의 대학자율평가체제를 아예 와해시키고 정부주도적으로 통합한 후 정원감축과 부실대학 퇴출을 목적으로 한 대학구조개혁평가를 강행하고자 한다. 이러한 정부

주도의 재정지원을 목적으로 한 대학평가는 교육공학적 활용의 측면에서 몇 가지 장점과 한계의 분석이 가능하다.

첫째, 정부주도의 고등교육평가는 정권이 바뀔 때마다 개인의 정치적 성향과 정책의지 및 소신에 따라 수시로 변화되고 있음을 볼 수 있다. 체계적인 설계와 마스터플랜에 기반하여 합리적인 방향성을 가지고 접근하기보다 특히 대학사회의 공감대 형성이 부족한 가운데 단기적 성과를 내기 위해 밀어붙이는 특징을 보여준다.

둘째, 더러 정부의 정치철학과 장관의 정책추진 방향이 전혀 다른 양상을 보이고 있는 것을 관찰할 수 있다. 이러한 특징은 기본적으로 정권의 정치철학과 교육정책추진방향 그리고 대학사회의 요구가 따로 전개되고 있음을 보여주는 아이러니컬한 현상이다.

셋째, 정부주도의 대학평가를 추진함에 있어 너무 졸속적으로 이루어져 정책설계, 정책개발, 정책활용, 정책관리, 정책평가 등의 체계적인 접근이 미흡함을 볼 수 있다.

3. 대학평가인정제의 교육공학적 접근과 활용

대학평가인정제는 프로그램을 대상으로 하는 학과평가인정제와 기관을 대상으로 하는 종합평가인정제로 구분되어 1992년도부터 도입되어 시행되었다. 이후 2008년도까지 지속되어 대학 및 학과의 교육여건과 행정체제를 구축하는 데 큰 기여를 하게 된다. 다만, 대학과 학과의 과도한 경쟁을 유도하고, 서열화를 조장한다는 비판이 제기되기도 하였으나, 대학자율평가체제로는 오랫동안 유지되어 오면서 대학발전에 적지 않은 기여를 해온 것이 사실이다. 이 기간 동안 우리나라의 대학은 명실상부하게 국제적으로 학력을 인정받는 고등교육기관으로 우뚝 서게 되었다.

이 시기에 특히 교육공학적 접근으로 두드러진 점은 다음과 같다.

첫째, 교수학습개발센터의 설치를 평가기준에 포함하도록 하여 대학교육의 본질인 교수·학습의 질을 높이고자 한 점이다.

둘째, 이러한 인정 기준으로는 예산편성은 어느 정도인가, 교수의 질을 높이기 위해 어떤 프로그램을 운영하고 있는가, 종사하는 전문 직원은 배치되어 있는가, 수업평가를 제대로 하고 있는가, 수업평가를 통해 어떻게 활용하고 있는가, 수업을 제대로 하기 위한 학생요구분석(진단평가), 수업의 과정중에 이루어지는 형성평가, 그리고 총합평가가 어떻게 이루어지고 있는가, 교수의 전문성을 기르기 위해 마이크로 티칭은 하고 있는가, 그 결과 어떻게 교수에게 피드백을 하고 있는가, 수업매체는 어떻게 활용되고 있으며, 수업이 다양하게 이루어지고 있는가 등이다.

셋째, 이러한 평가기준을 대학종합평가인정제에 반영함으로써 대학의 교수·학습체제를 변화 발전시키는 데 획기적인 성과가 있었다.

넷째, 이러한 대학평가의 접근 이외에는 전국대학에 대한 교수학습센터의 설치와 전문인력 배치 및 예산편성에 대한 자극은 불가능했을 것으로 판단된다.

다섯째, 이와 함께 교육과정의 편성과 운영을 어떻게 하고 있는가를 평가기준으로 정하여 평가함으로써 교육과정 및 프로그램 평가를 통해 교육과정개선에 기여하였다. 특히 교양교육과정의 편성과 운영, 전공교육과정의 편성과 운영에 대한 평가를 함으로써 전국적으로 대학에서 교육프로그램 개선이 이루어지게 되었다.

여섯째, 무엇보다도 교수중심의 교육패러다임을 학생중심으로 변화시키는 데 획기적인 기여를 하게 된 것은 주목할 일이다.

일곱째, 대학체제가 잡혀져 있지 않은 상황에서 평가를 통해 대학의 행정체제 정비, 교직원의 역할과 교수의 전문성 발휘 증대, 교직원확보와 개발, 교수안식년 보장, 연구지원시스템 등을 갖추는 데 큰 기여를 하였다.

4. 대학기관평가인증제의 교육공학적 접근과 활용

2007년도부터 고등교육법이 개정되면서 대학기관평가인증제는 교육부가 인정해주는 기관이 수행하게 되었다. 관련 법령에 근거하여 자체평가와 기관평가인증을 별도로 분리하고 정부로부터 인정받은 기관에 한하여 기관평가인증제를 시행할 수 있도록 하였다. 이에 따라 대학은 자체평가에 관한 법적 근거에 따라 최소 2년 주기의 자체평가를 의무적으로 실시해야 하며, 정부가 인정한 평가기관에서 기관평가인증을 받을 수 있도록 하였다.

여기서의 교육공학적 접근과 활용은 다음과 같은 중요한 성과를 도출하였다.

첫째, 대학기관평가인정제의 시행을 통해 교수학습의 여건으로서 교수학습개발센터의 구축과 활용을 평가기준으로 설정하여 명실상부한 체계를 갖추도록 자극을 준 점이다.

둘째, 특히 전임교수의 확보, 교직원 개발, 교수매체의 활용, 수업평가의 실질적 피드백, 예산의 확보, 소규모수업강좌 등을 강조함으로써 교수학습 풍토와 문화를 개선하였다.

셋째, 대학차원의 자체평가를 통해 자율적으로 대학을 진단하고 처방하는 시스템을 갖추고 있는가를 중시하고 특성화계획을 집중적으로 평가하게 함으로써 대학 스스로 평가시스템을 작동할 수 있는 역량을 갖추도록 하는 데 자극을 준 점이다.

5. 학문분야평가의 교육공학적 접근과 활용

대학에서의 학문분야 평가의 목적은 대학기관평가와 마찬가지로 특정 학문영역을 대상으로 교육 여건 및 현황, 강점과 약점 및 개선방안에 대한 깊이 있는 분석과 연구를 통해 대학구성원들로 하여금 자체적으로 학과 개선과 발전을 촉진하도록 자극을 주기 위한 것이다. 이러한 목적에 의해 추진된 프로그램평가의 추진경과는 다음과 같다.

① 프로그램의 단위에 따라 계열평가, 프로그램평가, 학과평가로 구분하였다.
② 계열평가는 특성화공과대(1982), 기초과학계(1982), 공학계(1982), 사립공학계(1983), 이학계(1985), 인문과학계(1985), 공학계(1985), 사회과학계(1985), 사범계(1988), 농림계(1988), 어문학계(1989), 약학계(1989) 평가가 시행되었다.
③ 학문프로그램평가는 국민윤리(1983), 교양국민윤리(1984), 교양교육전반(1986), 교양국어(1986), 교양영어(1986), 교양한국사(1986), 교양국민윤리(1986)를 대상으로 평가가 수행되었다.
④ 학과평가로는 법학과(1984), 특성학과평가(1987), 간호학과(1990), 도서관학과(1990)를 평가하였다.

이 당시의 학문영역평가의 주요 특징으로는 학문영역의 단위가 주로 계열이었기 때문에 계열평가를 하였으며, 이후 학과평가로 전환되었다. 아울러 학문분야별 특수성에 따라 프로그램 단위의 학문영역에 대해서는 학문프로그램평가가 수행되었다.

첫째, 학과의 행정체제를 정비하는 데 큰 기여를 한 점이다.

둘째, 전임교수 확보, 전임조교, 전임직원 배치를 유도하였다.

셋째, 학과별 부족한 예산을 집중 지원해주도록 함으로써 학과의 발전을 이루는 데 기여를 하였다.

▶ 학과평가인정제의 교육공학적 접근과 활용

학과평가인정제는 1992년에 처음 시작되어 2008년도끼지 한국대학교육협의회법에 근거하여 추진되었다. 학과평가인정제는 학회와 같은 전공학문분야에서 각기 설정한 기준에 기반하여 최소기본여건의 교육수준을 얼마나 갖추고 있는지를 평가하였으며, 이러한 평가접근은 각 학문분야의 기본여건을 구축하는 데 획기적인 기여를 하였다.

첫째, 학과 발전의 기반이 될 수 있도록 학과목표의 설정, 교육과정구성과 운영, 교수의 확보와 연수, 수업의 질관리, 행재정운영, 학생만족도 향상 등에 초점을 둔 평가가 진행되었다.

둘째, 평가를 통해 학과프로그램의 개선과 수업의 질을 향상시키는 데 기여하였다.

▶ 학문분야별 평가인증제의 교육공학적 접근과 활용

2007년도 이후에는 고등교육법이 개정되어 학문분야별 평가인증을 각 평가원에서 독립적으로 추진하게 되었다. 이러한 대표적인 설립사례로는 공학인증원, 간호교육평가원, 의학교육평가원, 약학교육평가원, 치의학교육평가원, 경영교육 평가원, 무역교육평가원, 한의학교육평가원 등을 들 수 있다.

현재 소수이기는 하나 학문분야별로는 평가원이 전문성을 갖추어 추진되고 있는 일부 분야는 획기적인 성과를 도출하고 있다. 이러한 평가를 통해 학문분야별로 이루어진 성과는 평기기준을 검토해 볼 때, 다음과 같이 정리될 수 있다.

첫째, 국가자격증을 부여하는 의료분야 교육프로그램의 질을 보장하기 위해 교육과정, 교수방법, 수업의 질에 대한 평가를 실시함으로써 학과교육 수준을 향상시키도록 개선하는 데 기여하고 있다.

둘째, 각 분야별 프로그램평가를 통해 교육프로그램이 제대로 개발되고 작동하고 있는지에 대한 전반적인 평가를 수행함으로써 프로그램의 질이 향상되고 있다.

셋째, 국내뿐 아니라 국제수준의 교육에 대한 요구를 충족하기 위해 노력하는 계기가 되었다.

6. 정부지원 대학평가사업의 교육공학적 접근과 활용

정부지원 대학평가사업은 최근 산업계관점대학평가나 학부교육선도대학 지원평가와 같은 형태로 이루어지고 있다. 이러한 평가의 과정에서 교육공학적 방법이나 인프라의 활용은 중요한 지표의 역할을 하여 왔다.

대학을 평가하는 데 있어서 전통적인 접근은 명성과 자원의 질에 주로 초점을 두어 왔다. 질 높은 대학에 대한 고전적 관점은 대학이 외부로부터 높은 명성을 얼마나 가지고 있는가, 입학하는 학생의 성적이 어느 수준인가, 그리고 대학이 가지고 있는 자원이 얼마나 풍부한가에 초점을 두고, 대학인지도, 학생입학성적, 교수확보율, 재정확보율, 교사확보율, 교지확보율 등의 양적 여건에만 관심을 두었다. 사실 이러한 지표들은 모두 대학이 교육을 얼마나 잘 하고 있느냐 보다는 교육여건을 얼마나 잘 갖추고 있느냐에 관심을 두고 있는 것이다. 마치 한 가정으로 치면 그 집이 얼마나 부자인가, 부모의 학력은 어느 수준인가, 얼마나 좋은 동네에 살고 있는가 등과 같은 것이다. 이러한 여건지표만으로 그 가족의 행복지수를 모두 반영할 수는 없는 것이다. 이와 같은 여건지표는 질 높은 교육의 필요조건은 될 수 있을지 몰라도 충분조건은 결코 되지 못하는 한계가 있다.

교육공학적 활용이라는 관점에서 논의해 보면 다음과 같다.

첫째, 대학이 학부교육을 잘하기 위해서는 대학 전체의 총체적 노력이 요구된다. 학부교육을 담당하는 일부 교수와 직원들만의 고립되고 단절된 노력이 아니라, 대학 전체의 교육적 시스템 구축과 이에 기반한 역동적인 교육 메커니즘이 어떻게 총체적으로 변화되어 학생교육을 향상시키는 데 대학전체가 유기적으로 작동하고 있는가를 면밀하게 진단하여야 한다. 이를 위해서는 무엇보다도 먼저 학생교육의 중요성에 대한 총장의 확고한 신념과 리더십이 선행되어야 한다. 대학 전체를 견인할 만큼 교육적 안목과 식견이 있으며, 이것이 대학경영의 실제에 녹아들어 있는가가 중요하다. 이를 출발점으로 교육의 과정, 수업을 담당하는 교수, 이를 지원하는 보직교수와 직원 및 조교, 학생들의 면학풍토, 시설설비, 재정, 지역사회 환경, 동문 등이 총체적이며 유기적으로 기능하는가가 눈에 보여야 한다. 아울러 대학의 이념과 건학정신 – 교육과정과 프로그램 – 수업 – 학생성과평가 – 피드백 체제가 총체적으로 작동하는가가 검토되어야 한다. 이들 모든 요소가 파편화되어 모래알처럼 따로 존재할 때, 대학교육의 질 향상 기제는 작동되지 않고 있는 것이다. 그러므로 이러한 전신을 바라볼 수 있는 거울 앞에 서서, 학부교육선도대학으로 나아가고 싶어 하거나 이미 선정된 대학이라 하더라도, 다시 한 번 우리가 학생교육을 위해 무엇을 어떻게 하고 있는지를 반추해 보면서 자신의 진정한 모습을 총체적으로 비추어 보는 것이 바람직하다.

둘째, 학부교육선도대학은 교육을 잘하는 대학의 모습과 앞으로 변화될 모습을 있는 그대로 보여주는 것이 무엇보다도 중요하다. 학부교육선도대학을 선정하는 평가는 정량으로 보다는 정성적으로 접근한다. 대학이 교육을 잘하기 위해 어떠한 노력을 기울이는가를 서면보고서와 현장방문, 관찰과 면담을 통해 대학의 교육적 우수성을 발견하는 데 주안점이 있다. 대학이 자율적으로 추구하는 질 높은 교육적 노력을 있는 그대로 들여다보는 데 평가의 주요 초점이 있다. 실제와는 무관하게 보고서를 형식적으로 작성하거나, 지원된 재정을 지출하기 위한 지출에 얽매일 때, 대학은 결코 진정으로 변화될 수 없다. 그럴리야 없겠지만, 왜 그런 재정지원을 받아 우리를 힘들게 하느냐는 목소리가 대학구성원들 속에서 나온다고 한다면 그 대학은 학생교육의 비상등이 켜져 있음을 직시해야 할 것이다.

셋째, 학부교육선도대학의 과제는 무엇보다도 질 높은 교육이 지속가능한가가 매우 중요하다. 정부로부터 지원받는 그때만 일시적으로 대학이 노력을 기울이는 것이 아니라, 그 동력을 가지고 지속적으로 질 높은 교육이 가능하도록 자체적인 체제 정비를 하여야 한다. 그러므로 일시적 방편에 의한 눈가리고 아웅식 접근은 결국 대학구성원들이 공감대를 형성하지 못하고 대학 스스로 심리적 고통을 겪게 되는 결과를 초래한다. 대학구성원 모두가 진정성 있게 노력을

| 표 5-2 | 학부교육선도대학 지원평가 추진경과 |

연 도	추진 내용
2008년	▶ 고등교육재정 1조원 확충 계기, 교육역량강화사업 신설('07.12) ▶ 대학 재정지원 포뮬러펀딩 방식 도입(3월) ▶ 대학 교육역량강화사업 기본계획 공고(7월) 및 선정대학 발표(8월) - 64개교(수도권 25, 지방 39) 선정, 총 500억원 지원
2009년	▶ 대학 교육역량강화사업 기본계획 공고(3월) 및 선정대학 발표(4월) - 88개교(수도권 31, 지방 57) 선정, 총 2,649억원 지원

2010년	▶ '학부교육 선진화 선도대학 지원(ACE) 사업' 신설
	   - 교육역량강화사업과 공동의 비전, 목표하에 차별화된 방식(4년 지원, 정성평가 도입)
	    으로 사업 추진
	▶ 대학 교육역량강화사업 선정대학 발표(3,6월)
	   - 교육역량강화지원 : 88개교(수도권 31, 지방 57), 총 2,600억원 지원
	   - 학부교육선도대학 : 11개교(수도권 4, 지방 7), 총 300억원 지원

2011년	▶ 대학 교육역량강화사업 선정대학 발표(5월)
	   - 교육역량강화지원 : 80개교(수도권 29, 지방 51), 총 2,420억원 지원
	   - 학부교육선도대학 : 11개교(수도권 3, 지방 8) 신규선정, 총 600억원 지원(22교)

2012년	▶ 대학 교육역량강화사업 선정대학 발표(4,5월)
	   - 교육역량강화지원 : 97개교(수도권 35, 지방 62), 총 1,811억원 지원
	   - 학부교육선도대학 : 3개교(수도권 1, 지방 2) 신규선정, 총 600억원 지원(25교)

2013년	▶ 대학 교육역량강화사업 선정대학 발표(7월)
	   - 교육역량강화지원 : 82개교(수도권 29, 지방 53), 총 2,010억원 지원
	   - 학부교육선도대학 : 신규선정 없음, 총 600억원 지원(25교)

2014년	▶ 기존 교육역량강화지원 사업을 '대학 특성화 사업'으로 개편 ▶ 학부교육 선도대학 육성사업은 별도로 시행계획 수립 ▶ 학부교육 선도대학 육성사업 선정대학 발표(6월) - 13개교(수도권 5, 지방 8) 신규선정, 총 573억원 지원(25교)

기울일 때 대학과 교육이 바로 설 수 있다. 우리나라 대학들이 학부교육선도대 학사업을 통해 교육적으로 바람직하게 변모하고 있는 모습을 보면서 정부의 정 책적 지원과 조성이 얼마나 중요한가를 다시 한 번 생각해본다.

넷째, 지금은 글로벌 시대로 대학교육의 국내외 환경이 급속도로 변화되고 있다. 국제적 환경으로는 이미 21세기에 접어들면서 출범한 WTO의 등장과 함 께 무한경쟁시대가 도래한지 오래이다. 이와 더불어 Euro를 중심으로 한 통합국 가 체제의 등장, 미국을 시발로 한 전세계의 경제버블 붕괴와 침체, 일본의 우경 화 드라이브, 그리고 최근 중국 주도의 경제와 고등교육 인프라 체제 구축 동향, ASEAN 국가들의 급속한 경제발전과 교육개혁 추진 등 대외 환경변화에 따른 국제질서 재편 움직임이 예측하기 힘들 정도로 크게 변모하고 있다. 다른 한편, 국내적으로는 출산율 감소, 반값등록금, 각종 연금 등의 재정 고갈, 계층간 갈등

심화와 복지 요구 증대, 대학정원감축 등 경쟁력 악화 요인 등이 산적해 있는 것이 오늘의 우리 대학 현실이다. 이러한 국내외 환경변화 중에서도 특히 고등교육시장의 가장 심각한 위기는 무엇보다도 출산율 감소에 따른 대학자원 감소와 사이버교육체제의 등장에 따른 고등교육정체성 위기로 압축할 수 있다. 그야말로 적자생존의 위기에 대학이 직면하고 있는 것이다. 이것은 질 높은 교육을 하는 대학으로 하루 빨리 변모하여 국제경쟁력을 갖추라는 강력한 메시지이다.

　　학부교육선도대학 정책은 그러한 점에서 우리나라 대학을 생존과 경쟁력우위로 나아가게 해줄 의미 있는 고등교육정책으로 평가된다. 우리나라의 모든 대학이 이를 계기로 교육을 잘하는 대학으로 체제개편을 함으로써 위기를 기회로 바꾸는 기회가 될 수 있다. 이 사업은 비교적 교육공학적 측면에서 설계가 잘 되어 있는 평가접근으로 인정받고 있다.

IV. 교육공학과 교육평가의 30년: 전망과 과제

　　교육공학과 교육평가는 모두 과학기술의 변화와 교육환경이 향후 어떻게 변모할 것인가의 큰 흐름 속에서 영향을 받는다고 할 수 있다.

　　첫째로, 교육의 본질은 변하지 않는다 하더라도, 교육의 실제는 끊임없이 변화할 것이며, 그러한 변화의 중심에 정보화 기반 과학기술의 발전이 자리하고 있다. 과학기술의 급속한 발전과 정보화시대에 따른 교육인프라의 토대가 공학을 기반으로 구축되면서 교육은 이제 이른바 크게 두 가지 양상으로 존재할 것이 아닌가 추론해 본다 － "공학적인가, 아니면 자연적인가" 교육은 첨단과학기술을 기반으로 한 공학적 교육과 순수자연주의에 기반한 자연적 교육으로 대별될 것이다. 인간은 누구나 살아가면서 이 둘 중의 어느 하나를 개인적이며 가치론적으로 선택할 수밖에 없는 날이 다가 오지 않을까?

　　그 중에서도 특히 과학기술과 공학의 발전을 통해 일상생활의 변화를 선도하는 사물인터넷과 컴퓨터, 로봇, 그리고 스마트폰의 발전 양상은 교육의 변화에 있어서 가늠하기 어려울 정도로 창조적 변화속도가 빠른 상태이다. 교육도 이제 서비스상품의 한 아이템이 되어, 모든 지식상품의 서비스가 실시간으로 이루어지는 교육구매시스템이 구축될 것으로 전망된다. 마치 상품구매자가 필요한 상품을 실시간으로 주문하면 철가방을 들고 짜장면이 즉시 배달되듯, 알고 싶은 지식에 대한 내용을 말로 주문만 하면 인간의 오감을 통해 모든 것을 총체적으로 체험할 수 있도록 수요자에게 즉시적인 서비스가 가능할 것이다.

고대 로마시대에는 그리스의 고급인력이 노예 신분으로 교육서비스를 지원하는 멘토 역할을 하였다. 하지만, 오늘날 변화한 것은 이제 그 중심에 보다 큰 자본과 과학기술과 공학이 있고, 그러한 파워에 의해 교육서비스를 주문만 하면 즉시적으로 공급받게 되는 교육서비스산업이 활성화될 것이 분명하다. 이러한 교육의 변화에 슬기롭게 교육공학 분야가 기여해야 할 것이며, 바람직한 방향으로 교육을 선도해야 할 것이다. 그리스·로마시대 이후에도 교육의 방법적 측면은 획기적으로 변화·발전되어 왔을지 몰라도, 인간교육이라고 하는 측면에서의 교육의 질은 나아졌다고 단언하기는 어려울 것이다. 교육공학과 교육평가가 바로 이 난제를 결코 소홀히 해서는 안 되는 이유가 여기에 있다.

이처럼, 과학기술과 공학의 발전, 예컨대 사물인터넷과 로봇 공학의 발전 속도만으로도 향후 30년의 교육의 모습을 어느 정도 추측해 볼 수 있다. 학교와 교육자, 교육컨텐츠, 교육시간과 공간, 그리고 교육실험과 실습 등 모든 교육의 양태는 현재와는 전혀 다른 모습으로 나타나게 될 것이다. 지식서비스 산업이 학교교육과 공교육 패러다임의 획기적 변화를 가져 올 것으로 예측된다. 그러므로 교육공학의 학문분야가 교육실제에 끌려가기보다 선도하는 역할을 하여야 한다. 또한 지식서비스산업과 병행하여 인간교육서비스도 함께 이루어지는 교육설계가 요청된다. 이러한 교육공학의 역할 정립과 병행하여 교육평가도 비로소 올바른 교육이 가능하도록 제기능을 발휘할 수 있을 것이다.

둘째, 올바른 인간교육을 위해 공학적 원리를 적용하려는 노력이 오히려 역으로, 공학적 실제가 인간의 가치관과 교육적 사고를 변모시키게 되는 아이러니를 낳을 수 있다. 그러므로 효율과 능률만을 추구하는 것이 진정한 교육 발전을 왜곡시킬 수 있음을 직시하고, 올바른 교육의 방향을 제시하는 교육공학적 진단과 처방이 절실하다.

종래의 교육평가가 교육공학의 부수적 산물이나 부분적 요소로만 기능하는 것으로 인식하는 협의적 관점이었다고 한다면, 향후 30년은 종래의 시각에서 벗어나 교육공학의 전반적 추이가 인간교육을 위해 올바른 방향으로 나아가고 있는지, 또한 나아갈 것인지를 수시로 진단하고 처방하는 메타평가적 기능을 전문적으로 수행할 수 있도록 활용되어야 한다.

셋째, 앞에서 언급했듯, 정보화 시대의 도래와 함께 모든 교육을 포함한 경제·사회활동은 이제 인터넷을 기반으로 한 공학적 삶이냐 아니면 공학을 아예 배제한 자연적 삶이냐로 대별해 볼 수 있을 것으로 전망된다. 이러한 동향은 사물인터넷이라고 하는 공학을 근간으로 한 인터넷이 인간활동이 이루어지는 모든 인프라의 기본을 이룰 것이기 때문에 어느 정도 예측이 가능하다. 이것은 곧 학생의 일반 생활뿐 아니라 학교학습 성과의 모든 정보가 사물인터넷을 기반으로 한 포트폴리오 형태의 평가정보를 통해 실시간 모니터링이 가능해질 수 있음을 의미한다. 물론, 교수학습도 예외는 아니다. 학교현장에서도 개개인의 교수학습상황을 파악하여 그에 대한 정보를 실시간으로 피드백해줄 수 있기 때문에 진단평가와 형성평가 및 총괄평가의 시간순서적 의미의 평가가 통합적인 평가 방식으로 변모할 것임을 예측해볼 수 있다. 학생의 개인적 신상 정보 활용에 대한 동의만 이루어진다면, 모든 개인의 진단, 형성, 총괄평가 결과에 대한 정보수집이 실시간으로 가능해질 것이다.

넷째, ICT 기반의 사물인터넷 평가 정보가 정확하며 타당한가의 문제는 또 다른 별개의 문제이다. 예컨대, 인간의 발달이 아날로그식으로 이루어진다면 단순히 수집된 평가정보가 타당하며 신뢰로울 것이다. 하지만, 인간의 발달과정은 아날로그보다는 디지털식, 아니 시행착오가 혼재된 카오스적이라는 표현이 적절할지도 모른다. 인간의 진정한 능력 변화는 순차적 발달 과정 속에서 오는 것이 아니라 역동적인 과정 속에서 더욱 가치를 가질 수 있기 때문이다. 그러므로 인간의 다양하면서도 심층적인 역량에 대한 평가가 과학기술이라고 하는 수단에 의해 모두 가능할까에 대해서는 여전히 의문이 남지 않을 수 없다. 즉, 공학적 기반의 정보화가 인간능력평가에 있어서 평가의 가장 기본적인 요소인 타당도와 신뢰도를 충족시킬 수 있을 것인가의 문제가 관건이다. 인간능력 요인 중 지식을 넘어선 지혜와 창의성, 그리고 고등정신기능에 해당하는 형상화(imaging), 추상화(abstracting), 패턴인식과 형성, 차원적 사고, 통찰과 직관력 등은 아무리 과학이 발전한다 해도 타당도 높은 평가를 보장해줄 수는 없을 것이다. 그러한 점에서 교육공학의 학문적 탐구와 실제적 적용에 있어서 다음과 같은 과제 해결의 노력이 필요함을 교육평가적 시각은 시사해준다.

첫째, 교육공학은 가치지향적이며 인간주의적인 접근이 반드시 포함되어야 한다.

둘째, 교육공학이 사변적이고 이념적인 수준에 계속 머물 것이 아니라, 탄탄한 과학기술기반 역량을 바탕으로 교육현실의 변화와 개선을 주도해야 한다.

셋째, 교육공학은 이제 한 분야의 파편화된 학문분야가 아닌 모든 일상에서의 인프라로 작용하기 때문에 여러 학문을 융합한 창조적인 진화를 실제적이고도 구체적으로 모색해야 한다.

넷째, 인간을 대상으로 한 교육이 공학적 사고의 중심에 있다는 것을 잊지 말아야 한다.

참고
문헌

나일주(1999). 웹기반교육. 서울: 교육과학사

나일주(2010). 교육공학 관련 이론. 서울: 교육과학사

나일주 외 편(2003). 기업교육론. 서울: 학지사

나일주·정인성(1996). 교육공학의 이해. 서울: 학지사

박성익 외(2015). 교육방법의 교육공학적 이해. 서울: 교육과학사

한국대학평가원(2013). 대학평가총람

AECT(1994). Handbook of Research on Educational Communications and Technology: Third Ed. by Spector J., Mich, Spector, J. Michael, Harris, Philip A. Routledge

Gagne, Robert M., Gagne, Robert Mills(1987). Instructional Technology: Foundations. Routledge.

Heinich, R.(2000). Technology and the Management of Instruction (PB). Information Age Publishing.

Tyler, Ralph W. et al.(1988). Educational Evaluation: Classic Works of Ralph W. Tyler(1989 edition). Sanfrancisco: Springer.

제 6 장

대학교육 혁신과 교육공학

송상호 ▋ 안동대학교 교수

이지현 ▋ 서울대학교 교수

교육공학 연구와 실천이 이루어지고 있는 현장 중 대학은 그동안 교육혁신이 활발히 일어난 영역 중에 하나이다. 대학이 혁신을 추구하는 교육 현장이며, 교육공학의 학문적 정체성의 중심에 혁신을 위한 힘을 가진 '디자인', 곧 '설계'가 있다는 점(정현미, 양용칠, 2005; 진위교, 2000)은 대학교육 혁신에 대한 교육공학의 역할을 짐작할 수 있게 해 준다. 그 혁신의 중심에는 교수방법의 개선과 테크놀로지에 의한 교수 – 학습 환경의 개선이 자리하고 있다. 이 장에서는 대학교육 혁신을 위해 교육공학이 담당해 온 역할을 방법적 혁신, 교육의 대중화, 세계화, 질 관리 및 첨단화 차원으로 분류하여 정리해 보고 현재까지의 기여와 우리 사회의 미래상을 고려하여 향후의 방향을 가늠해 보기로 한다.

Ⅰ. 고등교육의 방법적 변혁과 교육공학

교육공학에서 교육방법에 대한 고민은 우리 분야의 학문적 역사의 시작과 함께한 고민이라 할 수 있다. 교육방법은 목표에 맞는 학습내용 혹은 학습경험이 실행되는 과정이라 할 수 있으며(송상호, 2002), 이는 교육공학의 이론적 관점을 교육현장에 적용하는 방식이기도 하다(조규락, 김선연, 2006). 대학교육에서는 기존의 객관주의 패러다임에 기반한 전달위주의 강의식 교육방법에서 벗어나 학습자 중심의 구성주의적 교육방법을 적용하는 것이 대학교육 혁신의 중요한 방법이 되어오고 있다. 교육공학은 이러한 교육방법에 대한 교수자의 이해를 증진시키고 교수자의 수업 전문성을 배양하는 교육과 컨설팅을 주요 연구관심분야로 설정하고, 이를 실천하기 위해 교수학습센터와 같은 조직의 확산을 통해 보다 거시적인 노력을 해 오고 있다.

(1) 학습자 중심 교수법의 확대

교육공학의 대학교육 혁신을 위한 주요 관심 영역 중에 하나가 학습자 중심 교수법을 적용하고 이를 확산한 것이라 할 수 있다. 대학교육에서 배움에의 정진, 고차원적 사고능력, 문제해결력, 창의력 리더십 등이 강조되어 왔음에도 불구하고, 고등교육의 질에 대한 연구와 교육 현장에서는 전달위주의 강의, 교수진의 수업전문성의 문제, 사회적 요구나 실생활과 동떨어진 탈맥락적 학습과 평가 등에 대한 지적이 오랫동안 제기되어 왔다. 주어지는 지식 습득에 익숙하게 된 졸업생들은 스스로 생각하고 자신만의 관점을 가지고 문제를 해결하면서 지식을 활용하는 역량 부족으로 결국 창의적 지식 생산의 주체로서 활동하는 데에 어려움을 겪게 된다(Biggs, 1992; Laurilard, 2012; McNaught & Young, 2011).

이러한 비판에 대한 노력으로 교육공학에서는 대학에서의 학습이 교수자 중심이 아닌 학습자 중심으로 이루어지도록 구성주의 패러다임 및 관련 이론을 적용하여 교수방법의 변혁을 시도해 왔다. 그러한 학습자 중심 교수법으로는 대표적으로 문제기반 학습(Problem-based Learning), 프로젝트기반 학습(Project-based Learning), 사례기반 학습(Case-based Learning), 액션러닝(Action Learning), 최근의 플립 러닝(Flipped Learning) 등 다양한 방법적 시도가 있어 왔다(Laurilard, 2002). 학습자 중심 교수법의 적용으로 인해 대학에서 학생들은 맥락중심의 수업을 통해 실제적인 과제를 제공받고, 이를 학생들이 능동적으로 고민하고 해결하는 학습활동을 경험하며, 그 과정의 성과를 평가받는다.

이러한 교수법을 적용하기 위해서는 교수자와 학습자가 교육을 보는 렌즈를 바꾸는 과정이 일어나야 하는바, 교육공학은 이러한 인식의 확산에도 관심을 가져왔다. 그 결과, 1990년대와 현재 대학교육을 비교해 보면, 독립적으로 지식을 받아들이는 것에 익숙한 교수자와 학습자들이 교육에 대한 관점에 있어 적지 않은 변화를 이룬 것으로 보인다. 즉 이제 대학에서 교수자는 지식을 전달하는 전달자가 아닌 학습을 촉진하는 촉진자 역할을, 학습자는 전달되는 지식의 수용자가 아닌 학습의 적극적 주도적 주체 역할을 해야 함에 점점 공감하고 있다. 또한 학습이 배운 내용이 활용되는 실제적 맥락에서 이루어질 것, 동료 학습자와 사회적 상호작용이 풍부하게 일어나는 협동의 과정을 포함해야 한다는 점에 있어서도 교수자들의 의견이 점점 일치되어 가고 있다. 이러한 인식하에 학습자 중심 교수법이 적용되었을 때, 수업의 현장에서는 학습목표가 새로이 설정되고, 이를 달성하기 위한 교육 방법이 설계되며, 결국 목표로 삼은 학습 성과가 평가되는 과정이 일어나게 된다. 이러한 과정은 자명하게 대학교육의 혁신으로 이어지게 된다. 요컨대 교육공학은 구성주의라는 교육적 패러다임을 대학교육 현장에 학습자 중심 교수법이라는 도구로 구체화하여 실천함으로써 대학교육 자체의 패러다임의 변화를 이끄는 혁신적 역할을 해 왔다고 하겠다.

(2) 교수자 교육

위에서 언급한 학습자 중심 교수법이나 새로운 테크놀로지 등이 대학교육의 현장에서 제대로 적용되려면 교수자 교육이 반드시 수반되어야 하는바, 교육공학에서는 교수자의 역량향상이라는 관점에서 접근해왔다. 기존 대학교육에서 교수자들의 문제점은 한마디로 그들이 교수방법의 전문가들이 아니라는 점이다. 대학의 교수자는 자신의 전공분야에서는 독보적인 전문가일 수 있지만, 초, 중, 고 교사들에 비해 가르치는 일에 대한 체계적인 교육을 받아보지 못한 채 교육 현장에 투입이 된다(이상수, 2010). 또한 교육적 패러다임의 변화에 따라 교수자의 역할이 변화하고, 이에 따라 교수자가 갖추어야 할 필요 역량도 변화하고 있는 상황이지만 교수자들이 잘 가르쳐야 한다는 인식이나 잘 가르치는 방법적 지식, 그리고 실제로 잘 가르치는 실천 역량은 오랜 비판의 대상이 되어오고 있다(이혜정, 이지현, 2007; 이혜정, 최경애, 김세리, 2009). 그런데 이들 교수자의 수업 전문성을 키우는 일은 대학교육의 질과 직결되는 중요한 일이 된다. 교육공학은 교수자의 교육에 대한 관심, 인식, 역량의 개선을 위한 프로그램을 개발하여 대학 교수자의 수업 전문성 향상을 도모해 오고 있다. 각 대학의 교수학습센터에서 운영 중인 각종 교수법 워크샵, 테크놀로지 활용 교육, 교수자 학습커뮤니티 등을 보면 교육공학이 교수자 교육을 위해 어떠한 실천적 노력을 했는지 알 수 있다(송해덕, 이지현, 홍주연, 2014).

　　최근에 점점 더 확산되고 있는 대학의 마이크로 티칭을 통한 수업 컨설팅은 정확한 진단, 과학적 증거에 기반하여 교수자의 교수학습 과정의 전반적인 개선에 교육공학적 전문성을 살려 특화한 분야라 할 수 있다(이상수, 2010; Roach, Kratochwill & Frank, 2009; Rosenfield & Berninger, 2009). 한국교육공학회에서도 이러한 점을 고려하여 수업컨설팅분야 민간자격증을 개발하여 활용하는 방안을 적극 추진하고 있다(이상수, 2015). 수업컨설팅에서는 전문가가 수업 장면을 관찰하고, 동시에 수업 장면이 촬영된다. 추가적으로 모을 수 있는 수업에 대한 학생 설문 등의 데이터를 기반으로 수업개선 방안이 제안된다. 수업컨설팅을 통해 교육공학이 대학교육에 기여하고 있는 것은 대학 교육의 맥락에서 학습자 특성, 학습과제, 수업 방법 및 전략 등 주요한 수업 요소들의 결합의 문제를 체계적으로 접근한다는 것이다. 대학교육 교수자 교육 차원에서 수업컨설팅은 비단 개별 교수자의 수업을 수업 스킬이나 과정 차원을 개선하는 것에서 나아가, 교수자 본인이 수업의 문제해결을 위한 주체로 동기화되어 스스로 자신의 수업을 반성적으로 성찰하고 지속적으로 실천하는 것을 지원하고 있고, 이와 관련된 교육공학적 방법, 절차, 전략, 조직이 연구되고 실행되고 있다. 다시 말해, 교육공학은 수업컨설팅을 통해 수업 공개를 꺼려했던 대학 교수자의 인식을 전환하여 수업 공개 문화와 풍토를 조성하였고, 공개된 수업의 문제점을 데이터에 기반하여 체계적, 전문적으로 진단하고 개선할 수 있도록 지원해 오고 있다.

(3) 수업지원의 조직화, 전문화

　　교육공학의 대학교육 질 향상을 위한 노력은 수업 지원의 조직화, 전문화분야로 확장되었다. 대학교육의 혁신에 있어 교육공학의 가장 중요한 업적 중에 하나는 우리나라 각 대학에 교수학습센터(Center for Teaching & Learning, 교수학습개발센터, 교수학습지원센터, 교수학습개발원, 이하 CTL)를 설립하여 운영하도록 그 기반을 마련한 것이라 하겠다(송상호, 권경빈, 2006). 이는 우리 대학교육의 역사에 비추어 볼 때 대학교육에서 수업이 어느 정도 내실 있게 진행되고 있으며, 특별히 연구중심 대학 중 교육 분야 명문대학이 어느 정도나 될까 하는 근본적인 질문에서 시작되었다.

수업의 내실화 문제에 대해 교육공학적 접근의 대표적인 것이 소위 체제접 근이다(Dick, Carey & Carey, 2005; Romisowski, 1981). 즉 수업을 하나의 시스템으로 보고 수업체제를 체계적 단계를 거쳐 개발하면서 그 결과에 대한 성과를 평가하는 접근을 통해 수업의 내실화에 기여할 수 있게 된 것이며, CTL은 그러한 체체 접근을 대학 조직 전체 차원에서 시도한 것이라 할 수 있다(송상호, 권경빈, 2006). 그 결과 현재 약 80%의 대학이 CTL을 설립하여 대학의 교수 및 학습 지원에 관한 업무를 수행하고 있다(대학교육개발센터협의회, 2013). CTL의 설립은 대학교육의 질 향상에 있어 획기적인 계기가 되었다. 왜냐하면, 대학교육의 질은 대학의 교수, 학습의 질을 의미하고, CTL은 대학의 교수, 학습 과정의 개선을 지원하는 기관으로 대학의 교육비전과 운영 전략, 교수자와 학습자의 역량 개발, 나아가 대학교육의 혁신에 중핵적 역할을 하는 기관이기 때문이다. CTL은 앞서 언급한 학습자 중심 교수법의 확산, 교수자 교육을 비롯하여 대학 내의 학습관리 및 이러닝 시스템, 매체 제작 등을 지원하는 역할을 통해 계속 발전하고 있다.

교육공학이 CTL의 발전에 관심을 가지면서 대학교육에서 테크놀로지를 효과적으로 활용하기 위한 연구와 시도들이 늘어나고 있다. 즉, 이러닝 및 블랜디드 러닝이 확산되면서 온라인상에서 학습자료 및 학습활동을 관리할 수 있도록 하는 학습관리 시스템(Learning Management System, 이하 LMS)을 통해서는 학습자료를 게시, 관리하고, 토론, 채팅 등과 같은 상호작용 도구를 제공하여 수업방식의 다양화가 진행되고 있다. 이러한 테크놀로지를 통해 대학의 교수학습 지원이 보다 전문화되었으며, 많은 CTL에서 이러닝 지원사업부를 만들어 이러한 전문적 지원을 제공하게 되었다.

나아가서, 교육공학을 주축으로 대학 교수학습 지원 업무를 점점 더 조직화하여 거시적인 관리와 협력이 가능한 국가적 체계가 구축되기도 하였다. 그 대표적인 것이 2002년부터 2006년까지 진행되었던 대학 이러닝 지원센터 구축사업이라 할 수 있다(송상호, 권경빈, 2006). 대학의 이러닝을 활성화할 목적으로 전국을 10개 권역, 권역별 센터대학을 지정하여, 센터대학을 중심으로 권역 내의 대학들의 네트워크를 구축하였다. 이들 네트워크 내에서 이러닝 콘텐츠를 공동으로 개발하고, 학교 간 학점 교류를 활성화 하는 등의 협력이 이루어져 왔다. 이처럼 교수학습지원을 IT를 통한 전문화, 네트워크를 통한 조직화를 통해 대학교육의 질 향상을 위한 연구와 실천 노력이 계속되고 있다.

II. 고등교육의 대중화, 맥락화, 세계화와 교육공학

1. 고등교육의 대중화(사이버대학, 원격대학)

고등교육분야에서는 교육공학적 접근을 통해 고등교육의 대중화, 교육의 기회 및 공간이 확대되고 있다(송미섭, 이인숙, 1997; 정인성, 나일주, 2004). 이는 원격대학과 사이버대학의 설립과 운영에 교육공학 분야가 이론적으로 실천적으로 주도한 것을 말한다. 고등교육의 대중화란 측면에서 볼 때 우리 대학교육이 가지고 있던 문제점들은 첫째, 고등교육기관의 부족으로 기회가 제한되었었다는 점이다. 즉, 물리적으로 대학의 수를 늘리는 방안의 한계를 넘어서 시공간을 초월한 대학교육의 모습으로서 사이버대학, 원격대학의 도입에 교육공학적 토대가 활용되어 왔다(정인성, 나일주, 2004). 이러한 사이버대학의 등장을 야기한 두 번째 문제는 인간 수명의 증가에 따라 평생학습 시대가 도래했지만 오랜 기간 직업역량을 갖추기 위해서는 1년 동안에 성인들에게 최소 2~4학점 이상의 재교육이 필요한 데 비하여 기존 대학교육 체제에서는 이를 수용하기 어려웠다는 점이다.

따라서 이전의 우편제도를 이용한 통신교육의 1기 원격교육의 시대와 방송을 이용한 대중전파 원격교육의 2기 원격교육의 시대를 거쳐 정보통신을 이용한 상호작용적 원격교육의 3기에 와서는 방송통신대학 및 사이버대학을 통해 대안적 고등교육의 기회가 폭발적으로 증가하게 되고, 이에 교육공학의 테크놀로지와 교수설계, 교수법 영역의 전문성이 활용되었다.

기존의 전통적 대학을 통한 고등교육에서 원격대학을 통한 대안적 고등교육은 고등교육의 수요가 증가한 시점에서 교육개혁의 한 방안으로 시도된 것이었다. 즉 '누구나 언제 어디서나 원하는 교육을 받을 수 있는 에듀토피아', '정보통신 기술을 이용한 직업교육', '열린 학습 사회'라는 모토하에 교육공학 분야는 1981년 방송통신대학이 설립되고, 뒤이어 원격교육기관 준비기, 초기 구축이 일어났던 1995년부터 2000년에는 원격대학의 개념을 정립하고, 설립 및 인가를 위한 제도 및 법률, 운영을 위한 비용효과성 측면의 연구와 정책 제언을 했고, 2001년부터 2004년 사이 사이버 대학이 급속하게 증가한 원격교육 성장기에는 발전 방안 및 관련 법과 제도를 구축하는 데 참여했으며, 2004년부터 2006년 원격교육 질 관리 시기에는 교육의 질을 평가하는 기준과 제도적 틀을 제시해왔다(이혜정, 이지현, 2007). 2006년 이후 원격대학은 확산기를 거쳐 안정화되고 보다 성숙되고 더 나은 방향으로 개혁을 시도하였다. 최근에는 사이버대학의 미래 발전방향 제시를 통하여 사이버대학의 고등평생학습체제를 선도할 수 있는 가능성이 제기되었다(송상호, 연은경, 허희옥, 홍영일, 2014).

2. 고등교육의 사회적 맥락화 (역량기반 교육, NCS, 의대, 치대, 법대, 공대)

그동안 대학교육은 전반적으로 사회적 요구보다는 학문적 요구에 보다 집중하여 탈맥락적인 지식전달이 이루어져 온 것에 대한 비판을 받아왔다. 그 결과, 대학 졸업생들이 사회에 진출했을 때 산업계가 요구하는 역량을 갖추지 못하여 신입사원 재교육을 위한 사회적 비용이 막대한 실정이다(송해덕, 신선애, 이지현, 2014). 이에 대한 반작용으로 최근에는 지나치게 직업교육에 치중하는 식의 반향이 일고 있기도 하다.

교육공학 영역에서 시도하고 있는 대학교육의 사회적 요구를 반영하려는 노력은 흔히 역량기반교육, 역량기반 교육과정, 역량기반 프로그램 설계 등의 이름으로 일컬어지고 있다. 역량기반교육은 기존의 전통적인 대학교육이 사회가 요구하는 실천적 수행 능력을 키워주지 못하고 있다는 문제의식으로부터 '아는 것'이 아닌 '할 수 있는 역량'을 키워주는 교육으로 변화되어야 한다는 움직임이다. 따라서 졸업 후 사회에서 어떤 직무를 할 수 있는 데 필요한 역량을 규정하고, 이에 따라 교육목표, 교육내용, 교육방법을 재설계하고 교육의 결과를 엄격히 측정할 것을 주장한다. 최근 정부차원의 역량기반교육의 움직임이라 할 수 있는 국가직무능력표준(National Competency Standards, NCS) 역시 우리나라 전 직종별 직급별 역량을 표준화한 것으로 역량기반교육의 정책적 노력을 반영한 것이라 할 수 있다.

역량기반교육을 고등교육 교육과정 설계에 반영한 영역은 크게 세 분야로 볼 수 있는데 전문대학 교육과정, 4년제 대학 전공 중 졸업 후의 역량이 사회적 영향력이 큰 의, 치대, 법대, 공대 등의 전문분야 교육과정, 그리고 대학 교양교육 과정이 그것이다. 전문대학에서는 2년 후 바로 산업체의 직무수요에 맞는 교육과정을 해당 분야 직군에 맞춰 역량을 모델링하고 이에 맞는 교육과정과 수업을 설계하는 일에 교육공학적 전문성이 발휘되어 왔다(송해덕, 신선애, 이지현, 2014; 전미연, 송해덕, 이지현, 2014). 보다 더 큰 비중으로는 4년제 대학의 의, 치대, 법대, 공대의 전 세계적인 교육의 흐름이 역량기반, 성과기반 교육인바, 세계적인 교육기관 인증 및 자격 부여 기구의 역량 모델과 교육기관 자체의 인재상 등을 반영한 역량모델을 개발하고, 이에 맞는 교육과정과 교과목의 목표설정, 내용설계, 교수법 적용, 역량평가까지 진행되고 있다(이지현, 한동헌, 2015). 최근에는 대학의 교양교육에 있어서도 직무 특수한 역량이 아닌 공통 역량, 생애역량을 중심으로 교육과정이 개발되고 있다. 이와 같은 역량기반 교육과정이 대학교육 현장에 제대로 적용되고 안착하기 위해서는 교육과정을 위한 요구분석과 역량모델링, 이에 따른 목표설정, 과정 설계 및 개발, 실행, 학습 성과 평가의 과정뿐 아니라, 교육과정 운영에 대한 컨설팅, 교육과정 효과 평가, 인증과정 등에 대한 상세한 지침이 필요하며, 이는 고도의 전문성을 요하는 과정이다. 교육공학 전문가들은 교육을 교육과정이라는 거시적 차원과 교과목 및 차시 설계라는 미시적 차원의 전체적인 관점을 조화롭게 볼 수 있는 인력이기 때문에, 이러한 역량기반 교육과정의 적용과 확산을 통한 고등교육의 사회적 맥락화에 국가적인 차원에서 선도적 역할을 해오고 있다고 하겠다.

3. 고등교육의 세계화(OER, OCW, MOOC, 이러닝 ODA)

국가적인 차원에서 고등교육의 기회가 대폭 확대된 반면, 보다 양질의 세계적인 교육 콘텐츠를 접할 수 있는 기회는 제한적이었다. 유학을 가지 않고도 세계 유수 대학의 교육 콘텐츠를 학습하기를 원하는 학습자의 요구가 존재함으로써 이에 대한 시도가 이루어지기 시작한 것은 매우 최근의 일이다. 나아가 우리나라 대학 중 우수 교수자와 교육 콘텐츠를 가진 기관이 세계적으로 교육의 기회를 확대하는 일에 기여하려는 시도는 2014년에 와서야 관심이 모아지기 시작하면서 세계가 하나의 학습권 안에 들어오기 시작하였다. 이 과정에서 교육공학 분야는 2000년대 초부터 세계적으로도 최고 고등교육 수준의 학습 내용을 개방하는 공개교육자료 운동(Open Educational Resources, OER)과 이후 뒤따르는 OCW(Open CourseWare), MOOC(Massive Open Online Courses) 확산을 통해 대학의 지적 기부, 고등교육의 국제화에 기여해 오고 있다. 더불어 우리나라에서는 2010년부터 개발도상국가에 이러닝 노하우를 전수하는 교육원조 사업에서도 교육공학적 접근을 통하여 고등교육의 세계적 발전이 시도되어 왔다.

2002년 MIT의 OCW를 시작으로 세계 유수 대학의 우수한 고등교육 콘텐츠를 전 세계인이 무료로 접할 수 있게 되면서 OER 운동이 급속히 확산되기 시작하였다. 일반 대중들이 테크놀로지를 이용하여 전 세계 대학의 2,000여 개의 교육 자료를 학습하는 것이 가능하게 되었다. 이후 일반 학습자들이 OCW를 통해 대학 담벼락을 넘겨다 보는 데에서 나아가, 보다 학습하기 용이한 형태인 MOOC를 통해 가상의 대학 강의실에 들어와 있을 수 있게 되었으며, 현재 5000개 이상의 MOOC 강좌를 약 4천만 명 이상의 학습자가 수강하기에 이르고 있다(나일주, 2015). 우리나라는 한국형 OCW인 KOCW, 한국형 MOOC인 KMOOC 사업을 통해 국내 대학의 교육콘텐츠를 국내는 물론 세계 학습자들에게 특화하여 보급하는 사업을 활발히 벌이고 있다.

OCW나 MOOC는 대학교육과 원격교육 나아가 교육과 학습에 있어서 새로운 혁신의 기회를 제공하고 있으며, 이는 교육공학의 이론이 집약되어 활용되는 또 다른 고등교육의 현장이기도 하다. cMOOC, xMOOC과 같은 교육적 접근의 문제, 코스설계의 문제, 학습자의 동기 및 상호작용 문제, 비용효과성, 중도탈락, 질관리의 문제 등등 기존의 원격교육 분야의 연구들이 다루었던 문제들이 MOOC 시대에 와서도 맥락을 차이는 있지만 반복되어 제기가 되고 있다(이지현, 2014). 이는 교육공학적 이론과 연구들이 OCW, MOOC를 통한 고등교육 나아가 평생교육에 이르기까지 교육의 세계적인 생태계를 혁신하는 데 있어 지금까지의 기여와 앞으로의 역할이 지대함을 시사하는 것이라 하겠다.

또한 OCW, MOOC는 교육의 세계화를 통해 인류사회의 발전과 전세계적 공공선을 실현하는 교육공학적 방법이라 할 수 있는바(나일주, 2015), 이는 2011년부터 진행해오고 있는 이러닝을 통한 공적개발원조(Official Development Assistance, ODA) 사업에서 더 명확히 드러난다 할 수 있다. 고등교육 분야에서는 한국의 교육정보화 및 이러닝의 전문성을 활용하여 아세안 국가에서 필요한 인프라, 솔루션, 컨텐츠, 교수법 등을 지원하여 이들 국가의 이러닝 역량을 개발시키고 공동 교육과정을 운영하는 사업이 아세안사이버대학을 설립한다는 계획 하에 진행 중에 있다.

III. 고등교육의 질관리, 과학화, 첨단화와 교육공학

1. 고등교육의 질관리

우리나라의 대학 진학률은 1980년대 30%이던 것이 1990년대에 급증하여 2000년부터 지금에 이르기까지 국민의 80%가 대학교육을 받을 만큼 고등교육의 기회가 확대되었다. 이와 같은 고등교육의 보편화는 일반대학의 증가와 함께 원격 대학 또는 사이버대학의 양적 팽창에 기인하는 것으로 보인다. 이러한 고등교육의 양적인 성장은 질적인 문제를 자연스럽게 수반하며, 교육공학은 이러한 고등교육의 질 관리에 있어서 이슈를 제기하였고 그에 따라 개선을 위한 변화들이 발생해 왔다. 오프라인 대학과 원격대학의 경우 기존의 기관평가에 대한 한계점이 지적되었고 보다 내실 있는 프로그램과 수업에 대한 평가 및 컨설팅에 대한 필요성이 대두되고 있다. 특히 사이버대학의 질 관리 차원에서는 대학평가 지표 개발에 있어서 교육공학의 교수방법 측면에서 교수, 학습의 질 관련 영역의 비중이 강조되었다(송상호, 김세리, 홍영일, 2007; 이혜정, 최경애, 김세리, 2009).

2001년 9개 대학 6천여 명에서 시작한 사이버대학은 2012년도에는 21개 사이버대학 3만 명에 달하는 규모로 성장하였다(교육과학기술부, 2011). 10여 년 동안 교육공학 전문가들은 사이버대학의 시설, 설비를 비롯한 학습 여건과 교수학습의 질을 지속적으로 개선하려는 기관차원, 국가차원의 노력에 연구진 및 실무진으로 참여하여 왔다(송상호, 김세리, 홍영일, 2007). 즉, 교육공학적 이론과 연구를 통하여 사이버대학 맥락에 맞게 질 관리의 의미를 규정하고, 평가 영역 비중을 조정하여 수업의 비중을 높이고, 콘텐츠 개발에서 품질관리, 학사 및 학생관리 등 사이버대학의 각종 구성요소 별 개발, 운영, 관리, 성과평가까지의 세부적인 질 관리 준거를 제안하고 총체적인 질 관리방안을 제안해 왔다(송상호 외, 2014; 장은정, 정영란, 2012).

2. 근거기반 고등교육 혁신을 위한 첨단과학화 (학습분석학/IR, 뇌과학)

전통적으로 교육공학적 접근을 기예(craft), 과학(science), 예술(art) 중 어떤 측면으로 볼 것인가에 대한 논의에 대해, 단순한 기술인 기예의 단계를 넘어서 보다 과학적인 접근을 취해야 하고, 과학적인 접근이 보다 높은 단계로 전문성으로 승화되어 예술의 경지에 이르도록 해야 한다는 주장이 있어 왔다(Ely & Plomp, 1996). 그러나 현실적으로 과학적인 접근을 취하는 것에 대한 논란이 제기되어 왔고, 특별히 고등교육 현장에서 과학적 근거에 기반하여 학습의 효과성에 대한 의사결정을 내리는 것에 있어서는 매우 초보적인 수준에 머물러 있던 것이 사실이다. 그런데 고등교육 현장은 급변하는 교육, 사회 환경에서 다양한 구성요소가 그 성패의 변인으로 작용하고 있으며, 이에 대한 면밀한 분석을 통해 능동적이고 합리적인 의사결정을 내려야 하는 현장이다.

　　최근 교육공학은 첨단 과학 기술과 빅데이터 시대에 맞게 고등교육기관이 데이터와 근거에 기반하여 합리적 의사결정을 내릴 수 있도록 관련 연구와 실행을 주도하고 있다. 대표적인 방법이 교육영역의 빅데이터, 교육 데이터마이닝과 함께 주목받고 있는 학습분석학(Learning Analytics), 아카데믹 분석학(Academic Analytics)이라 할 수 있다. 이는 학습과 학습자 맥락의 데이터를 측정, 수집, 분석하여, 수업 단위에서 미시적으로 활용하거나, 기관 차원에서 거시적으로 활용하는 것을 말한다. 이를 통해 고등교육의 한 측면을 모니터링하고, 분석하며, 이후 성패를 예측함과 동시에 보다 나은 결과를 위해 중재한다(신종호, 최재원, 고욱, 2015). 다시 말해, 교육공학이 그동안 해 오던 고등교육의 혁신을 보다 데이터에 기반하여 과학적으로 첨단 분석 기법에 의해 실천할 수 있는 것이 된다. 교육공학 영역에서 이러한 분야의 기여가 아직은 막 시작단계에 있으나, 대학 LMS나 MOOC 등의 시스템을 통해 자연스럽게 수집되는 데이터에 의해 수업과 교육의 질을 향상하는 합리적 의사결정에 우리 분야의 기여가 확실시 된다고 할 수 있다. 이는 세계 유수 대학들이 시도하고 있는 기관 연구(Institutional Research)로 발전되어야 할 것이며, 이를 통해 근거기반 고등교육 혁신을 실천할 수 있을 것이다.

　　근거 기반 의사결정의 관점에서 뇌과학의 응용 역시 교육공학 분야가 시도해 왔고 앞으로도 지속적인 기여가 기대되는 분야이다. 뇌의 구조 및 기능에 대한 과학적 발견과 fMRI, PET와 같은 뇌영상촬영 기법, EEG, MEG, ERP와 같은 뇌파검사법은 학습에 대한 이해, 교수법, 매체의 효과성에 대한 기존의 학설을 갱신시키고 있다(이지현, 박정은, 2014). 특별히 고등교육 분야에서는 대학의 첨단 과학 인프라와 타 분야와의 협업 가능성으로 인해 이러한 새로운 시도들이 다른 영역에 비해 훨씬 용이하다. 이전의 교육공학 연구에서 시험 점수, 설문, 면담, 관찰 등을 통한 양적, 질적 데이터가 받을 수 있는 공격에서 벗어나 교육방법 및 매체의 효과성을 과학적으로 측정하고 교육공학적 이상을 보다 확실하게 설득할 수 있는 방법론을 가까이 두게 된 셈이다. 교육공학 분야 일부 연구자들은 뇌과학적 연구의 결과와 교수설계를 연결하기 실용적 연계학문으로서의 교육공학의 역할을 자각하고, 뇌과학을 적용한 교수설계에 있어 이론적인 노력을 기울이고 있다.

IV. 대학교육 혁신을 위한 미래 교육공학의 역할

앞에서 1985년 한국교육공학회가 설립된 후 2015년 현재까지 30년 동안 교육공학이 대학교육의 혁신을 위해 기여해 온 바에 대해 논의하였다. 첫째, 교육공학은 고등교육 분야에서 학습자 중심 교수법을 확대하고, 교수자 교육 등을 CTL 및 그 협의체와 같은 전문 조직을 통해 지원하는 방법적 변혁을 주도해 왔다. 둘째, 교육공학은 원격대학 및 사이버대학의 설립 및 운영에 참여하면서 고등교육의 대중화에 기여했으며, 우리 사회가 요구하는 역량을 키워내는 역량기반 고등교육을 확산했으며, 첨단정보통신 기술을 기반으로 OER, OCW, MOOC를 활용한 고등교육의 세계화, 나아가 이러닝 공적개발원조를 통한 세계사회 공헌에 주도적 역할을 해오고 있다. 셋째, 교육공학은 대학평가 등을 통한 고등교육 질 관리에 전문성을 발휘해 왔고, 빅데이터 및 학습분석학과 뇌과학 등의 첨단 과학을 적용하여 근거기반 고등교육 혁신에 일조를 담당하고 있다.

이상에서 언급한 교육공학이 기여한 영역을 보면, 미래 교육공학이 나아갈 방향에 대한 핵심 가치를 몇 가지 찾을 수 있는데, '혁신', '사회공헌', '과학적 근거기반 의사결정'의 세 가지로 축약될 수 있겠다. 다음에서는 이 세 가지 핵심 가치를 중심으로 교육공학의 미래 역할에 대해 생각해 보기로 한다.

첫째, 미래 교육공학은 고등교육 분야에서 혁신을 최고의 사명으로 삼아야 하며, 이 혁신은 개별 코스 차원의 미시적 혁신에서 나아가 총체적이고 거시적인 차원의 혁신을 추구해야 할 것이다. 교육공학이 고등교육 분야에서 혁신을 능동적으로 추구할 수 있다는 것은 교육공학이라는 학문의 정체성에 '디자인',

곧 '설계'가 있기 때문으로 생각된다. 대학은 디자인을 시험할 수 있는 커다란 공간이 되며, 교육공학자들은 디자인을 예술가들처럼 직관적으로 접근하는 것이 아닌, 교육공학적 이론과 연구를 적용하여 체계적인 관점에서 다양한 요소들을 균형적으로 고려하면서 접근한다. 이러한 디자인의 과정에 테크놀로지가 활용이 되면, 그 변혁적 잠재력(transformative potential)이 증가하게 된다. 결국 교육공학의 정체성을 구성하는 '설계'와 '테크놀로지'는 고등교육이 가지고 있는 문제를 해결하는 과정이자 나아가 더 나은 세상을 만드는 과정이라고 칭해지기도 한다(Laurilard, 2012). 그리고 이는 교육학의 어느 다른 분과 학문에서도 교육공학을 대신할 수 없는 영역인바, 교육공학은 미래에도 지속적으로 설계를 통한 고등교육의 혁신을 이끄는 주도적 역할을 해 나가야 할 것이다.

둘째, 미래 교육공학은 세계사회에 공헌하는 것을 중요한 가치로 여기고, 이에 대한 역할을 해 내는 데에 앞장서야 할 것이다. 교육공학의 최근 정의에서 윤리적 실천(ethical practice)은 지적 소유권과 같은 좁은 범위의 윤리를 다루고 있는 것으로 보이나(임철일, 임정훈, 이동주, 2014), 세계 공공선, 인류의 행복을 위한 보다 확장된 의미의 윤리, 적극적이고 능동적인 의미의 윤리로 확장하는 것이 우리 분야의 사회적 역할을 규정하기 위한 보다 건설적인 방향이라 보인다. 이는 최근 전 세계적인 대학의 판도와 앞으로 교육 생태계의 큰 변혁을 가지고 올 것이라 예상되는 MOOC와 관련된 움직임에 있어서도 교육공학의 기여와 그 실천 방향을 설정하는 데에 필요한 일이라 생각된다. 교육공학이 추구해 온 그동안의 이상을 세계사회에서 실현하는 한 방법인 MOOC를 통해 대학의 문호 개방하여 세계시민에게 교육의 기회를 제공하며(나일주, 2015), 전 세계인이 잘 설계된 학습공간 안에서 서로 상호작용하고 의미 있는 학습경험을 하게하며, 창의적인 지식 탐구, 나아가 사회적으로는 학벌보다는 능력을 갖춘 인재가 인정받는 이상을 위해 교육공학적 연구와 실천 노력을 경주할 수 있을 것이다. 이러한 측면에서 이러닝 선도국가인 우리나라의 교육정보화 노하우를 개발도상국가에 전파하는 공적 개발 원조(ODA) 사업은 이러한 사회공헌 가치에 부합하는 중요한 교육공학의 실천 영역이 될 것이며, 이러한 실천을 통해 교육공학이 그동안 축적해온 이론적 기반을 점검하고 실천적 노하우를 보다 풍부하게 하면서 우리의 기여를 확대해 나가야 할 것이다.

마지막으로 교육공학은 고등교육 분야에서 과학적 근거기반 의사결정을 할 수 있는 방법론을 보다 첨단화, 과학화해 나가면서 학문적 깊이와 넓이를 확장해 나가야 할 것이다. 다양한 요인의 영향이나 자기기만 현상, 비언어적, 무의식적 반응을 수집할 수 없다는 사회과학적 연구방법의 한계를 극복하고 뇌과학을 비롯한 자연과학적 방법론을 통해 보다 그 방법론을 정교화할 필요가 있다. 특정 교육방법, 매체를 사용하는 동안의 뇌의 활성화 및 뇌파의 변화를 측정하면, 그 효과성을 보다 과학적이고 객관적인 증거에 기반하여 판단할 수 있고, 그에 따른 처방을 내리고 관련 의사결정을 보다 근거기반으로 합리적으로 할 수 있게 된다(이지현, 박정은, 2014). 특히 급격히 진화되고 다양해지는 스마트 기기와 같은 학습매체의 득과 실을 둘러싼 논쟁도 새로운 관점에서 볼 수 있는 가능성이 생기게 된다. 특별히 타전공의 학과들과의 협력이 용이한 대학교육 맥락에서는 이와 같은 실천적 노력의 과정에서 학제간 협력과 대화를 추진해 나가면서 교육공학적 이론과 현장을 개선해 나가야 할 것이다. 또한 교육 생태계에서 시시각각 수집되는 데이터를 마이닝하거나, 학습 효과성을 보여주는 학습자의 행동 패턴 데이터 수집을 설계하여 데이터에 기초한 학습처방을 내리고, 대학기관 차원의 전략적 결정을 내릴 수 있도록 지원하는 영역 역시 교육공학이 앞으로 정진해 볼 필요가 있는 영역이라 생각된다. 고등교육의 기관의 수업 차원의 미시적, 교육기관 운영 차원의 거시적 데이터 분석과 활용을 총괄하는 IR(Institutional Research) 센터는 그러한 차원에서 교육공학 전문가들이 앞장서서 도입해야 할 조직이라 보여진다. 이는 기존의 CTL의 역할을 보다 거시적이고 과학적인 방향으로 발전시킨 것으로, 대학에서 이루어지는 다양한 층위의 학습경험을 체계적인 시각으로 볼 수 있는 교육공학자들이 전문성을 발휘할 수 있는 중요한 미래 연구 및 실천 과제 중에 하나가 되어야 할 것이다.

  이상에서 1985년부터 2015년 30년간 교육공학이 고등교육 영역의 혁신에 기여한 바와 앞으로의 방향을 논의하였다. 교육공학은 급변하는 사회와 그에 따른 대학교육의 변화 속에서 우리의 정체성과 전문성의 깊이와 폭을 확장하면서 그 혁신적인 역할을 훌륭하게 수행해오고 있는 것으로 판단된다. 이 글이 앞으로 그 혁신적 역할의 방향을 보다 발전적으로 수립하는 데 기여할 수 있기를 희망한다.

참고
문헌

교육과학기술부(2011). 2012학년도 사이버대학 신입생 12월 1일부터 선발(보도자료). 교
　　육과학기술부.

김현진(2015). 교육공학에서의 테크놀로지: 의미탐색과 연구 동향 분석. 교육공학연구,
　　31(2), 287-310.

나일주(2015). 글로벌 학습시대 묵스의 이해. 서울: 학지사.

송상호(2002). 교육방법의 의미 고찰로부터 시사되는 교육공학의 과제. 교육공학연구,
　　18(2), 69-90.

송상호·권경빈(2006). 대학 교수-학습센터의 필요성과 역할에 대한 고찰. 교육공학연구,
　　22(3), 167-185

송상호·김세리·홍영일(2007). 원격대학 평가지표 개발 연구. 교육공학연구, 23(4),
　　79-111.

송상호·연은경·허희옥·홍영 (2014). 사이버대학 역할 정립 및 발전전략 연구. 한국교육
　　학술정보원 연구보고 CR 2014-7.

송상호·엄우용·변호승·최미나·박현정·홍영일(2014). 사이버대학 질 제고를 위한 평가
　　방안 연구. 한국교육학술정보원 연구보고 CR 2014-9.

송미섭, 이인숙(1997). 열린 교육 구현을 위한 가상교육체제 설계 모형 연구: 기업교육을
　　중심으로. 교육공학연구, 13(2), 87-107.

송해덕·신선애·이지현(2014). 국가직무능력표준(NCS)의 교육적 활용을 위한 전문대학 교
　　수의 역량 탐색. 교육학연구, 52(4), 159-190.

송해덕·홍주연·이지현(2014). 대학 교수학습센터 연구원의 직무분석: 인력 선발 및 개발,
　　교수학습센터 역할과 대학교육에의 시사점. 교육학연구, 52(1), 191-220.

신종호·최재원·고욱(2015). 대학교육에서 학습분석 적용에 관한 탐색적 연구. 교수자의
　　관점을 중심으로. 교육공학연구, 31(2), 223-252.

이상수(2015). 수업 컨설턴트 자격증의 의미와 교육공학회의 역할. 한국교육공학회 뉴스레
　　터 84호. 서울: 한국교육공학회.

이상수(2010). 수행공학을 적용한 수업컨설팅 모형. 교육공학연구, 28(4), 87-120.

이인숙(1997). 가상대학의 이미지 탐구. 경희대학교 교육문제연구소 논문집, 13, 139-155.

이지현(2014, 12월). MOOC 관련 연구동향. 제8차 한국교육공학회 교육공학 포럼 특강자
　　료. 서울, 중앙대학교.

이지현·박정은(2014). 뇌과학 기반 교수설계 전략의 탐색. 교육공학연구, 30(3), 335-359.

이지현·한동헌(2015).역량기반 대학 커리큘럼의 방향 탐색: 치의학과 학사과정 커리큘럼

개편 사례를 중심으로. 교육공학연구, 31(3), 571－602.

이혜정·이지현(2007). 원격대학 관련 정책의 변화에 따른 연구동향 분석. 평생교육학연구, 13(4), 1－26.

이혜정·최경애·김세리(2009). 연구중심대학의 강의 질 향상 정책 및 전략 연구. 교육학연구, 47(4), 145－174.

임철일·임정훈·이동주(2014). 교육공학. 서울: 한국방송통신대학교 출판부.

장은정·정영란(2012). 사이버대학 질 관리 준거 개발 연구. 교육공학연구, 28(1), 103－136.

조규락·김선연(2006). 교육방법 및 교육공학. 서울: 학지사.

전미연·송해덕·이지현(2014). 국가직무능력표준 기반 교육과정 운영을 위한 고교 전문교과 교사의 역량모델 탐색. 직업교육연구, 33(4), 51－76.

정인성·나일주(2006). 원격교육의 이해. 서울: 교육과학사.

정현미·양용칠(2005). '교육공학연구' 20년 연구 흐름 분석. 교육공학연구, 21(4), 167－194.

진위교(2000). 교육공학의 간학문성과 발전방향. 교육공학연구, 16(3), 3－25.

Bok, D. (2006). *Our underachieving colleges: A candid look at how much students learn and why they should be learning more.* Princeton University Press.

Biggs, J. (1992). *Why and how do Hong Kong students learn? Using the learning and study process questionnaires* (Education Paper No.14). Hong Kong: Faculty of Education, The University of Hong Kong.

Dick, W., Carey, L., & Carey, J. O. (2005). *The systematic design of instruction* (6 ed.). Boston, MA: Allyn & Bacon.

Ely, D. P. & Plomp, T. (1996). *Classic writings on instructional technology.* Englewood, CO: Libraries Unlimited.

Klein, S., Benjamin, R., Shavelson, R., & Bolus, R. (2007). The collegiate learning assessment: Facts and fantasies. *Evaluation Review, 31*(5), 415－439.

Laurillard, D. (2002). *Rethinking university teaching* (2nd ed). London, UK: Routledge Falmer.

Laurillard, D. (2012). *Teaching as a design science: Building pedagogical patterns for learning and technology.* New York, NY: Routledge.

McNaught, C., & Young, K. (2011, June). *Ensuring quality in undergraduate curriculum reform: Experience in Hong Kong.* In Demonstrating quality: Proceedings of the Australian Quality Forum, Melbourne, Australia (pp. 105－112). Melbourne: Australian Universities Quality Agency.

Molenda, M., & Boling, E. (2008). Creating. In A. Januszewski & M. Molenda (Eds.), *Educational technology: A definition with commentary* (pp. 81-140). New York,

NY: Routledge.

Niu, W. & Sternberg, R. (2003). Societal and school influences on student creativity: The case of China. *Psychology in the Schools*, 40(1), 103−114.

Romiszowski, A. J. (1981). *Designing instructional systems: Decision making in course planning and curriculum design*. London, UK: Kogan Page.

Rosenfield, S., & Berninger, V. (Eds.) (2009). *Implementing evidence−based interventions in school settings*. New York: Oxford University Press.

Rowland, T. (2008). The purpose, design and use of examples in the teaching of elementary mathematics. *Educational Studies in Mathematics*, 69(2), 149−163.

제 7 장

공개교육자료(OER), 묵스(MOOCs)
그리고 학습분석학(Learning Analytics)

임철일 ▌ 서울대학교 교수

조일현 ▌ 이화여자대학교 교수

I. 공개교육자료 및 대형 온라인 공개 강좌의 운영과
학습분석학의 발달

웹에서의 공개교육자료(Open Educational Resources, OER) 운동은 누가 효
시인가도 알 수 없을 만큼 수많은 사람들과 기관들에 의해 동시다발적으로 생겨
난 운동이다. 대표적인 예로 크리에이티브 커먼스(Creative Commons)를 비롯한
다양한 방송관련기관, 박물관, 학교와 대학 사이트뿐만 아니라 TED나 칸 아카
데미, YouTube와 같은 대중적 호응을 받는 사이트들에 이르기까지 그 수효를
헤아릴 수가 없을 정도이다. 여기에 Wikipedia를 비롯한 수많은 사전과 이미지
사전 등을 합한다면 가히 공개 자료의 양은 천문학적이라고 할 수 있다. 대형
온라인 공개 강좌, 묵(MOOC, Massive Open Online Course)은 이상의 공개자료
증가에 의해 파생된 공개교육의 한 형태로 파악될 수 있다(나일주, 2015). 대학교
육, 그것도 유명한 대학의 양질의 프로그램을 온라인 강좌를 통해 대중에게 공
개한다는 것이 그 요체이다. 대중의 입장에서는 무료로 핵심적인 지식이 제공되
는 강좌에 참여할 수 있다는 것이 큰 장점이 된다. 학습분석학, 특히 빅 데이터

에 의한 학습분석학은 공개자료나 공개교육의 과정에서 발생하는 상상 초월의 대규모 데이터에 대한 교육적 의미를 추출하는 데에 큰 공헌이 되는 연구의 방법이자 실천을 선도하는 수단이 된다.

비록 공개 자료나 묵이 등장하게 된 것은 불과 십여 년의 정도의 일천한 역사이기는 하지만 이미 교육에 상당한 영향을 주고 있다. 특히 교육공학이라는 학문과 교육공학자에게 새로운 도약을 위한 단초를 제기하고 있다. 교실 상황에서 이루어지는 전통적인 수업의 대안적 형태로 탐색되었던 이러닝이 공개 자료와 묵으로 인해 실제적인 형태로 자리를 잡게 되면서, 묵의 효과적인 설계와 운영에 관련된 교육공학 연구가 활발하게 수행되고 있다. 학습분석학은 온라인 상에서 이루어지는 학습자의 학습과정과 결과를 체계적으로 분석하려는 시도라는 점에서 개별 학습자에게 적응적인 학습 환경을 설계하려는 교육공학의 기존 연구를 새롭게 선도하게 될 것이다.

이 장에서는 공개자료 운동과 묵스가 전개되어 온 과정을 살펴보고 이를 교육공학의 미래와 관련하여 조망하면서, 학습분석학의 과정과 방법을 교육공학이라는 학문의 입장에서 기술하면서 현재까지의 발달과정과 향후의 방향을 탐색해보기로 한다.

II. 공개교육자료와 묵(MOOC)의 발전과 교육공학의 대응

1. 공개교육자료와 묵의 특성과 발전

지난 몇 년 사이에 세계적인 관심을 일으키는 묵은 넓은 의미에서 공개교육자료(Open Education Resources)의 연장선에서 이해할 수도 있다. 공개교육자료(OER)는 교수학습이나 평가, 연구 목적으로 제작된 자료이면서 무상으로 허락과 제약없이 사용할 수 있는 형태를 의미한다. 하나의 운동으로서 공개교육자료는 지난 2001년 미국 MIT의 대학에서 자신들의 강좌 관련 정보를 공개하겠다는 Open Course Ware 프로젝트의 시작과 함께 2002년 열린 지식, 오픈 소스, 무상 공유 및 협업의 교육적 이념을 실천하기 위한 이념으로서 OECD가 채택하면서 세상에 널리 알려졌다. 공개교육자료 운동은 초기에는 관심의 증가가 있었으나, 이후 특별한 성과없이 진행되다가, 2010년 전후 묵의 등장으로 다시 한 번 주목을 받기 시작하였다.

묵, 즉 대형 온라인 공개 강좌(Massive Open Online Course)는 2008년 캐나다 Manitoba 대학의 Siemens와 Downs가 운영한 "연결주의와 연결적 지식 (Connectivism and Connective knowledge)"의 강좌로부터 기인한다(Cormier, 2008). 이 강좌는 학점을 취득하기 위한 목적의 24명 수강생과 그 외 이천명 이상의 학습자들을 대상으로 연결주의라는 학습에 관한 새로운 관점을 실천하는 형태로 운영되었다. 이 강좌에서 교수자와 학습자들은 온라인 공간을 통하여 "다수의(massive)" 지식, 정보, 경험, 자료를 연결하면서 공유하는 활동을 성공적으로 수행하였다. Cormier(2008)는 이 강좌가 당시 MOORPG(Massive Open Online Role–Playing Game)와 유사하다고 하여 MOOCs라는 용어를 만들어냈다. 이 묵은 이후 나타난 묵과 구분하여 씨묵(cMOOC, 연결주의 관점을 실천하는 묵)으로 불린다.

묵의 실천적 가능성은 2011년 Stanford 대학의 Thrun과 Norvig 교수가 자신들의 대학 강좌인 "인공지능개론"을 온라인을 통하여 무료로 일반인들에게 개방하는 것을 통하여 확인되었다. 이 강좌에 전 세계 190여 개 나라의 약 16만 명 수강생이 등록하였으며, 이 중 약 2만 명은 최종 이수증을 받게 되었다(Rodriguez, 2012). 이후 Udacity, Coursera, edX와 같은 묵 운영체가 설립되어 일련의 온라인 강좌들을 엑스묵(xMOOC)으로 제공하게 되면서 묵은 전 세계적인 현상으로 확산되고 하나의 대안적 교육 형태로 급부상하게 되었다.

묵은 기본적으로 미국 명문 대학 강좌의 온라인 운영 형태를 근간으로 출발하였다. 최근에 와서는 일반 대학 혹은 기업의 교육 과정도 묵의 형태로 개발, 운영되어 다양한 모습을 보이고는 있지만 묵이 대안적 교육 형태로 자리를 잡는 데 있어서 명문 대학의 강좌가 온라인으로 제공된다는 점이 가장 큰 영향을 주었다. 묵의 특성을 살펴보면 우선 해당 전공 분야의 저명한 교수의 대학 강의가 온라인 형태로 무료로 제공된다는 점이 묵의 가장 큰 특징이다(나일주, 2014). 이 특성은 기존의 원격대학 혹은 사이버 대학과 묵의 커다란 차이를 만들었다. 그러나 비교적 저렴한 온라인 형태의 대학 강좌가 이미 유럽, 아시아 등 전 세계에 걸쳐서 학위 제공 방식으로 운영되고 있었지만, 일반 사회의 반응과 관심은 그다지 높지 않았다(임철일, 2012). 온라인 형태의 원격대학 혹은 사이버 대학은 대학 교육 기회를 놓친 사람들을 위하여 학위를 제공하는 보완적 기능으로 제한되어 있었기 때문이다. 묵의 수요자는 이런 사람들이 아니라 '인공지능' 혹은 '로봇공학 입문'과 같이 특정 분야의 대학 강좌 형태의 수준 높은 지식을 필요로 하는 전 세계의 학습자들이다. 대다수가 대학 재학생들이거나 대학 졸업 이상의 학력을 지니고 있다. Udacity, Coursera, edX는 바로 이러한 새로운 학습 요구 층에 대해 효과적으로 대응하면서 나타난 대안적 대학 교육 제공자라 볼 수 있다.

묵의 또 다른 특징은 일방적인 강의에만 그치지 않고, 명문 대학 강좌 운영의 기본 방식, 즉 다양한 형태의 연습 문제와 피드백의 제공, 과제물 제출 및 학습자 참여 유도 등을 온라인으로 운영하였다는 것이다. 초기의 성공적인 묵들은 작은 단위의 동영상 강의 기반의 설명과 연습 문제 및 피드백의 제공 등 행동주의 관점에 바탕을 둔 교수 및 학습 원리들을 주로 반영하였다는 비판을 받기도 하였다(Clarà & Barberà, 2013). 그러나 공학 혹은 자연 과학과 같은 학문분야의 경우, 객관적인 수준으로 정립된 지식의 획득과 적용을 목표로 하는 강좌의 성격을 온라인 형태로 잘 구현한 것으로 볼 수 있다. 특히 정보통신 기술의 발전을 활용한 온라인 강좌 운영 플랫폼(platform)을 개발함으로써 교수자와 학습자 모두 간편하게 교육 및 학습을 할 수 있는 환경을 제공하였다.

이상의 초기 묵에 대한 특징은 묵이 전 세계적인 교육 현상으로 확산되는 데 결정적인 역할을 하게 된다. 2012년 설립된 Cousera의 경우 2015년 7월 기준으로 전 세계 121개 참여 대학의 1,068개 강좌가 개설되어 있으며, 수강 등록한 학생 총 수는 1,400만 명에 이르고 있다. 비슷한 시기에 설립된 edX의 경우 2014년 11월 기준으로 35개 참여 대학에서 368개 강좌가 개설되었으며 대략 300만 명의 누적 수강생이 있다(임철일, 2015). 미국을 중심으로 하는 묵의 확산 추세에 대한 유럽의 대응도 바로 이어졌다. 영국의 개방대학교가 중심이 되어 유럽 내외의 여러 대학 및 기타 다양한 협력 기관을 두고 운영하는 Futurelearn이 2012년에 설립되었다. 독일을 중심으로 묵을 제공하는 Iversity는 유럽학점교환체제를 통하여 학점 인정 파일럿 프로젝트를 추진하고 있다. 유럽 국가 중 가장 많은 묵 강좌를 제공하는 나라는 스페인이다. 스페인은 Miriadax를 설립하여 단숨에 Coursera, edX에 이어서 세계 3위의 묵 강좌를 제공하고 있으며, 특히 스페인어와 포르투갈어로 운영하면서 라틴 아메리카에서 가장 많은 등록생을 보유하고 있다(최효선, 유미나, 2015). 이외에도 다양한 묵 제공 기관이 유럽 내에서 설립되어 2014년 9월 현재 총 770개 정도의 묵이 개설되어 있다. 요컨대, 지난 몇 년 사이에 이루어진 묵의 확산은 잠재적인 대학 교육의 수요를 주요 명문 대학들이 적극적으로 참여함으로써 가능해진 것으로 볼 수 있다.

명문 대학의 온라인 공개 강좌의 개발과 운영에 대한 참여는 개별 대학의 명성을 유지하려는 경쟁 전략의 하나로도 볼 수 있다. 2000년 초반 '개방 교육 자료'(Open Educational Resources)를 구체적으로 촉발시킨 MIT의 강좌 공개 노력은 묵을 통하여 다시 한 번 부흥을 맞이하게 된다. 대학의 고급 지식을 온라인 형태로 무료로 공개하는 것을 대학의 사회적 책무의 일환으로 보기 시작하였다. 이를 통하여 개별 대학은 사회적 공헌을 다함과 동시에 학교의 명성을 전 세계에 알리는 중요한 도구로 묵을 인식하기 시작하였다. 대표적으로 Harvard, MIT, Stanford 대학 등이 앞다투어 묵에 참여하게 되자, 경쟁력을 확보하려는 여타 저명 대학들이 대거 참여하는 현상이 발생하게 되었다. 중국의 북경대학교가 Coursera와 edX에 동시에 가입하고, 국내의 경우도 초기에 서울대학교가 edX에 참여한 이후, KAIST와 연세대학교가 Coursera에 가입하는 것은 이런 특성을 잘 보여주고 있다.

대학 교육의 새로운 수요에 대하여 명문 대학이 적극적으로 대응함으로써 성장한 묵은 이후 다양한 형태로 발전하고 있다. 묵이 가지고 있는 특징적 요소들이 다양한 교육적 상황을 반영하면서 변형된 형태로 나타날 수 있기 때문이다(이지현, 2015). 대상 학습자의 수준 제한 여부, 비용의 유료화, 오프라인과의 결합 여부, 그리고 교육적 접근 방식에 따른 교육과정 유형에 따라서 다양한 묵이 시도되고 있다. Massive 대신에 Small로 Open 대신에 Private로 대체한 SPOC(Small Private Online Courses)이 한 가지 예가 된다. 이는 하버드 법대에서 운영하는 방식으로서 효과적인 토론을 위해서는 수강생들의 지적 수준이 어느 정도 동질적이어야 하고 토론자 숫자의 제한을 두는 것이 적절하다는 관점을 반영하고 있으며, 대략 500명을 선정하여 온라인 강좌를 개설하였다. 또한 DOCC(Distributed Open Collaborative Course)도 시도되고 있는데, 이는 동일한 주제로 구성된 강의계획서에 각 참여 기관의 교수가 각 주제별 강의 자료를 만들고 공동으로 강좌를 운영하는 방식이다. 묵의 변형된 발전은 대학 수준의 온라인 강좌의 개발 측면에서 볼 때 매우 고무적인 현상으로 볼 수 있다. 묵에 의하여 일반 대학에서 전통적인 강의실 수업에만 제한되지 않고 다양한 방식의 온라인 강좌의 설계와 개발이 촉진되고 있는 것이다.

2. 묵에 관한 연구

(1) 국외의 묵 연구

묵에 관한 학술적 연구는 지난 2011년 이후 지속적으로 증가되고 있다. 주로 원격교육, 이러닝, 온라인 교육 관련 학술지를 통하여 묵 관련 연구가 이루어지고 있는데, Liyanagunawardena와 동료들(2013)의 분석에 따르면 묵 연구는 크게 여덟 가지의 주제 영역으로 구분될 수 있다. ① 소개(묵의 특징), ② 개념(고등 교육에 있어서 묵이 가져오는 기회와 위협), ③ 사례 연구, ④ 교육 이론(채택한 교수 방법), ⑤ 기술(하드웨어와 소프트웨어), ⑥ 참가자 연구(참가자의 경험 탐색), ⑦ 제공자 연구(교육과정 개발자와 제공자 탐구), ⑧ 기타. 이러한 구분은 묵 관련 다양한 연구들을 종합적으로 나열함으로써 전체적으로 어떤 연구들이 이루어지고 있는가를 이해하는 데는 도움이 된다. 그러나 묵 관련 연구들의 동향을 개념적으로 의미 있게 파악하는 데에 한계가 있다.

Ebben과 Murphy(2014)는 묵 관련 연구를 cMOOC과 xMOOC을 중심으로 나눔으로써 관련 연구가 어떻게 개념적으로 발전되어 왔는가를 보여주고 있다. 그들에 따르면 2009년 이후 2011년까지 cMOOC을 중심으로 이루어졌으며 크게 학습 이론으로써 연결주의의 발전, 연결주의와 관련된 기술적인 실험과 혁신을 대상으로 하였다. 한편 2012년과 2013년에는 xMOOC의 도래, 묵 관련 교수 방법의 발전, 학습 분석과 평가, 묵에 관한 비판적 논의를 중심으로 묵 연구가 진행되어 왔다.

초기 cMOOC 관련 연구는 캐나다 대학의 원격교육 강좌를 통하여 이루어졌다. 전통적인 강의식 교육이 아니라, 자율성, 개방성, 다양성, 상호작용성의 원리가 적용되는 cMOOC에 관한 연구가 실시되었다. 예컨대, Fini(2009)는 cMOOC 강좌 중의 하나인 CCK08 과정에서 활용한 도구를 분석하였다. 주로 묵 참가자들이 개인 블로그, 개념도, 무들(Moodle), Second Life와 같은 클라우드 기반 도구들에 대하여 어떻게 생각하는지를 조사하였다. 연구 결과에 따르면 참가자들의 학습 유형, 개인적 목표, 시간 확보 여부 등에 따라 도구에 대한 선호 정도가 다르게 나타났다.

초기에 많은 연구는 cMOOC 상황에서 학습자들의 참여나 상호작용이 제대로 이루어지지 못하는 이유가 무엇인가를 분석하는 데 초점이 맞추어져 있었다. 또한, 그 연장선에서 cMOOC이 어떤 방식으로 학습자간 혹은 교수자와 학습자 간의 상호작용을 촉진할 수 있는가를 탐색하였다(Kop, Fournier & Mak, 2011). 이 당시에 이루어진 연구들은 대체로 다음과 같은 다섯 가지 질문을 다루었다 (Ebben & Murphy, 2014). ① 자율적인 학습자들을 위한 높은 수준의 학습 환경 을 만들기 위한 최고의 방법은 무엇인가? ② 연결주의의 원리들이 cMOOC을 통하여 최적으로 적용되는가? ③ 묵에서 자율적인 학습자를 도울 수 있는 방법 은 무엇인가? ④ 참여자들을 위한 효과적인 도구와 애플리케이션은 무엇인가? ⑤ 연결주의에 의하여 영향을 받은 묵이 어떻게 당시 고등교육의 복잡한 상황을 해명할 수 있는가?

2012년 이후 cMOOC과 유사하면서도 다른 형태의 묵이 출현하기 시작하 였으며, cMOOC와 구분되는 xMOOC으로 개념화하는 연구가 나타났다. Rodriguez(2012)는 연결주의에 기반을 둔 MOOC와 인지주의와 행동주의에 기 반을 둔 MOOC를 비교하면서 공통점도 있지만, 학습 이론, 교수 모형, 개방성 의 이해 수준에 있어서 차이가 있다는 것을 확인하였다. 특히 xMOOC의 초기 과정 중의 하나로 평가받는 스탠포드 대학의 인공 지능 강좌는 기본적으로 강의 내용을 제공하는 교수자의 개입 없이도 높은 수준의 강의 내용을 반복적으로 제 공해 주는 플랫폼의 개발에 초점이 맞추어져 있음을 드러냈다. 웹 페이지, 유튜 브, 그리고 간단한 시험을 중심으로 구성된 xMOOC는 cMOOC과 비교할 때 교 수자와의 상호작용과 피드백이 매우 낮은 수준에 그치는 것으로 파악되었다. 이 를 통해 초기 cMOOC과는 다른 xMOOC의 출현을 개념화하였다.

xMOOC의 발전은 두 가지 연구를 활발하게 하였다. 학습 분석과 온라인 평가에 관한 연구가 그것들이다. 학습 분석(learning analytics)은 학습자의 학습 행동과 결과를 이해하는 데 도움을 줄 수 있는 정형화된 양식을 확인하기 위하 여 통계적 기반의 자료를 수집하고 활용하는 분야이다. 학습 분석의 초기 접근 과 연구들은 묵 강좌의 개발과 운영이 활성화되면서 새로운 주목을 받게 되었 다. 예컨대, Breslow와 동료들의 연구(2013)는 초기 edX 강좌인 "Circuits, and Electronics(6.002x)"의 데이터베이스를 분석하여서 이 강좌를 수강한 사람들이 194개국의 다양한 배경을 가지고 있으며, 대부분이 남성이고, 대략 20대에서 40 대이면서 대학 및 그 이상의 학위를 가진 사람들이라는 것을 밝혔다. 과목의 특성을 볼 때 예상할 수 있는 학습자 유형이 수강하는 경우로 볼 수 있다.

학습 분석이 묵에 대하여 관심을 가지는 것은 때로는 수만 명에 이르는 많은 수의 학습자들이 xMOOC에서 상이한 학업 성취 수준을 보여준다는 것이다. 나이, 성별, 국적 등의 인구학적 특성들이 학업 성취 수준과 관련성이 있는지, 아니면 개인의 배경 지식과 역량이 학업 성취에 영향을 주는가를 통계적으로 확인할 수 있다. 더 나아가서 묵에서 학습자들이 어떤 자료들을 어느 만큼의 시간을 할애해서 참여하는가와 같은 미시적인 행동 양식과 수준을 분석할 수 있게 되었다. 예컨대, 강의 비디오를 보는 시간, 과제 제출 여부, 연습 문제 참여 여부, 토론 참여 시간 등 학습자들이 남기는 세세한 자료들을 바탕으로 높은 성취 수준을 보여주는 학습자들의 특성을 분석하게 되는 것이다. 분석 결과는 이후 묵 강좌의 개발 단계에서 중요 지침을 사용하게 되는 것뿐만이 아니라, 학습에 어려움을 겪는 학습자들에 대하여 도움을 제공하는 데도 활용할 수 있다. 또한 묵에서 나타나는 낮은 수료율 문제를 해결하는 데도 학습 분석의 결과를 이용할 수 있다.

묵의 발전은 온라인상에서 이루어지는 평가 방식과 신뢰성에 관한 연구를 촉발시키고 있다. 성공적으로 묵이 실행되면서 대학이나 학습자들의 관심은 과연 묵을 수료한 학습자들을 일반 대학 강좌를 수강한 사람들과 동등하게 평가하고 인정할 수 있는가에 쏠리고 있다. 미국 교육 협의회(American Council on Eduation, ACE)는 듀크 대학교의 '유전과 진화'와 같은 대표적인 묵 몇 개를 지정하여 이 과목 수강생들의 평가 결과를 일반 대학의 학점으로 인정할 수 있다는 권고를 하고 있다(Sandeen, 2013). 또한, 핀란드의 헬싱키 대학처럼 묵 강좌를 학점으로 인정하는 대학들이 나타나고 있으며, 묵을 기반으로 하는 대학원 학위 과정이 개설되기도 하였다. 묵을 통한 교육 프로그램의 제공과 적절한 평가 방식을 통하여 학점과 학위를 주는 시도는 현재 고등교육의 주요한 문제점들을 해결해 줄 수 있다는 점에서 긍정적인 관심을 받고 있다. 중등학교 이후 고등교육의 기회를 보다 확대하면서도, 높은 수준의 교육을 합리적인 비용으로 제공하여야 하는 고등 교육 기관의 난제를 묵이 해결하여 줄 수 있을 것이라는 기대가 나타난 것이다. 그런데 이 기대의 실현 여부는 묵을 수강하는 학생의 본인 여부를 확인하는 문제에서부터 시험 부정, 시험 감독관 배치와 같은 평가상의 문제를 어떻게 해결하는가에 달려있다(Meyer & Zhu, 2013).

한편 묵 과정 이수를 위한 학습자 평가방식의 다양화 측면에서도 연구들이 시도되고 있다. 선택형 문항에서 벗어나서 학생들의 글쓰기 과제를 자동적으로 채점하는 방식이나 동료 평가를 지원하여 주는 시스템을 활용하는 것이다(Balfour, 2013). edX는 묵의 글쓰기 과제를 Automated Essay Scoring(AES) 소프트웨어를 활용하여 평가하는 시도를 하고 있으며, Coursera는 동료 평가를 지원하는 글쓰기 과제 평가 소프트웨어를 묵 강좌에서 활용하고 있다. 비교적 단순하고 일정한 답을 요구하는 글쓰기 과제에는 이러한 소프트웨어를 활용함으로써 단순 선택형 문항에만 머물러 있는 묵 강좌의 평가 체제에 변화를 가져올 수 있다는 점에서 주목을 받고 있다.

(2) 국내의 묵 관련 실제와 연구

묵에 대한 국내의 실제적인 관심은 edX와 Cousera에 국내 주요 대학들이 참여하면서 구체화되기 시작하였다. 서울대의 경우 2013년 edX에 가입하여 2014년에 총 3강좌를 운영하였다. 특히, 로봇공학제어 강좌의 경우 약 6주 동안 운영한 결과 전 세계적으로 만 오천여 명이 수강한 것을 확인할 수 있다. 카이스트는 2013년 Coursera에 가입하여 2014년부터 강좌를 운영하고 있으며, 대학 차원에서 정규 강의에 묵을 활용하여 보다 활발한 움직임을 나타내고 있다. 성균관대학교와 연세대학교는 2014년 futurelearn에 가입하여 묵 강좌를 개발, 운영하고 있다. 이와는 별도로 숙명여자대학교는 디지털 휴머니티즈 센터를 설립하였으며 묵을 위한 온라인 및 오프라인 학습 지원 사이트를 자체적으로 개설하여 운영 중이다.

국내에서는 묵에 대한 국가 차원의 체계적 대응이 시작되면서 이에 대한 관심이 더욱 증폭되고 있다. 정부는 한국형 온라인 공개강좌(K-MOOC)를 구축 및 운영하기 위한 기본 계획(교육부, 2015)을 통해 보다 체계적인 개발 및 활용에 힘쓰고 있다. 약 2년(2015~2017년) 동안의 도입 및 정착 단계를 통해 한국형 운영 모델과 플랫폼을 구축하는 계획을 설정하고 있다. 향후 정착 및 확산 단계를 거쳐 한국형 고등교육의 글로벌 경쟁력을 확보하는 방향으로 나아갈 예정이다.

하지만 개별 대학 및 국가 차원의 초기 관심에도 불구하고 묵에 관한 국내 연구는 아직 미흡한 상황이다. 현재까지 국내에서 이루어진 묵에 대한 연구를 종합해 보면 크게 세 가지 측면으로 나누어 볼 수 있다. 첫째, 묵의 개념과 특성을 중심으로 개념적인 탐색이 이루어지고 있다(권오영, 2013; 나일주, 2015; 이수지, 2013). 나일주(2015)는 Coursera 및 edX의 등장으로 보다 확산된 형태의 이러닝으로 묵을 강조하고 있다. 권오영(2013)은 묵이 평생학습 측면에서 일과 학습을 병행하기 위한 하나의 시스템으로 교수자와 학습자, 학습자 간 상호작용을 강조하는 온라인 교육환경으로 제시하고 있다.

둘째, 실제적인 차원에서 묵에 대한 현황 분석을 기반으로 향후 전망과 개선점을 제시하고 있다(강민석, 2015; 김선영, 2015; 배예선, 전우천, 2014; 이태림, 2015; 최미나, 노혜란, 2015). 배예선과 전우천(2014)은 묵이 보다 효과적으로 발전하기 위해 대학이 지니고 있는 가치를 고려해야 함을 언급하였다. 또한 수료율이 다소 낮은 부분에 대한 대책을 마련해야 하며, 묵을 통해 취득한 학점 등을 신뢰할 수 있도록 이를 인증하는 시스템이 필요함을 제시하였다. 김선영(2015)은 서울대학교가 edX에 참여하여 묵 강좌를 개발하고 운영하는 사례를 분석하면서 향후 발전 방향을 제시하였다. 이태림(2015)은 한국방송통신대학교의 개방교육 자료 움직임을 묵 차원으로 발전될 필요가 있음을 제안하고 있다.

셋째, 효과적으로 묵을 운영하기 위한 설계 방안 및 플랫폼 개발에 대한 연구가 이루어지고 있다(임걸, 김미화, 2014; 장상현, 2015; Kim, 2015). 이는 국가차원에서의 한국형 온라인 공개강좌 구축과 밀접한 관련을 지닌다. 임걸과 김미화(2014)는 국내 교육 환경에 대한 SWOT 분석을 토대로 국내에 적합한 묵을 설계하기 위한 고려 사항을 제시하였다. 학습자 연령, 교수 자원 확보, 제도 연계 등이 포함된다. 장상현(2015)은 묵의 운영 목적에 따라서 상이한 운영 플랫폼이 가능하다는 것을 보여주면서 플랫폼 선정 기준을 제시하고 있다. Kim(2015)는 묵의 특성과 국내외 묵 플랫폼에 대한 분석을 기반으로 묵이 원활하게 운영되기 위해 여덟 개의 시스템이 포함된 플랫폼 모형을 제시하였다. 여기에는 묵이 스마트 폰, 태블릿 PC 등의 스마트 도구를 활용하여 이루어짐에 따라 필요한 지원 시스템, 학습 관리 시스템 등이 속한다. 특히, 통합 검색 시스템과 빅데이터 분석 및 활용을 위한 운영 관리 시스템 등이 필요함을 나타냈다.

3. 묵의 발전과 교육공학적 조망

묵의 발전과 세계적 확산이 가지는 의미가 어떤 것인가에 대한 학술적 탐색이 여러 측면에서 이루어지고 있다. 기존 대학 교육 방식에 일대 혁신적 변화를 가져 올 것이라는 기대에서부터 그저 유행에 불과하며 지배적인 교육방식에는 큰 변화가 없을 것이라는 비관적 견해에 이르기까지 여전히 묵에 대한 전망의 폭은 대단히 넓다(Fisher, 2014). 한편 묵을 일종의 정보통신기술의 교육적 활용 혹은 이러닝의 한 가지 형태로 볼 때 교육공학적 차원에서 이런 새로운 현상이 가지는 의미를 면밀히 분석하면서 향후 묵 관련 전망을 설정할 수 있다. 교육공학적 관점에서 묵의 발전 과정을 다음과 같은 네 가지 측면에서 조망할 수 있다.

첫째, xMOOC 형태를 통하여 수많은 학습자들이 온라인 형태의 이러닝에 참여하게 되는 현상은 교육공학이 향후 어떤 교육적 수요에 대응할 필요가 있는가를 보여주고 있다. 묵의 발전 과정에서 주목할 만한 것은 묵의 수요자들이 학점 혹은 학위를 취득하려고 대학과 같은 제도권 교육 내에 있는 사람들이 아니라 필요한 학습을 독립적으로 하려는 개인들이라는 점이다(Zhenghao et al., 2015). 묵의 수강생들은 대학에 재학 중인 학생들이 아니라 대학을 이미 졸업했거나 혹은 대학에 재학 중이면서 다른 대학의 개별 강좌에 관심을 보이는 학습자들이었다.

지금까지 교육공학이 활용되는 영역은 크게 초중등 학교와 대학과 같은 정규 학교 교육에서 교수 매체 및 정보통신 기술의 활용과 교수설계, 기업교육에서 직무훈련 프로그램 개발과 이러닝, 그리고 사이버 대학과 원격대학 등 평생교육으로 제한되어 있었다(박성익 외, 2012). 그러나 묵의 발전 과정에서 확인할 수 있었던 잠재적 교육 수요자는 이러한 제도권 내의 학습자들이 아니라, 공식적 교육 기관 밖에서 개별적으로 학습을 요구하는 성인 학습자들이었다. 묵의 성공은 저명 대학의 특정 강좌에 대한 거대한 잠재적 수요를 온라인 강의 형태로 적절하게 대응했다는 데에서 찾을 수 있다. 비록 대부분 묵의 최종 수료율이 10% 이내라는 점이 문제점으로 지적되고는 있지만(Jordan, 2014), 개별 학습자들의 학습 요구의 다양성에 비추어 볼 때 수료율이 높아야만 반드시 묵이 성공적이었다고는 볼 수 없다. 왜냐하면 묵의 원래 이념적 특성이 개방성에 있다고 한다면, 개별 학습자의 수료 여부와 상관없이 교육 기회를 제공해 주어야 하기 때문이다.

교육공학은 지금까지 학교, 대학, 기업 등 교육 기관을 통하여 확보된 학습자들을 대상으로 이루어지는 교육을 매개로 하여 그 활용성을 입증하여 왔다. 그러나 묵의 발전 과정을 통하여 가능성이 확인된 또 하나의 교육 및 학습 영역은 바로 학교 밖 개별 학습자들을 대상으로 한다. 이 영역은 기본적으로 온라인을 통한 학습 혹은 묵의 초기 출현 과정에서 시도되었던 네트워크를 활용하는 연결주의 학습 관점을 통하지 않고는 실현되기 어렵다. 비록 필요할 때 직접 면대면의 상호작용이 이루어지기는 하지만, 학습의 대부분은 온라인상에서 이루어지게 될 것이다. 교육공학은 향후 공식적인 학교, 대학, 기업 등에서 이루어진 교육 및 학습뿐만 아니라, 교육 기관 밖에서 활동하는 개별 학습자들의 학습 과정을 지원하여 주는 방안을 탐색할 필요가 있다.

둘째, 묵의 교육 자료 개발 원칙들에 주목할 필요가 있다. 초기 묵의 성공적인 발전에 기여한 것 중의 다른 하나는 효과적인 교육 및 학습 원리가 묵의 교육자료 개발 과정에 반영된 것이다. 강의실 내의 실제 강의 장면 혹은 스튜디오 등에서 강의하는 장면을 촬영하여 동영상 형태로 학습자들에게 제공하는 기본 형태에 학습을 가능하게 각종 교수설계 원리들을 반영하려고 하였다. 예컨대, 언제든지 학습할 수 있는 방식과 병행하여 특정 시기를 정해서 온라인 강좌를 개설하여 운영함으로써 체계적인 학습 관리를 가능하게 하였다. 동영상 강의 자료에 대해서 학습자가 집중할 수 있는 시간대를 확인하여 대략 15분 내외로 강의 자료를 분절하여 제시하였으며(홍원준·임철일·박태정, 2013; Guo·Kim & Rubin, 2014), 강의 중간에 혹은 다음 강의 자료로 넘어가기 전에 반드시 간단한 연습 문제를 통하여 학습 내용을 확인하고 피드백을 제공하는 원칙을 적용하였다. 이런 원칙들은 비교적 간단하기는 하지만, 적용 과정에서는 교수자 및 설계자에게는 시간과 자원이 많이 소요되는 일이기 때문에 실제적으로 지켜지지 않는 경우가 많다. 묵과 비교될 수 있는 기존의 원격대학 및 사이버 대학 강좌 등에서도 제대로 준수되지 않은 원칙이지만, 초기 묵에서 시작하여 최근에 이르기까지 이 부분은 대부분의 묵에서 잘 적용되고 있다.

묵을 통하여 구현된 효과적인 온라인 강의 자료와 그것을 구현하는 구체적인 플랫폼 기능과 구조는 향후 다양한 이러닝 개발에 있어서 교육공학적 원리가 어떻게 적용될 수 있는가를 설득력 있게 보여주는 역할을 하게 될 것이다. 예컨대, 인지 부하를 고려한 멀티미디어 설계 원리(Clark & Mayer, 2011)가 다양한 형태의 묵을 통하여 구현되고 있는 것을 예시적으로 보여주면서 해당 이러닝을 설계할 수 있을 것이다. 강의 내용을 분절하여 제시하려는 시도는 기존 교육공학의 학습 객체 표준화 연구 결과(Wiley, 2001)나 개념, 원리, 절차와 같은 학습

과제 유형별 교수설계 전략 연구 결과(임철일, 2012; Merrill, 2002) 등과 접목되면 서 구체적인 지침 형태로 발전될 수 있다. 요컨대, 묵의 성공적인 강의 자료 개 발에서 확인된 원칙을 향후 이러닝 자료 개발에 준거로 삼을 뿐만이 아니라 기 존 교육공학의 연구와 접목하면서 보다 최적화된 묵 맥락의 설계 전략이 개발될 수 있다.

셋째, 묵의 강좌 운영 실제로부터 중요한 교육공학적 시사점을 확인할 수 있 다. 묵의 발전 과정에서 주목할 만한 현상 중의 하나는 적게는 수만 명에서 많게 는 수십만 명의 학생들이 온라인상에 수강 신청을 한 후 학습 활동을 전개한다는 점이다. 이 과정에서 학습자들은 자신들의 학습 과정과 결과의 흔적들을 플랫폼 을 통하여 남기게 되는데, 이 자료들을 빅데이터(big data) 혹은 학습 분석 (learning analytics) 차원에서 탐구할 수 있는 가능성이 확인되었다(Breslow et al., 2013). 예컨대, 최종 수료자와 조기 탈락자 사이에 나타나는 학습 패턴의 차이를 확인할 경우, 이를 토대로 하여 적절한 교육적 조치를 해당 학생들에게 제공할 수 있는 것이다. 이러한 가능성은 이미 교육공학 영역에서는 이러닝상에서 학습 자들의 자기조절학습을 지원하는 전략으로 탐색이 시도되었다(임철일, 2001). 자 신의 학습 패턴과 성공적인 학습자의 학습 패턴을 비교하는 형식으로 보여줌으 로써 자신의 학습 과정을 모니터링하면서 조절하게 하는 것이다.

또한 많은 수의 학습자 과제 및 문제해결 활동에 대한 묵의 대응 방안도 눈 여겨 볼 필요가 있다. 예컨대, 개별 학습자들의 과제물에 대한 피드백을 제공하 는 현실적 방안으로 동료 평가가 제안되고 있는데, 이를 구현하기 위한 운영상 전략과 플랫폼의 개발도 시도되고 있다(Piech et al., 2013). 온라인상에서 학습자 의 참여를 유도하는 토론을 효과적으로 운영하기 위한 전략과 플랫폼의 지원 방 안도 탐색되고 있다(Alario-Hoyos, et al., 2013). 대규모 학습자들이 온라인상에 서 학습 활동을 하면서 흔적들을 남기는 현상은 경험적인 자료를 바탕으로 학습 과정을 체계적으로 분석할 수 있게 한다는 점에서 교육공학 연구의 일대 변혁을 가져올 수 있다.

마지막으로, 묵이 기존 대학의 교육 방식에 미치는 영향을 교육공학적 차원 에서 분석할 필요가 있다. 묵은 원래 대학 밖에 있는 학습자들을 대상으로 개발 되었다. 그러나 묵의 실제 전개 과정에서 예기치 못한 상황들이 나타났다. 묵을 대학의 기존 강좌에 통합하여 사용하려는 시도가 이루어진 것이다. 거꾸로 학습

(flipped learning) 방식으로 대학 강좌를 운영할 때 묵 강의 자료를 활용하거나
(Lee, 2013), 선정된 묵을 수강할 경우 학점으로 상호 인정하거나(Kolowich, 2013),
묵 형태를 기반으로 하는 학위 과정을 신설하는 경우가 나타나고 있다(Young,
2013).

특히 이 중에서 거꾸로 학습 방식이 기존 대학 교육 방식에 끼칠 수 있는
영향과 대응 방안을 교육공학 측면에서 분석하는 것이 필요하다. 일반 대학의
지배적인 교육 방식은 교수에 의하여 강의실에서 이루어지는 강의이다. 이 방식
이 지니고 있는 효율성에도 불구하고, 거꾸로 학습에 대하여 관심을 가지게 된
배경 중 하나는 교수의 강의를 온라인 형태로 비교적 쉽게 개발하거나 선택하여
운영할 수 있는 기술적 발전이 성숙되었다는 것이다. 다양한 형태의 온라인 강
좌 형식뿐만 아니라 묵의 실천에 의하여 이점이 분명해졌다. 예전에 비하여 온
라인 형태의 강의 자료에 대한 접근 가능성이 큰 폭으로 증가하였으며, 이는 거
꾸로 학습의 가능성을 촉진하게 하였다.

그러나 묵에 의한 강의 동영상과 실제 강의실 내에서 교수의 기능과 역할
을 어떻게 설정할 것인가는 아직 초기 수준에 머물러 있다. 교수 자신이 개발한
온라인 강의 자료와 교실 내에서의 오프라인 활동을 어떻게 연계할 것인가에 관
한 연구 주제(한형종 외, 2015; Talley & Scherer, 2013)는 묵 형태의 다른 교수의
강의 자료를 활용하는 조건이 나타나면서 보다 복잡한 상황으로 전개되고 있다.
예컨대, 다른 교수의 온라인 강의 자료를 학습하는 학생들의 인식이 어떠한가를
분석할 필요가 있는 것이다. 묵에 의하여 일반 대학의 교육 방식에 일정 부분
변화가 올 수 있다. 이 과정에서 교육공학적 관점의 최적의 설계 전략과 운영
방안이 요구되고 있다.

III. 학습분석학의 발전과 교육공학 2.0

실천학문으로서 교육공학은 사회경제적 조건이 부과하는 당대적 과제로부
터 도전을 받고, 테크놀로지라는 지렛대를 활용하여 이에 응전하면서 진화해 왔
다. 그럼에도 불구하고 학습과 수행의 증진을 위한 체제적 처방의 제공이라는
우리의 학문적 유전자에는 변함이 없었고, 앞으로도 마찬가지일 것이다. 한편,

디지털 공유경제로 지칭되는 최근의 변화는 범주와 정도 면에서 그 전례를 찾기 어렵다. 디지털 공유경제는 양질의 무료 학습 콘텐츠를 대량 공급하고 있고, 데이터 테크놀로지는 이 콘텐츠를 자유롭게 소비하는 학습자가 남겨 놓은 발자국들을 추적할 수 있게 해 주고 있다.

이러한 변화는 교육공학에게 도전이자 기회가 되고 있다. 디지털 공유경제 시대의 도래가 우리에게 준 도전 중 하나는 MOOC, OCW-OER, YouTube 등 공유 콘텐츠의 확대이다. 이들로 인해 디지털 학습콘텐츠 개발 전문가로서 우리가 누리던 위상과 역할이 위협받고 있다. 두 번째 도전은 다양하고 개별화된 학습자 요구, 인구 노령화 및 일터학습의 확산으로 인해 비형식학습이 확대되면서, 그만큼 전통적으로 교수설계자의 주요 활동 기반이던 형식학습이 상대적으로 위축되고 있다는 사실이다. 세 번째 도전은 역량 개발 기관으로서 대학 등 교육기관의 책무성에 대한 사회적 압력의 증가이다. 대학이 제공하는 다양한 교수학습 서비스가 졸업생의 역량 개발로 연결되고 있음을 증명하기 위해 학교 차원의 데이터 분석이 요구되고 있다.

디지털 공유경제는 이러한 도전 과제와 함께 데이터 분석학의 발달이라는 응전 기회도 함께 가져다 주었다. 빅데이터, 사물인터넷, 웨어러블 디바이스, 딥러닝(deep learning) 기술은 우리에게 학습자 활동과 그 맥락을 면밀하게 관찰할 수 있는 기회를 제공해 주고 있다. 학습분석학은 이러한 기술적 잠재력을 학습설계적 실천 도구로 활용하려는 학제적 연구 분야이다.

이 글에서는 먼저 학습분석학의 개념과 특징을 명세하고, 이어 다양한 관련 연구들을 유형화함으로써 그 개념적 측면을 살펴본다. 이어 국내 연구 트렌드 분석을 통해 '분석'에서 '학습'으로 발전해 온 학습분석학 연구의 변화 방향을 살펴본다.

1. 학습분석학의 개념

(1) 정의와 특징

가장 널리 인용되는 학습분석학의 정의는 "학습과 학습이 일어나는 환경에 대한 이해와 그 최적화를 위해 학습자와 그들의 맥락에 대한 데이터의 측정, 수집, 분석 및 보고하는 활동"(Siemens et al., 2011)이다. 이 정의에 나타난 학습분석학의 정의적 특성은 크게 세 가지이다. 학습분석학은 첫째, 학습자와 학습 맥락에 관한 기록으로서 방대한 빅데이터를 분석의 대상으로 한다. 둘째, 학습 환경의 최적화 즉, 교수설계적 처방을 궁극의 목적으로 삼는다. 셋째, 학습자의 활동과 그 맥락은 학습분석학의 실천 기반이다. 이 정의에 명시적으로 제시되지 않았으나 학습분석학은 디지털 학습 환경을 그 기반으로 한다. 이 글에서는 학습분석학을 "테크놀로지가 매개하는 학습 환경에서 일어나는 학습 행동과 맥락에서 발생하는 데이터를 측정, 수집, 분석, 예측하여, 증거(evidence)에 기반한 교수학습적 의사결정을 지원하는 융합학문"으로 정의하고자 한다. 이 정의는 Siemens의 정의에 비해 처방적 및 융합학문적 성격, 그리고 교수설계자의 최종적 역할을 강조하고 있다.

이 새로운 정의에 따르면, 학습분석학이란 학습자가 컴퓨터를 매개로 또는 대상으로 학습하는 과정에서 남긴 발자국(digital footprint)과 주위 환경 조건을 추적함으로써, 그가 어디를 거쳐 왔고 앞으로 어디로 갈 것인지를 알아내어, 남은 여정을 보다 안전하고 효과적으로 안내하기 위해 교육공학자가 참조하는 내비게이션 시스템에 비유될 수 있다.

이 글에서는 Learning Analytics를 '학습분석학'으로 번역한다. economic이 economics로, statistic이 statistics로 복수화되면서 학문의 이름으로 바뀌듯이, 학습분석(learning analysis)이라는 '활동'과 구분하여 '학문 분야'를 지칭할 때 학습분석학(learning analytics)을 사용할 것이다.

1) 분석 대상 데이터로서 '빅데이터'

학습분석학은 그 분석 자료로 디지털 데이터를 활용한다. 이 데이터 중 일부는 소위 '빅데이터'이지만, 때로는 '큰 데이터'인 경우도 있다. 요즘 키워드가 되고 있는 '빅데이터(big data)'와, 과거에도 존재하던 '큰 데이터' 간의 유사성은 그 '크기'에 있다. 한편, 다른 점은 데이터 수집 단계에서의 비간섭성 및 자동성, 관리 단계에서의 비구조성, 그리고 분석 단계에서의 기계의존성 및 신속성이다. 이러한 특성은 '큰 데이터'의 간섭성, 수동성, 구조성, 노동집약성, 그리고 지연성에 각각 대비된다. 예컨대, 전국 서베이를 통해 수집되어 변수별로 체계적으로 관리되고 있는 노동패널 데이터나, 수능 성적 데이터는 '큰 데이터'이지만 '빅데이터'라 부르기에는 어색하다. 반면, 50명의 학생이 1학기 동안 모바일 디바이스로 동영상 콘텐츠를 학습하는 모든 상호작용 행위 로그데이터, 이 행위 시점과 동시에 웨어러블 기기로 100분의 1초 단위로 자동 수집된 시공간(spatio‒temporal) 및 생리신호(심박, 시선, 피부전도성 등) 데이터는, '큰 데이터'는 아니지만 빅데이터의 정의적 특성을 갖고 있다.

학습분석학은 분석 데이터로서 및 그 처리 기법으로서 빅데이터 분야의 연구 성과를 차용하면서, 동시에 인구학적 정보, 개인 성적 이력 등 전통적 교수학습 데이터베이스도 활용한다. 데이터 크기도 하나의 수업 단위로부터 전 세계에 걸쳐 접속되고 있는 MOOC에 이르기까지 매우 다양하다. 데이터의 크기는 그 자체로서 작은 데이터와는 질적으로 다른 분석 효과를 가져다준다. 작은 데이터는 참고 자료에 불과하지만 큰 데이터와 이들의 결합은 때로 가장 뛰어난 인간의 역량을 넘어서는 능력을 보여준다. Jeopardy 게임에서 역대 챔피언들을 누르고 우승을 차지한 IBM의 Watson이 보여준 지적 능력은, 소위 양‒질 전환의 법칙이 데이터 크기에서도 적용된다는 사실을 보여준다.

2) 분석 기법으로서의 데이터마이닝

학습분석학은 교수학습적 의사결정의 질을 높이기 위해 추론(특히 모수 추론) 통계 기법과 함께 데이터마이닝 기법을 혼용한다. 이 지점에서 데이터마이닝과 통계분석의 차이점을 살펴볼 필요가 있다. 요컨대, 통계 분석은 연역적‒가설주도적이고 데이터마이닝은 귀납적‒자료주도적이란 점에서 방법론적으로 다르되, 계량적 자료의 분석을 통해 데이터로부터 유용한 정보를 얻으려 한다는 점에서, 목적론적으로 유사하다.

우리 교육공학도가 연구방법론 수업이나 논문 작성 과정에서 접하는 분석 방법은 거의 대부분 추론 통계, 그 중에서도 모집단의 특정한 수학적 분포를 가정하는 모수 통계(parametric statistics)이다. 추론의 논리로 볼 때, 통계학은 가설주도적 접근법을 사용한다. 예를 하나 들어보자. 논문을 쓸 때 우리는 선행 연구 분석을 통해 (영)가설을 먼저 수립한다. 이 가설은 변수 선정 및 분석 모형 결정, 통계 분석 기법의 선택, 결론의 제시 등 이후에 이루어지는 모든 연구 단계별 의사결정의 기준이 된다. 가설과 무관한 변수가 모형에 포함된다거나, 가설에서 다루지 않은 분석 결과가 연구 결과를 논의할 때 부각된다면 그 논문은 저널에 게재되기 어려울 것이다. 학위 취득용 논문이라면 저자의 졸업이 미루어질 수도 있다. 이 점에서 통계 분석 접근은 가설주도적(hypothesis-driven), 연역적, 결정적(deterministic)이다. ANOVA, 회귀분석, 구조방정식모델링 등이 여기 속한다.

반면, 데이터마이닝은 자료주도적(data-driven)이다. 가설주도적 접근과는 반대로, 사전에 어떤 선험적 판단도 하지 않은 상태에서, 단지 데이터를 그 특성에 따라 선별-분류-연관시키는 반복적인 과정을 수행한다. 그 결과, 무질서해 보이던 데이터로부터 그 이면에 놓여 있던 모종의 구조적 관계가 서서히 드러난다고 본다. 이는 데이터마이닝 접근의 탐색적 특징을 보여주는 바이다. PC에 이어 모바일 디바이스, 웨어러블 컴퓨터, 심지어 사물로부터 데이터가 수집되는 오늘날, 선행연구를 종합하고 가설을 수립하는 절차를 거치고 나서 이 빅데이터를 분석하는 가설주도적 접근으로는 정보기반 의사결정의 요구에 신속하게, 그리고 창의적으로 부응하기 어렵다.

데이터마이닝에 의해 드러난 의미 있는 모종의 구조는, 추론 통계적 의미에서 볼 때 비결정적이다. 즉, 검정 통계량(p 값)이 계산되지 않거나, 단일 최적해 대신 여러 개의 그럴듯한 해를 제시하는 경우가 많다. 이로 인해 초기 데이터마이닝 접근은 비과학적-자의적이라는 비판을 받았다. 빅데이터의 등장은 데이터마이닝의 이러한 문제점을 해결하는데 획기적으로 기여했다. 모집단을 전수 조사한 빅데이터를 활용할 경우, 표본으로부터 모집단을 추정할 필요가 근본적으로 사라진다. 표집 오차, 알파 및 베타 오류를 걱정할 필요가 없다. 또한 표집과 추론 사이의 시간적 괴리 문제도 상당 부분 해소된다. 로그데이터 등 빅데이터는 컴퓨터에 의해 자동으로 생성-분석되기 때문이다. 의사결정의 타이밍이 점차 중요해지는 오늘날, 이러한 시간적-추론적 오류 개선 효과는 교수학습적 처방 효과성을 극적으로 개선할 수 있다. 학습분석학은 그 분석 대상으로서 빅데이터와 큰 데이터를 차별하지 않듯이, 분석 방법으로서 데이터마이닝과 추론 통계를 절충하여 활용한다.

3) 학습을 위한 처방 설계학으로서의 학습분석학

학습분석학의 정체성은 '학습을 위한 처방 설계'라는 목적론적 충분조건에 있다. 이에 비해 데이터 분석 기법은 타 학문 분야로부터 빌려 쓸 수 있는 방법론적 필요조건에 해당한다. 빅데이터와 데이터마이닝 없이 학습분석을 수행하기 어렵지만, 이러한 기법만으로 학습분석학의 본질 목적이 달성될 수 없다.

ADDIE 모형에서 철저한 분석을 강조하지만, 설계 및 개발 문서로 그 결과가 학습적 인공물로 형상화되고, 처방될 수 없다면 교수설계로서 아무런 효과를 낼수 없는 것과 마찬가지이다. 요컨대, 학습분석학의 화룡점정은 교육공학자에 의해 이루어진다.

2. 학습분석학의 유형

(1) 처방 대상에 따른 유형: 학습자용, 교수(설계)자용, 기관경영자용

학습분석학의 유형화 기준 중 첫 번째는 처방의 대상이다. 학습분석학은 누구를 대상으로 처방을 제공하는가에 따라 학습자용, 교수(설계)자용, 그리고 교육기관 경영자용 등 3가지로 나뉜다. 학습자용 학습분석학은 학습 목표 달성 정도를 예측하고, 이를 바탕으로 학습자 스스로 자기조절학습의 강화 등 예방적조치를 취할 수 있는 다각적인 정보를 만들어낸다. 교수자 및 설계자용 학습분석학은 집단(정규교육의 경우 클래스, 비형식학습의 경우 유사 학습자 그룹)의 학습행동을 요약-집계하고, 성과를 예측한 뒤, 이를 다시 군집으로 나누거나 고위험군 학생을 찾아내어 교수설계자가 그 각각에 맞는 수업 전략을 수립하는 데필요한 의사결정 정보를 제공한다. 교육기관 경영자용 학습분석학은 개별 수업또는 콘텐츠의 성과를 분석하여 그 개폐를 결정하고, 이들 간의 최적 또는 최단이수 경로를 예측함으로써, 교육 자원을 효율적으로 배분하는 데 필요한 의사결정 자료를 제공한다. 혹자는 이 3번째 유형을 특정하여 학습분석학과 구분하여교육관리분석학(academic analytics)으로 별칭한다.

대상과 용도는 다르지만, 각 유형의 학습분석학이 사용하는 기본 원료는 모두 같다. 개인의 특성 변수(인구학적 정보, 성취도 수준, 자기조절학습 능력, 경력 목표 등 주로 단기간 내에 잘 변하지 않는 데이터) 등 정태적 데이터와 학습 과정상에나타나는 행동 특성과 학습 맥락 등 동태적 데이터가 그 원료이다. 비유컨대, 같은 규격의 벽돌을 원료로, 사용 목적에 따라 개인용 침실, 집단용 아파트, 공동체용 단지를 지을 수 있는 것과 마찬가지이다. 이러한 소위 OSMU(One Source Multi Use) 접근은 학습분석학의 분석 효율성을 높이는 데 기여한다. 사실 학습분석학의 장점 중 하나는 수동 데이터 입력에 따르는 비용을 줄이고, 대신 자동생성된 데이터와 기존 데이터를 연동시켜 다양한 정보로 가공할 수 있다는 효율성이다.

(2) 학습자의 사회적 관계에 다른 유형

학습분석학은 학습 참여자 간의 사회적 상호작용 관계에 따라 사회적 학습 분석학(social learning analytics)과 개인별 학습분석학(individual learning analytics) 으로 나뉜다. 초기 학습분석학은 개인별 학습분석학으로부터 시작되었다. 개인과 콘텐츠 간의 상호작용을 분석하여 학습자 내적 조건의 변화 과정을 추적하는 것이 주요한 연구 영역이다. 개인별 학습분석학은 인간-컴퓨터 상호작용 과정에서 나타나는 외현화된 행동 데이터를 보강하여, 생체심리 신호를 센싱하여 분석함으로써, 기존에 알 수 없었던 정서적 상태, 특히 몰입, 동기, 불안감 등을 파악하고자 하는 방향으로 진화하고 있다. 심리생리학(psychophysiology)과 뇌인지 과학의 발전, 생리 센서를 갖춘 웨어러블 기기의 보급은 이러한 추세를 가속시키는 촉진제가 되었다.

최근 사회적 학습분석학의 비중이 늘고 있다. 스티브 잡스가 말했듯이 창조성이란 이질성을 연결하는 능력이다. 개인이 갖고 있는 이질적이고 다양한 지식과 경험, 그리고 관점이 교호 및 융합되는 사회적 상호작용 과정을 이해하고 촉진하기 위해 사회적 학습분석학이 필요하게 되었다. 지식 창조 사회적 구성주의 이론(CSCL, Activity Theory 등)과 SNS 사용자의 확산, 그리고 네트워크 분석 도구의 보급은 사회적 학습분석학의 성장에 큰 역할을 하였다.

3. 국내 학습분석학 발전 동향

학습분석학이라는 용어를 구체적인 연구의 방법으로 밝히고 이를 소개한 최초의 논문은 조일현과 김정현(2013), 조일현과 김윤미(2013)의 연구로 보인다. 그러나 국내에서 대량의 데이터로부터 숨겨진 정보와 패턴을 찾아내려는 데이터 분석적 시도는 이미 2000년대 초반부터 있어 왔다. 이 장에서는 빅데이터와 데이터마이닝 기법이 새롭게 부각된 시점 이후 이루어진 국내 연구를 중심으로 그 발전 동향을 간략히 살펴봄으로써 디지털 공유경제 시대의 특성을 반영한 혁신적 학습설계 도구로서 학습분석학의 잠재력을 확인하는 데 분석의 초점을 맞추고자 한다.

(1) 데이터마이닝의 교육적 적용

국내에서도 초중등 교육정보 공시나 학습자의 온라인상에서의 활동 정보를 활용하여, 데이터마이닝 기법으로 분석한 연구가 있다. 신지연, 정옥란, 조동섭 (2002)은 학습자의 정보가 기록된 웹 로그 데이터를 기초로 개인별 학습현황을 분석하는 연구를 진행하였다. 이를 통해 학습자의 학습진도, 학습패턴, 학습참여도, 학습환경 등을 분석할 수 있는 시스템을 구현하였다. 문승태(2006)는 전국의 4년제 대학생들의 설문을 기반으로 데이터마이닝의 의사결정 나무 분석 방법을 활용하여 대학생의 학교생활적응 예측 모형을 수립, 검증하였으며 이를 통해 대학생의 대학생활적응을 가장 잘 분류하는 변인이 자아정체감임을 밝혔다. 해당 연구는 학습자 설문을 기반으로 하였다는 점에서, 또한 빅데이터를 활용한 연구는 아니라는 점에서 데이터마이닝이나 학습분석과 직접적으로 결부짓기 힘든 면은 있으나, 데이터로부터의 귀납적 접근이었다는 점에서 주목할 만하다. 이혜주, 정의현(2013)은 중학생의 학업성취에 영향을 미치는 요인을 탐색하였다. 김진, 용환승(2014)은 초중등 교육정보 공시를 통하여 전국 특성화고등학교의 학교 단위별 자료를 파악하여 데이터마이닝 기법을 활용, 교육 성과에 대한 분석을 실시한 바 있다. 또한 박정배, 임희석(2015)은 SNS를 활용한 학습자들간의 상호관심도 변화를 통해 학습활동을 활발히 이어가는 그룹과 그렇지 못한 그룹 간의 차이점을 비교 분석하였다. 기업 이러닝 콘텐츠 개발 과목 선정을 위해 데이터마이닝 기법을 적용한 연구(정남호, 조일현, 2003)는 교육적 데이터마이닝의 초기 사례이다.

(2) 학습 성과 예측 및 처방 모형 개발

학습분석의 전 과정은 학습환경에서 축적한 데이터로부터 교수학습 변인 간의 '예측 모형'과 예측 결과에 수반되는 적절한 조치를 취하기 위해 '처방 모형'을 포함한다. 예측과 처방 사이에 존재하는 인과성, 즉 예측할 수 있어야 비로소 체계적으로 처방할 수 있다는 논리에 따르면, 처방 연구에 앞서 예측 연구를 선행하는 것이 합리적이다.

조일현은 협력학습 상황에서의 사회적 상호작용 과정을 네트워크 분석을 통해 중심도가 학업성취도를 예측한 연구(2007, 2008, 2009)를 수행하였다. 유지원(2014)은 대학 이러닝 강좌의 중도탈락 예측모형을 개발하고 조기 판별 가능성 탐색 연구를 진행하였다. 동국대학교의 학생역량개발 시스템인 Dream PATH System은 대학 재학 중 수강하는 전공 및 비교과 코스 간 경로를 관리하여 취업 역량 개발을 촉진하고자 개발되었다. 현재는 시스템 구축과 데이터 축적 단계이지만, 코스―간 학습분석학을 본격적으로 접목시킨다면 역량 개발을 위한 학습분석의 대표적 사례가 될 수 있을 것이다. 타당한 예측 모형은 처방 모형의 필요조건이라 할 수 있다. 관련 연구가 시작된 지 얼마 지나지 않았으며, 연구자 또한 많지 않기 때문에 아직 다양한 연구 결과가 축적되지는 않았으나, 연구 내용이나 연구의 확장 방향에 있어 해외 연구 못지않은 기반이 다져지고 있는 것으로 보인다.

학생들의 신체―행동 데이터를 기반으로 인지적 혹은 정서적 측면의 결과가 예측되면, 학습분석의 궁극적 목적인 적절한 처방 제시가 수반되어야 한다. 처방과 관련된 국내 연구로는, 데이터 분석 결과를 학습자·교수자 등의 이해관계자가 쉽게 이해할 수 있도록 시각화하여 제시해주는 도구인 '대시보드' 연구가 주류를 이루어 왔다. 진성희, 유미나, 김태현(2015)이 이러닝 학습참여도를 시각화한 대시보드 연구를 진행하고 학습자를 대상으로 효과평가 및 인식조사를 시행하는 등 학습분석학 연구는 본격적으로 증가하는 추세라 하겠다. 진성희, 유미나(2015)는 국내외 대시보드 연구동향을 종합적으로 분석하여 처방적 대시보드 설계와 개발, 시각화 설계 원리 연구, 효과성 분석 연구 등이 강화되어야 함을 시사하였다.

이상으로 살펴본 국내 학습분석학 연구는 다음의 특징을 갖는다. 첫째, 스마트러닝, 플립러닝, K―MOOC 등 시대적, 사회적 이슈에 맞닿아 진화하는 적응적인 모습을 보인다. 해외에서 수행된 선행 연구를 기반으로, 우리가 직면한 교육 문제의 실마리를 학습분석학을 통해 제시하고자 하는 연구자들의 고민이 엿보인다. 둘째, 주로 학습자 개인을 학습분석학의 처방 대상으로 하는 연구에 집중해 왔다. 이는 개별 학습자나 그룹의 학습 활동 데이터를 추적하고 해석하는 것으로, 교육기관의 경영자용 의사결정 자료를 제공하는 교육관리분석학 보다는 본래의 학습분석학 분야 연구를 더 많이 해왔음을 의미한다. 마지막으로, '학습분석학' 연구가 '분석학'에서 시작하여 '학습'으로 무게 중심을 옮겨가고 있다는 점이다. '학습을 촉진하는 처방의 설계'라는 우리의 학문적 정체성을 고려할 때, 학습설계 전략으로서 학습분석학을 접목시키는 연구가 향후 교육공학계의 주도적 과제가 될 것임을 알 수 있다.

4. 학습분석학과 교수설계 모형의 연계

(1) 전통적 ADDIE 모형과 학습분석학

특정 수업 또는 콘텐츠를 분석의 단위로 하여 그 효과적인 운영 및 재설계를 위한 목적으로 분석이 수행되는 경우를 코스−내 학습분석학(intra−course learning analytics)이라 부른다. 전통적인 ADDIE 모형의 경우, 학습 목표와 학습자 특성을 분석(A1)하고 그 결과를 기준으로 설계(Des1) 및 개발(Dev1)을 하고, 이를 실제 수업 현장에서 실행(I1)한 뒤 그 결과를 평가(E1)하는 선형적 절차는, 분석에서 시작하여 평가로 끝나는 경우가 대부분이다. 교육공학의 정초 이론 중 하나인 시스템 이론이 강조하는 환류성과 순환성은, 개발 일정과 운영 환경의 경직성으로 인해 구현되기 어려웠던 것이 우리의 설계 현실이었다. 그 결과, 분석−설계−개발 등 실행 이전 단계에 대부분의 시간과 노력이 집중됨으로써, 실행 단계에서 발생하는 귀중한 실증 데이터가 재설계 과정에 제대로 환류되지 못하고 있다. 필자가 사전(a−priori) 설계 모형이라는 용어를 굳이 사용하는 이유는, 현실 교수설계 상황의 이러한 비가역성−비환류성 때문이다.

ADDIE 모형에서 교수설계의 시작점은 분석 단계이지만, 학습분석은 실행(I) 단계로부터 시작된다. 실행 단계에 이르러서야 비로소 실제 학습 상황으로부터 빅데이터를 수집할 수 있기 때문이다. 평가(E) 단계에서는 이 데이터를 분석하고 평가한다. 평가의 결과는 교수설계적 처방을 위한 의사결정 정보로서 분석(A2) 단계로 환류된다. I1−E1−A1−D1−D1−I2−E2−A2−D2−…로 이어지는 순환은 본래 ADDIE모형이 추구했던 이상, 즉 환류성, 가역성, 체제성을 현실화한 것이다. 데이터 수집 및 분석이 컴퓨터에 의해 이루어지기 때문에 A−D−D−I−E의 각 단계는 거의 동시에 이루어질 수 있다. 학습 상황에서 직접 데이터를 추출하고 실시간에 가깝게 처방을 도출해 주는 학습분석학을 도입함으로써 비로소 ADDIE의 이상이 현실화될 수 있을 것이다.

(2) 처방 전략과 학습분석학: 운영적 처방과 구조적 처방

학습분석학이 제공하는 정보를 바탕으로 교수설계자는 운영적 처방 및 구조적 처방 등 두 가지 조치를 취할 수 있다. 운영적 처방은 학습자와 교수자에게 피드백을 제공하여 그들의 바람직한 행동을 촉진하는 데 그 목적이 있다. 이때 수업 설계 변경은 시도되지 않으며, 따라서 수업 진행 중에도 언제든지 유연하게 처방을 가할 수 있다. 기존 학습분석학 연구는 주로 운영적 처방에 집중되어 있었다. 퍼듀대학교의 Signals 등 대시보드 처치 연구들은 학습자와 교수자에게 피드백을 제공하여 수업 목표(중도탈락 방지, 성적 향상 등)를 달성하는 방안을 찾고자 하였다. 운영적 처방은 비교적 단기간에 실행될 수 있는 임기응변적(ad-hoc)이며, 따라서 수업을 담당하는 교수자라면 누구라도 주도적 역할을 할 수 있다.

구조적 처방은 콘텐츠의 삭제 또는 추가, 학습 순서의 변경, 내용상의 수정 등 코스의 재설계 및 재개발을 위한 구체적인 정보를 제공한다. 따라서 구조적 처방은 앞서 언급한 순환적 ADDIE(I1-E1-A1-D1-D1-I2-E2-A2-D2-…) 모형의 작동과 깊이 관련되어 있다. 구조적 처방은 재설계 과정을 포함하기 때문에 중장기에 걸쳐 교수설계 전문가가 주도하는 재설계 과정을 포함한다. 조일현의 LAPA 모형은 분석 결과를 학습자, 교수자 외에 교수설계자에게도 환류하는 구조를 아우르고 있다. 이는 운영적 처방과 구조적 처방을 포괄하는 통합적 시도라 할 수 있다.

(3) 학습경로 설계와 학습분석학

최근 들어 개별 코스 내부로부터 코스-간 학습 경로(inter-courses)로 학습분석학의 연구 범위가 확대되고 있다. 코스 또는 콘텐츠 단위 처방의 목적은 사전에 설계 시점에 정의된 학습 목표 달성에 집중된다. 분석의 대상도 해당 콘텐츠 내에서 이루어지는 학습 활동에 국한되는 경향을 보인다. 학습자의 개인별 중장기 역량 개발 목표보다는, 개별 수업의 목표 달성 여부가 교수설계자의 주요 관심 대상이 된다. 반면, 전문적 역량 개발을 위해서는 장기간에 걸친 다양한 학습 경험의 축적이 필요하다. 이를 위해 코스-간 학습 경로를 분석하고 향후 수강 코스를 제안해 주기 위한 학습분석학의 연구가 움트고 있다. 이때 주요 분석의 단위는 점(node) (코스 또는 콘텐츠 등)이 아닌, 연결(link) (코스나 콘텐츠 간의 학습 경로)이다.

코스보다 알갱이 크기(granularity)가 작은 콘텐츠를 대상으로 하는 콘텐츠－간(inter－contents) 분석은 향후 비형식 학습 상황에서 크게 발전할 것으로 예상된다. 이때 처방의 목적은 콘텐츠나 코스웨어의 운영적 및 구조적 개선이 아니라, 이미 존재하는 공유 콘텐츠를 활용하여 개인 학습자의 니즈에 맞는 학습 경험을 설계하고 그 수행 과정을 지원하는 것이다. 마치 YouTube나 아마존 온라인 서점에 접속할 때마다 추천 콘텐츠가 제시되는 것처럼, 개인의 역량 개발을 위해 MOOC, OER, TED 콘텐츠가 학습할 순서대로 나타나는 추천 시스템 형태의 비형식학습 지원시스템 개발을 위해서 콘텐츠－간 학습분석학 연구가 필수적이다.

오늘날 우리가 새롭게 직면하고 있는 교수학습적 문제는 콘텐츠는 너무 많은 반면, 자신의 요구에 맞는 콘텐츠를 선별하고 이들을 학습 순서에 맞춰 계열화하는 데 필요한 시간과 인지적 자원은 너무 적다는 점이다. 과거 콘텐츠가 희소할 시절에는 시간이 상대적으로 넉넉했다. 독서백편의자현(讀書百遍義自見)이라는 성현의 말씀은 상대적으로 풍부한 시간을, 희소한 경전 읽기에 시간을 가급적 많이 투자하라는 시간 투입 최대화(maximization strategy) 전략이었다. 수천 만개의 무료 콘텐츠가 넘쳐나는 반면, 직장과 가정 일로 시간을 쪼개 써야 하는 오늘날, 지식 노동자에게 필요한 학습방법은, 희소한 학습 시간을 수많은 콘텐츠 중 가장 적합한 것들만 골라 적절하게 학습 시간을 배분하는 시간 배분 최적화(optimization) 전략이다. 비형식학습에 대한 요구의 확산, 이 요구를 채워줄 공유콘텐츠의 확대가 미래 학습의 아이콘이라면, 콘텐츠와 콘텐츠 사이의 관계를 분석의 단위로 하는 학습분석학은 비형식학습의 지능화－맞춤화를 위해 필수적인 도구가 될 것이다.

5. 교육공학 2.0을 위한 학습분석학 연구 과제 및 이슈

(1) 정규교육과 비형식학습에 맞는 특성화된 학습분석학 모형 개발

정규교육과 비형식학습은 개발 방법, 운영 경직성, 통제 가능성 등에서 서로 특성이 다르기 때문에 각각에 맞는 학습분석학 이론 및 모형의 개발이 필요하다. 요컨대, 정규교육에는 전통적 교수설계 접근을 유지하면서 학습 시점 (Implementation 단계)에서의 분석을 통해 ADDIE 모형의 순환성을 부활시키는 방향으로 학습분석학 모델이 개발되어야 한다. 비형식학습은 공유콘텐츠를 벽돌로, 학습자의 행동 관찰을 접착제로 하여, 인텔리전트한 첨단 기술의 손으로 각자의 학습 경로를 설계해 주는 방향으로 다른 형태의 학습분석학 모델을 필요로 한다.

정규교육과 비형식학습 간의 공생협력 관계도 조망해 볼 수 있다. 자기조절 학습 능력이 부족한 학생들의 기초 학력 개발을 위해서는 전문가에 의해 설계되고 일정한 통제가 가해지는 정규교육이 효과적이다. 학년별로 표준화된 교육을 받기 때문에 비교적 대규모의 목표 학습자 집단을 규명할 수 있다. 개발을 위해 비용이 드는 전통적 교수설계 접근을 정당화하기에 위해 필요한 규모의 경제 (economy of scale) 논리는, 전일제 학생을 대규모로 확보할 수 있는 정규교육 상황에 잘 적용된다. 직장인이나 성인을 위한 다양하고 전문적인 학습 요구는 YouTube, MOOC, OCW − OER, TED 등 공유 콘텐츠를 활용하는 비형식학습에 의해 충족될 가능성이 높다. 이러한 niche적 요구는 디지털 공유경제의 산물인 다품종 소량 생산체제가 아니고서는 대응하기 어렵기 때문이다.

이렇듯 정규교육의 소품종 대량생산 체제는 학교 교육에, 비형식학습의 다품종 소량생산 체제는 비형식학습에 잘 맞는 교수설계 전략이다. 그러나 이 두 가지 체제는 모두 각각에 특화된 학습분석학 모델의 적용을 통해서만 그 효과성을 극대화하고, 나아가 지속가능한 진화의 계기를 마련할 수 있을 것이다.

(2) 학제간 융합 연구 접근 시도

학습분석학은 그 탄생 초기부터 이공계적 소양을 바탕으로 성장해 왔다. 학습과 교수설계 등 교육공학적 역량이 결정적인 중요성을 갖게 된 오늘날에도 학습분석학의 수행을 위해서는 데이터 분석 및 통계학에 대한 높은 수준의 역량이 요구된다. 따라서 교육공학도의 훈련 과정에 데이터분석과 관련된 도구 과목의 섭렵이 포함되어야 한다. 자유자재로 데이터를 다루고 다양하게 분석하는 작업을 반복하기 위해서 "R"과 같은 강력하고도 유연한 프로그램을 익숙하게 다룰 수 있어야 한다. 정규교육 환경에서 운영적 처방 및 구조적 처방을 내리고 이를 실행하기 위해 필요한 이러한 최소 수준의 분석 역량은 교육공학 커리큘럼의 보완을 통해서도 학습할 수 있다.

　　그러나 비형식학습 환경에서의 콘텐츠-간 설계를 위한 학습분석학을 수행하기 위해서는 학제간 융합이 필요하다. 사물인터넷 기술을 활용한 맥락 센싱, 콘텐츠 추천에 필요한 인공지능 기술 등은 이공계 분야에서도 첨단 기술에 속하는 것으로, 교육공학도의 접근을 쉽게 허용하지 않는다. 따라서 컴퓨터공학의 소프트웨어 기술, 전자공학의 하드웨어 기술, 통계학의 고급 분석 기법을 확보하기 위해서는 관련 분야 연구자들과의 융합 연구가 불가피하다. 융합 연구는 몇 가지 방식으로 시도할 수 있다. 첫째, 융합 연구 과제를 수주하고 교육공학자가 그 책임을 맡는 방식이다. 한국연구재단의 학제간 융합연구 사업이나 SK 사업 등이 예산 규모와 지원 기간 측면에서 융합적 학습분석학의 초기 연구에 적절하다. 이후 단계로는 연구재단의 융합연구소(CRC: Convergence Research Center) 지원 사업으로 발전할 수 있다. 둘째, 대학원 수준에서 융합 연계 전공을 개설하는 방법이다. 기술 수준의 첨단성을 고려할 때, 이 방법을 통해 양성된 대학원생들로부터 연구 성과를 생산해 내기는 어렵지만, 학문 후속세대를 육성한다는 점에서 장기적인 효과를 볼 수 있을 것이다.

(3) 연구 윤리 준수 및 피험자 보호

　　최근 들어 피험자 보호를 위한 법적 규제와 윤리적 압력이 사회과학 연구 전반에 걸쳐 크게 강화되고 있다. 나이가 어린 미성년자, 권력 관계에서 열위에 있는 학생 등의 피해를 줄이고 그들의 인격과 프라이버시를 보호하려는 노력은 사회과학 연구자의 기본 의무가 되었다. 학습분석학은 그 성격상, 통상적인 기준 외에 몇 가지 추가적인 법-윤리적 고려를 필요로 한다. 학습분석학의 발전을 가로막는 장애물은 기술적 또는 교수설계적 영역뿐 아니라 법-윤리 영역에도 존재한다.

　　첫째, 프라이버시 보호와 관련된 이슈이다. 학습분석학에 활용되는 데이터 중 일부는 비간섭적 방식으로 수집된다. 비간섭적으로 수집되는 데이터는 응답자의 기억 손상, 사회적 바람직성 등에 의해 왜곡되지 않고, 관찰하고자 하는 학습 활동을 방해하지 않고 자동적으로 수집된다는 장점을 갖고 있다. 그러나 데이터 수집 시점에 피험자는 자신의 어떤 행동이 기록되고 있는지 잘 인식하지 못한다. 바로 이 점으로 인해 피험자의 프라이버시와 정보적 자기결정권이 심각하게 훼손될 수 있다. 특히 웨어러블 디바이스를 통해 얻을 수 있는 생체 반응 데이터의 경우, 개인의 건강 관련 정보로 간주될 수 있어 매우 엄격한 규제를 받게 된다.

둘째, 디지털 발자국(digital footprint)이라는 상업적 가치가 있는 정보의 거래와 관련된 이슈이다. 구글, YouTube, 페이스북 등 공유경제를 주도하는 기업의 비즈니스 모델은 사용자의 디지털 발자국을 가공한 후 이를 광고주에게 팔아 수익을 챙기는 것이다. 프라이버시 문제와는 달리 이 문제는 디지털 발자국에 대한 저작권 및 사용권에 관한 상거래적 규제를 받는다.

따라서 학습분석학으로부터 제공받는 서비스의 효용과, 자신이 제공하는 정보의 가치 및 프라이버시 손상 정도를 비교할 기회를 주고, 학습자의 동의를 구하여 일종의 계약을 맺는 절차를 거칠 필요가 있다. 이 두 가지 문제를 해결하기 위해 미국 등 선진국의 법조계 및 사업계를 중심으로 논쟁이 활발히 이루어지고 있으므로 그 귀추를 주목할 필요가 있다.

IV. 소결: 학습분석학, 그리고 교육공학 2.0의 비전

디지털 공유경제 시대는 테크놀로지 기반 위에서 인간의 다양성과 창조성을 촉진하고, 그 결과로서 생산된 고부가가치 지식과 아이디어가 유통되는 새로운 형태의 시장경제 체제이다. 이 시대를 살아가기 위해 사람들은 더 많은 지식과 정보를 얻고, 이를 타인과 공유함으로써 스스로의 지식 생산성을 높여가지 않으면 안 된다. 이러한 새로운 형태의 학습 과정 중 많은 부분이 컴퓨터와 인터넷을 매개로 MOOC 등 공유콘텐츠를 활용하여 이루어지고 있다. 이러한 비형식학습 과정은 부지불식 간에 방대한 규모의 디지털 발자국을 남기고 있다.

이 빅데이터로부터 상업적 가치를 창출하는 비즈니스 인텔리전스와 비견할 때, 학습분석학은 그 가치를 학습자에게 되돌려 주려는 시도라 할 수 있다. 학습분석학은 교육공학의 본래적 이념, 즉 체제적 접근을 통한 인간의 학습과 수행 촉진이라는 가치를 보존하면서, 동시에 디지털 공유경제 시대가 던져 준 도전들에 대해 효과적으로 응전할 수 있도록 우리를 도와줄 것이다. 디지털 공유경제

시대의 교육공학이 정규교육에서의 책무성을 보장하고, 비형식학습에서의 개인별 맞춤형 지원을 효과적으로 수행하기 위해서 학습분석학과의 접목이 필요하다. 디지털 공유경제 시대에 도전과 응전의 과정을 거쳐 진화한 교육공학은 이전 아날로그 시장경제 시대의 교육공학과는 구분하여 교육공학 2.0이라 부르고자 한다. 교육공학 2.0의 탄생을 준비하는 역할은 이제 우리 교육공학도의 몫으로 남겨져 있다.

강민석(2015). 교육의 관점에서 MOOCs의 현황 및 적용 방향. 대한기계학회 2015년도 교
    육부문 춘계학술대회, 84－87.
교육부(2015). 한국형 온라인 공개강좌 (K－MOOC) 구축·운영 기본계획(안).
권오영(2013). 평생 능력 개발: 일－학습 병행을 위한 온라인 교육 시스템. 한국실천공학
    교육학회논문지, 5(2), 163－168.
김선영·김진·용환승(2014). 데이터 마이닝 기법을 이용한 특성화고등학교 교육성과 분석.
    컴퓨터교육학회논문지, 17(6), 21－33.
나일주(2015). 묵의 시대가 열리다. 나일주(편). 글로벌 학습 시대: 묵스의 이해. 파주: 학
    지사.
문승태(2006). 데이터마이닝 분석을 통한 대학생의 학교생활적응 예측 모형·농업교육과
    인적자원개발, 38(2), 247－267.
박성익·임철일·이재경·최정임·임정훈·정현미·송해덕·장수정·장경원·이지연·이지은
    (2012). 교육공학의 원리와 적용. 파주: 교육과학사.
박정배·임희석(2015). 초·중등정보 S/W 교육: 교육 데이터마이닝 기법을 이용한 소셜러
    닝 학습자들의 학습활동 분석. 한국컴퓨터교육학회 학술발표대회논문집, 19(1), 31－35.
배예선, 전우천(2014). 온라인 공개 강좌 MOOC 의 현황 분석 및 개선안 연구. 한국정보
    통신학회논문지, 18(12), 3005－3012.
신지연·정옥란·조동섭(2002). 웹기반 교육에서 학습자별 학습현황 분석에 관한 연구. 한
    국컴퓨터교육학회 논문지, 6(2), 107－120.
유지(2014). 컴퓨터교과교육: 일반대학에서 교양 e－러닝 강좌의 중도탈락 예측모형 개발
    과 조기 판별 가능성 탐색. 컴퓨터교육학회논문지, 17(1), 1－12.
이수지(2013). MOOC 의 전망과 과제. 교육과학연구, 19, 107－139.
이지현(2015). 묵의 종류. 나일주(편). 글로벌 학습 시대: 묵스의 이해. 파주: 학지사.
    31－46.
이태림(2015). 국내최대 원격교육기관, 한국방송통신대학교의 묵스, 나일주(편). 글로벌학
    습시대: 묵스의 이해. 파주: 학지사, 143－162.
이혜주·전의현(2013). 데이터마이닝을 이용한 학업성취 결정요인 탐색. 아동교육, 22(2),
    5－18. Retrieved from
    http://kiss.kstudy.com/search/detail_page.asp?key=3142863
임걸·김미화(2014). SWOT 분석에 기반한 한국형 MOOCs 설계요소 연구. 디지털융복합
    연구, 12(6), 615－624.

임철일(2001). 웹 기반 자기 조절 학습 환경을 위한 설계 전략의 특성과 효과. 교육공학연구, 17(3), 53−83.

임철일(2011). 원격교육과 사이버교육 활용의 이해(2판). 파주: 교육과학사.

임철일(2012). 교수설계이론과 모형. 파주: 교육과학사.

임철일(2015). 미국의 대표 묵: 코세라와 애드엑스의 운영 성과와 시사점. 나일주(편). 글로벌 학습 시대: 묵스의 이해. 파주: 학지사.

임철일·박태정·홍원준(2013). 동영상 강의 분할시간이 학습성과에 미치는 영향. 한국컨텐츠학회논문지, 13(12), 1048-1057.

조일현(2007). e−러닝에서 사회연결망 지표와 인지적 및 정의적 학업 성취도 간의 상관관계. 한국정보교육학회, 11(3), 379−387.

조일현(2008). 협동학습팀 내 사회연결망 지수가 학습 성과에 미치는 영향. 교육공학연구, 24(4), 295−317.

조일현(2009). 협동학습 상황에서 개인의 커뮤니케이션 능력과 사회연결망 중심도가 학습 성과에 미치는 영향. 교육과학연구, 40(2), 77−98.

정남호·조일현(2003). 웹 로그 마이닝을 이용한 게임교육사이트의 이용패턴 분석. 한국기업교육학회, 5(2), 63−80.

진성희·유미나(2015). 이러닝 학습환경에서 학습분석기반 대시보드 연구동향 분석. 교육정보미디어연구, 21(2), 185−213.

진성희·유미나·김태현(2015). 이러닝 학습참여활동 및 상호작용에 대한 대시보드 설계 연구, 교육공학연구, 31(2), 191−221.

최미나·노혜란(2015). MOOCs 에 기반한 대학이러닝의 융복합적 발전방안에 관한 연구. 디지털융복합연구, 13(7), 9−21.

최효선·유미나(2015). 다양성과 협력을 추구하는 유럽 스타일의 묵스. 나일주(편). 글로벌 학습 시대: 묵스의 이해. 파주: 학지사.

한형종·임철일·한송이·박진우(2015). 대학 역전학습 온·오프라인 연계 설계전략에 관한 연구. 교육공학연구, 31(1), 1-38.

Alario−Hoyos, C., Pérez−Sanagustín, M., Delgado−Kloos, C., Muñoz−Organero, M., & Rodríguez−de−las−Heras, A. (2013). Analysing the impact of built−in and external social tools in a MOOC on educational technologies. In Hernández−Leo, D., Ley, T., Klamma, R., & Harrer, A. (2013). *Scaling up Learning for Sustained Impact.* Springer Berlin Heidelberg.

Balfour, S. P. (2013). "Assessing Writing in MOOCs: Automated Essay Scoring and Calibrated Peer Review. *Research & Practice in Assessment. 8(1),* 40−48.

Breslow, L., Pritchard, D. E., DeBoer, J., Stump, G. S., Ho, A. D., & Seaton, D. T. (2013). Studying learning in the worldwide classroom: Research into edX's first

MOOC. *Research & Practice in Assessment, 8(1)*, 13−25.

Clark, R. C., & Mayer, R. E. (2011). E−learning and the science of instruction: Proven guidelines for consumers and designers of multimedia learning. John Wiley & Sons.

Clarà, M., & Barberà, E. (2013). Learning online: massive open online courses (MOOCs), connectivism, and cultural psychology. Distance Education, 34(1), 129-136.

Cormier, D.(2008). The CCK08 MOOC−Connectivism course. 1/4 way. Dave's Educational Blog, 2.

Ebben, M., & Murphy, J. S. (2014). Unpacking MOOC scholarly discourse: a review of nascent MOOC scholarship. Learning, Media and Technology, 39(3), 328-345.

Fini, A. (2009). The Technological Dimension of a Massive Open Online Course: The Case of the CCK08 Course Tools. *International Review of Research in Open & Distance Learning, 10(5)*, 1−26.

Fischer, G. (2014). Beyond hype and underestimation: identifying research challenges for the future of MOOCs. Distance Education, 35(2), 149-158.

Guo, P. J., Kim, J., & Rubin, R. (2014). How video production affects student engagement: An empirical study of mooc videos. In Proceedings of the first ACM conference on Learning@ scale conference (pp. 41-50). ACM. Retrieved from http://dl.acm.org/citation.cfm?id=2566239

Jordan, K. (2014). Initial trends in enrolment and completion of massive open online courses. The International Review of Research in Open and Distance Learning, 15(1).

Kim, J. I. (2015). A Study On The K−MOOC Platform. International Journal of Software Engineering and Its Applications, 9(1), 221−236.

Kolowich, S. (2013). Universities try MOOCs in bid to lure successful students to online programs. *The Chronicle of Higher Education, 23*.

Kop, R. H. Fournier, & J. S. Mak,(2011). A Pedagogy of Abundance or Pedagogy to Support Human Beings? Participant Support on Massive Open Online Courses. *International Review of Research in Open & Distance Learning, 12(7)*, 74−93.

Lee, T. (2013). *Open, online & digital education: Transforming teaching & learning.* In Proceeding of Global Engineering Deans Council, Chicago, Illinois, USA.

Lockyer, L., Heathcote, E., & Dawson, S. (2013). Informing pedagogical action: Aligning learning analytics with learning design. American Behavioral Scientist, 0002764213479367.

Liyanagunawardena, T. R., Adams, A. A., & Williams, S. A. (2013). MOOCs: A Systematic Study of the Published Literature 2008－2012. International Review of Research in Open & Distance Learning, 14(3), 202-227.

Merrill, M. D. (2002). First principles of instruction. Educational Technology Research and Development, 50(3), 43-59.

Meyer, J. P. & Zhu, S. (2013). Fair and Equitable Measurement for Student Learning in MOOCs: An Introduction to Item Response Theory, Scale Linking and Score Equating. *Research & Practice in Assessment*, 8(1), 26－39.

Piech, C., Huang, J., Chen, Z., Do, C., Ng, A., & Koller, D. (2013). Tuned models of peer assessment in MOOCs. arXiv preprint arXiv:1307.2579.

Rodriguez, C. O. (2012). MOOCs and the AI－Stanford Like Courses: Two Successful and Distinct Course Formats for Massive Open Online Courses. European Journal of Open, Distance and E－Learning. Retrieved from http://files.eric.ed.gov/fulltext/EJ982976.pdf.

Sandeen. C. (2013). "Assessment's Place in the New MOOC world." *Research & Practice in Assessment 8 (Summer)*: 5－12.

Siemens, G., Gasevic, D., Haythornthwaite, C., Dawson, S., Shum, S. B., Ferguson, R., . . . Baker, R. (2011). Open Learning Analytics: an integrated & modularized platform. Proposal to design, implement and evaluate an open platform to integrate heterogeneous learning analytics techniques.

Talley, C., & Scherer, S. (2013). The enhanced flipped classroom: Increasing academic performance with student－recorded lectures and practice testing in a 'flipped' stem course. *Journal of Negro Education, 82*(3), 339－347.

Wiley, D. A. (2001). Instructional use of learning objects. Agency for instructional technology.

Young, J. (2013). Georgia Tech to Offer a MOOC－Like Online Master's Degree, at Low Cost. The Chronicle of Higher Education

Zhenghao, C., Alcorn, B., Christensen, G., Eriksson, N., Koller, D., & Emanuel, E. J. (2015). Who's Benefiting from MOOCs, and Why. Harvard Business Review. Retrieved October 5, 2015, from https://hbr.org/2015/09/whos－benefiting－from－moocs－and－why

Zuboff, S. (1988). In the age of the smart machine: The future of work and power: Basic Books.

제 8 장

유아, 초등, 중등 학교에서의 교육공학 실천

임정훈 ▌ 인천대학교 교수

Ⅰ. 학교교육과 교육공학적 접근

교육공학에서 축적되어 온 지식과 경험은 지난 수십 년 동안 각급 학교, 대학, 기업, 평생교육기관 등 다양한 분야에 적용되어 왔는데, 그 중 가장 대표적인 분야로 유치원, 초, 중등학교를 포함한 학교교육을 들 수 있다. 학교에서는 학생들의 학업성취 향상을 위하여 다양한 교수학습 방법과 수업모형을 개발·활용해 왔으며, 아울러 새로운 기술의 발달과 함께 다양한 매체와 테크놀로지를 활용한 효과적인 교수학습 방법을 탐색하기 위한 노력을 기울여 왔다. 교육공학은 학습을 위한 과정과 자원의 설계, 개발, 활용, 관리, 평가에 관한 이론과 실제 (Seels & Richey, 1994)이며 그 핵심 연구영역이 교수설계 및 교수매체인바, 교수학습 상황에서 수업목표를 설정하고 다양한 교수학습 방법과 전략을 통해 목표를 효과적으로 달성함으로써 학생들의 학업성취와 수행을 증진시키기 위한 학교교육 분야에 교육공학적 접근이 필요함은 자명하다고 할 수 있다.

학교교육에서 이루어지는 교수학습에 교육공학을 활용해야 하는 중요성으로 박성익 등(2011)은 학습동기 유발, 학습환경 개선, 교사의 교수력 증진 세 가지를 제시한 바 있다. 첫째는 학습동기 유발인데, 교육공학적 지식과 방법을 활용함으로써 학생들의 주의력을 획득하고 학습몰입을 촉진시키며, 학습에 대한 통제력을 증진시키고 학습상황에 대한 피드백을 제공할 수 있다. 둘째는 학습환경 개선으로서, 교육공학적 매체들을 통해 학습정보 자원과 학습도구를 학습자들과 연결시켜 줄 수 있고, 학습문제나 문제해결방안을 표상하도록 지원하며, 지적 능력을 공유하거나 상호작용적 의사소통을 활성화할 수 있는 환경을 제공해 줄 수 있다. 셋째는 교수의 교수력 증진으로서, 교육공학에서 연구되어 온 교수법 관련 지식들은 교사의 교재연구나 성적관리 업무를 지원하고 효과적인 학습자료를 제작, 활용할 수 있도록 하며, 문제해결력과 고차적 사고력을 향상시킬 수 있는 교수역량을 향상시키기 위한 지식과 정보를 제공할 수 있다는 것이다. 이처럼 교육공학은 학교학습의 다양한 영역에서 교사와 학생들의 교수력 및 학습력 향상을 지원함으로써 학교교육의 개선과 발전에 큰 역할을 수행해 오고 있다.

그렇다면 구체적으로 학교교육의 어떤 측면에서 교육공학적 지식과 경험들이 요구되는 것일까? 가장 먼저 생각해 볼 수 있는 측면은 교수학습 방법 및 전략 분야이다. 교수학습 방법이란 학습목표에 맞는 내용을 효과적으로 전달하고 학습활동을 지원하기 위해 사용하는 것(박숙희, 염명숙, 1999)으로서, 학교교육에서 특정한 학습자에게 특정 내용을 가르치고자 할 때 어떤 교수방법이나 전략을 사용하는 것이 효과적인가 하는 방안을 탐색하는 것은 매우 기본적이며 필수적인 요소이다. 교사들은 원하는 학습결과를 위하여 학습의 내적 조건을 파악한 뒤 그러한 내적 조건을 촉진시키기 위한 외적 조건들을 탐색하여 수업에 적용한다(Gagne & Briggs, 1979). 여기서 말하는 외적 조건들을 체계화한 것이 교수방법이나 전략이라 할 수 있으며 강의, 토의, 훈련과 연습, 시범, 프로젝트, 안내된 탐구, 역할놀이, 개인교수, 대화법, 게임, 모의실험, 협동학습, 문제해결 등 다양한 교수학습 방법을 효과적으로 활용하기 위한 시도가 이루어지고 있다(Reigeluth, 1999). 학교교육에 교육공학적 접근이 도입됨으로써 이 같은 교수학습 방법이나 전략들이 상황에 따라 다양화되고 최신화될 수 있으며, 또한 새롭게 등장하는 교수학습매체를 활용한 새로운 형태의 교수학습 방법이나 전략이 개발·활용됨으로써 학교교육의 변화와 발전에 많은 도움을 줄 수 있다.

둘째, 학교교육에 교육공학적 접근이 필요한 또 다른 분야는 바로 교수설계 영역이라 할 수 있다. 교수설계는 체제적 접근, 교수개발, 교수체제 설계 등과 유사한 개념으로 사용되고 있으며 교수문제의 분석과 그 문제를 해결하기 위한 교수절차와 교수자료의 설계, 개발, 실행, 평가과정을 포함하고 있다(Reiser, 2012). 보다 효과적이면서 효율적인 수업을 수행하기 위해서는 해당 수업을 기획 · 설계하고 개발해 나가는 데 필요한 요소들이 무엇이고 그 과정과 절차가 어떠해야 하는지를 안내하는 다양한 이론이나 모형이 제시될 필요가 있는데, 교육공학 분야에서는 일찍이 ADDIE 모형(Molenda, Persing & Reigeluth, 1996), Dick과 Carey 모형(Dick & Carey, 1978), Kemp 모형(Morrison, Ross, & Kemp, 2004), ASSURE 모형(Heinich, Molenda & Russell, 1989) 등이 제안됨으로써 교사들로 하여금 교수학습 활동을 보다 과학적 · 체계적으로 기획하고 실행할 수 있는 이론적 · 절차적 기반을 제공해 왔다. 뿐만 아니라, 1980년대부터 정교화이론(Reigeluth & Stein, 1983), 요소제시이론(Merrill, 1983), 처방적 교수설계모형(Aronson & Briggs, 1983), 동기설계모형(Keller, 1983) 등 다양한 교수설계이론과 모형이 제시됨으로써 학교교육 현장에서 교사들이 특정 단원이나 단위차시의 체계적인 수업설계, 학습자 분석을 토대로 한 단계적 수업 절차, 학습자들의 동기유발 및 유지를 위한 전략 등을 모색하고 실천할 수 있는 기반을 제공해 주었다. 박성익 등(2012)은 학교교육에서 교육공학적 지식을 실제로 많이 활용하게 되는 영역은 체제적 접근에 의한 교수설계 및 개발이며, 체제적 접근을 통해 교수학습체제를 구성하는 모든 요소들이 제 기능을 최대로 발휘하면서 동시에 각 기능들이 상호 보완적 관계에 놓이도록 하여 교수학습의 효과성과 효율성을 극대화하려는 노력을 통해 교육공학이 학교교육에 기여해 왔음을 강조하였다.

셋째, 무엇보다 학교교육에 교육공학적 접근의 필요성과 중요성이 강조되는 이유는 교수학습매체의 교육적 활용 때문이라 할 수 있다. 교수매체라는 용어 자체가 학습자에게 교수를 제시하는 물리적 수단으로 규정되어 왔는데(Reiser & Gagne, 1983), 이 정의에 따르면 학교교육에서 효과적인 수업을 위하여 교사가 학생에게 제공하는 각종 교수학습 자료와 매체는 물론이려니와 교사 자신이나 교과서조차도 교수매체로 분류될 수 있다(Reiser, 2012). 이처럼 교수매체는 학교교육에서 빼놓을 수 없는 핵심요소라 할 수 있는데, 교수매체가 교육에 끼치는 영향력을 다각적으로 탐색해 온 분야가 바로 교육공학이라 할 수 있다. 교수설계가 교육공학의 이론적 · 논리적 기반을 구성하고 있다면 교수매체는 교육공학의 실천적 · 활용적 토대를 구축하고 있다고 말할 수 있을 만큼 교육공학과 교수학습매체는 불가분의 관계를 형성하고 있다.

교수매체는 교수학습 과정에서 학습자들의 주의집중과 학습동기 유발에 도움을 주고 다양하면서도 풍부한 정보채널과 생동감 있는 수업을 가능하게 하며, 학습의 효과성과 효율성을 증진시켜 주는 역할을 수행한다(임철일, 임정훈, 이동주, 2011). 교수매체는 상징체제에 기반하여 시각매체, 청각매체, 시청각매체, 복합매체 등으로 분류되는데 전통적으로 학교교실에서는 인쇄매체를 비롯하여 칠판, 사진, 모형 같은 비투사매체와 OHP, 슬라이드, 실물환등기 같은 투사매체가 활용되어 왔다. 이후 대중전파매체의 등장으로 텔레비전, 라디오 및 교육용 비디오 등이 활용되었고, 정보통신기술의 발전으로 컴퓨터 기반의 통합 테크놀로지와 유무선 인터넷 기반의 이러닝, 모바일 기기와 스마트 기기를 활용한 교수학습 활동이 이루어지고 있다. 이 같은 매체환경의 변화는 교수자 중심 수업에서 학습자 중심 수업으로, 일방향적인 정보전달 방식에서 정보공유와 협력적 상호작용이 가능한 방식으로 교수학습방법이나 수업방식에 많은 변화를 일으키고 있다. 물론, 교육에서 매체의 활용이 결코 효과적인 수업을 보장하는 것은 아니며(Clark & Salomon, 1986; Clark, 1994), 매체를 어떻게 활용하느냐에 따라, 혹은 특정 매체가 효과적인 상황이나 조건, 환경의 탐색과 설계에 따라 그 효과가 달라질 수 있음이 많은 연구자들에 의해 제시되어 왔다(나일주, 1995; 박승배, 1994; 임정훈, 1997; Kozma, 1994). 현대사회는 정보사회, 첨단 정보통신공학사회라 할 수 있는데 테크놀로지의 발전 및 교육과 사회에 미치는 영향이 높아져 가고 있는 만큼, 학교교육에서도 교수학습매체를 어떻게 활용하느냐에 따라 매체가 교육에 미치는 영향은 크게 달라질 수 있을 것으로 예상된다.

지금까지 살펴본 바와 같이 학교교육에서 교육공학적 접근은 그동안 매우 광범위하면서 다양하게 이루어져 왔다. 그러나 그럼에도 불구하고 학교교육에서 교육공학적 접근이 학교급별로 실제로 어떤 영역에서 어떻게 이루어져 왔고, 어떤 연구방법이 사용되어 왔으며, 학교급별로는 어떤 차이가 나타나는지를 종합적으로 살펴보고자 한 시도는 거의 이루어져 오지 않은 상황이다. 따라서 2015년 한국교육공학회가 창립된 지 30년이 되는 현 시점에서, 교육공학 실천의 핵심 적용분야라 할 수 있는 유치원, 초등학교, 중고등학교 같은 학교교육에서 교육공학의 적용에 관한 연구가 어떻게 수행되어 왔는지를 종합적으로 탐색하는 것은 과거 30년을 성찰하고 향후 교육공학이 학교교육의 변화와 발전에 어떤 기여를 할 수 있을 것인지 방향성을 모색하는 데 매우 의미 있는 일이라 할 수 있을 것이다.

이 연구는 이러한 연구의 필요성을 기반으로 하여 유아교육, 초등교육, 중등교육에서 1985년부터 2014년까지 이루어져 온 학술연구들을 대상으로 교육공학이 학교교육에 어떻게 적용되어 왔고 어떻게 실천되어 왔는지를 탐색해 보고자 하며, 주요 연구문제는 다음과 같다.

첫째, 지난 30년간 유아교육, 초등교육, 중등교육 학교급별로 교육공학 관련 연구는 어떤 증가세를 보였으며 어떤 연구영역에서 어떤 연구방법이 적용되어 왔는가?

둘째, 지난 30년간 유아교육, 초등교육, 중등교육 간에는 교육공학 관련 연구가 연구영역과 연구방법 면에서 어떤 차이점이 있는가?

셋째, 지난 30년간 유아교육, 초등교육, 중등교육에서 이루어져 온 교육공학 실천경험에 비추어 볼 때, 향후 학교교육 발전을 위해 교육공학은 어떠한 노력을 기울여야 하는가?

Ⅱ. 학교교육에서의 교육공학 실천 탐색

1. 탐색을 위한 분석 대상

이 연구의 분석대상이 된 논문은 유치원, 초등학교, 중·고등학교를 대상으로 1985년부터 2014년까지 30년 동안 수행되어 온 연구 중 연구재단에 등재된 등재지 또는 등재후보지였다. 분석을 위하여 교육공학과 관련된 주요 연구분야를 교수학습방법 및 전략, 교수설계이론과 모형, 교수학습매체 세 영역으로 구분하고, 각 영역별로 주요 키워드들을 선정한 다음 키워드 중심으로 검색하여 도출된 논문들을 선정하였다. 교수학습 방법 및 전략 영역에서 사용된 주요 검색어는 교수방법, 학습방법, 교수학습방법, 교수전략, 학습전략, 교수학습전략 등이었으며, 교수설계이론과 모형 영역에서는 수업모형, 교수모형, 학습모형, 교수학습 모형, 교수설계모형, 교수체제설계모형, Dick과 Carey, Glaser, Bloom, Carroll, Ausubel, Gagne, Reigeluth, Merrill, Keller, ARCS, ADDIE, ASSURE, PBL 등이었다. 그리고 교수학습매체 영역에서는 교수매체, 학습매체, 교수학습매체, 교육정보화, ICT활용교육, 이러닝, 웹기반수업, 디지털교과서, IPTV, EBS,

교육방송, 사이버가정학습, 스마트러닝, 스마트교육, 모바일러닝, 유러닝 등이 주요 검색어로 활용되었다.

논문 검색 및 선정은 3단계를 거쳐 이루어졌는데, 먼저 주요 키워드 중심으로 1차 검색을 실시하고, 1차 검색논문 중 1985~2014년에 출간된 논문 중 등재지, 등재후보지에 게재된 논문으로 2차 검색을 실시하였다. 2차 검색된 논문들은 한 편 한 편 연구자와 3명의 대학원생(석사과정 1명, 박사과정 2명)이 교차점검을 통해 교육공학 관련 논문들로만 엄선하는 작업을 거쳐 최종적으로 분석대상을 확정하였다. 분석을 위한 대상 논문들의 편수는 다음과 같다.

표 8-1 분석대상 논문

대상	1차 기초 검색논문	2차 검색 논문	최종 논문 편수
유아	6,425	4,932	222
초등	21,168	1,850	625
중고교	7,259	1,747	313

2. 교과영역 및 연구영역 분석

학교교육 분야에 교육공학 관련 연구가 어떤 영역에 얼마나 많이 이루어져 왔는지를 알아보기 위하여 교과영역 및 연구영역 두 가지 유형으로 나누어 분석을 수행하였는데, 먼저 교과영역의 경우 유아교육은 2013년도부터 실행하고 있는 누리과정의 분류체계를 기반으로 하였다. 누리과정은 유치원 교육과정과 어린이집 표준보육과정을 통합한 유아교육 공통교육과정으로서 3~5세 연령별로 신체운동·건강, 의사소통, 사회관계, 예술경험, 자연탐구 다섯 가지 영역으로 교과영역을 분류하고 있다(교육과학기술부, 보건복지부, 2013). 따라서 유아교육 분야는 이 다섯 가지 영역을 기준으로 하되, 특수교육 분야는 유·초·중등교육 모두에서 교과영역과는 별개로 연구되고 있는 만큼, 특수교육을 추가하여 총 여섯 가지 영역으로 분석을 수행하였다. 초등교육과 중등교육은 교과영역을 공통적으로 국어, 수학, 외국어, 사회, 과학, 예체능, 컴퓨터, 특수교육으로 분류하되, 중등교육의 경우 기술, 공업, 가정 등 실업계 교과영역을 추가하였다.

한편, 연구영역의 경우 앞에서 살펴본 바와 같이 교수학습방법 및 전략, 교수설계이론과 모형, 교수학습매체 세 가지 영역으로 분류하였다. 사실, 학교교육에 교육공학이 끼친 영향을 분석하기 위한 영역 분류는 명확하게 제안된 바 없다. 박성익 등(2001)은 학교교육에서 교육공학은 교수매체의 활용, 교수학습방법의 다양화, 교수설계의 체제적 접근, 학교 행정업무 자동화 지원과 교사의 교수력 증진 네 가지 분야에 적용되어 왔다고 보았으며, 박성익 등(2011)은 교수매체의 활용, 체제적 접근에 의한 교수설계 및 개발, 학교행정 및 학습관리의 자동화 세 가지로 제안하였다. 그리고 Lowther와 Ross(2012)는 교수설계 분야와 테크놀로지의 통합이 학교교육에 활발히 적용되어 왔음을 강조하였으며, Smaldino, Lowther와 Russell(2012)는 21세기 학습환경 조성을 위한 교수학습 방법과 원리, 그리고 다양한 교수공학 매체개발 및 활용을 학교환경에서 교육공학적 접근을 위한 핵심요소로 간주하였다. 이러한 선행연구들을 기반으로 하여 이 연구에서는 학교교육에서의 교육공학 연구영역으로 교수학습방법 및 전략, 교수설계이론과 모형, 그리고 교수학습매체 세 분야를 선정·분석을 수행하였다.

3. 연구방법 유형 분석

교육공학 분야에서 학술논문에서 수행된 연구방법을 분류하기 위한 시도는 여러 차례 이루어졌다. 김동식(1996)은 교육공학 분야의 연구유형을 Driscoll(1984)의 분류기준을 토대로 실험연구, 준실험연구, 조사연구, 메타연구, 사례연구/문화기술적 연구, 자연주의적 접근, 비용효과분석, 기법 및 모형개발, 이론연구, 프로토콜 분석 등으로 분류한 바 있고, 양용칠과 정현미(2006)는 실험연구, 준실험연구, 조사연구, 사례연구, 개발연구 1형, 개발연구 2형, 비용효과 및 분석연구, 문헌연구, 기타 등 총 9가지로 분류하였다. 그리고 왕경수와 홍경선(2006)은 교육공학 연구방법으로 양적연구(실험연구), 질적연구, 기술적 연구, 개발연구, 형성적 연구, 설계기반연구방법을 제시하였으며, 신나민, 임정훈과 이혜정(2006)은 실험연구, 조사연구, 개발연구, 사례연구, 문헌고찰 및 제언연구 다섯 가지로 제안한 바 있다. 부가적으로 Phipps와 Meristotis(1999)는 원격교육 분야에서 수행되어 온 연구들이 사용한 연구방법을 분류하기 위한 기준으로 실험연구, 기술적 연구, 사례연구, 상관관계 연구 네 가지를 사용하기도 하였다. 기존 연구들에서 이루어져 온 방법을 참고하여, 이 연구에서 가장 전형적이라 할 수 있는 연구방

법으로 실험연구, 조사연구, 개발연구, 질적연구, 문헌고찰 및 제언연구, 기타연
구 등 여섯 가지를 선정하였다.

4. 자료분석 절차 및 방법

연구논문들을 검색하고 분류하는 작업은 크게 두 단계를 거쳐 진행되었는
데, 먼저 분석을 위한 대상 논문을 선정하기 위한 내용분석(content analysis)을
실시하였다. 내용분석은 연구자 자신이 분석의 도구가 되어 자료의 내용과 성격
을 판단하는 분석기법으로서, 신뢰성과 타당성 있는 내용평가를 위해서는 상당
히 많은 시간과 노력이 요구된다(신나민, 임정훈, 이혜정, 2006). 이 연구에서는 기
초자료 검색에 수천 편의 논문이 검색되었기 때문에 이들을 다시 상세 검색하는
과정과 교육공학 관련분야 논문으로 확정하기 위한 검토과정에 상당히 많은 시
간이 소요되었다. 예컨대 학습방법이나 전략 관련 논문들의 경우 교육심리학 혹
은 학습심리학 분야와 가까울 경우 일일이 삭제하는 작업을 거쳤으며, 교수학습
매체 분야에서도 자료개발이 교수방법이나 전략과 상관없이 일반 학습자료나
교육과정 개발 관련 논문들은 제외하였다. 내용분석 과정에서 모든 분석자들이
동일한 관점과 기준을 가질 수 있도록 하기 위하여 연구기간 중 SNS 채팅방을
개설·운영하였으며, 문제점이나 의문점이 발생할 때마다 수시로 채팅방에 질문
을 올리고 상호 피드백을 제공함으로써 발생한 문제들을 해결하고자 하였다.

최종 분석대상 논문이 확정된 뒤에는 분석대상 논문들을 코드화하였으며
연도별 논문 편수, 교과영역별·연구영역별 논문 분포 현황, 연구영역별 연구방
법 적용 현황, 학술지별 논문 분포 현황 등을 분석하였다. 분석방법은 빈도분석
과 백분위 분석을 사용하였으며, 분석결과들은 표와 그래프를 통해 전반적인 경
향성을 쉽게 파악할 수 있도록 도식화하는 작업을 수행하였다.

III. 학교교육에서의 교육공학 실천 동향 탐색 결과 분석

1. 유아교육에서의 교육공학 실천

(1) 연도별 발표논문 추이

유아교육 분야에서 1985년부터 지난 30년 동안 교육공학과 관련하여 발표된 논문은 총 222편이었다. 이를 1년 단위로 살펴보았을 때, <표 8-2>에 따르면 1980년대부터 1990년대 중반까지는 연구물이 적다가 1990년대 중반 이후부터 점차 증가하였으며, 2002년도부터 연구물이 대폭 증가하는 경향이 나타났다. 특히, 5년 단위로 묶어서 살펴보았을 때 2010년부터 2014년까지의 연구가 85편으로 전체의 38.3%를 차지하고 있었는데, 이로 미루어 보아 최근 들어 유아교육 분야에서 교육공학적 접근을 시도하려는 연구가 크게 증가하고 있음을 알 수 있다.

표 8-2 유아교육에서의 교육공학 접근 관련 논문 편수(연도별)

연도	편수(%)	연도	편수(%)	연도	편수(%)
1985	0	1995	1(0.45)	2005	8(3.60)
1986	0	1996	4(1.80)	2006	12(5.41)
1987	1(0.45)	1997	4(1.80)	2007	8(3.60)
1988	0	1998	6(2.70)	2008	13(5.86)
1989	0	1999	7(3.15)	2009	11(4.95)
1990	1(0.45)	2000	5(2.25)	2010	13(5.86)
1991	1(0.45)	2001	8(3.60)	2011	16(7.21)
1992	0	2002	17(7.66)	2012	21(9.46)
1993	3(1.35)	2003	13(5.86)	2013	19(8.56)
1994	0	2004	14(6.31)	2014	16(7.21)

(2) 교과영역별 발표논문 현황

교과영역별 발표논문 분석에는 총 226편이 활용되었는데, 이는 4편의 논문은 교과영역이 두 개여서 중복계산 되었기 때문이다. 유아교육 교과영역은 연구방법에서 제시한 바와 같이 누리과정에 기초하여 의사소통, 사회관계, 자연탐구, 예술경험, 신체건강운동 다섯 가지 영역에 특수교육과 기타를 합쳐 총 7개 영역으로 분류되었다. <표 8-3>에 의하면, 분석 결과 자연탐구 영역이 67편

| 표 8-3 | 교과영역별 유아교육에서의 교육공학 접근 관련 논문 편수 |

교과영역	논문편수(%)
의사소통	39(17.3)
사회관계	18(8.0)
자연탐구	67(29.6)
예술경험	28(12.4)
신체, 건강, 운동	3(1.3)
특수교육	13(5.8)
기타	58(25.7)
합계	226(100.0)

(29.6%)을 차지하여 가장 많은 것으로 나타났는데, 자연탐구 분야는 수학과 과학, 논리, 컴퓨터 분야 등이 포함되어 있기 때문에 유아교육에서도 교육공학적 접근이 가장 많이 활용된 것을 알 수 있다. 기타를 제외하고는 의사소통 영역이 39편(17.3%)으로 많았는데, 국어와 영어 같은 언어분야에서도 교육공학적 접근이 활발히 이루어지고 있음을 확인할 수 있다. 그리고 예술경험 28편(12.4%), 사회관계 18편(8%), 신체건강운동 3편(1.3%) 순으로 나타났다. 기타의 경우 다문화, 창의성, 영재교육 관련 논문들이었는데, 특히 2000년대 들어서는 다문화와 창의성 교육에서도 교육공학적 지식과 경험을 도입하려는 시도가 적극적으로 이루어지고 있는 경향이 있었다.

(3) 연구영역별 발표논문 현황

연구영역은 유치원, 초중등 모두 교수학습방법 및 전략, 교수설계이론과 모형, 교수학습매체 세 영역으로 구분하였는데, 분석 결과 총 222편 중 교수학습방법 및 전략 논문이 95편(42.8%)으로 가장 많았으며 교수학습매체가 85편(38.3%), 교수설계이론과 모형이 42편(18.9) 순으로 나타났다. 유아교육 분야는 전통적으로 구체물이나 다양한 자료들을 활용한 교수학습 활동이 오래전부터 이루어져 왔기 때문에 교수학습방법 및 전략 분야에서 교육공학 접근을 가장 많이 시도하고 있으며, 교구나 구체물, 극화자료 등 여러 가지 매체들도 함께 사용하고 있기 때문에 교수학습매체 분야 역시 비중이 높음을 알 수 있다. 상대적으로, 아직 교수설계이론이나 특정 수업모형을 적용하려는 시도는 그리 높지 않은

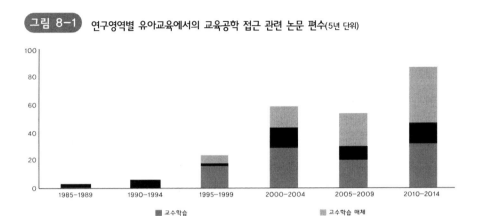

그림 8-1 연구영역별 유아교육에서의 교육공학 접근 관련 논문 편수(5년 단위)

것으로 확인되었다. 특징적인 것은, 5년 단위로 연구영역별 발표논문 현황을 분석해 본 결과, 교수학습방법 및 전략 분야 연구는 과거부터 꾸준히 이루어져 온 반면에 교수학습매체에 관한 연구는 2000년대 들어 크게 증가하고 있으며, 교수설계이론과 모형을 적용하려는 연구 역시 2000년대 들어서부터는 점차 증가하고 있음을 알 수 있다.

(4) 연구방법별 발표논문 현황

연구방법별 분석은 총 228편을 기준으로 이루어졌는데, 분석 결과 실험연구가 86편(37.7%)으로 가장 많았고, 다음으로 문헌고찰 및 제언연구가 45편(19.7%)으로 나타났으며, 조사연구와 질적 연구가 33편(14.5%)으로 동일하게 나타났다. 그리고 개발연구는 29편(12.7%), 기타 2편(0.9%)으로 나타났다. 이것으

그림 8-2 유아교육에서 교육공학 접근 관련 논문 연구방법별 논문 분포

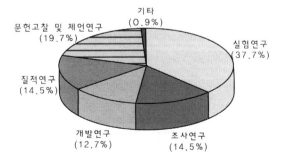

로 미루어 보아 유아교육에서 교육공학적 접근을 시도한 연구들은 실험연구를 가장 많이 수행하고 있으며, 조사연구와 질적 연구 등도 골고루 수행하고 있음을 알 수 있다.

(5) 학술지별 발표논문 현황

지난 30년간 유아교육 분야에서 교육공학적 접근을 시도한 연구들은 어느 학술지에 게재되어 왔는지를 분석해 본 결과, 한 편 이상 발표된 학술지는 교과교육학연구 등 총 52종이었다. 이 중 가장 많이 실린 학술지 10종을 분석해 본 결과 열린유아교육연구가 35편(15.8%)으로 가장 많았으며, 유아교육연구 29편(13.1%), 어린이미디어연구 21편(9.5%), 유아교육학논집 18편(8.1%), 미래유아교육학회지 15편(6.8%), 한국영유아보육학 13편(5,9%), 어린이문학교육연구 13편(5.9%) 순으로 나타났다. 그리고 어린이문학교육연구, 유아특수교육연구, 지체·중복·건강장애연구, 한국교원교육연구에 각각 6편(2.7%)이 실린 것으로 드러났다. 학술지 분포현황에 비추어 볼 때, 영유아들을 대상으로 하는 유아교육에서 교육공학적 접근을 시도하기 위한 노력들은 유아교육 관련 주요 학회 외에도 특수교육이나 심리학, 음악과 미술 등 예체능, 교원교육 등 다양한 유관 학회나 기관에서도 다양하게 이루어지고 있음이 확인되었다.

2. 초등교육에서의 교육공학 실천

(1) 연도별 발표논문 추이

초등교육 분야에서는 지난 30년 동안 교육공학과 관련하여 발표된 논문이 총 625편으로 매우 많았는데, <표 8-4>에 따르면 1980년대에는 연구가 거의 이루어지지 않았으나 1990년대 들어 연구가 이루어지기 시작하다가 1990년대 말부터 점차 증가하였으며, 2000년대 들어서는 매년 30~40여 편이 발표될 정도로 연구가 활발히 이루어지고 있음을 알 수 있다. 특히, 최근 5년간 발표된 논문 편수가 239편으로 전체 논문의 38.2%를 차지하는 것으로 보아, 초등교육 분야에서도 최근 들어 교육공학적 지식과 경험을 적용하고자 하는 연구가 활발히 이루어지고 있음을 확인할 수 있다.

표 8-4 초등교육에서의 교육공학 접근 관련 논문 편수(연도별)

연도	편수(%)	연도	편수(%)	연도	편수(%)
1985	0	1995	1(0.16)	2005	36(5.76)
1986	1(0.16)	1996	3(0.48)	2006	42(6.72)
1987	0	1997	7(1.12)	2007	36(5.76)
1988	0	1998	10(1.60)	2008	48(7.68)
1989	0	1999	14(2.24)	2009	46(7.36)
1990	1(0.16)	2000	20(3.20)	2010	46(7.36)
1991	0	2001	13(2.08)	2011	29(4.64)
1992	0	2002	31(4.96)	2012	50(8.00)
1993	2(0.32)	2003	32(5.12)	2013	61(9.76)
1994	4(0.64)	2004	39(6.24)	2014	53(8.48)

(2) 교과영역별 발표논문 현황

교과영역별 발표논문 분석 대상은 총 627편이었는데, 기타 논문들이 206편(32.9%)으로 가장 많았다. 기타로 분류된 것들은 특정 교과에 관한 연구가 아니라 창의적 문제해결, 협동학습, 구성주의, 수업컨설팅, ICT 활용교육 등 교육 일반에 관한 논문들이었다. <표 8-5>에 의하면, 기타를 제외하고는 영어 69편(11%), 수학 62편(9.9%), 과학 51편(8.1%), 국어 48편(7.6%), 예체능 48편(7.6%), 사회 34편(5.4%), 실과와 컴퓨터 각각 33편(5.3%), 특수교육 31편(4.9%), 도덕 13편(2.1%) 순으로 나타났다. 1995년에 초등학교에 영어교과가 정규 교육과정으로 편성된 이래로 초등영어교육에 관한 연구가 활발히 진행되었는데, 이에 따라 이 분야에서 다양한 교수학습 방법과 전략, 교수매체를 활용한 영어교육을 실시하고 있음을 알 수 있다. 전반적으로 볼 때, 초등교육에서는 전 교과영역에서 교육공학적 접근을 시도하려는 노력이 골고루 이루어지고 있다고 할 수 있겠다.

(3) 연구영역별 발표논문 현황

초등에서의 625편 논문을 연구영역별로 분석해 본 결과 교수학습매체 영역이 364편(58.2%)으로 압도적으로 많았으며, 교수설계이론과 모형이 172편(27.6%), 교수학습방법 및 전략 89편(14.2%) 순으로 나타났다. 일반적으로 유치원이나 중고등학교에 비해 초등학교에서 다양한 교수매체를 활용한 교수학습 활동이 자유롭게 이루어질 수 있기 때문에 매체 분야의 연구물이 가장 많이 나

표 8-5	교과영역별 초등교육에서의 교육공학 접근 관련 논문 편수		
교과영역	논문 편수(%)	교과영역	논문 편수(%)
국어	48(7.6)	실과	33(5.3)
영어	69(11.0)	예체능	48(7.6)
수학	62(9.9)	컴퓨터	33(5.3)
사회	34(5.4)	특수교육	31(4.9)
과학	51(8.1)	기타	206(32.9)
도덕	13(2.1)	합계	627(100.0)

타났다고 볼 수 있으며, 또한 초등학교에서는 잘 가르치기 위한 다양한 교수설계활동이나 수업모형 개발 및 적용이 활발하게 이루어지기 때문에 교수설계이론 및 모형 분야 연구 역시 많이 수행되었음을 알 수 있다. 아울러, 교수학습매체에 관한 연구는 1990년대 후반 이후 해가 거듭될수록 더욱 많아지는 경향을 보이고 있다.

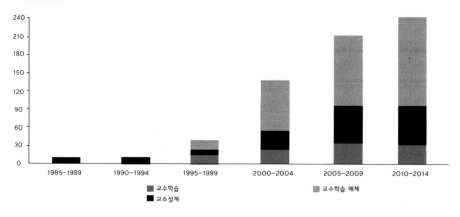

그림 8-3 연구영역별 초등교육에서의 교육공학 접근 관련 논문 편수(5년 단위)

(4) 연구방법별 발표논문 현황

연구방법별 분석은 총 655편을 기준으로 이루어졌는데, 이는 625편의 논문 중 30편이 두 가지 연구방법을 사용한 것으로 분류되었기 때문이다. 분석 결과 실험연구가 275편(42.0%)으로 압도적으로 많았고, 조사연구 176편(23.1%), 개발연구 151편(23.1%), 문헌고찰 및 제언 연구 30편(4.6%), 질적 연구 23편(3.5%)

그림 8-4 초등교육에서 교육공학 접근 관련 논문 연구방법별 논문 분포

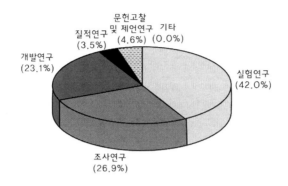

순으로 나타났다. 교육공학은 학문적 특성상 처방적 성격을 띠고 있기 때문에, 교육분야에서 교육공학적 접근을 취하는 많은 연구들이 실험연구방법을 사용하고 있는 것으로 보이며, 또한 초등학교는 입시에서 벗어나 특정 전략이나 방법, 매체의 효과나 학업성취를 측정하기에 가장 유용하다는 점이 작용했을 것으로 추측된다.

(5) 학술지별 발표논문 현황

지난 30년간 초등교육 분야에서 교육공학적 접근을 시도한 연구들은 어느 학술지에 게재되어 왔는지를 분석해 본 결과, 한 편 이상 발표된 학술지는 교육학연구지를 포함하여 총 141종이었다. 이 중 가장 많은 논문이 실린 학술지 10종을 분석해 본 결과 정보교육학회논문지가 64편(10.2%)으로 가장 많았으며, 교육정보미디어연구 32편(5.1%), 한국실과교육학회지 30편(4.8%), 교육공학연구 22편(3.8%), 초등교육연구 22편(3.5%), 영어교육 15편(2.4%), 한국초등국어교육 15편(2.4%), 초등과학교육 14편(2.2%), 한국초등교육 14편(2.2%), 교과교육학연구 13편(2.1%), 교육과학연구 13편(2.1%) 순으로 나타났다. 국내 교육공학분야의 대표적인 학술지인 교육공학연구가 4위, 교육정보미디어연구가 2위를 차지한 것으로 보아 국내 교육공학자들 역시 교육공학적 지식을 적용하기 위하여 초등교육을 연구 분야로 많이 채택하고 있음을 알 수 있다.

3. 중등교육에서의 교육공학 실천

(1) 연도별 발표논문 추이

중등교육 분야에서는 지난 30년 동안 교육공학과 관련하여 발표된 논문이 총 313편으로 확인되었다. <표 8-6>에 따르면 1980년대에는 간헐적으로 연구가 이루어져 왔으나 1990년대 들어 연구가 이루어지기 시작하였다. 그 이후 1999년부터 10편 이상씩 꾸준히 연구논문이 발표되었으며, 이러한 경향은 2000년대 들어서도 변함없이 지속되고 있다.

그림 8-6 중등교육에서의 교육공학 접근 관련 논문 편수(연도별)

연도	편수(%)	연도	편수(%)	연도	편수(%)
1985	0	1995	3(0.96)	2005	22(7.03)
1986	0	1996	5(1.60)	2006	17(5.43)
1987	1(0.32)	1997	6(1.92)	2007	8(2.56)
1988	0	1998	8(2.56)	2008	12(3.83)
1989	2(0.64)	1999	19(6.07)	2009	17(5.43)
1990	2(0.64)	2000	12(3.83)	2010	13(4.15)
1991	1(0.32)	2001	16(5.11)	2011	28(8.95)
1992	0	2002	22(7.03)	2012	18(5.75)
1993	1(0.32)	2003	22(7.03)	2013	20(6.39)
1994	4(1.28)	2004	19(6.07)	2014	15(4.79)

(2) 교과영역별 발표논문 현황

교과영역별 발표논문 분석 대상은 교과영역이 2개인 논문이 3편이 있어 총 316편이었다. 기본적으로 초등교육에서 분류한 교과영역과 유사하지만 고등학교에서는 제2외국어가 있기 때문에 중등교육에서는 제2외국어가 포함되었으며 기술, 가정, 공업 등의 교과는 모두 실과 영역에 포함되는 것으로 분석하였다. <표 8-7>에 따르면, 먼저 중고등학교에서도 교육 일반이나 교과영역과 무관한 교육과정, 교육평가, 교육 프로그램 같은 기타 논문들이 57편(18%)으로 가장 큰 비중을 차지하였다. 이를 제외하고는 과학과 실과영역이 각각 52편(16.5%)으로 많았으며, 영어 41편(13.0%), 사회 29편(9.2%), 수학 25편(7.9%), 예체능 21편

(6.6%), 국어 16편(5.1%), 제2외국어 11편(3.5%), 컴퓨터 6편(1.9%), 도덕/윤리, 특수교육이 각각 3편(0.9%) 순으로 나타났다. 중등교육에서는 과학과 실업교과에서 교육공학적 지식과 경험을 가장 많이 활용하고 있었는데, 실과영역 비중이 높은 것은 중등교육기관인 고등학교에 기술, 가정, 기계, 전기, 전자, 공업 등 실업과목이 많이 있을 뿐만 아니라 기계고교, 상업고교, 전자고교, 공업고교 등 다양한 전문계 고등학교에서 직업 관련 교과목을 가르치고 있기 때문으로 추론할 수 있다.

표 8-7 교과영역별 중등교육에서의 교육공학 접근 관련 논문 편수

교과영역	논문 편수(%)	교과영역	논문 편수(%)
국어	16(5.1)	실과	52(16.5)
영어	41(13.0)	예체능	21(6.6)
수학	25(7.9)	컴퓨터	6(1.9)
사회	29(9.2)	제2외국어	11(3.5)
과학	52(16.5)	특수교육	3(0.9)
도덕/윤리	3(0.9)	기타	57(18.0)
합계			316(100.0)

(3) 연구영역별 발표논문 현황

중등교육에서 313편의 논문을 연구영역별로 분석해 본 결과 교수학습매체 영역이 155편(49.5%)으로 가장 많았으며, 교수학습방법 및 전략 81편(25.9%), 교수설계이론과 모형 77편(24.6%)인 것으로 나타났다. 이것은 중고등학교에서도 초등학교와 마찬가지로 다양한 교수학습매체를 활용한 교수학습의 효과를 알아보기 위한 노력이 많이 이루어지고 있음을 시사하는 것이며, 교수학습 방법과 교수설계이론, 수업모형 등과 관련하여서도 여러 가지 연구가 이루어지고 있음을 알 수 있다.

5년 단위로 묶어보았을 때 [그림 8-3]과 같이 나타났는데, 교수학습매체 영역은 1990년대 중반 이후부터 활발히 연구되어 오고 있으며, 교수설계이론과 모형 영역의 경우 교수학습매체보다는 연구비중이 작지만 15~25편 사이로 꾸준히 연구되어 오고 있다. 교수학습방법과 전략의 경우 1980년대부터 1990년대

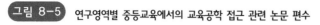

그림 8-5 연구영역별 중등교육에서의 교육공학 접근 관련 논문 편수

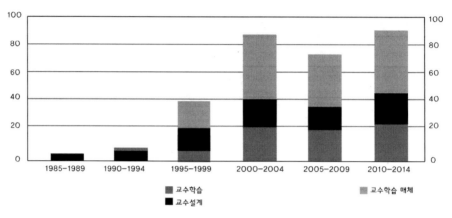

후반까지는 연구 편수가 적다가 2000년대 이후부터는 교수설계이론과 모형 영역보다 연구가 더 많이 이루어지는 경향을 보이고 있다.

(4) 연구방법별 발표논문 현황

연구방법별 분석은 두 가지 방법 이상을 사용한 20편의 논문을 포함하여 총 353편을 기준으로 진행되었는데, 분석 결과 개발연구가 114편(32.3%)으로 가장 높은 것으로 나타났으며 조사연구 105편(29.7%), 실험연구 86편(24.4%), 문헌고찰 및 제언연구 27편(7.6%), 질적 연구 21편(5.9%) 순으로 나타났다. 중고등학교에서 개발연구 논문 편수가 특별히 많은 이유를 명확히 확인하기는 어렵지만 세부 논문들을 살펴보았을 때 유아교육이나 초등교육에 비해 일반 교수학습 자료 개발이나 멀티미디어, 웹 콘텐츠 같은 컴퓨터, 인터넷 기반 자료 개발 및 효과 탐색에 관한 연구가 많았으며, 또한 각 교과별로 교수학습 과정안이나 수업모형을 개발하려는 경향을 보이고 있었다. 또다른 특징은 조사연구가 실험연구보다 더 많이 이루어져 온 경향을 보였는데, 조사연구는 주로 특정 교과에서 특정 교수학습 방법이나 전략 활용실태에 관한 연구나 새로운 교수학습 방안을 모색하기 위한 인식과 개선방안에 관한 연구들이 많았다. 질적 연구는 중등교육에서도 그 비중은 높지 않았으며, 문헌고찰 및 제언 연구 역시 다른 연구방법에 비해서는 상대적으로 그 비중이 높지 않은 것으로 나타났다.

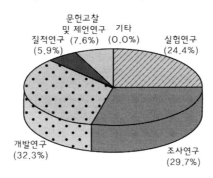

그림 8-6 중등교육에서 교육공학 접근 관련 논문 연구방법별 논문 분포

(5) 학술지별 발표논문 현황

지난 30년간 중등교육 분야에서 교육공학적 접근을 시도한 연구들이 어느 학술지에 실렸는지를 분석해 본 결과, 한 편 이상 발표된 학술지는 국어교육연구지를 포함하여 총 88종이었다. 중등교육 분야에서 가장 많은 논문이 실린 학술지를 10위까지 순위별로 분석해 본 결과 경북대 중등교육연구소에서 발간하는 중등교육연구지가 37편(11.8%)으로 가장 많았으며, 영어교육 26편(8.3%), 한국가정과교육학회지 25편(8%), 교과교육학연구 14편(4.5%), 컴퓨터교육학회논문지 12편(3.8%), 한국과학교육학회지 12편(3.8%), 교원교육 11편(3.5%), 교육공학연구, 농업교육과 인적자원개발, 한국지구과학회지 각각 10편(3.2%) 순으로 나타났다. 중등교육 분야 상위 학술지들 중에는 특정 학회에서 발간하는 학술지가 아니라 경북대 중등교육연구소, 이화여대 교과교육연구소, 한국교원대 교육연구원 같은 특정 대학에서 발간하는 학술지들이 있다는 특징이 있는데, 이것은 사범대학을 보유하고 있는 대학 중 오랜 기간 동안 지속적으로 해당 사범대학 교과교육학과에서 연구결과들을 축적해 오다가 전국 단위의 학술지로 발전시킨 논문들이 있기 때문인 것으로 추측할 수 있다.

4. 유아교육, 초등교육, 중등교육에서의 교육공학 실천 비교

지금까지 살펴본 유아교육, 초등교육, 중등교육 분야에서 교육공학적 지식과 경험을 적용·실천하고자 한 연구결과들이 학교급별로 어떻게 차이가 나타나는지, 그 차이에서 알아볼 수 있는 시사점이 무엇인지를 연도별, 교과영역별, 연구영역별, 연구방법별 논문 편수 등으로 구분하여 제시하면 다음과 같다.

(1) 연도별 발표논문 편수 비교

지난 30년간 학교교육에 교육공학 접근 관련 연구를 시도한 논문들은 유아교육 222편, 초등교육 625편, 중등교육 313편으로 초등교육 분야가 가장 많았고 유아교육 분야가 가장 적은 것으로 나타났다. 5년 단위별로 논문 편수의 추이를 살펴보면 1990년대 중반부터 조금씩 차이가 나타나다가 2000년대 들어서 격차가 벌어지는데 2000~2004년, 2005~2009년, 2010~2014년 세 구간 모두 초등교육 논문편수가 가장 많았고 중등교육, 유아교육 순으로 나타났다. 이러한 격차는 시간이 지남에 따라 점차 벌어지고 있으며, 최근 5년인 20010~2014년에 가장 크게 차이가 나고 있음을 알 수 있다.

그림 8-7 유치원, 초등, 중등학교별 5년 단위 발표논문 편수 추이 분석

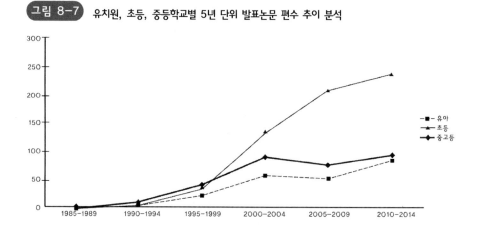

(2) 교과영역별 발표논문 편수 비교

유아, 초등, 중등교육에서 교과영역별 논문 편수가 어떻게 차이가 나타나는지를 살펴보았는데, 각 학교급별로 교과영역들이 서로 다르기 때문에 동일한 교과목 기준으로 세 개의 학교급을 비교하는 것이 불가능하여 상위 5위까지의 교과목만을 선정한 뒤 세 학교급이 어떻게 다른지를 살펴보고자 하였다. <표 8-8>에

순위	유아(%)	초등(%)	중등(%)
1	자연탐구(29.6)	영어(11.0)	과학, 실과(16.5)
2	의사소통(17.3)	수학(9.9)	
3	예술경험(12.4)	과학(8.1)	영어(13.0)
4	사회관계(8.0)	국어(7.7)	사회(7.9)
5	특수교육(5.8)	예체능(7.5)	수학(7.9)

표 8-8 학교급별 논문 편수 상위 5위까지의 교과영역 비교 (%)

서 볼 수 있는 바와 같이 유아교육에서는 자연탐구, 의사소통, 예술경험, 사회관계, 특수교육 순으로 나타났으며, 초등교육에서는 영어, 수학, 과학, 국어, 예체능 순으로 나타났다. 그리고 중등교육에서는 과학과 실과가 공동 1위였으며 영어, 사회, 수학 순으로 나타났다.

(3) 연구영역별 발표논문 편수 비교

연구영역별로는 유아, 초등, 중등교육에서 어떻게 차이가 나는지를 살펴본 결과, [그림 8-5]에 나타난 바와 같이 유아교육에서는 교수학습방법 및 전략 영역 논문이 가장 많은 반면 초등교육과 중등교육에서는 교수학습매체 영역 논문이 가장 많은 것으로 나타났다.

그림 8-8 학교급별 연구영역에 있어서의 발표논문 편수 비교

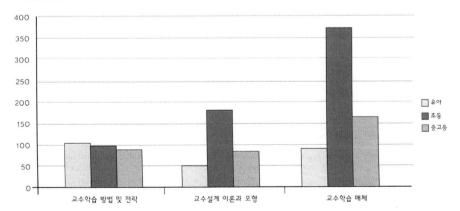

(4) 연구방법별 발표논문 편수 비교

연구방법의 경우 유아, 초등, 중등교육에서 어떻게 차이가 나는지를 살펴본 결과, [그림 8-6]과 같이 실험연구, 조사연구, 개발연구 모두 유아교육, 중등교육에 비해 초등교육 분야에서 가장 많이 활용하고 있는 것으로 나타났다. 유아교육에서도 실험연구를 가장 많이 활용하긴 하지만 초등교육 분야 논문이 압도적으로 많았으며, 조사연구와 개발연구는 초등교육, 중등교육, 유아교육 순으로 사용하고 있는 것으로 드러났다. 질적 연구, 그리고 문헌고찰 및 제언 연구는 유아교육에서 가장 많이 활용하고 있었으며 초등교육과 중등교육은 비슷한 빈도를 보였다. 유아교육의 경우 실험연구를 제외하면 다른 연구방법들을 골고루 사용하는 경향을 띠고 있지만, 초등교육에서는 실험연구가 압도적으로 높고 조사연구와 개발연구도 적절히 활용하고 있긴 하지만 질적 연구 비율이 낮은 현상을 보이고 있다. 중등교육에서는 개발연구가 활발히 이루어지고 있는 반면 상대적으로 질적 연구의 숫자가 적은 편이며 실험연구 역시 다른 학교급에 비해서는 그리 높은 수준이 아닌 것으로 확인되었다.

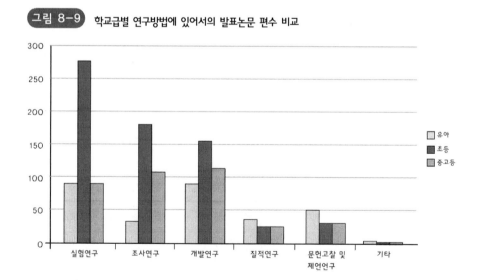

그림 8-9 학교급별 연구방법에 있어서의 발표논문 편수 비교

IV. 학교교육에서 교육공학 접근의 주요 동향과 과제

지금까지 살펴본 유아교육, 초등교육, 중등교육에서의 교육공학적 접근 연구결과들을 종합하여, 학교교육에서의 교육공학 실천에 대한 동향과 향후 과제에 관하여 정리해 보면 다음과 같다.

1. 교육공학 학문체계 발전과정과 유사한 학교교육에서의 교육공학 접근

학교교육에서의 교육공학 접근은 교육공학 학문체계의 발전과정과 유사한 실천 경향을 보이고 있었다. 1985년도부터 지난 30년 동안 유아교육, 초등교육, 중등교육 분야에서 이루어져 온 연구들을 분석해 본 결과 1990년대 중반까지는 교육공학 관련 연구가 거의 이루어지지 않다가 1990년대 중반부터 점차 늘어나기 시작하였고, 2000년대 들어 본격적으로 이루어지고 있음을 알 수 있었다. 이러한 현상은 교육공학이라는 학문분야 자체가 국내에서 1980년대 중반에 공식 학술단체가 발족하고 1990년대에 연구기반이 형성된 뒤, 2000년대 들어 교육정보화사업과 사이버교육의 도입, 첨단 테크놀로지를 활용한 교육이 확산되면서 활성화되고 있는 학문의 역사와 밀접한 관련을 맺고 있다. 특히, 유아교육, 초등교육, 중등교육 분야 모두 2010년부터 2014년 최근 5년간 발표된 논문들의 비율이 가장 높았는데, 이것은 최근 들어 학교교육 분야에 교육공학적 이론과 원리를 적용하려는 시도가 더욱 활성화되고 있음을 시사하는 것이다. 학생들의 학습력 증진과 학업성취 향상이 그 어느 나라보다 중요하게 강조되는 국내 현실에 비추어 볼 때, 주어진 조건하에서 최적의 교수학습 방법, 전략, 매체를 통해 수업의 효과성, 효율성, 매력성을 높이려는 교육공학적 접근이 학교교육에 확산되고 있다는 것은 매우 고무적이라 할 수 있으며, 교육공학의 실천을 위한 토대로 할 수 있는 학교교육의 혁신과 발전을 위해 교육공학자들이 앞으로도 계속 많은 관심을 기울일 필요가 있을 것이다.

2. 교수학습 매체 중심의 교육공학 실천

학교교육에서는 교수학습 매체 중심의 교육공학 실천 경향을 나타내고 있었다. 유아교육에서는 교수학습방법 및 전략 분야에서 가장 많은 연구가 이루어지긴 했지만 초등교육 및 중등교육에서는 교수학습 매체와 관련된 연구가 가장 많이 이루어져 왔음을 확인할 수 있었다. 유아교육에서도 1990년대 중반 이후부터는 교수학습매체 분야 연구가 점차 늘어나고 있는데, 이러한 현상은 1990년대 후반부터 크게 발전하고 있는 첨단 정보통신기술의 영향에 힘입은 바 크다. 유아교육, 초등교육, 중등교육 모두 일반 교구나 시청각매체, 컴퓨터 등을 활용한 교수학습의 효과에 관한 연구는 1980~90년대에도 꾸준히 이루어져 왔으며, 2000년대 들어 인터넷의 등장과 함께 ICT 활용수업으로 대변되는 인터넷 활용 교수학습이 교실 현장에 광범위하게 적용되어 왔다. 2000년대 중반 이후부터는 학교교육 분야에 이러닝이나 모바일 러닝, U-러닝의 개념이 도입되었는데, 유아교육에서는 유아 대상의 교육용 로봇을 활용한 교수학습의 효과를 탐색하고자 한 시도들이 이루어지고 있다는 점에 주목할 만하다. 아울러 초등교육에서는 2000년대 후반부터 디지털교과서와 전자책의 효과를 탐색하려는 연구들이 활발히 진행되어 왔으며, 특히 2012~2014년 동안에는 스마트기기를 활용한 교수학습 관련 연구들이 크게 증가하는 현상을 보이고 있다. 중등교육에서는 초등교육에 비해 교수학습매체 관련 연구 숫자나 다양성이 부족하긴 하지만 ICT 활용수업, 이러닝, 스마트러닝에 관한 연구가 2000년대 후반부터 꾸준히 증가하는 경향을 보이고 있다.

이러한 새로운 매체나 첨단 테크놀로지가 학교교육에 체계적으로 도입되고 안정적으로 활용될 수 있도록 하는 것은 교육공학자들이 수행해야 할 중요한 과제라 할 수 있다. 이를 위하여 향후 교육공학자들은 학교교육에서 새로운 교수학습매체의 활용에 도움을 줄 수 있는 연수 프로그램 개발 및 운영, 현장 매체 전문가들과의 지속적인 교류, 새로운 매체의 효과적 적용방안 탐색을 위한 현장 교사들과의 공동 현장연구나 실천연구 등에 적극적으로 나설 필요가 있다. 특히, 국내 교육공학자들의 대표적인 학술지인 '교육공학연구'지에 실린 학교교육에서의 교수학습매체 활용 관련 논문들을 살펴보면 초등교육 외에 유아교육이나 중등교육 관련 논문들을 찾아보기가 쉽지 않은 경향이 있다. 따라서 향후 초등학교 외에도 유치원과 중고등학교에 교육공학적 이론과 경험을 확산시키기 위한 방안을 모색하는 데 더욱 관심을 가질 필요가 있을 것이다.

3. 수학, 영어, 과학 등 주지교과 기반의 교육공학 적용

학교교육에서의 교육공학 접근이 갖는 또 하나의 특징은 수학, 영어, 과학 등 주지교과 중심의 접근이 이루어지고 있다는 점이다. 학교교육에서 주로 어느 교과에 교육공학적 지식과 경험이 적용되고 있는지 살펴본 결과 수학이나 영어, 과학 등 주지교과목 수업에 적극 도입·활용되고 있음이 확인되었다. 물론 학교 급별로 약간의 차이를 보였는데, 유아교육에서는 누리과정 중 수학, 과학, 논리, 컴퓨터 분야가 포함된 자연탐구 영역에서, 초등교육에서는 영어, 수학, 과학, 국어 교과에서, 중등교육에서는 과학, 영어, 사회, 수학 교과에서 많이 활용되고 있었다. 주지교과 이외에 초등교육에서는 특수교육 분야에서 교육공학적 접근을 시도하려는 연구들이 꾸준히 이루어져 왔다. 장애아동들의 인지기능이나 의사소통, 동기유발, 사회성 발달 등을 위한 다양한 교수학습 전략과 방법의 활용, 영상매체나 멀티미디어, 웹기반 시스템, 로봇, 스마트기기 등 다양한 교수학습 매체들을 활용한 수업 관련 연구들이 진행되어 왔다. 특수아들을 위한 교육에는 일반 학생들을 위한 교육보다 더욱 다양한 수업보조매체나 자료들이 활용되어야 하기 때문에, 특수교육과 교육공학과의 관련성은 앞으로도 더욱 깊어질 것으로 전망된다. 중등교육에서는 실과 교과에서도 과학교과 못지않게 교육공학적 접근이 활발히 이루어지고 있었는데 이는 기술, 가정, 기계, 전기, 전자, 공업 등 실업교과들을 다루는 전문계 고등학교에서 다양한 교수학습매체를 활용한 교육을 실시하고 있기 때문인 것으로 추측할 수 있다. 입시라는 현실적 문제로 인해 다양한 교수학습 방법이나 매체 활용 수업이 어려운 일반 고등학교에 비해, 전문계 고등학교에서는 학생들의 동기유발, 집중력 향상, 수업목표 달성 등이 매우 중요한 문제라 할 수 있기 때문에 앞으로 전문계 고등학교에서의 교육공학적 접근에 노력을 기울일 필요가 있을 것이다.

4. 실험연구 중심의 연구방법 활용

학교교육에서 교육공학적 접근을 시도한 연구들이 사용한 대표적인 연구방법은 실험연구였으며, 그 외에는 조사연구, 개발연구, 문헌고찰 및 제언연구, 질적연구 순으로 사용해 온 것으로 확인되었다. 그런데 학교급별로 살펴보면 다소차이가 있었는데, 유아교육 분야에서는 실험연구 외에 조사연구와 질적연구도 많이 사용한 것으로 나타났다. 초등 및 중등교육에서도 질적연구를 사용하긴 했으나 유아교육의 비중만큼 높게 나타나지는 않았다. 초등교육에서는 실험연구 외에조사연구와 개발연구가 비슷한 수준으로 활용되고 있는 반면, 중등교육에서는 실험연구보다 오히려 개발연구와 조사연구를 더 많이 활용하고 있는 것으로 확인되었다. 중등교육에서는 특정 교수방법이나 전략의 처치효과를 살펴보는 실험연구보다는 일반 교수학습자료 개발이나 컴퓨터 기반 매체 개발, 교과별 교수학습과정안이나 수업모형 개발 등의 연구가 많았는데, 이러한 현상은 다양한 교수학습 전략이나 방법의 실험적 적용을 통한 효과성 검증이 비교적 자유로운 초등학교에 비해 중고등학교에서는 진학과 입시문제로 인해 실험연구보다는 자료개발이나 수업설계안, 모형개발 연구에 초점을 맞추고 있기 때문인 것으로 추측된다.

초등교육과 중등교육 모두 질적 연구가 부족하다는 것은 공통적으로 나타난 현상이었다. 특정 교수학습 전략이나 첨단매체 활용의 효과를 양적으로 접근하는 것만으로는 교실 안에서 일어나는 역동적인 교수학습 양상이나 테크놀로지가 학생들에게 미치는 영향력을 세부적으로 이해하는 데 한계가 있을 수밖에 없다. 따라서 초중등교육에서 교육공학적 접근을 시도하려는 연구들은 교실 내 활동에 대한 내러티브 접근 근거이론에 기반한 접근, 심층적 사례연구 등 질적 측면에서의 탐색에 보다 많은 관심을 가질 필요가 있을 것이다.

5. 학술지 분포의 다양화: 교육공학적 접근의 저변 확대

끝으로, 지난 30년 동안 유아교육, 초등교육, 중등교육에서 교육공학적 접근을 시도한 논문들이 게재된 학술지들을 살펴본 결과 매우 다양한 학술지에 관련 논문들이 게재되어 왔음을 알 수 있었다. 유아교육 분야에서는 유아교육학회에서 발간하는 전문학술지 외에도 영유아보육학, 어린이문학교육, 유아특수교육, 지체·중복·건강장애 관련 특수교육, 교원교육 등 다양한 유관 학술지에도 논문들이 기고되었으며, 초등교육 분야 역시 관련 논문들이 정보교육학회, 실과교육학회, 영어교육학회, 교육공학회, 교육정보미디어학회 등 다양한 분야의 학술단체에서 발간하는 학술지에 게재되어 왔다. 중등교육의 경우 교과교육이 활성화되어 있는 특징상 주로 교과교육 관련학회에서 발간하는 학술지에 논문들이 게재되어 왔다.

교육공학 관련 논문들이 유아교육, 초등교육, 중등교육 분야를 막론하고 다양한 학술지에 게재되고 있다는 것은 시사하는 바가 크다. 이는 교육공학적 접근에 관한 인식이 널리 확산되고 있다는 것을 의미하기 때문이다. 물론 학습의 촉진과 수행의 향상을 목표로 하고 있는 교육공학의 학문적 특성과 학교교육이 지향하고 있는 학습력 향상이나 수업목표 달성, 행동의 변화와 밀접한 관련이 있기 때문에 학교교육에서의 교육공학적 접근은 필수적으로 요청된다고 볼 수 있지만, 연계성이 높은 유관 학문분야 외에도 다양한 학문분야에서 교육공학적 접근을 시도하고 있다는 것은 교육공학의 저변 확대에 큰 도움이 될 수 있기 때문이다. 이 같은 학문적 외연 확장과 저변확대가 지속적으로 이루어지도록 하기 위해서는 향후 교육공학 분야에서 교수학습방법 및 전략의 개선과 새로운 교수법 모색, 교수설계이론의 체계화 및 실천적 수업모형 개발, 다양한 첨단 교수학습매체를 활용한 수업 탐색 등을 위해 끊임없는 노력을 기울일 필요가 있으며, 아울러 주변 학문분야들과의 협력을 통한 다양한 공동연구 수행 및 성과 공유가 체계적으로 이루어질 필요가 있을 것이다.

참고
문헌

교육과학기술부, 보건복지부(2013). 3－5세 연령별 누리과정 해설서. 서울: 교육과학기술부, 보건복지부.

김동식(1996). 한국교육공학의 연구동향 분석. 교육공학연구, 12(1), 173－193.

나일주(1995). 교수매체 연구의 현대적 과제: 교수매체의 효과성 논쟁을 중심으로. 교육공학연구, 11(1), 47－71.

박성익·왕경수·임철일·박인우·이재경·김미량·임정훈·정현미(2001). 교육공학 탐구의 새지평. 서울: 교육과학사.

박성익·임철일·이재경·최성임(2011). 교육방법의 교육공학적 이해. 파주: 교육과학사.

박숙희·염명숙(1999). 교수학습과 교육공학. 서울: 학지사.

박승배(1994). 교육에 있어서의 컴퓨터 이용에 관한 논쟁: 미국의 경우. 교육공학연구, 10(1), 99－104.

신나민·임정훈·이혜정(2006). 한국 원격교육 연구의 동향과 전망: 1985－2005년도를 중심으로. 교육공학연구, 21(4), 195－227.

양용칠·정현미(2006). 교육공학연구 20년 연구흐름 분석. 권성호·임철일(2006). 교육공학연구의 동향: 회고와 전망. (11－39). 서울: 교육과학사.

왕경수·홍경선(2006). 교육공학연구의 현황 및 과제. 권성호, 임철일 (2006). 교육공학연구의 동향: 회고와 전망. (11－39). 서울: 교육과학사.

임정훈(1997). 교육정보화를 대비하는 교원의 자세, 새교육 5월호. 한국교육신문사.

임철일·임정훈·이동주(2011). 교육공학. 서울: 한국방송통신대학교 출판부.

Aronson, D. T., & Briggs, L. J. (1983). Contributions of Gagne and Briggs to a prescriptive model of instruction. In C. M. Reigeluth (Ed.), *Instructional design theories and models: An overview of their current status*. Hillsdale, NJ: Lawrence Erbaum Associates.

Clark, R. E. (1994). Media will never influence learning. *ETR & D, 42*(2), 21－30.

Clark, R. E., & Salomon, G. (1986). Media in teaching. In M. C. Wittrock (Ed.), *Handbook of research on teaching* (pp.464－478). NY: Macmillan Publishing Company.

Dick, W., & Carey, L. (1978). *The systematic design of instruction*. Foresman and Company.

Driscoll, M (1984). Alternative paradigms for research in instructional systems. *Journal of Instructional Development*, 7(4), 1－5.

Gagne, R. M., & Briggs, L. J. (1979). *Principles of instructional design.* NY: Holt, Rinehart and Winstone.

Heinich, R., Molenda, M., & Russell, J. D. (1989). *Instructional media and the new technologies of instruction.* NY: Macmillan Publishing Company.

Keller, J. M. (1983). Motivational design of instruction. In C. M. Reigeluth (Ed.), *Instructional design theories and models: An overview of their current status.* Hillsdale, NJ: Lawrence Erbaum Associates.

Kozma, R. B. (1994). Will media influence learning? Reframing the debate. *ETR & D,* 42(2), 7−20.

Lowther, D. L., & Ross, S. M. (2012). Instructional designers and P−12 Technology Integration. In R. A. Reiser, & J. V. Dempsey (2012). *Trends and Issues in Instructional design and technology* (pp.208−217), 3rd Edition. Pearson Education Inc.

Merrill, M. D. (1983). Component display theory. In C. M. Reigeluth (Ed.), *Instructional design theories and models: An overview of their current status.* Hillsdale, NJ: Lawrence Erbaum Associates.

Molenda, M., Pershing, J., & Reigeluth, C. (1996). Design instructional systems. In R. Crain(Ed), *Training and development handbook*(4th ed.). NY: McGraw−Hill.

Morrison, G. R., Ross, S. M., & Kemp, J. E. (2004). *Designing effective instruction* (4th ed.). NY: John Wiley & Son, Inc.

Phipps, R., & Meristotis, J. (1999). What is the difference? A review of contemporary research on the effectiveness of distance learning in higher education. Retrieved April 30, 2015 from http://www.ihep.org/research/publications/whats−difference−review−contemporary−research−effectiveness−distance−learning

Reigeluth, C. M., & Stein, F. S. (1983). The elaboration theory of instruction. In C. M. Reigeluth (Ed.), *Instructional design theories and models: An overview of their current status.* Hillsdale, NJ: Lawrence Erbaum Associates.

Reigeluth, C. M. (Ed.) (1999). *Instructional design theories and models: A new paradigm of instructional theory,* Volume II. Mahwah, NJ: Lawrence Erbaum Associates, Inc.

Reiser, R. A., & Gagne, R. M. (1983). *Selecting media for instruction.* Englewood Cliffs, NJ: Educational Technology Publications.

Reiser, R. A. (2012). A history of instructional design and technology. In R. A. Reiser, & J. V. Dempsey (2012). *Trends and Issues in Instructional design and technology*, 3rd Edition. Pearson Education Inc.

Seels, B., & Richey, R. (1994). *Instructional technology: The definition and domains of the field.* Washington DC: Association for Educational Communication and Technology.

Smaldino, S. E., Lowther, & Russell, J. D. (2012). *Instructional technology and media for learning.* Tenth Edition. Pearson.

제9장

기업, 군, 공공기관에서의 교육공학 실천

최성우 ▌ 숭실대학교 교수
송영민 ▌ 공군본부 소령
하영자 ▌ 교육부 중앙교육연수원 교수

　기업교육과 군 그리고 공공기관의 교육은 한 국가와 사회의 안녕과 성과 및 생산성에 직접 영향을 미치며 그 사회의 구성원들의 삶의 질을 좌우하는 핵심요소가 된다. 교육공학의 학문적 성장은 이 분야들에서의 실천의 장들을 넘나들면서 협동, 협업, 협력이 이루어질 것으로 생각된다.

　이 장은 기업과 군과 공공기관 교육에서 교육공학이 어떠한 역할을 수행해왔는지, 또 각 분야에서의 전망은 어떠한지 각 분야별 현황과 교육공학의 역할 그리고 각 분야에서 교육공학의 향후 전망 순으로 살펴보기로 한다.

Ⅰ. 기업에서의 교육공학

1. 기업교육의 현황

　최근의 기업교육은 인적자원개발(Human Resource Development)이라는 용어로 대변되고 있으며, 그 어느 때보다도 역동적이고 다양한 변화의 시기를 맞이하고 있다. 특히, 21세기 들어 IT를 중심으로 교육 분야는 물론 기업 환경에서도 빅뱅으로 표현되는 패러다임의 대변화가 진행되고 글로벌화가 가속화됨으로써, 가히 예측 불허의 시대로 접어들고 있는 상황이다. 인터넷과 모바일, 스마트 테크놀로지 환경 등은 디지털 경영, e-business와 e-commerce를 넘어 온디맨드 O2O(Online to Offline) 서비스, IoT(Internet of Things), 빅데이터 시스템 등 수많은 변화를 맞이하고 있으며, 기업들은 구성원들을 위한 교육훈련과 HRD에 많은 시간과 비용, 노력을 기울이고 있다.

예를 들면, 대기업은 물론 중소기업들도 이러한 시스템과 서비스를 이용하여 지속가능한 학습공동체(sustainable learning communities)를 위한 지식경영 업무수행을 도구로 사용하는 교육을 실시하고 있다. 아울러, 글로벌 기업들은 최신 제품에 대한 정보를 세일즈 사원은 물론 고객에게 교육시키고 제공하기 위해 사이버러닝 시스템을 구축하고 또 활용하고 있다. 지속적인 전문성 개발(Continuing professional development) 시스템은 주기적으로 정보를 업데이트 하고 업무현장에서 필요한 기술과 노하우를 구성원들에게 제공하여 이들의 역량개발에 큰 역할을 담당하고 있다. 학습 플랫폼을 조직에 통합하는 기업체와 기관들이 늘어가고 있고, 직원 역량개발을 격려하고 촉진하기 위한 새로운 마이크로 학습전략들이 다양한 상호작용 형태로 제공되고 있다(Wikipedia, 2016).

더욱이 Kruzweil을 비롯한 일부 미래학자들이 기술개발 역사로부터 추측해서 얻을 수 있는 미래예측의 신뢰할 수 있는 한계인 싱귤래러티(singularity)를 2045년으로 산정하고 있는 상황에서 이러한 변화의 속도와 진폭은 기업들에게 매우 큰 부담으로 다가오고 있다. 2045년 이후의 미래를 예측할 수 없다고 하는 것은 나노기술, 합성생물학, 특히 인공지능의 발달이 미래를 어떻게 바꿀지 알 수 없기 때문이라고 한다(박영숙, Glenn, 2015).

그럼에도 HRD로 대변되는 기업교육은 기존의 기업 내 인적자원을 위한 교육훈련에 더하여 개인개발, 경력개발, 조직개발, 기업문화개발 등을 지속적으로 성장, 발전시켜 이러한 변화에 대처해 오고 있으며, 앞으로도 계속해서 그 노력을 배가할 것이고 또 그렇게 해야만 할 것이다. 기업의 존재 목적은 수익의 창출이며 기업은 경영(management)을 통해 이러한 목적을 달성하고자 하며, 기업교육은 이러한 목적달성을 위한 방법과 수단으로써의 역할을 다해야 하기 때문이다.

2. 교육공학의 역할과 활용

(1) 교육공학의 역할

교육공학은 교육학의 여러 세부 분야들이 교육현상을 설명하는 것과 달리 교수학습의 실제적 문제를 해결하기 위한 처방적 이론을 산출하며, 이론과 실천의 조화와 접목을 강조한다(홍성연, 2011; Januszewski & Molenda, 2013). 이러한 실천적 목적에서 출발한 교육공학은 철학과 심리학에서부터, 시스템학, 커뮤니케이션학, 컴퓨터과학, 경영학 등 여러 인접학문들의 영향을 받으며 성장해 왔다(Ely, 2008). 아울러 다른 학문의 장점을 빠르게 받아들이는 특성(multi-disciplinary approach)은 학문적 실용성을 높이고 학교교육은 물론 의학계, 기업체까지 교육공학의 영역을 넓히는 데 기여해 왔다.

기업교육의 실질적인 전환기인 산업혁명 이후부터 20세기 말까지의 교육내용을 살펴보면 학교교육의 기반인 페다고지(pedagogy)와 앤드라고지(andragogy)로 이해되는 성인교육학을 바탕으로 한 교육과 훈련이었다. 이러한 교육내용을 효과적(effective)이고 효율적(efficient)이며 흥미롭게(attractive), 즉 즐겁게(enjoyable) 학습할 수 있도록 지원하는 다양한 이론과 구체적인 실천전략을 제공해 온 학문이 바로 교육공학인 것이다. 그 구체적인 예로 교수공학(Instructional Technology)을 기반으로 발전한 수행공학(Human Performance Technology)과 다양한 교육훈련 프로그램을 개발하고 활용하기 위해 교수학습설계(Instructional Design) 이론과 교수학습체제개발(ISD) 모형, 프로그램 평가 이론과 모형, 교수학습전략으로 제공된 다양한 방법론과 모형들을 들 수 있겠다(권대봉 외, 1997; 나일주 편, 1997; 정재삼, 2000a; 천영희, 2000).

21세기에 들어 패러다임 전환과 함께 HRD로 대변되고 있는 기업교육의 내용은 교육과 훈련을 기반으로 개발(development)의 관점을 더하게 된다. 아울러 학습은 물론 성과에 대한 관심을 높이고 개인의 기본적 역량은 물론 경력, 조직, 업무 프로세스 등에 대한 전문성을 향상시키고 개발하기 위한 프로그램에 역점을 두게 되었다(나일주, 임철일, 이인숙 편, 2003; 오헌석, 2009; 장수용, 2007; Gilley, Eggland & Gilley, 2002; Rothwell, Lindholm & Walick, 2006; Swanson, 2009). 그 구체적인 실천전략 부문에서도 기존의 교육공학적 접근 외에 경영학, 컴퓨터

과학, 정보통신과학 등의 이론과 방법론, 전략들을 융복합(convergent)하여 연구 개발하고 활용해 오고 있다. 인적자원개발의 실천을 위한 구체적인 실천내용으로는 인적자원의 육성 체계, 개인의 경력과 조직 개발과 변화, 이를 위한 프로그램의 개발 및 학습 전략, 프로그램에 대한 평가 그리고 인적자원을 통한 성과향상 등이 제시되고 있다(김선희, 박성민, 권정언, 2010; 임철일, 연은경, 2015; 장원섭, 2015; Arneson, Rothwell & Naughton, 2013).

(2) 교육공학의 활용

기업교육에서 교육공학이 활용되는 분야는 매우 다양하다. 그 이론과 실천 전략 중에서 비중 있게 다루어져 왔거나 현재 활용되고 있는 내용을 정리하면 다음과 같다.

1) 교육공학과 수행공학

교육공학은 교수공학(Instructional Technology) 또는 훈련공학으로 불리기도 한다. 교육공학은 '학습을 위한 과정과 자원을 설계·개발·활용·관리 및 평가하는 이론과 실제'이며 그 영역이 구체적으로 정의된 학문이다(Seels & Richey, 1994). 최근에는 '적절한 테크놀로지 절차와 자원의 창조·활용·경영을 통해 학습을 촉진하고 수행성과를 개선하는 이론과 윤리적 실천'이라고 정의되고 있다(Januszewski & Molenda, 2013). 교육공학에는 과정 중심의 소프트 테크놀로지와 산출물 중심의 하드 테크놀로지가 있다(나일주, 임철일, 이인숙, 2003).

교육공학의 하드 테크놀로지에는 컴퓨터, 모바일 기기, 네트워크, 인공위성 등과 같은 교수매체들이 포함된다. 반면에, 소프트 테크놀로지에는 교수학습설계(ID), 교수학습체제개발(ISD), 교수방법, 교수학습이론 등이 포함된다. ISD는 이러한 소프트 테크놀로지를 대표하는 이론으로 효과적인 교수학습 프로그램을 개발하기 위하여 관련 구성요소들을 분석-설계-개발-실행 및 평가하는 체계적이고 체제적인 과정이다. 어떠한 ISD 모형에서도 발견되는 핵심적인 다섯 가지 활동들(즉 ADDIE)이 있어서, 이 요소들이 각 ISD 모형의 근간 및 기초개념으로 받아들여져 왔다. 최근에 Web 2.0 개념이 도입된 이후에는 공유, 분배 및 확산(Distribution)의 개념을 추가하여 ADDIED의 여섯 가지 활동을 제안하는 학자들도 생겨나고 있다(최성우, 2008).

수행공학(HPT)은 '교육훈련에 한정하지 않고 모든 인적자원(HR)의 해결책을 활용하여, 경영전략과 목적을 수행하는 구성원들의 능력에 연결시키는 실제적인 분야'로 정의된다(Stolovitch & Keeps, 1999). 수행공학은 개인과 조직의 퍼포먼스를 증진시키기 위하여 문제를 해결하는 체계적이고 체제적인 과정이다. 즉, 교육, 훈련, 학습의 한계를 초월하는 개인과 조직의 문제를 해결하는 유용한 수단과 전략, 방법 등을 연구개발하는 데 관심을 두고 있다(나일주, 임철일, 이인숙, 2003, 장환영, 2014).

교육공학과 수행공학은 유사한 과정 즉, ADDIE의 과정들을 가진다. 체제접근(systems approach)에서는 동질성을 갖고 있다. 그러나 세부적인 내용을 살펴보면 분명한 차이도 나타난다. 전통적인 ISD/IT는 지식과 기능의 부족을 해결하는 학습목표를 달성함으로써 학습자 개인의 수행능력을 배양시키는 반면, HPT는 개인과 조직의 수행 개선에 직접적으로 연계되어 직무수행과 경영성과에의 영향을 그 목적으로 한다(Mager, 1997). HRD로 대변되는 최근 기업교육은 바로 HPT의 이론적 발전과 성과에 힘입어 기업현장에서 요구하는 인적자원 양성과 다양한 프로그램 개발 및 활용, 평가, 미래 산업 예측 등에 핵심적인 지원을 제공하고 있다.

2) 기업교육 프로그램 개발과 평가

기업교육의 궁극적인 목적은 교육의 효과를 극대화시킴으로써 교육을 받은 개인은 물론 개인이 속한 조직이 담당하는 직무와 과업을 보다 효과적으로 수행하도록 돕는 것이다. 따라서 기업교육의 효과를 높이기 위해서는 사전에 교육대상자와 교육내용, 교육방법, 평가, 성과 확산 등에 대해 전반적이고 총체적인 계획이 필요하다. 교육공학에서는 이러한 교육프로그램을 체계적이고 체제적으로 설계하고 개발하며, 그 결과를 평가하는 과정을 교수학습체제개발(ISD)의 이론과 모형에서 적용하고 발전시켜 온 것이다.

ISD 이론과 모형은 개개 기업의 특성과 장단점 등을 반영, 최적화되어 연구개발되고 활용되며, 또 확산되어 오고 있다. 글로벌 문화가 일반화되어 있는 기업들은 물론 국내 기업들도 독자적인 프로그램 개발 및 활용, 평가 등에 관한 모형을 연구개발하여 구성원 교육에 몰두하고 있다.

이러한 모형들의 몇 가지 예를 들면, 먼저 DACUM(Developing A Curriculum)

을 들 수 있다. DACUM은 1960년대 캐나다에서 해당 업무의 우수 수행자(star performer)로 구성된 위원회의 전문지식을 기반으로 직무분석 차원의 능력 명세서(competency lists)를 신속하면서도 효과적으로 개발한 활동에서 그 원류를 찾을 수 있다. 그 후 이 기법은 미국 Ohio State University에서 직업교육을 위한 직무분석에 광범위하게 적용되면서 널리 알려지게 되었다. 이 기법이 유수 기업체에 본격적으로 활용되기 시작한 계기는 기존의 교육과정 개발 기법에 비하여 10단계의 체계적인 과정을 거쳐 과제 분석 또는 교육내용 분석에서 탁월하면서도 효율적인 방법으로 인식되었기 때문이다(나일주, 임철일, 이인숙, 2003).

　　Swanson(1978)에 의해 개발된 TPS(training for performance system)는 미국의 대형 제조회사의 조직과 프로세스, 개인의 성과를 향상시키기 위한 전문성을 강화하기 위해 개발되었다. 그 회사는 모든 수준(회사, 부서, 공장, 경영, 기술, 동기 등)을 포괄하는 전체적인 훈련과정을 요구하였다. 따라서 여기에는 공통적으로 활용될 수 있는 체계적인 접근과 전 회사의 훈련에 쓰일 수 있는 공통 언어가 필요하였다. 처음에는 '훈련 테크놀로지 시스템(training technology system)'이라 불린 이 시스템은 초기 ADDIE 모형을 역동적인 조직에 보다 적합하도록 변형하여 적용한 것이었다. 이후 훈련 시스템의 진정한 목적을 반영하고 '테크놀로지'라는 단어가 잘못 해석되는 것을 방지하기 위해 TPS로 그 명칭을 변경하였다(Swanson, 2009).

　　성과조직개발시스템(organization development for performance system)도 그 한 예에 속한다. ODPS는 성과향상에 집중하는 기본적인 조직개발과정을 보여 주며, 조직개발 컨설턴트의 전문적 활동보다는 개입의 단계에 더 초점을 맞춘다. 많은 연구자들이 요구하는 변화 혹은 결과로서의 탁월성, 개선, 성과에 대하여 정확히 정의하지 않은 채 변화에 대하여 논의하곤 한다. 예를 들어, 18가지 변화 방법에 대해 상세히 소개한 한 매뉴얼에서는 결과로서의 탁월성, 개선, 성과에 대한 문제들이 제대로 다루어지지 않고 있다. 이와 대조적으로 ODPS는 개인 및 집단, 프로세스, 조직의 성과향상을 목적으로 전문성을 활용하여 계획적, 조직적으로 변화를 이끌어 내고자 하는 과정이다. 이들 구성요소에는 ① 분석 및 계약, ② 진단 및 피드백, ③ 계획, 설계 및 개발, ④ 실행, ⑤ 평가 및 제도화가 포함된다(Lynham, 2000c; Swanson, 2009에서 재인용).

　　교육평가 이론 또한 교수학습적인 평가 이론과 함께 HPT에 근거한 평가방법들이 많이 활용되고 있다. 그 예로 잘 알려진 Kirkpatrick(1994)의 교육훈련 평가 모형을 들 수 있다. 즉, 반응(reaction) - 학습(learning) - 행동(behavior) - 결과(result)의 네 가지 수준에서 이루어지는 평가이다. 이와 유사하게 Rothwell은 수행 증진과 변화에 초점을 맞추어서 HPT 전략 평가를 제시하였다. 여기에서는 직원의 만족도(worker satisfaction) - 작업결과(work result) - 작업환경적 결과(work environment result) - 조직환경적 결과(organizational environment result)의 네 가지 수준이 성정되었다. Kirkpatrick의 교육훈련 평가는 계획된 학습이 참여자, 직무행동, 조직결과에 미치는 영향에 초점을 둔 반면, HPT 전략 평가는 계획된 수행개선과 변화에 초점을 두고, 전략적 효과뿐만 아니라, 최종적으로 '손해보지 않는' 결과(bottom-line result)를 측정한다(나일주, 임철일, 이인숙, 2003).

3) 기업교육 방법에의 활용

기업교육이 교육공학을 활용한 측면에서 가장 큰 영향을 받은 부분은 교수학습 방법이라고 할 수 있겠다. 교육공학의 역사적 기원이 박물관 활용 교육과 시청각교육임을 감안할 때 과학기술과 테크놀로지의 발달과 함께 해온 교육공학의 교육방법에서의 공헌은 기업교육에서도 그대로 반영될 수 있는 것이다.

기업교육 방법은 넓은 의미에서 기업교육의 목적을 달성하기 위한 모든 과정과 수단이라고 할 수 있으며, 좀 더 좁은 의미에서는 교육내용을 전달하기 위한 과정 및 자료개발이라는 의미로 개념화되기도 한다. 최근 기업교육 방법들은 교수자 중심에서 학습자 중심으로 전환되고 있다. 이러한 변화 역시 교육공학 분야가 겪고 있는 패러다임 전환과 맞물려 있으며, 기업교육 담당자들이 교육공학적 측면에서 교육방법 이론과 기법들을 지속적으로 관심 있게 관찰하고 또 활용하고 있다는 반증이기도 하다.

기업교육의 방법은 크게 OJT(On-the Job Training)와 Off-JT(Off-the Job Training)로 나눌 수 있다. 나일주 등(2003)은 OJL(On the Job Learning), Off-JL(Off the Job Learning)을 추가하여 제안하였다. 필자는 여기에 사이버러닝(cyber-learning) 영역을 추가하고자 한다. 사이버러닝에 대해서는 다음 절 '4) 사이버러닝과 기업교육'에서 좀 더 구체적으로 설명하고자 한다. 이를 정리하여 제시하면 [그림 9-1]과 같다.

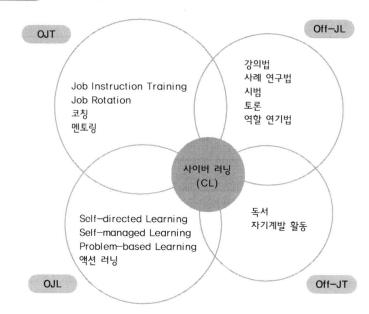

그림 9-1 기업교육 방법의 분류

OJT

Off-JL

Job Instruction Training
Job Rotation
코칭
멘토링

강의법
사례 연구법
시범
토론
역할 연기법

사이버 러닝
(CL)

Self-directed Learning
Self-managed Learning
Problem-based Learning
액션 러닝

독서
자기계발 활동

OJL

Off-JT

출처: 나일주 외(2003) 수정

4) 사이버러닝과 기업 교육

ICT를 교육적으로 활용하면서 테크놀로지의 변화에 따라 많은 용어가 사용되어 왔고, 유행이 변하듯이 그 사용 빈도나 관심도 또한 자주 변해 왔다. 교육공학 분야에서 처음으로 소개되어 교육공학의 존재감을 가장 크게 부각시킨 이 교육방법은 컴퓨터 활용 교육(CBT, CBI, CAI, CAL)으로부터 멀티미디어 활용 교육, ICT 활용교육, 온라인교육, 가상교육, 웹기반교육, 사이버교육, e러닝, u러닝, m러닝, 스마트러닝에 이르기까지 일일이 거론하기조차 쉽지 않다. 이들 용어의 정확한 의미는 그 용어가 가장 빈번하게 사용되던 당시에 주목받던 테크놀로지의 상황과 국가의 정책적 고려를 감안하면 쉽게 이해될 수 있다. 필자는 이러한 테크놀로지를 활용한 교육을 의미하는 다양한 형태를 총괄할 수 있는 용어로 사이버러닝을 사용하고자 한다.

기업교육에서 e러닝을 포함한 사이버러닝은 이제 그 효과성은 논외로 하더라도 경비 절감이나 기업 홍보 차원을 넘어서 중지할 수 없는 상황으로 진행되고 있다. 왜냐하면 기업환경의 글로벌 특성은 물론, 일반인들의 스마트 폰을 중

표 9-1	이러닝 수요시장 추이(2014. 4)				(단위: 백만 원, %)	
구분	2009년	2010년	2011년	2012년	2013년	증감율
개인	945,369	1,003,177	1,093,016	1,102,586	1,256,430	14.0
사업체	886,283	963,139	1,075,645	1,189,963	1,284,258,	7.9
교육기관	96,434	106,768	127,540	136,722	144,327	5.6
정부/공공기관	143,806	151,255	165,315	175,062	176,126	0.6
전체	2,071,892	2,224,339	2,604,333	2,604,333	2,861,141	9.9

출처: 정보통신산업진흥원, 이러닝산업실태조사

심으로 한 사이버 환경에서의 일상은 더 이상 호기심이나 관심의 대상이 아니라 생존과 직결되는 수준에까지 이르고 있기 때문이다. 숨가쁘게 추진되어 온 학교 교육에서 디지털 교과서의 활용도 현재 잠시 숨고르기를 하는 상황이라고 볼 수 있으며, 모든 학교에 보편화되는 것은 시기의 문제만 남아있을 뿐 거스를 수 없는 큰 흐름이라고 할 수 있다. 또 다른 예로 미국의 구글과 버라이즌, 마이크로소프트 사와 같은 대형 첨단기업에서는 초중등 및 대학생들에게 테크놀로지를 활용한 학습을 위해 많은 재정지원을 하고 있다(Huffpost Education, 2010). 이러한 노력은 당장의 학교에서의 학습 효과는 물론 향후 평생학습에서의 퍼포먼스의 향상을 기대하는 장기적인 투자라고 볼 수 있겠다. 국내의 상황도 이와 크게 다르지 않다. 예를 들면, 최근 e러닝 수요시장의 현황을 보면 계속해서 성장해 가는 추세를 보이고 있다(<표 9-1> 참조). 따라서 기업교육에서 사이버러닝도 비용효과와 교육적 효과의 논점이 남아있다 하더라도 지속적으로 확대, 발전해 갈 것이라는 것에는 이론의 여지가 없다.

교육공학 전문가들의 연구와 개발활동에서 때로는 너무 과도한 관심을 받아 학문적 정체성에 착시현상을 불러일으키는 부분인 사이버러닝은 기업교육의 기법으로 꾸준하게 관심을 받고 또 확대되어 갈 것으로 예측된다. 최근 정부기관과 대학을 포함한 연구기관 등에서는 융복합(convergence, or consilience)적 연구개발에 대해 매우 큰 관심과 재정적 지원을 아끼지 않고 있다. 결국, 스마트 테크놀로지로 알려지고 있는 다양한 테크놀로지의 컨버전스 현상은 교수학습 환경에서 계속 사이버화할 것으로 예측되고 있다. 따라서 이 책의 여러 장들에

서 다루고 있는 테크놀로지와 다양한 사이버러닝 관련 내용들이 바로 기업교육
에서 그대로 활용되고 이용될 것으로 판단된다.

(3) 교육공학의 공헌과 기대

교육공학은 기업의 업무성과를 향상시키는 데 실제적으로 도움이 되는 학
문으로서 기업교육에서 적극적으로 활용되어 왔다(홍성연, 2011). 교육공학의 어
떤 특성이 기업의 실무자들의 관심을 끌었는가를 살펴보면 다음과 같다.

먼저, 교육공학은 경영학을 비롯한 실용성이 높은 다양한 학문들의 장점을
적극적으로 수용하면서 교수학습 효과를 실제적으로 개선하는 데 기여해 왔다
(송영수, 2000, 정재삼, 2003, Ely, 2008).

다음으로, 교육공학은 기업에서 요구하는 목표에 맞는 교육체제를 구축하
기 위한 방법론을 제공해 왔다(송상호, 2002). 교육 목표에 맞는 방법, 전략, 전
술, 기법, 그리고 모형 등의 교육방법을 다루는 교육공학은 실제적으로 기업의
HRD 중 교육과 훈련에 크게 기여하였다. 기업에서 교육훈련, 교육프로그램 개
발, 교수학습설계, 교육평가, 사이버러닝, 그리고 수행 증진 등의 부분은 교육공
학의 영향을 특히 많이 받은 분야이다(정재삼, 2000b). 효과적 경영을 위해 교육
이 일종의 투자라는 인식을 갖게 된 기업들은 다양한 교육공학적 접근을 통해
회사의 비전, 경영 방침을 구현하기 위한 교육 방법, 역할별·직무별 교육시스템
등을 구축하였다(송영수, 2000). 이에 맞춰 교육공학 전문가들은 학습이 능동적으
로 성과에 반영될 수 있도록 연구개발의 범위를 수행(performance)이나 역량
(competency)까지 확대하고 있다(홍성연, 2011).

셋째, 교육공학에서 연구개발하는 첨단 매체의 교육적 활용은 교육의 효과
성, 효율성, 매력성을 증진시킴으로써 비용효과적인 교수학습이 가능하게 하였
다. 기업은 교육으로 인해 발생하는 업무 공백이나 비용을 줄이기 위해 첨단 테
크놀로지를 활용한 e러닝, u러닝, m러닝 등의 사이버러닝과 학습 및 실천 커뮤
니티(CoP) 활용, 블랜디드 러닝 등의 기법과 전략을 수용하여 기업 내 교수학습
및 HRD 교육훈련 환경을 빠르게 개선하고 있다(홍성연, 2011).

이러한 교육공학의 특성으로 인해 기업뿐만 아니라 학교, 의료시설, 문화예
술시설, 군대, 지역사회 학습 공동체, 평생학습 기관, 사이버 학습 공동체 등 여
러 평생교육 및 평생학습 현장에서 적극적으로 활용되어져 온 것은 교육공학의

큰 공헌으로도 평가될 수 있겠다. 따라서 이러한 공헌을 지속적으로 유지하고 기업현장에서 요구되는 HRD 관련 현안들에 대한 해결 방안 역시 새로운 기대로 받아들여야 할 것이다.

3. 기업교육에서의 교육공학의 향후 전망

교육공학의 역사를 되짚어보면서 20세기 초반, 중반까지의 발달과정을 면밀히 살펴보면, 세계대전과 교육공학의 발달 속도와 범위가 밀접한 관계가 있음을 알 수 있다. 현재에 이르러서도 이러한 상관관계는 크게 달라지지 않았음을 알 수 있다. 즉, 군사전략, 전술을 위해 교육훈련 이론과 전략이 개발되어 효과성이 입증되면, 기업경영과 기업교육 분야에서 그 이론과 전략을 도입하여 수익 증대 및 성과 향상을 위해 활용한다. 기업분야에서도 어느 정도 효과성이 입증되면 이제 학교교육으로 그 이론과 방법론이 도입되기 시작한다. 최근에는 의료 분야에서 기업교육 못지않게 교육공학의 이론과 접근방법에 대한 관심이 매우 높아지고 연구개발에 참여하는 비중도 높아지고 있다.

결론적으로 인간을 대상으로 하는 분야에서는 교육이 반드시 함께 이루어져야 한다는 어찌보면 아주 단순한 진리를 이러한 현상에서 다시 한 번 느끼는지도 모르겠다. 이 글을 시작하면서 언급한 대로 기업교육은 어찌 보면 학교교육보다 훨씬 경쟁적이고 성과지향적인 환경에 놓여 있는 학습대상자, 인적 자원들을 대상으로 하기 때문에 사회변화와 또 그 속도에 매우 민감할 수밖에 없다. 이런 점에서 다학문적 접근과 융복합적 특성을 태생적으로 지니고 있는 교육공학이 기업교육에 가장 큰 영향을 주고, 또 공헌해 오고 있는 것은 매우 다행스럽고도 또 당연한 것으로 여겨진다.

여기에 더하여 우리 교육공학자들은 미래예측에 관심을 갖는 미래학적 접근에 좀 더 관심을 가질 필요가 있음을 강조하고 싶다. 예를 들면, 유엔미래보고서 2045의 메가트렌드에 의하면 2045년 <포춘 (Fortune)>이 선정하는 500대 기업의 70% 정도를 현재 아직 태어나지도 않은 기업이 차지할 것이라고 한다. 글로벌 시가총액 측면에서 2013년에 3위, 2014년에 5위를 차지한 구글은 2012년까지는 순위에 없다가 2013년에 단숨에 올라섰다는 것이다. 미래에는 대기업의 판도가 바뀌어 '인터넷 기업'이 대기업이 될 것이며, 이는 인간이 사회적 동물이기 때문에 찾아오는 자연스러운 미래이다. 미래는 사이버 공간의 삶이 중요해지고, 비중도 늘어난다. 1인 기업, 1인 창업이 활성화되는 미래에는 사이버 공간에서 일하고 인간관계를 쌓아가며, 각종 서비스도 인터넷을 통해 받게 된다. 현재 20억명의 인터넷 인구는 2020년에는 70억명으로 늘어날 것으로 예상되며, 인터넷이 일상적인 활동의 공간이 될 것이라고 한다(박영숙, Glenn, 2015). 이러한 미래를 걱정과 우려로 맞이할 것이 아니라 교육공학적인 접근을 통해 기업들의 수익과 성과를 향상시키고 구성원들의 삶의 질을 높일 수 있는 교육방법, 즉 테크놀로지적 노하우를 연구개발하는 전문성을 준비하는 것이 어떨까 한다.

II. 군 교육과 교육공학

1. 군 교육훈련의 특성

군대의 존재 목적은 유사시 전쟁에서 승리하는 데 있다. 이를 위해서는 무엇보다 교육훈련이 중요하다. 한국군의 교육훈련과 관련한 기본 방향을 제시하는 국방교육훈련 훈령(2008)에 따르면, 군 교육훈련의 목표는 적과 싸워 이길 수 있는 강한 전사, 강한 군대를 육성하는 데 있다. 군 교육훈련의 특성에 대해 논의하기 위해서는 군에서 사용하는 교육훈련 용어의 개념과 국방 교육훈련 체계에 대한 이해가 선행되어야 한다.

1) 군 교육훈련의 개념

국방교육훈련정책서(2009)에서는 군에서의 '교육'을 개인에게 군사지식과 기술을 부여하여 지적 능력, 덕성, 체력을 함양하기 위한 교수 및 학습활동으로 정의하고, 광의의 교육에는 훈련이 포함된다고 명시하고 있다. 한편 '훈련'이란 개인 및 부대가 부여된 임무를 효과적으로 수행할 수 있도록 기술적 지식과 행동을 체득하는 조직적 숙달과정으로 정의한다. 따라서 광의의 교육은 협의의 '교육'과 '훈련'을 모두 포함하며, 통상적으로 군에서는 이 둘을 함께 묶어 '교육훈련'이라는 말로 사용한다(국방부, 2008).

2) 국방 교육훈련 체계

현재 한국군의 교육훈련 체계는 학교교육과 부대훈련으로 대별되고, 학교교

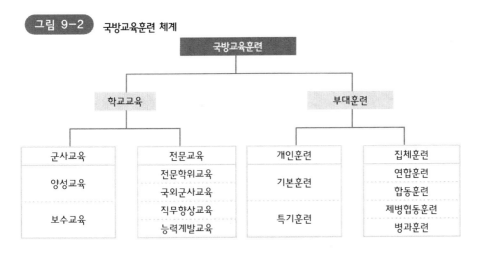

그림 9-2 국방교육훈련 체계

국방부, 2008 일부 수정

육은 군사교육과 전문교육으로, 부대훈련은 개인훈련과 집체훈련으로 구분된다.

여기서 학교교육은 군사교육과 전문교육으로 구분된다. 군사교육은 민간인을 군인화하기 위한 양성교육과 개인의 직무수행 능력을 향상시키기 위한 보수교육으로 구분되는데, 이들은 모두 군 교육기관에서 이루어진다. 전문교육은 특수직위에 근무하거나 전문지식이 필요한 자에게 국내·외 전문 교육기관 및 연구기관에서 해당교육을 이수시켜 군사전문가로 육성하는 교육을 의미한다. 한편 부대훈련은 장병과 부대의 전투 수행 역량을 함양하기 위한 것으로, 개인 훈련과 집체 훈련으로 구분할 수 있다.

3) 군 교육훈련의 특성

군 교육훈련의 특성을 이해하기 위해서는 군 교육훈련 체계상에서 각각의 교육훈련이 지향하는 목표를 살펴볼 필요가 있다. 학교교육의 목표는 '야전 수요를 충족하는 교육'을 통하여 장병 각자에게 부대임무 수행에 필요한 기본지식과 기술을 습득하게 하고, 장차 군사 전문가로서 잠재능력을 계발하며, 건전한 윤리의식과 민주시민 의식을 함양하게 하는 데 있다. 이러한 목표를 구현하기 위해 학교교육은 원리원칙 중심의 교육, 창의력을 계발하는 교육, 야전수요를 충족하는 교육, 잠재능력을 계발하는 교육 등의 주요 특성을 갖는다. 부대훈련은 '강하고 실전적인 전투임무 위주의 훈련'을 통해 균형 있는 전투준비태세를 완비하여 모든 전투에서 승리하는 부대를 육성하는 데 목표를 둔다. 이를 위해 부대훈련은 전투임무에 기초한 훈련, 실전적인 실습 중심의 훈련, 과목·과제에 의한 훈련, 성과중심의 훈련을 주요 특성으로 한다(국방부, 2008).

그 밖에도 군 교육훈련은 리더십, 핵심가치, 정신전력을 포함하는 가치관 교육을 강조하는 특성을 갖는다(송영민, 2010). 전쟁에서의 승리는 강인한 체력과 우수한 무기체계와 같은 유형전력(有形戰力)과 더불어 군기와 사기, 투철한 군인정신 등과 같은 무형전력(無形戰力)이 균형을 이루어야만 보장받을 수 있기 때문이다.

요컨대, 군 교육훈련의 특성은 야전 수요를 충족하기 위한 학교교육과 실전적인 부대훈련, 그리고 지속적인 가치관 교육의 강조 등을 들 수 있다.

2. 군 교육훈련에서 교육공학의 역할

한국군에서는 1990년대 초반부터 국내·외에서 전문교육을 통해 교육공학을 수학한 인력들이 복귀하면서 교육공학 관련 이론이 소개되기 시작했다. 1990년대 후반까지 군 관련 교육공학 연구는 대부분 이러닝 체계 도입 또는 운영전략 등에 관한 연구가 주를 이루었다(오승윤, 1996; 한태수, 1998). 그러나 2000년대에 접어들면서 군 관련 교육공학 연구는 전문교육을 받은 군 자체인력 외에도 학·군 공동연구를 통해 다양한 주제로 활발히 이루어졌다. 그 예로, 이러닝 분야의 연구(전상국, 2005; 임의수, 2005; 정영식, 오승윤, 이영준, 2009) 외에도, 교수설계 원리 및 모형 개발(성봉식, 2005: 김일수, 2010; 송영민, 2010; 강호택 2014), 역량기반 교육과정에 관한 연구(임우섭, 2004; 공군 보라매리더십센터, 2009), 교수학습센터(CTL) 구축(전상국, 2009), 블렌디드 러닝(공군 보라매리더십센터, 2010), 스마트 러닝(송영민, 2013), 요구분석 가이드북 개발(공군교육사령부, 2013) 등으로 연구범위가 확대되었다. 군 교육훈련에서 앞에서 제시한 국방교육훈련 체계를 기준으로 하여 필자가 소속된 공군의 사례를 중심으로 교육공학의 역할에 대해 살펴보고자 한다.

1) 학교교육에서의 교육공학 실천

학교교육에서의 교육공학 연구는 타 분야에 비해 비교적 활발히 이루어졌다. 대표적인 연구로는 역량기반 교육과정 및 교수설계 모형을 적용한 교육과정 개발 연구가 있다.

임우섭(2004)의 핵심역량기반 교육과정 개발 연구는 공군 장교의 핵심역량 모델링을 통해 그에 기반한 공군대학 교육과정을 개발한 초기의 연구이다. 공군 교육사령부(2012)의 '교관 역량강화 프로그램 개발 연구'는 새로운 교수설계 모형을 개발하기보다는 교육공학 분야의 가장 보편적인 ADDIE 모형을 적용하여 교육과정을 개발한 연구이다. 대부분의 군 교관은 해당 분야에서 오랜 경험을 쌓아온 내용전문가(SME)로서 대체로 학습이론이나 교수전략 등에 관한 지식이 부족하며, 학습에 대한 이들의 지식은 각자의 학창시절 경험에 기초하고 있다는 지적에서 수행된 연구이다. 이는 ADDIE 모형에 기반한 교수설계 절차를 소개함으로써 교육과정 개발을 위한 기본 모형과 과학적인 절차를 제시했다는 의의를 가진다.

그 밖에도 야전의 교육요구를 효과적으로 반영하기 위한 절차를 안내하고자 S대와 공동으로 개발한 교육 요구분석 가이드북 개발 연구가 있다(공군교육사령부, 2013). 이 연구는 공군 교관에게 현장의 맥락을 반영한 요구분석 모형을

표 9-2 교관 역량강화 교육과정 개발 사례(공군 교육사령부, 2012)

구 분	신임교관 교과목	기성교관 교과목
분석(A)	[과목1] 기초 교수체제설계	[과목1] 자기 모습 돌아보기
설계(D)	[과목2] 교육목표 설정과 수업내용 구조화	[과목2] 새로운 교수방법의 이론과 적용
	[과목3] 실제 수업을 위한 교안 설계	
	[과목4] 교육평가입문	
	[과목5] 교수방법의 이론과 실제	
개발(D)	[과목6] 수업을 위한 파워포인트 제작 및 활용	[과목3] 멀티미디어 매체활용의 응용
	[과목7] 교안 개발	
실행(I)	[과목8] 학습 동기를 유발하는 교수법	[과목4] 강의 스킬 클리닉
	[과목9] 신임교관을 위한 강의스킬	
	[과목10] 마이크로티칭	
평가(E)	[과목11] 교육 프로그램 평가	[과목5] 교관으로서의 자기계발
	[과목12] 교관의 모습과 자기 계발	

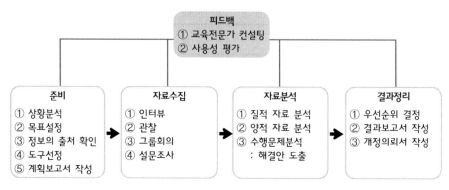

그림 9-3　공군 맥락을 반영한 요구분석 모형

출처: 공군 교육사령부, 2013

[그림 9-3]과 같이 제시한 바 있다.

2) 부대훈련에서의 교육공학 실천

부대훈련 영역에서 교육공학이 기여한 대표적인 연구로는 공군 보라매리더십센터(2011)의 조직문화 개선을 위한 리더십 교육 프로그램과 공군 교육사령부(2013)의 비행교수법 프로그램 개발 연구가 있다. 두 연구 모두 수행공학적(HPT) 지식에 기반하여 교육과정을 개발한 연구이다. 공군 보라매리더십센터에서 개발한 리더십 교육 프로그램은 격오지 부대에 근무하는 장병들의 요구분석을 통해 소속원들의 직무수행상 문제를 분석했다. 이를 통해 교육 프로그램을 개발하고, 교육외적 해결안에 대해서는 해당 부대장에게 컨설팅 방식으로 환경 및 제도 등의 개선방안을 제안한 맞춤형 처방 프로그램이다.

표 9-3　리더십 교육 프로그램의 수행문제 분석 예시(보라매리더십센터, 2011)

수 행 문 제	원 인	구 분	해 결 안
▶ 초급장교로서 부하 통솔이 어려움 　- 나이 많은 부사관에게 　　업무지시를 잘 못함 　- 병사 통제 및 잘못에 대한 　　지적을 못함	▶ 군 경험 부족에 따른 업무파악 미흡 ▶ 내성적인 성격 ▶ 커뮤니케이션 스킬 부족	교육	▶ 커뮤니케이션 　(피드백) 기법 　교육 제공
		교육 외	▶ 전입 시 업무 　인수인계 철저

그림 9-4 비행교수법 프로그램의 래피드 프로토타입 모형

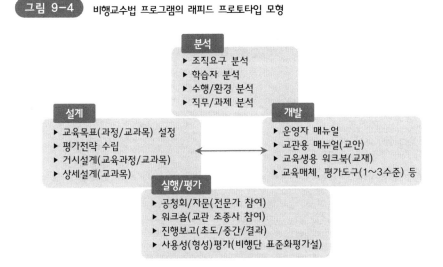

분석
▶ 조직요구 분석
▶ 학습자 분석
▶ 수행/환경 분석
▶ 직무/과제 분석

설계
▶ 교육목표(과정/교과목) 설정
▶ 평가전략 수립
▶ 거시설계(교육과정/교과목)
▶ 상세설계(교과목)

개발
▶ 운영자 매뉴얼
▶ 교관용 매뉴얼(교안)
▶ 교육생용 워크북(교재)
▶ 교육매체, 평가도구(1~3수준) 등

실행/평가
▶ 공청회/자문(전문가 참여)
▶ 워크숍(교관 조종사 참여)
▶ 진행보고(초도/중간/결과)
▶ 사용성(형성)평가(비행단 표준화평가설)

출처: 공군 교육사령부, 2013

비행교수법 프로그램 개발 연구 또한 수행공학적 사고에 기반한 연구로, 150여 명의 교관 및 학생 조종사를 대상으로 인터뷰 및 설문조사, 공중 상황에서의 교수–학습과정 관찰 등을 통해 수행 및 환경의 문제를 해결하고자 시도된 연구이다. 교육과정 개발에 소요되는 시간을 최소화하기 위해 래피드 프로토타입 교수설계 모형(Jones & Richey, 2000)을 적용하였다. 즉, 초기부터 요구분석 과정을 거치며 교육과정의 프로토타입을 신속하게 설계하여 교육프로그램의 수요자라 할 수 있는 교관 조종사의 사용성 평가를 통해 교육생의 의견을 적극 반영하였다. 앞서 제시한 두 연구 모두 한국군의 실무현장 요구에 기반한 교육공학의 실천적 연구로 평가된다.

3) 가치관 교육에서의 교육공학 실천

군에서의 가치관 교육을 위해 교육공학이 적용된 연구로는 공군 보라매리더십센터(2009)의 역량기반 교육과정 및 핵심가치 교육프로그램 개발 연구(2011) 등이 대표적이다.

먼저 역량기반 교육과정 개발연구는 공군 구성원의 신분별, 계급별 핵심역량 모델링을 통해 리더십 파이프라인을 설정하고, 이를 교육체계화한 연구이다. 핵심가치 교육프로그램 개발 연구는 송영민(2010)의 핵심가치 교육을 위한 태도

그림 9-5 공군 핵심가치 교육 프로그램 중 딜레마 적용 사례(송영민, 2011)

출처: 송영민, 2011

교수 설계원리를 적용하여, 블랜디드 러닝 방식으로 개발한 것이다. 이 연구는 학습자의 바람직한 태도 변화를 위해 군 생활을 통하여 경험할 수 있는 실제에 가까운 사례를 제시하고, 학습자의 참여를 유도하는 역할연기와 딜레마 토론 등의 교육방법을 적용하여 개인이 경험과 지식을 구성해 나가는 과정을 설계한 구성주의적 연구로서의 의의를 갖는다.

3. 군 교육훈련에서 교육공학의 향후 전망

앞서 살펴본 바와 같이, 군 교육훈련 환경에서 교육공학의 역할은 새로운 이론의 개발보다는 임무수행 현장의 수행 및 성과 개선을 위한 기존 이론의 실천적 적용에 초점이 맞추어져 있음을 알 수 있다. 이는 급격한 국방환경의 변화와 사회발전의 속도에 능동적으로 대응하기 위한 군 특유의 조직문화에 기인하는 것으로 이해된다. 이러한 추세는 앞으로도 지속될 것으로 전망되는데, 특히 다음과 같은 교육공학의 역할이 기대된다.

첫째, 변화하는 국방환경에 능동적으로 대처하는 창의적인 인재육성을 위해 학교교육의 방향은 학습자 중심의 교육방법이 점차적으로 확대될 것이다. 임무수행 현장에서의 문제해결력 증진을 위한 액션러닝(Action Learning), 문제중심 학습(Problem based Learning), 사례중심학습(Case based Learning) 외에도 최근에 주목받고 있는 플립 러닝(Flipped Learning) 등의 학교교육에의 적용 시도 등이 그것이다.

둘째, 무기체계의 첨단화와 제한된 국방예산의 역설적인 상황을 현명하게 극복하는 한편, 전투임무에 기초한 실전적 훈련을 위해 부대훈련의 방향은 M−MOOC(Military−Massive Open Online Cource)의 적극적 도입 및 첨단 테크놀로지를 활용한 시뮬레이션 학습의 확대, 수행공학(HPT)에 기반한 구성원의 역량강화 등을 위해 교육공학의 역할이 요구된다.

마지막으로, 투철한 군인정신과 숭고한 희생정신의 지속적인 고양 및 군에 대한 국가・사회적 요구 증가에 부응하기 위해서는 가치관 교육 분야에서도 교육공학의 역할이 확대되어야 한다. 구성원의 바람직한 태도 변화를 위해서는 기존의 객관주의적 관점을 일방적으로 적용하기보다는 구성주의적 관점에서 맥락에 부합한 자기주도적 의사결정 과정이 이루어질 수 있도록 교수설계가 이루어져야 하기 때문이다(송영민, 2011).

III. 공공기관 교육과 교육공학

1. 공무원 교육의 중요성과 공공기관 교육 현황

VUCA(volatile, uncertain, complex, ambiguous) 사회에서 교육은 동적인 흐름이 강조되고 있다. 이러한 현상은 공무원 교육에서도 예외는 아니다. Johnston & Packer(1987)가 제시한 바와 같이, 국가경쟁력의 기초는 지식과 기술, 동기 등을 가진 인적자원이며, 이러한 인적자원들을 지속적으로 관리하고 계발하는 중요한 방법이 교육훈련이다. 선진국의 경우, 국가경쟁력의 핵심이 되는 공공부문의 교육훈련을 매우 중요하게 인식하고 이에 대한 투자를 아끼지 않고 있다. 이는 교육훈련을 통한 조직구성원의 지식의 체계화, 지식의 창출 및 공유를 조직성과와 국가발전의 중요한 원천으로 생각하고 있음을 의미한다(하영자, 2005).

최근 공무원교육은 개인의 성과를 넘어서 개인과 조직성과를 연계하는 핵

심가치와 인재개발이 더욱 강조되고 있으며, 단편적이고 관리지향적인 인재육성
에서 통합적이고 창의적인 인재육성으로 변화를 유도하고 있다. 즉, 글로벌 동향
과 맥을 같이 하여 조직목표와의 연계, 학습환경 및 여건 조성, 다양한 비공식적
학습 등에 대한 관심이 고조되고 있다. 국가 교육훈련의 방향 또한 공직가치 확
립, 전문성 제고를 위한 전문 직무교육 강화, 경력단계별 체계적 역량교육 강화,
교육훈련 기관간 네트워크 및 글로벌 경쟁력 강화 등에 초점을 맞추고 있다.

　　2000년대 중반부터 많은 공무원교육원들이 인재개발원으로 기관명을 바꾸
었으며, 2016년 1월에는 중앙부처 공무원을 대상으로 하는 중앙공무원교육원이
국가공무원인재개발원으로 기관명을 개편하였다. 그리고 공무원 교육훈련법도
교육의 패러다임이 교육훈련에서 교육·훈련 및 개발을 포함하는 인재개발 개념
으로 전환되는 경향을 반영, 법적 기반 강화를 위해 개정할 예정이며(인사혁신처,
2016), 법 개정에 맞춰 시·공간의 제약 없이 스스로 학습할 수 있도록 이러닝을
확대하고 글로벌 직무연구회 활성화 등도 확대할 계획이다.

　　행정을 둘러싼 외부환경의 변화가 심해지고 불확실성이 커질수록 공공부문
에서 해결해야 하는 문제점 또한 양적인 증가는 물론 질적 측면에서도 예측하기
힘들 정도로 다양하게 나타나고 있다. 이러한 환경적 특성으로 공공기관 인력들
의 대처능력과 전문성 향상의 압력은 더욱 커지며, 변화된 행정에 대한 책임과
능력은 국가발전에 필수적인 전제조건이 된다. 따라서 새로운 직무환경과 변화
된 사회적 요구에 대한 적응력을 강화하기 위한 노력들은 국가는 물론 개인의
생존 조건으로 필수적이며, 이를 통해 달라진 여건에 대처할 수 있는 공무원의
역량이 강화되어야 한다. 공무원들의 자질 및 전문성 향상을 통한 역량강화는
개인적 발전과 조직의 내실 있는 생존을 위해서도 필요하지만 무엇보다도 국가
경쟁력의 관건이 된다는 점에서 더욱 중요하다. 이 점이 공무원 교육훈련이 민
간부문의 교육훈련보다 더욱 중요하게 다루어져야 하는 이유이다.

2. 공공기관에서 교육공학의 역할과 기여

(1) 이러닝과 모바일러닝 활성화

　　공공기관에서 교육공학이 기여한 바는 무엇보다 이러닝의 도입 및 활성화
라고 할 수 있다. 특히 최근 스마트 디바이스의 확산과 함께 모바일러닝 또는

스마트러닝의 확산을 위한 노력에 교육공학의 역할은 매우 중요하게 작용하고 있다. 상시학습체제와 교육이수시간의 학보, 그리고 교육의 근본적 패러다임 변화와 마찬가지로 공공부문에 있어서도 교육이 학습자 중심의 개념으로 전환되고 있는 것이다. 우리나라의 경우 공무원 교육훈련에서 이러닝의 활성화에 대한 노력은 2000년부터 행정자치부와 중앙공무원교육원을 중심으로 시작되었으며, 점차 서울시를 비롯한 지방자치단체로 확산되었다. 나아가 교육부, 우정사업본부, 기상청, 산림청, 국가인권위원회 등 다양한 정부기관에서 이러닝을 활용하고 있다. 이는 공무원 교육훈련의 패러다임이 공급자 중심, 법제도 중심, 교수자 및 강의중심의 구조화된 교육에서 학습자 중심, 수요자 중심, 유연한 학습활동으로 전환되고 있다는 것을 의미한다. 나아가 이는 상시학습제도를 활성화할 수 있는 중요한 촉매제가 되었다. 많은 공공기관에서 조직의 비전과 목표, 방향성에 맞추어 나름대로의 이러닝과 모바일러닝에 대한 목적 및 활용 등을 다양화하고 있는데 그 중 대표적인 공무원교육기관인 중앙공무원교육원의 경우만 보더라도 공동 활용 85개 기관, 106개 부서(국가 44개기관, 지방 17개지자체, 국립대학교 24개)를 대상으로 2001년부터 2015년 현재까지 7,099,796명이 이러닝을 수강하였다. 그리고 교육부 중앙교육연수원의 경우, 각 시도 교육청과 시스템을 통합관리 운영하고 있는데 시도에서 독자적으로 운영하는 이러닝 수강을 제외하고 중앙교육연수원 통합시스템을 통해 수강한 인원이 연간 140,000명 내외로 집합교육 인원을 상회하고 있다.

현재 대부분의 공공기관들은 이러닝에만 국한하지 않고, 맞춤형 학습과 적시학습(just-in time learning) 지원을 위해 이러닝, 모바일러닝, 이러닝과 모바일러닝 겸용 등 다양한 형태로 운영하고 있으며, 다양한 블렌디드 러닝도 적극적으로 시도하고 있다. 나아가 형식학습과 비형식학습, 소셜러닝 등을 통합하여 다양한 접목을 시도하는 노력들을 하고 있다. 이러한 현상들은 인재개발을 위한 이노베이션, 문화적 협업, 소셜 러닝을 강조하며, 이를 위해 소셜 테크놀로지와 모바일 테크놀로지에 대한 이해와 활용에 대한 중요함이 강조되고 있는 글로벌 HRD 트렌드와도 일치한다.

(2) 체계적 교육과정 개발

공공기관에서 교육공학이 기여한 두 번째 역할은 교육과정을 기획 개발함에 있어 ISD모형, 특히 ADDIE모형을 기반으로 하여 접근하게 되었다는 점이다. 이는 이러닝뿐만 아니라 집합교육과정 개발시에도 적용되고 있으며 모든 기관에서 적용하고 있다. 교육과정 기획은 단순히 하는 것이 아니라 교육목표 달성을 위하여 체제적 접근방식에 의해 프로그램을 설계, 개발하는 교수체제설계가 기본임을 인식하게 된 것이다.

그동안 교육과정 개발을 담당자의 의견대로 그리고 다른 공문서와 유사하게 개발하던 방식에서 ADDIE모형을 토대로 교육과정을 설계하고 기획개발 매뉴얼 및 운영 매뉴얼에 이르기까지 보다 체계적인 접근을 시도함으로써 보다 효과적이고 효율적인 교육이 가능하게 되었다.

특히 분석(analysis)을 실시할 때 개인의 요구분석시 다양한 이해관계자의 요구를 분석하고 있고 나아가 조직의 요구 및 사회적 요구에 대한 분석에 이르기까지 종합적인 접근을 하려는 노력을 하고 있다.

(3) 역량교육과 역량평가 강화

국가의 경쟁력이나 정책의 품질은 정책을 수립하고 집행하는 공무원 수행성과의 질과 밀접히 관련된다. 즉, 정책과정과 행정행위를 주도하고 수행하는 공무원들의 역량에 따라 국가의 경쟁력이 달라질 수 있으며, 공무원의 지식, 기술, 태도의 수준에 따라 행정서비스의 질도 달라질 수 있다(배상훈, 2015). 이러한 맥락에서 공공기관에서는 역량기반 교육훈련 체계를 강조되고 있으며 이와 함께 역량평가를 통한 승진제도를 강화하기도 하였는데, 그 적용범위도 중앙정부의 고위공무원단에서 출발하여 지방자치단체와 교육청 등 사무관 및 주무관에 이르기까지 확대되고 있다.

2006년 당시 안전행정부는 고위공무원으로 승진하기 위한 역량평가를 실시하였으며, 과장급은 2015년부터 의무적 도입을 추진하였다. 고용노동부는 2012년 5급 승진임용제도에 역량평가제를 도입하였고 이 외에도 서울시청은 2006년 사무관 승진에, 서울시교육청은 2013년부터 사무관 승진에 역량평가를 도입하였다. 교육부의 경우 현재 급변하는 대학 환경 속에서 대학직원의 역량이 저하되었다는 판단하에 2015년부터 국립대학을 중심으로 역량기반 교육훈련체계 구축을 시행하고 있다.

(4) 평가체계의 질적 수준 제고

교육의 효과성을 평가하는 목적은 교육목표가 달성되었는지에 대한 정보를 조직 리더에게 제공하고, 연수생 및 해당 조직에게 교육훈련 결과를 피드백하며, 보다 나은 교육훈련활동을 계획하도록 하는 데 있다(Phillips, 1997). 따라서 교육훈련을 실시하는 조직에서는 교육훈련 효과의 중요성을 인식하고 효과를 판단하기 위한 다양한 수준의 평가를 실시하고 있다. 이를 위해 공공기관에서는 기업과 마찬가지로 Kirkpatrick의 4수준 접근모형에 의존하고 있다. 그러나 대부분 만족도 및 학업성취도 평가에 집중되고 있는 현실이다. 최근 공공기관에서는 만족도 및 학업성취도 수준의 측정에만 그치는 것은 한계가 있으며 3수준 행동 또는 현업적용도의 평가가 중요하다는 인식하에 현업적용도 평가를 확대하고 SCM(Success Case Method)을 통한 평가를 시도하고 있다.

SCM은 Brinkerhoff가 1996년에 제안한 대안적 프로그램 평가모형으로서 교육프로그램이 종료된 후에 현업 적용에서 탁월한 성과를 보인 소수의 교육생들이 경험한 것을 토대로 하여 교육의 효과를 측정하고 연수 프로그램의 성공요인과 실패 요인을 분석하여 교육 프로그램의 효과성을 평가하는 접근방법이다(이찬, 2011). 대안적인 교육프로그램 평가방법으로서 SCM은 기존의 연수프로그램 평가방법보다 현업적용도를 비교적 간단하게 적용하여 의미 있는 결과를 도출할 수 있다는 장점을 가지고 있다.

이는 공공기관에서 교육과정 및 프로그램 평가시 기존에는 교육생들의 만족도 평균과 학습 및 교육성과에만 관심을 두었다면 이제는 학습내용을 현업에 얼마나 적용하여 얼마나 실제적인 교육성과를 올렸는가에 더 많은 관심을 두고 있음을 시사한다.

(5) 최신 교육방법을 적용한 교육

행정자치부 교육훈련기관 평가의 중요한 평가기준 중 하나로 최신 교육기법의 적용이나 우수사례 등이 포함될 정도로 공공기관에서는 교육효과를 제고하기 위한 다양한 교수기법의 적용과 함께 최신 교수기법의 발굴을 강화하고 있다. 그 중 최근 많은 공공기관에서 관심을 갖고 적용하고 있는 대표적인 최신 교수기법은 액션러닝, 강점개발, 플립 러닝 등이다.

액션러닝(action learning)은 기존 전통적 학습방식의 효과에 의문을 제기하고 학습자 개인과 팀 및 조직의 발전에 기여할 목적으로 실천적 학습을 강조하면서 조직 내 실제적인 과제를 중심으로 실천가능하고 실행가능한 해결책을 도출하고 시행해 나가면서(마이크 마쿼트, 2000; 하영자, 2011) 창의적인 대안을 통해 조직이 보다 발전할 수 있도록 유도한다. 따라서 공공기관에서는 액션러닝이 조직 내 실제적인 과제를 창의적으로 해결해 나갈 수 있는 역량을 개발하게 되고, 학습조직화하는 전략적인 접근 방법이라는 인식하에 인사혁신처 국가인재개발원(중앙공무원교육원), 국무조정실, 중앙소방학교, 교육부 중앙교육연수원, 국세공무원교육원, 여성가족부, 보건복지부, 서울시청, 경기도청, 각 시도 교육청 및 연수원 등 많은 기관에서 액션러닝 프로그램을 도입하여 폭넓게 활용하고 있다.

강점개발(Appreciative Inquiry)은 2011년 ASTD(American Society for Training & Development)에서 제시되었던 주요한 키워드 중 하나이다. 즉, 소셜러닝, 비형식학습, 모바일러닝, 터치포인트, 신뢰와 함께 강점개발이 HRD의 화두로 제시되면서 국내 교육훈련에서도 중요한 관심사가 되고 있다. 강점개발은 우리의 HRD 미래를 그리기 위해서는 우리의 현재를 알아야 할 뿐만 아니라 더 발전하기 위해서는 우리의 강점과 약점을 분석하고 나아가 강점을 개발할 필요가 있음을 시사한다. 강점개발은 긍정심리학에 기반을 두고 사람, 조직, 그리고 환경 내 존재하는 다양한 강점과 긍정적 요소들을 찾아 발전시킴으로써 개인 및 조직을 발전시키자는 개념이다. 문제해결은 결점기반 관점인 반면 강점개발은 긍정기반 관점으로서, 그 차이는 인터벤션의 초점에 있다 할 수 있다. 강점개발의 핵심은 조직이 어떤 경우에 최고의 경험을 했는지, 최상의 성과를 냈는지, 그리고 무엇이 가장 가치 있는 것인지 등이 질문의 중심이 된다(하영자, 2014).

플립 러닝(flipped learning)은 기존 교수학습 모형에 비해 학습자 중심의 자기주도학습을 실천하고 교수자는 대부분의 시간을 학습자와의 상호작용으로 긴밀한 관계를 형성하는 데 활용할 수 있는 방법으로 기존의 교육방법과 많은 차이가 있다. 첫째, 학습자가 수동적인 존재에서 능동적인 학습자로 바뀌게 된다. 둘째, 오프라인 수업시간과 과제를 하는 시간의 개념이 바뀐다. 즉, 기존에는 수업시간에 새로운 내용을 배우고 가정에서 복습이나 과제를 수행하며 학습파지와 전이를 유도했으나 플립 러닝에서는 배울 내용을 사전에 학습하고 실제 오프라인 수업에서는 학습한 내용 및 수준을 바탕으로 개별화된 수업을 진행하게 된다.

셋째, 수업내용과 활동이 변화한다. 즉, 플립 러닝에서 오프라인 수업시간은 학습자들로 하여금 도전적인 개념에 접근하거나 더 고차적인 문제해결을 위한 시간으로 활용될 수 있다. 학습한 내용이 부족한 경우는 수업시간에 보충학습을 수행할 수 있고, 학습 수준이 뛰어난 경우는 교수자의 도움을 받아 심화학습을 할 수 있다(Bergmann, Overmyer, & Wilie, 2013). 따라서 플립 러닝은 블렌디드 러닝의 하나의 유형이지만 교육패러다임의 전환에 대한 인식과 교수자들의 보다 세심한 교수설계와 열정이 요구되는 접근이라고 볼 수 있다.

3. 공공기관 교육에서 교육공학의 향후 전망

공공기관의 교육의 질을 제고하는 데 교육공학은 매우 의미있는 역할을 수행하였으며 앞으로도 지속화될 것으로 기대된다. 급격한 행정 및 경영환경의 변화로 인하여 공공기관이 필요로 하는 유능한 인재의 확보 및 유지가 과거와 달리 어려운 세상이 되었다. 이러한 현상은 비단 공공기관에서만의 문제는 아니며 민간기업은 공공기관보다 더욱 강한 압박을 받고 있는 것이 현실이며 이는 우리가 속해 있는 전 사회적 문제이다. 따라서 어느 때보다도 전 사회적으로 장기적 관점에서의 인재 확보 및 개발이 중요하며 국가 및 지방자치단체를 포함하는 공공기관의 행정과 정책은 더욱 중요한바, 이를 담당하는 인력을 보다 체계적으로 개발하고 육성할 필요가 있다. 특히 공공기관은 순환보직이 빈번히 발생하고 새로운 기술혁신이나 구성원의 승진 및 이동에 따라 담당직무의 내용이 자주 변하므로 공통 역량뿐만 아니라 직무역량 등 매우 다양한 영역에서의 새로운 교육에 대한 필요성이 제기된다.

2000년을 전후하여 공공기관에서 이러닝의 필요성이 제기되었고 교육공학 전공자 소수가 전문직으로 채용되어 활동하였다. 그들은 이러닝뿐만 아니라 집합교육 기획 및 설계, 운영, 평가에 이르기까지 조직에서 교수설계의 중요성을 인식할 수 있도록 하였다. 그리고 공공기관은 민간기업을 활용하여 이러닝 개발, 집합교육 위탁 등 많은 사업을 실시하는데 이때 교육공학적 접근은 기본이 되어 왔다. 이러한 복합적 현상들이 공공기관에서 교육공학에 대한 중요성을 인식시키게 되었다고 판단된다.

공공기관 교육의 질을 제고하기 위한 향후 과제와 연결하여 교육공학의 전망을 제시하면 다음과 같다.

첫째, HRD가 조직의 전략적 파트너 역할을 해야 한다고 주장하나 현실에서의 접근은 그러하지 못하다. 이제 교육공학이 조직의 전략적 파트너로서 HRD의 통합적 접근을 유도할 수 있는 주체로서 더 큰 역할을 수행할 것으로 기대한다. 둘째, 변화하는 세상에 대한 이해와 이를 바탕으로 미래 교육을 전망하고 공공기관 교육의 방향을 제시하며 목표와 역할 등을 일관되게 배열할 수 있도록 유도해야 한다. 나아가 교육방법에 있어서도 강의식 중심이 아닌 현업의 문제를 해결하고 실제에서 도움이 되는 학습자 참여와 학습자 주도의 학습문화를 유도하는 다양한 선진 교육방법에 대한 적극적 연구와 활용이 이루어져야 한다. 동시에 조직에 단순히 최신 트렌드를 따라가는 것만이 최선이 아님을 인식시켜야 한다.

셋째, 교육과정을 기획 설계할 때 ADDIE 모형을 기반으로 하되 조직의 성격에 맞는 맞춤형이 가능하도록 교육과정 디자인과 교수설계를 보다 창의적으로 접근해야 하며 다양한 이해관계자를 포함하여 요구분석을 실시해야 한다. 그리고 교육목표 – 내용 – 교육방법 – 평가, 학습자 – 교수자 – 교육방법의 구조와 이를 둘러싼 환경변화 등을 고려하여 교육의 효과를 극대화할 수 있는 고민이 있어야 한다.

넷째, 공공기관에서는 채용이나 승진시 역량평가 기반의 인사가 강조되고 있다. 따라서 조직의 역량을 강화할 수 있도록 역량기반 교육과정 설계와 역량평가 설계를 제대로 설계하고 운영할 수 있도록 유도해야 한다. 그리고 기관의 성격에 맞는 프로그램 개발과 자체 러닝 모델 구축을 지원할 필요가 있다.

다섯째, 이러닝과 스마트러닝, 스마트교육과 스마트 교실 등 공공기관에서 테크놀로지기반 학습에 대한 관심과 추진은 매우 강하게 이루어지고 있으며 이는 앞으로도 지속적으로 강화될 전망이다. 그럼에도 불구하고 관련 교육에 대한 부정적 시각도 적지 않다. 따라서 앞으로는 이러닝 및 스마트러닝의 질관리 체제 강화와 중단기 로드맵 구축 등이 모색되도록 해야 한다. 그리고 집단지성을 강화하고 소셜네트워크 등을 강화하여 강의실에 접목하는 방법, 형식학습과 비형식학습, 소셜러닝, 모바일러닝을 통합하여 어떻게 교육 및 학습에 접목시킬 것인지 등을 고민해야 한다.

여섯째, 보다 높은 수준의 교육평가에 대한 관심이 증가하고 있으므로 현업

적용도 및 SCM을 제대로 할 수 있도록 평가지표 개발, 사후관리 등 실제적이고 효과적인 방법을 유도해야 한다.

일곱째, 최근 정부기관의 경우 정부 3.0을 바탕으로 협업과 소통, 상생이 강조되고 있다. 타기관과의 협업은 물론 하부 기관에 대한 컨설팅 역할도 매우 중요하게 인식되고 있는바, 교육기관의 경우 하부 기관에 대한 교육컨설팅을 하는 데 있어 컨설팅 내용 및 효과적이고 매력적인 방법 등과 연관된 교육공학의 역할은 중요하게 작용할 것이다.

강호택(2014). 육군 학교교육 맥락에서 상호 동료교수법과 동료피드백 기반 교수설계모형 개선과 설계전략 개발. 서울대학교 대학원 석사학위 논문.

공군 교육사령부(2012). 신임/기성교관 교관역량강화 교육 프로그램 개발 최종보고서.

공군 교육사령부(2013). 공군 교육 요구분석 교육프로그램/가이드북 개발 최종보고서.

공군 교육사령부(2013). 비행교관 교수법 강화 프로그램 개발 최종보고서.

공군 보라매리더십센터(2009). 리더십 파이프라인에 기반한 역량기반 교육과정 개발.

공군 보라매리더십센터(2010). 공군 핵심가치 내재화를 위한 블랜디드 교육 프로그램 개발 최종보고서.

공군 보라매리더십센터(2011). 격오지부대 조직문화 개선을 위한 리더십 프로그램 개발 최종보고서.

국방부(2008). 국방교육훈련 훈령. 국방부.

국방부(2008). 군인복무규율 해설서. 국방부.

국방부(2009). 국방교육훈련정책서. 국방부.

권대봉 외(1997). 한국의 기업교육 사례연구. 서울: 박영사.

김선희·박성민·권정언(2010). 기업교육 프로그램 개발의 실제. 서울: 서현사.

김일수(2010). 육군 초급장교 전술역량 증진을 위한 사례기반학습 설계모형 개발연구. 서울대학교 대학원 석사학위 논문.

김종표(2006). 기업교육론. 서울: 양서원

나일주 편(1997). 산업교육의 이론과 실제. 서울: 한국능률협회.

나일주·임철일·이인숙(2003). 기업교육론. 서울: 학지사.

마쿼트, M.(2000). 액션러닝. 봉현철(역). 서울: 21세기 북스.

박영숙, Glenn, J.(2015). 유엔미래보고서 2045. 서울: 교보문고.

배상훈(2015). 교육부 5급 후보자 역량기반 평가 및 교육훈련체계 구축 사업용역보고서. 교육부, 대학교육혁신센터.

성봉식(2005). Goal-Based Scenario에 기초한 절차적 학습과제 교수설계모형 개발 연구. 서울대학교 대학원 석사학위 논문.

송상호(2002). 교육방법의 의미 고찰로부터 시사되는 교육공학의 과제: 기업교육방법들을 고려하며. 교육공학연구, 18(2), 69-90.

송영민(2010). 공군 핵심가치 교육을 위한 태도 교수설계원리 개발 연구. 서울대학교 대학원 석사학위 논문.

송영민(2011). 태도 교수설계 원리를 적용한 공군 핵심가치 교육프로그램 개발. 공군 보라매리더십센터.

송영민(2013). 창의적·미래지향적 공군 교육훈련 발전방향: 실무능력 배양을 위한 스마트 러닝 발전 방안. 제6회 공군 교육발전 세미나 자료집.

송영수(2000). 경영학과 교육공학: 경영환경변화 속의 경영과 교육의 접목. 교육공학연구, 16(3), 183－199.

오승윤(1996). 군 교육훈련을 위한 CBT 개발모형 연구. 연세대학교 대학원 석사학위 논문.

오헌석(2009). ASTD 인적자원개발 트렌드. 서울: 학지사.

이찬(2011). 교육과학기술연수원 교육프로그램의 효과성 측정을 위한 평가방안. 교육과학 기술연수원 정책연구보고서. 서울: 교육과학기술연수원.

인사혁신처(2016). 2016 공무원 교육훈련지침. 인사혁신처 인재개발과.

임우섭(2004). 핵심역량기반 교육과정 개발에 관한 연구. 교육연구논총. 25(2), 91－124.

임의수(2005). 군 인적자원개발을 위한 웹 기반 학습활용 촉진 요인간 관계 규명. 연세대 학교 대학원 박사학위 논문.

임철일·연은경(2015). 기업교육 프로그램 개발과 교수체제설계. 서울: 교육과학사.

장수용(2007). 21세기 기업 교육훈련 전략. 서울: 전략기업컨설팅.

장원섭(2015). 인적자원개발 이론과 실천 (제2판). 서울: 학지사.

장환영(2014). HPT; 수행공학인가? 성과공학인가? 기업교육연구, 16(2). 199－219.

전상국(2005). 공군 전자교육훈련 운영전략에 관한 연구. 연세대학교 대학원 석사학위 논

전상국(2009). 대학 교수자의 교수학습센터 활용촉진 요인에 관한 연구. 충남대학교 대학 원 박사학위 논문.

정보통신산업진흥원(2014). 이러닝산업실태조사.

정영식·오승윤·이영준(2009). 이러닝 체계에 대한 공군 교육생의 인식 분석. 정보교육학 회논문지. 13(3), 303－312.

정재삼(2000a). 수행공학의 이해: 기업교육 리엔지니어링의 틀. 서울: 교육과학사.

정재삼(2000b). 학습과 퍼포먼스의 연계를 추구하며. 교육공학연구, 16(3), 201－212.

정재삼(2003). 기업교육의 이론개발을 위한 연구패러다임. 교육공학연구, 19(4), 31－53.

정재삼(2006). 수행공학의 이해. (개정판). 서울: 교육과학사.

천영희(2000). 기업교육의 실제. 서울: 교육과학사.

최성우(2008). 자기주도학습과 교수학습체제 개발. 미출판 강의자료.

하영자(2005). 공무원의 동기변인과 자기조절학습 수행력을 이용한 온라인 직무교육의 만 족도, 성취도 및 직무몰입 수준의 예측. 미간행 박사학위논문. 이화여자대학교.

하영자(2011). 전략적 HRD. 서울: 한양사이버대학교.

하영자(2014). 강점을 개발하라. 교육과학기술연수원 네티소식. 교육과학기술연수원.

한태수(1998). 공군대학 통신교육과정 개선을 위한 웹활용교수 개발에 관한 연구. 연세대 학교 대학원 석사학위 논문.

홍성연(2011). 교육현장 실무자들의 교육공학에 대한 인식 유형 분석. 기업교육연구, 13(2), 79-109.

Arneson, J., Rothwell, W. J., & Naughton, J. A. (2013). *ASTD Competency Study.* 오헌석, 김도헌 역(2013). ASTD 인적자원개발 전문가 역량. 서울: 교육과학사.

Bergmann, J., & Sams, A. (2012). *Flip Your Classroom: Reach Every Student in Every Classroom Every Day.* International Society for Technology in Education.

Bergmann, J., Overmyer, J., & Wilie, B. (2013). *The flipped class: what it is and what it is not.* Retrieved from http://www.thedailyriff.com/articles/theflipped-class-conversation-689.php. (January 25, 2016)

Frankola, K. (2001). Why Online learns drop out. *Workforce, 80*(10), 52-61.

Ely, D. P. (2008). Frameworks of educational technology. *British Journal of Educational Technology,* 39(2). 244-250.

Gilley, J. W., Eggland, S. A. & Gilley, A. M. (2002). *Principles of Human Resource Development.* 장원섭 역(2003). 인적자원개발론. 서울: 학지사.

Huffpost Education (2010). *Technology In Schools: Weighing The Pros And Cons.* Retrieved from http://www.huffingtonpost.com/2010/10/22/technology-in-schools-wei_n_772674.html (January 27, 2016)

Januszewski, A. & Molenda, M. (Eds.) (2013). *Educational technology: A definition with commentary* (2nd ed.). Oxford, UK: Taylor & Francis.

Jones, T. S., & Richey, R. C. (2000). Rapid prototyping methodology in action: A developmental study. *Educational Technology Research and Development,* 48(2), 63-80.

Kirkpatrick, D. (1994). Evaluation training programs; The four levels. San Francisco: Berrett-Koehler.

Mager, R (1997). *Making instruction work* (2nd ed.). Belmont, CA: Lake.

Phillips, J. J. (1997). *Handbook of training evaluation and measurement method* (3rd ed.). Houston, TX: Gulf Publishing Company.

Rothwell, W. J., Lindholm, J. E., & Walick, W. G. (2003). *What CEOs expect from corporated training.* 최은수·이만표 역(2006). CEO가 기대하는 기업교육. 서울: 거목정보.

Seels, B., & Richey, R. (1994). *Instructional Technology: The definition and domain of the field.* Washington, DC: AECT.

Stolovitch, H., & Keeps, E. (1999). *Handbook of human performance technology*

(2nd ed.). San Francisco: Jossey－Bass.

Swanson, R. A. (2009). *Foundations of Human Resource Development*(2nd ed.). 오헌 석·이현응 역 (2010). 인적자원개발론. 서울: 학지사.

Wikipedia (2016). *Educational Technology.* settings. Retrieved from https://en.wikipedia.org/wiki/Educational_technology#Corporate_and_professional. (January 20. 2016)

제10장

학문융합과 교육공학1)

유영만 ▌ 한양대학교 교수

Ⅰ. 학문융합과 교육공학의 학문적 발전

인간은 앎을 통해 삶을 이해하려는 본성이 있다(박이문, 2009). 우주 삼라만상에 대한 인간의 다양한 지적 욕망이 다양한 학문 분야를 탄생시켰다. 학문 분야나 분과는 분화를 통해 전문화되고 제도화된다. 학문 분야의 분화를 통한 전문화는 탐구영역이 늘어나면서 독립된 연구 분과로 급속도로 심화·발전되면서 일어나는 현상이다. 학문 분야의 제도화는 전문화된 연구 분과가 학회를 만들고 학회지를 창간하면서 개별 영역 고유의 사고·논리·언어 체계를 만들어 나가는 과정에서 이루어진다(김광웅, 2011; 천정환, 2008). 한편 이런 학문 분야의 전문화와 제도화는 다른 학문 분야와의 원활한 소통의 벽을 높이는 역기능적 결과를 가져온 장본인으로 작용하기도 한다. 탐구영역간 지식을 구분하기 위해 인공적인 칸막이를 쳐놓은 것에 불과했던 지식의 구획들이 이제는 넘어설 수 없는 벽을 만들고 건널 수 없는 경계를 만들게 되었다(김광웅, 2011; 천정환, 2008). 분과학문간 벽이 높아지고 경계가 확연하게 구분되면서 창조되는 세분화·전문화된 지식은

---

1) 이 부분은 교육공학연구, 31(3)에 게재된 논문을 이 책의 목적에 맞게 부분적으로 재수정한 글임을 밝혀둔다.

그 지식의 근원이 어디에서 유래된 것인지를 알기 어려울 정도로 파편화·단절화
되어 가고 있다. 분과학문이 늘어나면서 탄생하는 지식은 분과학문 내부뿐만 아
니라 분과학문 간에도 그 출처(出處)는 물론 용처(用處)도 알기 어려울 정도로
세분화되어 가고 있다(유영만, 2006a, 2008a). 통합적 안목을 잃고 끊임없이 세분
화되는 전공의 전공을 전공하다 보니 자신의 전공이 유래된 모학문(母學文)의
실체와 본질은 더욱 이해하기 어려운 사태와 국면으로 치닫고 있다.

      칸막이에 갇힌 분과학문의 세분화·파편화된 연구의 깊이로는 새로운 상상
력과 창의력이 살지 못한다는 반성과 위기의식이 일어나면서 근대 이후 학문과
지식발전의 방향은 새로운 국면을 맞이하기 시작한다(김광웅, 2009a, 2009b; 김광웅,
2011; 이어령, 2006; 이인식, 2008; 장회익, 2009; 천정환, 2008; Horx, 2008). 분과학문
의 전문화 추세가 갖고 있는 한계와 문제점을 극복하기 위해 전체에서 분화·전문
화로 가는 방향과 정반대의 노선에서 이루어지는 노력이 통합화·융합화의 길이
다(김광웅, 2009a). 분과학문의 세분화와 정반대 노선에서 융합의 길을 추구하는
학문적 움직임이 일어나고 있는 근본적인 이유는 다양한 학문적 접목을 통해 이
전과 다른 관점과 접근논리를 창조할 수 있다고 생각하기 때문이다(홍성욱,
2013). 지금까지의 학문과 지식발전이 나누고 분석해서 부분을 포착, 전체를 이
해하려는 환원론적 접근으로 이루어졌다면 앞으로 세분화와 함께 분과학문간
경계를 넘고 벽을 무너뜨리는 전체론적 접근이 동시에 요청되고 있다. 한 마디
로 세분화·전문화 추구가 20세기 학문적 탐구였다면 통합화·융합화 추구가 21
세기 학문적 탐구 추세다(이어령, 2006).

      교육학의 분과학문으로 독립된 탐구역사와 탐구영역을 확보하고 있는 교육
공학도 학문의 전문화와 세분화로 인해 발생하는 다양한 역기능적 폐해를 극복
하고 인식지평의 확대와 인식 깊이의 심화를 위해 교육공학은 교육공학 밖에서
교육공학에 영향을 미치고 있는 다양한 학문적 관점에 비추어 일종의 학문적 가
로지르기와 세로지르기를 시도해 왔다(유영만, 2002a, 2006a, 2008b). 학문적 가로
지르기와 세로지르기는 각각 장상호(1997)의 횡적 상대성(horizontal relativity)과
종적 상대성(vertical relativity)이라는 개념과 일맥상통 한다. 예를 들면 학문의
종적 상대성을 통해 교육공학의 학문적 깊이를 심화시켜오면서 동시에 학문의
횡적 상대성을 통해 교육공학의 학문적 지평을 부단히 확산시키는 연구노력을
전개해 왔다. 교육공학의 학문적 발전은 교육공학의 탐구 분야가 횡적으로 확산

되면서 이에 상응하는 다양한 개념체계와 이론들이 이전보다 풍부해지는 현상이고 횡적 상대성은 교육공학의 특정 연구 분야를 이전보다 더 깊이 파고들어 종래의 학문적 수준보다 더 높은 수준으로 발전하는 경우를 지칭한다. 횡적 상대성은 다른 학문 분야로 환원이 불가능하고 갈등보다 협조가 필요한 범주라면 종적 상대성은 같은 대상에 대해 서로 다른 입장을 피력하고 있기 때문에 학문적 논쟁을 통해 우열을 가리는 범주라고 볼 수 있다. 횡적 상대성이 증가할수록 동일한 현상도 다양하게 볼 수 있는 관점의 각도가 넓어지는 반면 종적 상대성이 심화될수록 양립할 수 없는 학문적 갈등이 심화되는 문제다. 종적 상대성은 학문체계가 발전하면서 필연적으로 나타나는 현상으로서 이전의 이론적 관점이나 접근은 이후의 이론적 관점이나 접근으로 끊임없이 대체되면서 학문적 발전이 이루어진다. 여기서 말하는 학문융합은 학문의 종적 상대성을 전제한 상태에서 횡적 상대성을 확산시켜 나가면서 이루어지는 새로운 학문적 관점이자 접근이다.

이 장의 목적은 교육공학이라는 학문이 전문화를 지향하는 과정에서 발생한 지식의 파편화로 동일한 전공 영역 내에서도 소통이 어려워지면서 하위 전공영역에 대한 분석적 이해는 깊어지고 있지만 교육공학 전체를 바라보는 안목과 통찰력은 간과되고 있는 문제를 극복하기 위해 융합적 관점에서 교육공학을 재조명해 보는 데 있다. 교육공학이 이제까지 시도해온 학문 융합의 유형을 융합에 대한 선행 연구결과(유영만, 2013; 차윤경 외, 2014; 홍성욱, 2011, 2013; Dogan & Pahre, 1990; Drake & Burns, 2006)를 토대로 단학제적 지식융합(mono-disciplinary knowledge fusion), 다학제적 유사(類似)융합(multi-disciplinary approach), 간학제적 융합(interdisciplinary fusion)으로 분류하여 각각의 사례에 해당하는 교육공학 관련 연구를 논의한다. 여기서는 학문융합 유형별 교육공학에서 이루어져 왔던 다양한 학문융합 사례를 비판적으로 논의하면서 진정한 의미의 학문융합이 이루어지기 위해서 갖추어야 될 조건이나 촉진요인을 탐색해볼 것이다. 학문융합을 촉진하는 동인에 비추어 교육공학의 학문융합 과정을 활성화시키고, 궁극적으로 학문융합을 통한 교육공학의 미래 발전방향을 제시하는 데 그 목적을 두고 있다.

II. 교육공학의 학문융합 유형과 사례

교육공학은 통신이론이나 커뮤니케이션 과학, 심리학, 체제이론, 컴퓨터 공학, 경영학과 최근의 뇌과학이나 인지과학 등 인접 유관 분야의 인문사회과학적 융합학문으로 탄생된 실천 지향적 응용학문이다. 교육공학은 태생부터 교육학을 비롯하여 인문사회과학과의 간학제적(interdisciplinary) 노력으로 탄생했다(진위교, 2000). 심리학에서 교수-학습 이론을 차용했고, 커뮤니케이션에서 교수-학습과정을 커뮤니케이션으로 바라보며, 체제이론에서 수업설계나 수업체제설계의 접근 방법을 차용해 왔다. 나아가 컴퓨터의 교육적 적용에서 다양한 교수-학습방법적 대안을 모색하기 위해 컴퓨터 공학의 힘을 빌려오고 있으며, 경영학적 도움으로 인재육성에 대한 전략적 대안을 모색하는 이론적이고 실천적인 도움을 받고 있다. 나아가 최근에는 뇌과학이나 인지과학을 활용하여 인간학습의 본질과 근본을 간학문적 연구를 통해 새롭게 밝혀내고 있으며 이를 교육공학에도 적용하는 움직임이 일고 있다(Antonenko, von Gog & Paas, 2014). 이처럼 교육공학은 태생부터 인접학문과의 경계 넘나들기나 학문적 접목을 통해 교육공학의 연구 분야를 심화 또는 확장시켜 왔다.

교육공학의 간학문성에도 불구하고 다른 분야의 학자들과 마찬가지로 교육공학자도 융복합적인 연구를 지향하기보다 교육공학의 세부 전공영역별 연구결과를 양산하는 데 집중해 왔다(정현미, 양용칠, 2005). 나아가 각 연구영역간 통합연구를 통한 시너지 효과 창출보다 배타적이고 독자적인 영역 구축을 통한 학문적 자기 정체성 확보에 주력해 왔다(권성호 외, 2007). 이러한 한계와 문제점을 극복하고 학문융합을 통해 교육공학을 위해서 교육공학을 넘어서는 새로운 학문적 지평이 열리기 위해서는 학문의 큰 줄기를 잡아 지식의 대통합을 이루기 전에 지식의 소통합을 이루어야 한다. 모든 학문 분야를 아우를 수 있는 하나의 큰 줄기(統)를 잡아(攝) 아우르겠다는 통섭(統攝)(Wilson, 1998) 이전에 '사물에 널리 통함' 또는 '서로 사귀어 오감'이라는 뜻으로 풀이되는 통섭(通涉)이 선행되어야 한다(유영만, 2013). 하나의 학문으로 모든 학문을 통섭(統攝)하겠다는 지나친 야망보다는 우선 가까운 학문 분야끼리 서로 대화를 하면서 학문적 벽을 낮추고 경계를 자유롭게 넘나드는 개방적 마음과 노력이 필요하다.

교육공학자가 학문 융합을 원활하게 이루어내기 위해서는 융합적 학습활동을 활발하게 전개해나가야 한다. 융합적 학습이 일어나지 않고서는 학문융합은 불가능하다(박선형, 2010). 융합적 학습은 한 마디로 내가 익숙하지 않은 분야를 연구하는 사람의 입장으로 내가 익숙하지 않은 분야의 전문가가 되어보는 것이다. 다른 분야의 전문가 입장으로 자신을 변신시켜 나와 다른 입장을 이해하려는 노력 없이는 융합적 학습이 발생하지 않을 뿐만 아니라 학문융합도 이루어지지 않는다. 또한 학문융합은 다른 언어를 쓰는 다른 문화로 들어가는 것을 의미하기 때문에 나의 지식으로 상대를 가르치려는 교사의 태도보다 낯선 문화를 탐구하겠다는 여행자의 태도가 필요하다(홍성욱, 2007). 각 분야 간에는 우열이 있는 게 아니라 인식과 관심이 다르고 수준과 차원이 다른 것이다. 누가 누구를 일방적으로 포섭하거나 통섭하기보다 각각의 전문성으로 상대의 한계와 문제점을 보완해주는 호혜적 관계가 존재할 뿐이다. 다른 전공에 접근하는 것은 다른 언어를 쓰는 문화 속에 들어가는 것을 의미한다. 자신이 타인의 언어를 잘 이해하지 못할 뿐만 아니라, 타인도 나의 언어에 대해 생소한 감정과 심지어 경계심을 가지고 있음을 감안해야 한다(홍성욱, 2007).

    이러한 노력의 일환으로 국내 교육공학계에서도 2000년도 한국교육공학회는 교육공학에 영향을 미친 다양한 주변 학문과의 관계와 영향을 알아보는 학술대회를 가진 바 있다. 이 자리에서 교육공학에 직간접적으로 영향을 미치고 있는 인접 유관 분야와의 학문적 접목이나 간학문적 연구 동향을 비판적으로 논의하면서 교육공학의 학문적 발전 가능성과 연구과제를 발표하였다. 예를 들면 교육공학과 심리학(양용칠, 2000), 교육공학과 경영학(송영수, 2000), 교육공학과 체제학(이인숙, 2000), 교육공학과 커뮤니케이션(강인애, 2000), 그리고 교육공학과 설계학(강이철, 2000) 및 교육공학과 컴퓨터과학(전영국, 허희옥, 2000) 등으로 대별하여 교육공학과 간학문적 연구 동향과 과제를 논의하였다. 한 가지 아쉬운 점은 지금까지의 연구들이 주로 다른 학문에 영향을 받아 교육공학이 어떻게 발전을 해왔으며, 마찬가지 맥락에서 앞으로 교육공학은 어떤 방향으로 발전해야 되는지에 초점을 두고 논의가 전개된다는 점이다. 예를 들면 심리학, 경영학, 체제학, 설계학 등이 교육공학에 도입되어 심리학적 교육공학, 경영학적 교육공학, 체제학적 교육공학, 설계학적 교육공학처럼 모학문이 교육공학과 접목되면서 어떤 영향을 끼쳤는지가 논점의 핵심이 되고 있다. 이러한 논의는 각각의 분과학문에서 논의되는 개념과 원리 또는 이론이 교육공학적 개념과 원리와 이론으로 어떻게 융합되어 기존 교육공학의 이론적 설명력을 능가하는 새로운 학문적 통찰력을 제공해주고 있는지에 대해서는 별다른 논의를 전개하지 못하고 있다.

이런 점을 염두에 두고 교육공학을 매개로 일어날 수 있는 학문융합의 유형을 융합에 대한 선행 연구결과(유영만, 2013; 차윤경 외, 2014; 홍성욱, 2011, 2013; Dogan & Pahre, 1990; Drake & Burns, 2006)를 중심으로 교육공학의 인식 지평의 확대는 물론 인식 깊이의 심화를 가져올 수 있는 학문융합을 다음과 같은 세 가지 유형으로 살펴보면서 그 사례를 함께 논의해보려고 한다.

첫째, 단학제적 지식융합(monodisciplinary knowledge fusion)은 단일 학문 분야 내부에서 사용되는 개념과 원리, 접근방법이나 논리 등을 융합하는 경우다. 예를 들면 교육공학 분야에서 사용되는 교수−학습 개념과 원리, 접근방법과 이론을 교육공학의 다른 연구 분야에 적용하거나 교육공학 내부에서 통용될 수 있는 다양한 개념적이고 이론적인 융합을 통해 제3의 새로운 개념이나 이론을 창조하는 경우다. 단학제적 지식융합은 엄밀히 말해서 학문간 또는 학문 차원의 융합이라기보다 해당 학문 내에서 통용되는 개념이나 원리와 이론적 융합이다. 단학제적 융합을 보다 현실적으로 말하면 지식융합이다. 학문융합 이전에 해당 학문에서 통용되는 지식간 융합이 활발하게 이루어질 때 이종학문간 융합의 가능성도 그만큼 높아진다. 하나의 개념에 또 다른 개념이 합쳐지면 제3의 개념이 새롭게 탄생된다. 개념과 개념이 융합되어 제3의 개념이 창조되는 것이다. 지식융합으로 새로운 지식이 창조되기 위해서는 우선 다양한 지식을 구성하는 개념 간 접선과 접촉이 빈번하게 이루어져야 한다. 서로의 개념이 탄생한 배경과 문제의식을 이해하고 해당 개념을 통해 무엇을 설명하고 이해하려는지 알아야 한다. 개념 사이의 교감이 빈번하게 일어나고 공감대가 형성되면 개념융합이 이루어진다.

둘째, 다학제적 유사(類似)융합(multidisciplinary approach)의 가능성을 모색해보는 노력이다. 다학제적 유사융합은 다양한 학문들이 하나의 문제를 해결하기 위해 공동으로 연구하는 방법이다. 동일한 현상에 대해서도 다양한 관점이 제기될 수 있음을 인정하고 배려하는 가운데 주어진 현상이나 문제를 다르게 볼 수 있는 가능성을 제기하는 접근이 바로 다학제적 접근이다. 다학제적 접근은 특정 문제를 해결하기 위해 협력하지만 각자의 학문적 관점과 접근으로 주어진 문제를 해결하고 그 결과를 합치는 연구다. 다학제적 유사융합이라고 한 이유는

각자의 관점이 융합되어 새로운 관점으로 주어진 문제를 보는 게 아니라 각자의
학문적 관점으로 주어진 현상을 다르게 볼 수 있다는 점을 강조할 뿐 진정한 융합
으로 발전하지 못하기 때문이다. 문제는 다학제적 접근을 통해서 진정한 의미의
학문 융합은 일어나지 않는다. 예를 들면 학습현상을 철학적 관점과 심리학적 관
점으로 바라볼 때와 경영학적 관점, 인류학적 관점, 그리고 생물학적 관점으로 바
라볼 때 각각 다르게 인식된다. 학습을 철학적 관점으로 바라보면 한 인간이 대상
이나 사물을 어떻게 아는지를 인식론적 관점으로 바라보고, 심리학적 관점에서 바
라보면 주로 미시적 관점에서 개인의 사고방식이나 인지구조, 그리고 세계관이나
패러다임의 변화에 초점을 둔다. 경영학적 관점에서 학습을 볼 경우 미시적으로
개인의 학습현상보다 조직 문화적이고 제도적이며 시스템적인 조건과 환경을 어
떻게 구성했어야 학습이 일어나는지를 보는 조직학습(organizational learning)에
초점이 주어진다(유영만 외, 2009; Argyris & Schon, 1978).

한편 인류학적 관점에서 학습을 바라보면 문화공동체의 한 구성원이 주어
진 문화적 관습이나 전통을 어떻게 배우면서 공동체적 정신문화를 습득하는지
를 본다(Brown, Collins & Dugid, 1989; Brown & Duguid, 2002; Lave & Wenger,
1991). 나아가 학습을 일상적 삶의 현상이나 공식적으로 일어나는 학습보다 업
무와 함께 일어나는 비공식적 학습현상에 초점을 맞출 경우 학습은 별개의 독립
적 활동이 아니라 업무와 삶이 혼연일체가 되는 삶 그 자체다(유영만, 2003a,
2014; Marsick & Watkins. 1990, Vail, 1996). 마지막으로 생물학적 관점에서 바라
보면 생명체가 현재 자신이 속해 있는 체계의 역동성을 따라 자기를 스스로 만
들어가는 것에 관한 메커니즘에 초점을 둔다(Maturana, 2004; Maturana & Varela,
1980, 1987). 이상과 같이 학습에 대한 다학제적 접근으로 바라본 다양한 관점을
융합할 경우 분과학문적으로 바라보았던 학습현상의 일부가 이전과 다른 모습
으로 새롭게 재구성될 수 있는 가능성의 문이 열릴 것이다. 다학제적 접근으로
다양하게만 바라보았던 각각 다른 관점이 다음에서 살펴볼 간학제적 융합에서
제3의 학문적 관점으로 재창조된다.

교육공학에서 다학제적 접근은 이름처럼 다양한 학문분야에서 교육공학을
바라보는 연구들이 이루어져 왔다. 예를 들면 사회학적 비판이론적 관점으로 교
육공학을 바라보면서 사회운동으로서의 교육공학을 논의한 연구(Mellon, 1983)
나 교육공학 전반을 사회학적 시각으로 재조명하면서 교육공학의 사회학을 제

시한 연구(유영만, 2003b; Charron, Li & Favier, 2006; Kerr, 2004), 그리고 교육공
학적 접근으로 설계되는 교육내용의 중립성을 비판적으로 논의하는 시각
(Nichols, Robinson & Wiegmann,1993; Robinson, Weigmann & Nichols, 1992; Rothe,
1991; Streibel, 1986)은 방법적 효율성이나 체계적 합리성을 지향하는 교육공학자
에게 이전과 다른 관점으로 교육공학을 바라볼 수 있는 대안을 제시해주고 있다
는 점에서 의의를 찾을 수 있다. 이외에도 체제학이나 체제이론적 접근으로 교
육공학의 학문적 발전에 영향을 미친 대표적인 논의는 Banathy(2004)를 꼽을
수 있다. 심리학이 교육공학의 미시적 기반을 교수－학습 측면에서 기초를 다진
학문분야라면 체제이론이나 방법론은 교육공학을 거시적인 체제로 바라보고 체
제의 구성요소들간의 유기적 관계나 전체를 조망할 수 있는 다학제적 관점과 접
근을 제공해주었다. 물론 통섭 개념에 대한 오해와 왜곡이 일어난 것처럼 체제
이론의 도입과정에서 교육공학자의 관점으로 체제의 전체성보다 부분 분석에
치중한 면(유영만, 1997)이 있었지만 교육체제나 수업체제처럼 교육공학의 체제
접근이 초석을 놓아준 이론적 기반이었다.

　　교육공학에 대한 다학제적 접근으로 가장 활발하게 논의되어온 연구는 철
학적 접근이다. Solomon(2000a)은 교육공학의 학문적 정체성은 물론 학문적 위
기를 극복하기 위한 대안적 논의로 주목을 끌어왔으며, 현상학적·해석학적 입
장(Cilesiz, 2011; Cilesiz & Spector, 2014)에서 실증주의적 교육공학의 한계와 문제
점을 비판적으로 논의하고 있다. 교육공학에서 다학문적 접근의 극치는 포스트
모더니즘에 입각한 교육공학의 정통성에 대한 비판과 대안 모색이다(유영만,
1998; Evans, 2011; Hlynka, 1991, 1995; Hlynka & Belland, 1991; Koetting, 1993;
Sheehan & Johnson, 2012; Solomon, 2000b; Wilson, 1997; Yeaman, 1991, 1994;
Yeaman et al, 1996). 포스트모더니즘적 교육공학은 교육공학의 학문적 정체성을
뿌리 채 흔드는 근본적인 논의로서 교육공학이 근거하는 지식의 확실성과 중심
성, 지식의 객관성과 가치중립성을 정면으로 비판하고 대안적 교육공학의 시발
점을 마련하고 있다. 포스트모더니즘과 더불어 교육공학의 근본을 뒤흔드는 다
학제적 접근이자 방법론적 대안 탐색은 과학철학적 입장에서 교육공학 연구방
법론을 비판적으로 논의하는 연구(Cilesiz & Spector, 2014; Koetting & Malisa, 2004;
Solomon, 2000a)와 자연주의적 탐구 등을 들 수 있다. 자연주의적 탐구 방법론
에 비추어 실증주의적 교육공학을 정면으로 비판하고 대안적 연구방법론의 초

석을 닦았던 연구(Guba, 1979, 1981; Guba & Lincoln, 1982; 유영만, 2002b)는 방법을 넘어선 방법에 대한 과학철학적 방법론이었으며, 방법론을 넘어선 인식론과 존재론에 대한 문제를 제기함으로써 대안적 교육공학 연구방법론에 대한 관심을 환기시켰던 기념비적 연구라고 볼 수 있다.

문제는 이런 다학제적 접근 그 자체로는 학문융합으로 보기 어렵다는 점이다. 융합은 두 가지 분야 이상이 화학적으로 결합하여 제3의 새로운 지식이나 이론과 학문 분야가 탄생될 때를 지칭한다. 그런데 다학제적 접근은 교육공학 밖에서 교육공학 안을 교육공학적 관점과는 다르게 들여다보며 교육공학 내부적으로는 볼 수 없는 색다른 관점과 접근논리를 제공해주지만 학제간 융합을 통해 전혀 다른 제3의 학문 분야가 탄생되거나 새로운 이론이 창조되지는 않는다. 결과적으로 다학제적 접근은 교육공학적 관점과 접근으로 해결할 수 없는 색다른 가능성을 제시하면서 이전과 다른 교육공학적 대안을 모색하는 데 그치고 있다. 교육공학을 밖에서 바라보았던 다학제적 접근이 학문융합으로 가기 위해서는 학문간 교차침투하면서 서로 소통하고 공감하는 가운데 각자의 학문적 시각으로는 불가능한 제3의 새로운 대안을 찾을 수 있는 가능성을 적극적으로 모색할 필요가 있다. 이런 가능성의 문을 열 수 있는 한 가지 방법이 바로 간학제적 융합(interdisciplinary fusion)이다.

셋째, 간학제적 융합은 다학제적 접근의 문제점을 보완하기 위하여 고안된 학문 간 접근으로 가장 자주 일어나는 학문융합이다. 예를 들면 물리학과 화학이 융합되어 물리화학이 탄생하고, 생물학과 화학이 융합되어 생화학이 탄생하듯 경계를 넘나드는 학문융합을 통해 신종 분과학문을 탄생시키는 노력이 바로 간학제적 융합이다. 융합의 본래 의미는 물리적 혼합이나 통합과는 다르게 화학적 결합을 의미한다. 융합이 화학적 결합이기 때문에 융합 이전의 속성이 융합 이후에는 제3의 다른 속성으로 다시 태어나는 결과를 의미한다. 그런데 학문융합은 융합의 개념적 의미와는 다르게 융합이 된 이후에도 융합에 참가했던 학문 분야는 여전히 그대로 남아 있고 제3의 새로운 학문 분야가 다시 창조되는 결과를 가져온다. 물리학과 화학이 융합해서 물리화학이라는 새로운 학문분야가 탄생되었지만 여전히 물리학과 화학은 그대로 남아 있는 것처럼 융합은 기존의 학문은 그대로 남아 있으면서 제3의 학문분야나 지식을 창조하는 효과적인 방법으로 부각되고 있다(박상욱, 2013). 간학제적 융합으로 교육공학의 학문융합을 논하기 이전에 교육공학은 태생부터 이미 간학제적 융합의 산물(진위교, 2000)이라는 점과 교육공학을 인접학문이나 특정학문과 융합의 가능성을 새롭게 시도하고 있다는 점을 구분할 필요가 있다. 이런 논의는 기존 교육학 자체를 융합지식의 관점에서 논의하는 문제와 교육학을 인접학문이나 특정 학문과 융합할 수 있는 가능성을 논의했던 이돈희(2009)의 연구에서도 시사받을 수 있다.

교육공학은 태생부터 지식과 학문융합을 통해서 탄생된 융합학문이라는 점은 본 연구에서도 이미 밝힌 바 있다. 즉 교육공학은 심리학, 경영학, 체제학, 커뮤니케이션, 설계학 등이 융합되어 탄생한 학문이지만 교육공학의 역사적 발전 과정에서 교육공학이 직면한 문제나 위기를 극복하기 위한 노력의 여정에서 각각의 학문이 어떤 영향을 미쳤는지에 초점이 주어지고 있다. 문제는 각각의 인접 유관 학문이 어떤 융합의 과정을 통해서 교육공학이라는 융합학문을 탄생시켰는지에 초점이 놓여있기보다는 각각의 학문 내에서 특정 이론이나 접근이 교육공학의 학문적 발전에 필요한 이론이나 접근논리를 어떻게 제공해주었는지에 초점이 놓여 있다는 점이다. 예를 들면 커뮤니케이션 이론과 체제이론이 교육공학에 도입되면서 수업을 하나의 커뮤니케이션 과정이나 체제로 보면서 교육공학적 연구대상을 이전과 다른 관점과 논리로 바라볼 수 있게 되었다는 점이다. 이런 간학제적 접근은 엄밀히 말해서 커뮤니케이션 관점에서 수업의 과정을 바라보고, 체제접근에 비추어 수업체제를 구상하는 관점에 머물렀을 뿐 커뮤니케이션이나 체제학과 교육공학의 학문적 융합 수준까지 발전하지 못한 접근이라고 볼 수 있다. 이런 점에서 융합학문으로서의 교육공학을 탄생시킨 인접 유관 분야와의 학문융합은 간학제적 접근 수준에서 진정한 의미의 간학제적 융합으로 가는 과도기적 과정에 머무른 접근이라고 볼 수 있다. 간학제적 융합으로 교육공학의 융합을 논의하는 문제는 그래서 융합학문으로서의 기존 교육공학에 영향을 미친 인접 유관 분야와의 학문융합을 논의하는 문제와 교육공학에 그동안 영향을 미쳤던 특정 학문분야는 물론 다른 학문분야와의 학문융합을 새롭게 시도하는 문제로 구분해서 생각해볼 필요가 있다. 논의의 편의상 전자와 후자의 접근을 각각 간학제적 융합 1과 간학제적 융합 2라고 부른다.

간학제적 융합 1에 해당하는 사례는 그동안 교육공학에 영향을 미쳤던 인접 유관 분야와의 간학제적 접근을 넘어 간학제적 융합을 시도하는 경우다. 간학제적 융합은 기존 교육공학을 학문융합으로 탄생된 융합 학문으로 규정하고

논의를 전개하는 것이다. 따라서 간학제적 융합 1의 노력을 통해서 기존 교육공
학과 전혀 다른 모습으로 새로운 교육공학이 재탄생될 수도 있다. 예를 들면
ISD를 심리학, 체제학, 설계학의 융합학문 분야로 상정해보는 경우다(유영만 외,
2009). ISD의 I는 수업(instruction)을 지칭하며 학문 분야로는 심리학, ISD의 S는
체제(systems)를 지칭하며 학문 분야로는 체제이론이나 철학 또는 체제 방법론
을 의미하고, ISD의 D는 설계(design) 또는 개발(development)을 대변하며 학문
분야로는 설계학과 혁신의 전파나 보급(diffusion of innovation)에서 원류된다(유
영만 외, 2009). 심리학을 대변하는 I도 행동주의 심리학, 인지주의 심리학, 구성
주의 심리학적 입장 중에서 어떤 입장으로 ISD를 융합하는지에 따라서 달라질
것이다. 마찬가지 맥락에서 체제학을 대변하는 S도 실증주의적 경성체제이론,
현상학적·해석학적 연성체제이론, 비판이론적 관점 중에서 어떤 관점을 선택하
는지에 따라 융합적 ISD의 최종 모습도 달라질 것이다. 마지막으로 설계학을 지
칭하는 D도 문제해결에 초점을 두는 최적화 과정으로서의 디자인이냐 아니면
대화와 협상과정에 초점을 두는 대화로서의 디자인이냐에 따라 전혀 다른 융합
적 ISD 모습으로 부각될 것이다.

　　　ISD 분야만큼 다양한 이론적 관점과 방법론적 대안을 융합, 대안적 가능성
을 모색해온 분야도 없을 것이다. You(1993)는 혼돈이론에 비추어 ISD의 기본
가정과 전제를 근본적으로 재설정하고 하나의 다른 ISD 모델이 아니라 기존
ISD 모델과 기본 가정을 달리하는 대안적인 ISD를 제시하였다. 비슷한 맥락에
서 구성주의와 해석학적 철학을 수업설계 분야에 융합, 기존 ISD 모델의 새로운
대안을 제시는 Willis(1995)와 이것을 수정 보완하여 보다 구체적인 처방전을 제
시하고 있는 Willis(2000)의 연구는 ISD 연구분야가 어떤 방식으로 학문적 융합
을 시도함으로써 새로운 발전 가능성을 마련하는지를 보여주는 산 역사다. ISD
분야는 물론 간학제적 학문융합을 부단히 시도해온 Rowland(2004)는 학습과 지
식의 문제를 생성적 춤(generative dance)에 비유하여 디자인은 물론 학습과 지
식, 그리고 성과와 테크놀로지를 융합, 개인학습을 넘어서는 조직학습의 새로운
대안을 제시하고 있다.

　　　간학제적 융합 1의 두 번째 사례는 경영학과 교육공학을 융합, 융합학문으
로서의 교육공학을 새롭게 조명해보는 것이다. 경영학의 하위 연구, 예를 들면
생산품질론에 비추어 교육을 하나의 상품으로 규정하고, 경영학적 품질개념을

교육상품에 대입하고, 마케팅이나 브랜딩 분야를 교육공학과 융합, 교육상품을 명품으로 기획하고 설계하며 개발해서 궁극적으로 어떻게 상품을 포지셔닝하고 브랜딩하기 위해서는 어떤 노력을 기울여야 되는지를 연구함으로써 교육적인 논리로 접근했던 기존의 수업설계나 수업체제설계의 미시적 접근이 갖는 한계나 문제점을 극복할 수 있는 대안적인 관점과 접근을 개발할 수 있다. 경영학의 소비자행동심리학이나 고객만족론, 히트상품개발론에서 주장하는 다양한 이론과 접근을 융합, 교육공학을 통해서 변화시키고자 하는 학습자 만족과 감동을 위한 히트교육상품은 어떻게 개발할 수 있는지 경영학적 관점에서 재해석해낸다면 기존 교육공학적 접근이 달성하기 어려운 새로운 목표도 달성할 수 있을 것이다. 또한 변화관리나 혁신 또는 전략론을 교육공학과 융합, 교육공학을 통한 교육변화나 혁신을 어떤 전략적 관점에서 접근해야 되는지를 이론적으로 체계화시킨다면 미시적인 수업설계나 개발논리에 초점이 주어진 기존 교육공학적 변화와 혁신전략을 경영학적으로 접목시킬 수 있는 가능성의 문을 열 수 있다. 지금까지 언급한 경영학의 하위 연구분야를 기존 교육공학의 하위 연구분야에 접목시킨다면 경영학이 교육공학의 발전에 단순히 영향을 미친 하나의 학문분야가 아니라 기존 교육공학을 경영학적 안목과 식견으로 바라볼 수 있는 다양한 접근을 구상할 수 있게 된다.

　　간학제적 융합 1의 세 번째 사례는 디자인 분야다. 교육공학 분야에서 디자인 분야는 문제중심 접근과 해결책 중심 접근으로 양분되어 발전되어 왔다(Visscher−Voerman & Plomp, 1996). 교육공학은 전통적으로 Simon(1969)의 입장을 따라 문제중심 접근을 따라왔다. 문제중심 접근에서 디자이너의 핵심과제는 문제의 본질과 구조가 밝혀질 때까지 체계적으로 분석하는 선형적 과정을 따르는 데 있다. 이에 반해서 Schon(1983)의 연구결과에 기반을 두고 있는 해결책 중심 디자인은 어떤 상황에서도 보편적으로 적용될 수 있는 일반화된 설계 과정을 정립하는 것은 불가능하다고 가정한다. 해결책 중심 접근에서 디자이너의 핵심과제는 Schon이 주장한 바와 같이 주어진 문제 상황에서 취한 행동을 성찰해보고 성찰결과에 따라 다음 취할 행동을 결정하면서 성찰적 실천과 실천적 성찰을 통해 디자이너의 전문성을 축적하는 것이다. 교육공학과 디자인 분야와의 융합이 해결책 중심 디자인 접근을 중심으로 전개될 경우 기존 ISD에서 강조해왔던 체계적인 문제해결로 해결할 수 없었던 비구조화된 문제를 해결할 수 있는

가능성의 문이 열릴 수 있을 것이다. 이런 맥락에서 교육공학과 디자인의 관련
성을 심도 있게 연구하면서 교육공학분야에서 논의되는 디자인 개념의 본질 및
수업설계자의 설계능력 육성과 설계과정을 설계학에 비추어 다양한 관점을 제
시해왔다(Rowland, 1992, 1999; Rowland, Lesseur & Basnet, 1994; Smith & Boling,
2009; Tracey, Hutchinson & Grzebyk, 2014; Visscher—Voerman & Gustafson, 2004).
특히 Rowland(1999)는 디자인, 학습, 그리고 체제 분야를 융합, 학습체제를 설
계하는 과정과 설계 전문가의 설계 역량 육성을 Schon(1983, 1987)의 성찰적 실
천(Reflection in Action)과 실천적 성찰(Reflection on Action) 원리를 차용해서 풀
어내고 있다. 수업설계 모형의 전통이라고 볼 수 있는 ADDIE(Anslysis, Design,
Development, Implementation, and Evaluation)의 설계 단계에서도 사실 디자이너
의 사고나 디자인 프로세스를 차용했다기보다 체계적인 문제해결과정으로 디자
인을 바라보는 Simon의 관점이 지배해 왔다. 향후 교육공학과 디자인을 접목시
킬 분야는 분석적 사고를 강조하는 문제중심 디자인 접근과 직관적 사고를 강조
하는 해결책 중심 디자인 접근의 균형을 추구하는 디자인 사고(design thinking)
(Martin, 2009)다. 경험과학적 자료 중심의 의사결정과 문제해결을 강조하는 기존
교육공학의 분석지향적 사고에 직관적 판단력과 통찰력을 겸비하는 디자인 사
고와 디자인 사고 프로세스에 비추어 수업설계과정이 재정립된다면 교육공학에
서 디자이너와 디자인 사고가 새롭게 재조명될 것이다.

  간학제적 융합 1의 네 번째 사례는 커뮤니케이션과 ICT(Information and
Communication Technology), 그리고 커뮤니케이션 이론적 관점에서 혁신의 보급
과 전파(diffusion of innovation), 변화관리(change management) 차원에서 어떤
전략적 접근을 취할 경우 궁극적으로 의도하고자 하는 변화가 교육현장에서 일
어날 수 있는지에 관한 거시적 변화와 혁신 전략을 모색할 필요가 있다. 대부분
의 ICT가 지속적으로 업그레이드되거나 새롭게 개발되면서 새로운 ICT가 개발
될 때마다 교육적 활용방안을 모색하는 연구는 언제나 수단—방법적 성격을 띨
수밖에 없다. 예를 들면 대형 온라인 공개강좌(Massive Open Online Course)를
의미하는 묵(MOOC)에 대한 교육공학적 접근(나일주, 2015)도 기술적 발달의 교
육적 활용방안 모색을 넘어 학습이론적 융합을 통한 교육공학의 학문적 대안을
모색하는 논의에는 아직 미치지 못하고 있다. 교육공학자의 ICT에 대한 관심이
교육적 활용방안 모색을 넘어서 교육적 활용효과가 극대화되기 위한 저변 연구

가 함께 동반될 때 교육공학자가 의도하는 ICT 활용에 대한 꿈이 실현될 수 있을 것이다(Spector, Merrill, Elen & Bishop, 2014). 이를 위해서 인류학적 연구방법론인 민속방법론이나 참여관찰을 통해 실천현장에서 ICT를 어떻게 받아들이고 활용하는지를 현장 연구를 통해서 밝혀내고, ICT의 교육적 활용과정에서 미치는 문화적 영향력을 따져볼 필요가 있다. ICT는 하나의 기술이기 이전에 특정 사회역사적 배경과 문제의식을 갖고 태어난 문화적 산물이기도 하다. ICT를 활용하는 교육혁신의 성패여부는 다양한 심리학적 이론 기반 ICT의 교육적 설계능력과 더불어 ICT를 현장에 전파하고 보급하는 혁신보급능력과 변화관리능력이다.

간학제적 융합 2를 통해서 학문융합을 시도할 경우 교육공학과 긴밀한 영향을 주고받으면서 학문적 발전을 이룩하는 제3의 색다른 학문이 창조되는 경우다. 교육공학과 간학제적 융합 2를 통해서 창조되는 융합학문은 교육공학자들에게 색다른 관점과 접근논리를 제공해줌으로써 기존 교육공학과 간학제적 접근의 기반을 마련할 수도 있다. 예를 들면 학습학과 건강에 대한 한의학적 이론을 융합시켜 학습건강학(유영만 외, 2009)을 시론적으로 시도해보거나 지식경영학과 생태학을 융합시켜 실증주의적 계량 지식경영학의 한계를 극복하려는 지식생태학(유영만, 2006b)을 탄생시키는 노력이 간학제적 융합 2의 전형적인 범례에 속한다. 학습건강학은 학습학(한준상, 2001)과 한의학적 건강학을 융복합시켜 탄생시킨 신종학문분야다(유영만, 2006b). 학습학과 한의학적 관점에서 건강학을 융합시켜 학습건강학을 창조해냈지만 여전히 학습학과 한의학적 건강학은 그대로 남아 있다. 학습건강학은 즐거운 학습을 통해 건강한 지식을 창조하고 창조된 지식으로 직면하고 있는 문제를 해결, 성과를 창출하고, 창출된 성과를 나누면서 행복한 일터를 조성하는 학문적 탐구분야다. 즐거운 학습에 대한 남다른 식견을 갖추기 위해서는 심리학적 학습이론은 물론 거시적 환경과 문화 속에서 어떻게 하면 학습이 잘 일어날 수 있는지에 대한 이해도를 높이기 위해서는 경영학적 입장의 조직학습이론, 문화인류학적 관점에서의 공동체의 일원으로 변신하는 문화화 과정을 학습으로 이해하는 관점도 습득해야 한다. 따라서 심리학자의 눈으로 학습현상을 바라보고 경영학자의 눈으로 조직문화에 적합한 학습문화를 조성해야 하며 인류학자의 눈으로 주어진 학습현상을 주도면밀하게 관찰하는 눈이 다학제적 관점에서의 다양한 관점으로 끝나지 않고 융합적 시각으로 승화·발전함으로써 학습건강학이라는 신종 융합학문이 탄생되는 것이다.

간학제적 융합 2를 통해서 학문융합을 시도하는 두 번째 사례는 교육공학의 핵심적인 연구 분야이기도 한 ISD 분야를 전혀 다른 개념으로 재개념화시키는 경우다. 유영만(2008a)은 기존 ISD 모델의 존속 가능성 자체를 문제 삼으면서 극단적으로 ISD 모델은 불필요할 수 있다는 급진적 주장을 Wilson의 통섭, Bachelard(1998)와 Durand(1992)의 상상력의 인류학적 구조, Deleuze와 Guattari(1968)의 차이의 철학과 탈경계적 이동의 상상력, Magritte의 데페이즈망 기법을 융합(진중권, 2014), ISD를 Instructional Systems Design에서 Imaginative Structure for Design으로 전혀 다르게 개념화시키고 새로운 설계를 위한 상상력의 구조를 제안한 바 있다. 기존 ISD(Instructional Systems Design)를 넘어서서 미래의 ISD(Imaginative Structure for Design)를 구상하기 위해 이질적 학문분야를 융합, 제3의 융합적 ISD를 제안한 것이다. 미래의 ISD(Imaginative Structure for Design)는 기존의 ISD가 과연 미래에도 필요한가라는 근본적인 문제를 제기하고 기존의 ISD 모델이 필요하다는 연장선상에서 보완적인 ISD 모델 또는 대안적인 ISD 모델을 구상하는 노력을 넘어선다. 오히려 미래의 ISD 모델은 기존 ISD 모델의 기반 가정과 철학을 부정하고 급진적으로 다른 차원의 모델을 Bachelard(1998)와 Durand(1992)의 상상력의 인류학적 구조를 근간으로 새롭게 창조한 융합형 ISD 모델이다.

간학제적 융합 2를 통해서 학문융합을 시도하는 세 번째 사례는 뇌과학 분야와의 융합이다. 그동안 심리학적 연구성과를 기반으로 교육공학의 교수-학습 이론적 기반을 다져왔다. 그런데 최근 최근 뇌과학 연구의 비약적 발전과 뇌과학 연구와 인지과학 연구의 활발한 융합을 통해 '뇌기반 학습과학(Brain-Based Learning Science)', '교육신경과학(Educational Neuroscience)', 혹은 신경교육학(Neuro-Education)이라 불리는 새로운 연구 분야를 탄생(김성일, 2006)시킴으로써 교육공학의 학습이론적 기반에도 새로운 변화를 추구할 수 있게 되었다. 뇌기반 학습과학이 교육공학과의 융합을 통해서 제시할 수 있는 새로운 가능성은 기존의 학습과학과는 다르게 뇌기반 학습과학은 뇌의 인지기능 및 구조에 대한 과학적 이해를 바탕으로 학습활동의 효과를 극대화시킬 수 있는 학습 환경 설계와 구체적인 학습활동 촉진 전략을 개인별 뇌기반 학습 스타일에 맞게 설계할 수 있는 처방적 지침을 제공해줄 수 있다는 점에서 시사하는 바가 크다고 할 수 있다. 뇌기반 학습과학은 신경과학, 심리학, 인지과학, 교육학, 컴퓨터 과학이 간학제적 연구노력을 통해서 탄생한 융합학문의 전형이다.

　　지금까지 단학제적 융합, 다학제적 유사 융합, 간학제적 융합을 통해 교육 공학 분야에서 이루어져 왔던 다양한 학문융합이 유형과 사례를 살펴보았다. 주지하는 바와 같이 진정한 학문융합은 간학제적 융합이다. 단학제적 융합은 융합으로 가는 길목에서 시도되는 개념이나 지식융합이고, 다학제적 유사 융합은 융합으로 가기 위한 준비체조에 해당할 정도로 진정한 융합을 이루기 위한 과도기적 단계라고 볼 수 있다. 자기 전공을 깊이 파되 타전공과의 부단한 접목과 융합을 통해 독자적으로 풀어낼 수 없는 색다른 학문적 가능성의 문을 열어나가야 한다. 이질적 학문과의 융합은 자기 전공으로 해낼 수 없는 한계나 문제점을 극복하고 전대미문의 새로운 제3의 학문이 탄생될 수도 있고, 색다른 문제의식으로 이전에 생각지도 못했던 목적의식을 품을 수도 있다.

III. 학문융합과 교육공학의 미래 발전방향

　　융합학문이 어떻게 탄생하는가를 연구했던 오헌석 외(2012)는 문제해결을 위한 경계 넘나들기, 전공학문 외적인 경험 및 인식체계의 영향, 학문간 벽위로 솟은 대가가 주는 영감, 지적 동반자와의 만남 및 교역지대(trading zone) 경험이 융합의 동인이라고 밝힌 바 있다. 이러한 학문 융합의 네 가지 동인에 비추어 교육공학자가 학문융합을 성공적으로 수행하기 위해서 갖추어야 될 조건과 지향해야 될 방향을 논의하면서 결론을 대신한다. 우선 융합 학문을 창시한 사람들의 공통점은 특정 학문적 관점으로는 해결할 수 없는 근원적인 연구문제를 갖고 있다는 점이다. 연구문제는 학자가 오랫동안 고민해온 물음이 호기심과 연구 의욕을 자극하는 형태로 표현된 연구자가 해결해야 될 과제다. 학문적 경계를 넘는 연구문제가 제기될 때 분과학문적 지식으로 해결할 수 없다는 깨달음과 함께 타학문야에 대한 관심으로 이끄는 동인으로 작용한다. 우리가 직면하고 있는 교육문제는 어느 하나의 학문적 관점과 접근만으로 해결하기에는 이미 너무 복잡하고 구조적이다. 분과학문적 사고가 아니라 문제중심적 사고로 다양한 학문적 관점이 융합된다면 제3의 융합 학문은 물론 새로운 해결의 실마리를 창조할 수 있을 것이다.

융합 학문을 창조하는 두 번째 동인은 자신이 전공하는 특정 학문 분야 외적인 학문적 탐구 경험으로 축적되는 인식체계다. 교육공학자가 어떻게 하면 창의적인 학습자료를 개발, 교육현장에 전파하고 보급해서 교육혁신을 일으킬 것인지를 고민하지만 여전히 우리는 교육공학만으로 해결할 수 없는 산적한 교육문제를 남겨놓고 있다. 때로는 교육사회학적 시각으로 교육공학이 추구하는 교육의 효율성과 효과성을 비판적인 시각으로 접근할 필요가 있으며, 필요에 따라서는 교육인류학적 시각으로 교육공학의 혁신대상인 교육현장을 바라볼 필요가 있다. 교육행정학적 시각으로 교육공학적 혁신이 정착되기 위한 제도적이고 체제적인 조치가 필요한지를 물어봐야 하고, 근본적으로 교육철학적인 입장에서 교육공학적 혁신이 가져올 철학적 의미와 가치를 되짚어볼 필요가 있다. 교육공학 밖에서 교육공학 안을 들여다볼 경우 그동안 보이지 않았거나 볼 수 없었던 인식의 깊이가 심화되고 인식의 지평이 열릴 수도 있다.

융합학문을 만들어가는 세 번째 동인은 전공분야에 관계없이 영감을 주는 대가들과의 직접적인 만남이나 저술을 통한 간접적인 만남이다. 학문적 탐구를 통해서 깨닫는 앎에 대한 인식론적이고 방법론적인 패러다임 전환은 우연히 만난 철학자에게 받는 경우가 있으며, 고뇌를 거듭하는 연구문제의 단서를 제공해 주는 근원은 전공분야와 전혀 관계없는 다른 분야의 대가가 주는 통찰력인 경우가 많다. 음악가나 화가가 자연과학자에게 영감을 받는 경우나 거꾸로 자연과학에서 영감을 받아 위대한 작곡을 하거나 작품을 남기는 경우도 있다. 또한 물리학자가 수학자에게 아이디어를 얻는 등 전혀 다른 분야의 대가가 만들어가는 연구결과에서 영감을 받는 경우가 많다. 특히 대가와 직접 만날 수 없는 상황에서도 그들이 저술한 역저나 논문을 통해 학문적 탐구의 새로운 지평을 열어가는 경우가 많다. 예를 들면 교육공학의 뿌리라고도 볼 수 있는 공학문제를 공학철학(Philosophy of Technology, 참고 Meijers, 2009) 입장에서 재조명할 경우 교육철학적 접근이 제공할 수 없는 교육공학의 철학적 관점을 시사받을 수 있을 것이다. 공학철학적 입장에서 교육공학을 재조명할 경우 그동안 공학을 기술적 차원으로 접근했던 피상적 논의를 심도 있게 논의할 수 있는 기반을 확보할 수 있을 뿐만 아니라 교육공학의 학문적 정체성을 재정립하는 데에도 학문적 기여를 할 수 있을 것이다.

융합학문을 이끌어가는 네 번째 동인은 지적 동반자와의 만남 및 교역지대

경험이다. 쉽게 해결할 수 없는 근원적인 연구문제와 씨름하면서 전공 밖에서 얻는 통찰력을 활용하여 고독한 학문적 탐구활동을 전개하다 만나는 지적 동반자는 색다른 융합학문을 창조하는 과정에서 결정적인 지원군이 된다. 인식과 관심을 같이 하면서 비슷한 문제의식을 갖고 있는 연구자와 만나는 일은 그동안의 지적 고뇌를 나누면서 문제해결의 단서를 소통하는 가운데 얻을 수 있는 계기가 되는 경우가 많다. 또한 서로 다른 관심과 전문성을 지닌 이질적 학자나 연구팀이 자주 만나서 함께 공동의 이슈를 토론할 수 있는 무대나 계기를 마련한다면 융합학문의 싹이 자랄 수 있는 토양을 만드는 일과 같다. 교육공학이 미시적 설계와 개발은 물론 거시적인 혁신의 보급과 전파를 통해 교육공학의 이상이 보다 현실화되기 위해서는 교육공학적 변화와 혁신과 관련되는 다양한 인접 유관 분야의 학자들이 공동의 문제와 이슈를 놓고 허심탄회하게 만날 수 있는 학술교류의 장이 일종의 교역지대가 될 수 있을 뿐만 아니라 지적 동반자를 만날 수 있는 무대도 될 수 있다. 교육공학과 인접 유관분야의 학문융합은 우선 교육공학 외부적 시각에서 교육공학 내부에 이전과 다른 지적 자극을 줄 수 있는 계기가 마련될 때 가능성이 높아진다.

　　이상과 같은 네 가지 융합학문의 동인이 발현되어 현실로 구현되기 위해서는 교육공학이 학문적으로 발전할 뿐만 아니라 실천지향적인 융합학문으로 자리매김할 수 있는 구체적이고 현실적인 조치가 뒤따라야 할 것이다. 우선 대학과 대학원 교육과정의 전면적인 개편이 시급하다. 기존의 교육공학 전공 분야별로 세분화된 교육과정은 융합적 사고를 저해할 뿐만 아니라 융합으로 가는 걸림돌로 작용할 수 있다. 예를 들면 교수방법을 가르치는 경우에도 교수방법을 바라보는 인류학적 시각, 사회학적 시각, 철학적 시각이 융복합되어 교수방법을 더 이상 효율적 기법의 문제로 접근하는 오류에서 벗어날 수 있는 기반을 마련할 필요가 있다. 두 번째 학문융합이 교육공학을 매개로 활성화되기 위해서는 석박사 학위 논문의 연구문제도 융합적 사고와 융합적 시각을 갖지 않으면 해결하기 어려운 주제를 중심으로 선정할 수 있도록 권장되어야 한다. 이를 위해서는 지도교수가 먼저 학문융합에 대한 남다른 시각과 관점을 갖고 다양한 융합적 시도를 몸소 전개하는 솔선수범의 리더십을 보여줄 필요가 있다. 지도교수의 학문적 자기 변신 없이는 제자들의 학문 융합적 시도는 불가능에 가깝다. 셋째, 연구방법론의 성화(聖化)와 지식의 화석화(化石化) 현상(김광웅, 1994)을 극복하는 노력이 지속적으로 전개될 필요가 있다. 연구문제가 연구방법을 결정하기보다 내가 활용할 수 있는 연구방법론으로 해결할 수 있는 연구문제가 선정되고 자신이 선호하는 이론적 관점에 비추어 연구활동이 전개되면 될수록 특정 방법론과 지식에 적합한 연구만 반복될 수 있다. 이런 방법론의 성화나 지식의 화석화 현상을 극복하기 위해서는 다양한 이론적 관점과 방법론적 접근으로 연구문제를 해결하는 기회와 무대를 의도적으로 마련할 필요가 있다.

네 번째 학문융합이 교육공학 분야에서 활성화되기 위해서는 학회 차원에서도 교육과 사회현상을 연구하는 다양한 인문사회과학자들과 공동의 연구관심과 주제를 선정, 융합적 학술대회가 될 수 있도록 기획될 필요가 있다. 통섭처럼 거대담론을 주장하면서 지식의 대통합을 부르짖기보다 가까이 있는 인접유관학문분야와 공동으로 해결할 수 있는 연구문제나 주제를 선정, 자주 만나 소통하고 공감하는 가운데 융합의 물꼬를 틀 수 있을 것이다. 마지막으로 교육공학과 협동과정으로 대학원 과정을 개설할 수 있도록 학사제도와 시스템을 개편할 필요가 있다. 예를 들면 교육공학과 경영학 협동과정을 통해 경영학적 안목을 지닌 HRD 전문가를 육성할 수도 있고 마케팅 상상력을 지닌 교육마케팅 전문가를 육성할 수도 있다. 교육공학과 인류학을 융합하는 협동과정을 개설해서 인류학적 관점과 접근으로 무장된 교육공학자를 육성, 보다 실천현장 지향적인 교육공학으로 발돋움하기 위해서는 어떤 노력이 필요한지를 집중적으로 연구할 수도 있다. 이상과 같은 제언이 받아들여지고 실제로 교육공학의 학문융합이 일어날 수 있는 현실적인 대안과 구체적인 추진방안, 그리고 학문융합을 장려하는 학계 풍토 조성방안에 대해서 후속 연구가 이루어진다면 학문융합은 교육공학으로 더욱 가깝게 다가올 수 있을 것이다.

참고
문헌

강이철(2000). 교육공학과 설계학. 2000년 한국교육공학회 춘계학술대회 발표자료집 (pp.127-145). 한양대학교.

강인애(2000). 또다시 McLuhan인가? 커뮤니케이션 이론과 교육공학의 관계 모색. 2000년 한국교육공학회 춘계학술대회 발표자료집(pp.67-68). 한양대학교.

권성호·신종호·정태희·오현숙·문수진(2007). 통섭의 관점에 따른 교육공학 접근방법의 재조명: 교육공학의 간학문성 및 연구영역을 중심으로. 학습과학연구, 1(1), 35-53.

김광웅(1994). 방법론의 이론 종속성과 이론의 방법론 종속성 – 연구방법의 聖化와 지식의 化石化. 한국정치학회보, 27(2)(하), 165-179.

김광웅(2009a). 미래학문 중심에 '關係學'이 선다. 중앙SUNDAY와 함께하는 미래학문·대학 콜로키엄. 중앙SUNDAY 2007년 4월 1일.

김광웅(2009b). 21세기의 학문체계: 미래의 지적 산책을 어디에서 어떻게 할까. 김광웅(엮음). 우리는 미래에 무엇을 공부할 것인가: 창조사회의 학문과 대학(pp.15-35). 서울: 생각의 나무.

김광웅(엮음)(2011). 융합학문, 어디로 가고 있나? 서울: 서울대학교출판문화원.

김동광(2011). 한국의 '통섭현상'과 사회생물학. 김동광·김세균·최재천(엮음). 사회생물학 대논쟁(pp.245-271). 서울: 이음.

김상환·박영선(엮음) (2014). 분류와 합류. 서울: 이학사.

김성일(2006). 뇌기반 학습과학: 뇌과학이 교육에 대해 말해주는 것은 무엇인가? 인지과학, 17(4), 375-398.

나일주(편저)(2015). 글로벌 학습시대 묵스의 이해. 서울: 학지사.

박상욱(2013). 융합은 얼마나: 이론상의 가능성과 실천상의 장벽에 관하여. 홍성욱(엮음). 융합이란 무엇인가(pp.21-40). 서울: 사이언스북스.

박선형(2010). 지식융합: 지식경영적 접근과 이해. 교육학연구, 48(1), 84-101.

박이문(2009). 통합의 인문학: 둥지철학을 향하여. 서울: 知와 사랑.

방선희 (2009). 통섭의 관점에서 바라본 유비쿼터스 학습 환경과 교육공학의 역할. 학습과학연구, 3(2), 69-92.

송영수(2000). 경영학과 교육공학. 2000년 한국교육공학회 춘계학술대회 발표자료집 (pp.177-194). 한양대학교.

양용 (2000). 교육공학의 발전과 심리학: 영향과 전망. 2000년 한국교육공학회 춘계학술대회 발표자료집(pp.33-57). 한양대학교.

오헌석·김도연·배형준·서동인·김한솔(2012). 융합학문은 어떻게 탄생하는가? 교육문제

연구, 43, 51-82.

유영만(1997). 체제과학에 비추어 본 교육공학의 궤도이탈: 적용과정에 나타난 오류분석. 교육공학 연구, 13(2), 211-240. 한국교육공학회.

유영만(1998). 포스트모더니즘과 교육공학: 포스트모더니즘의 교육공학적 시사점과 적용 가능성. 교육공학 연구, 14(3), pp.231-258.

유영만(2002a). 교육공학의 학문적 지평확대와 깊이의 심화: 가로 지르기, 세로 지르기, 그리고 십자 지르기와 교육공학. 서울: 원미사.

유영만(2002b). 교육공학과 질적 연구 방법론: 방법론적 대안탐색을 위한 인식론적 지평확대. 교육정보방송연구, 8(2), 135-171.

유영만(2003a). 한국 교육학의 미래와 「거리의 학습학」: 새로운 學習學 정립을 위한 시론적 논의. 한국교육학회편찬위원회(편)(2003). 자생적 한국교육학의 미래(pp.479-512). 서울: 도서출판 원미사.

유영만(2003b). 『교육공학의 사회학』의 학문적 범주규명과 탐구논리 탐색: 사회학적 교육공학을 통한 교육공학의 인식지평의 확대. 교육공학연구, 19(4), 3-30.

유영만(2006a). 교육공학의 학문적 지평확대와 깊이의 심화(2탄): 학문적 통섭을 위한 인식론적 결단과 방법론적 결행. 서울: 원미사.

유영만(2006b). 지식생태학: 지식기반사회를 위한 포스트 지식경영. 서울: 삼성경제연구소.

유영만(2008a). 교육공학의 학문적 지평확대와 깊이의 심화(3탄): 교육공학을 위하여 교육공학을 넘어서기. 서울: 원미사.

유영만(2008b). 탈-ISD(Post-ISD) 모델의 가능성과 발전방향에 대한 비판적 논의. 교육공학연구, 24(2), 233-269.

유영만 외 9인(2009). 4세대 HRD(Happiness Revitalization Development). 즐거운 학습, 건강한 지식, 보람찬 성과, 행복한 일터. 서울: 학지사.

유영만(2013). 브리꼴레르: 세상을 지배할 지식인의 새 이름. 서울: 생각의 나무.

유영만(2014). 공식적·비공식적 학습과 소셜러닝을 통합·지원하는 개념적 HRD 생태계 모형 설계. 기업교육연구, 16(1), 247-277.

유영만(2015). 교육공학과 학문융합: 교육공학을 위하여 교육공학 넘어서기. 교육공학연구, 31(3), 365-396.

이돈희(2009). 지식융합 시대 교육학의 과제. 2009 한국교육학회 추계학술대회 논문집. 3-6.

이어령(2006). 디지로그. 서울: 생각의 나무.

이인숙(2000). 교육공학과 체제학: 지금까지를 돌아보고 앞으로를 내다보며. 2000년 한국교육공학회 춘계학술대회 발표자료집(pp.95-123). 한양대학교.

이인식(2008). 지식의 대융합: 인문학과 과학기술은 어떻게 만나는가? 서울: 고즈윈.

이정덕(2011). 지식의 대통합이라는 허망한 주장에 대하여—문화를 중심으로(pp.107-145).

김동광·김세균·최재천(엮음). 사회생물학 대논쟁. 서울: 이음.

장상호(1997). 학문과 교육(상): 학문이란 무엇인가. 서울: 서울대학교출판부.

장회익(2009). 창조화 사회의 논리: 통합적 학문은 어떻게 가능한가. 김광웅(엮음). 우리는 미래에 무엇을 공부할 것인가: 창조사회의 학문과 대학(pp.67 – 100). 서울: 생각의 나무.

전영국·허희옥(2000). 교육공학에 적용된 컴퓨터 과학의 영향. 교육공학연구, 16(3), 155 – 176.

(Translated in English) Jeon, Y. G., & Heo, H. O. (2000). The impact of computer science in educational technology. *Journal of Educational Technology, 16*(3), 155 – 176.

정현미·양용칠(2005). 교육공학 연구 20년 흐름 분석. 교육공학연구, 21(4), 167 – 194.

진위교(2000). 교육공학의 간학문성과 발전방향. 교육공학 연구, 16(3), 3 – 25.

진중권(2014). 진중권의 미학 오디세이 2(20주년 기념판) – 마그리트와 함께 탐험하는 아름다움의 세계. 서울: 휴머니스트.

차윤경 외 13인 공저(2014). 융복합 교육의 이론과 실제. 서울: 학지사.

천정환(2008). 대중지성의 시대: 새로운 지식문화사를 위하여. 서울: 푸른역사.

한준상(2001). 학습학. 서울: 학지사.

홍성욱(2007). 21세기 한국의 자연과학과 인문학. 최재천, 주일우(엮음). 지식의 통섭: 학문의 경계를 넘다(pp.273 – 298). 서울: 이음.

홍성욱(2011). 성공하는 융합, 실패하는 융합. 김광웅(엮음)(2011). 융합학문, 어디로 가고 있나?(pp.311 – 347). 서울: 서울대학교출판문화원.

홍성욱(2013). 융합의 현재에서 미래를 진단한다. 홍성욱(엮음). 융합이란 무엇인가(pp. 7 – 16). 서울: 사이언스북스.

Antonenko, P. D., von Gog., & Paas, F. (2014). Implications of neuroimaging for educational technology. In J. M. Spector., M. D. Merrill., J. Elen, M. J. Bishop.(Eds.)(2014). *Handbook of research on educational communications and technology*(pp.51 – 63). New York, NY: Springer.

Argyris, C., & Schon, D. A. (1978). Organizational learning: A theory of action perspective. MA: Addison – Wesley Publishing Company.

Bachelard, G. (1988). *Fragments of a poetics of fire*. Dalla, TX: The Dallas Institute of Publications.

Banathy, B. H. (2004). Systems inquiry and its application in education. In D. H, Jonnasen(Ed.). *Handbook of research on educational communications and technology*(pp.37 – 57). A Project of AECT. Mahwah, NJ: Lawrence Erlbaum.

Brown, J. S., Collins, A., & Dugid, P. (1989). Situated cognition and the cultural of learning. Educational Researcher, 18, 32 – 42.

Brown, J. S., & Duguid, P. (2002). The social life of information. Boston: Harvard Business School Press. 이진우(옮김)(2001). 비트에서 인간으로. 서울: 거름, pp.142-3.

Charron, C., Li, C., & Favier, J. (2006). Social computing: How networks erode institutional power, and what to do about it. Forester Report. Retrieved from groundswell.forrester.com/site1-18.

Cilesiz, S. (2011). A phenomenological approach to experience with technology: Current state, promise, and future directions for research. *Educational Technology Research and Development*, 59, 487-510.

Cilesiz, S., & Spector, M. (2014). The philosophy of science and educational technology research. J. M. Spector, M. D. Merrill, j. Elen, M. J. Bishop(Eds). *Handbook of research on rducational communications and technology* (pp.875-884). New York, NY: Springer.

Deleuze, G., & Guattari, F. (1968). 차이와 반복(현대사상의 모험 13). 김상환(옮긴이). 서울: 민음사.

Dogan, M., & Pahre, R. (1990). *Creative margznality: Innovation at the intersections of social science.* Boulder, CO: Westview Press.

Drake, S. M., & Burns, R. C. (2006). 통합교육과정(박영무, 강현석, 김인숙, 허영식 공역). 서울: 원미사(원저는 2004년 출간).

Durand, G. (1992). 상상계의 인류학적 구조들. 진형준(옮김)(2007). 서울: 문학동네.

Evans, M. A. (2011). A critical-realist response tp postmodern agenda in instructional design and technology: a way forward. *Educational Technology Research and Development*, 59, 799-815.

Guba, E. G. (1979). Naturalistic inquiry. *Improving Human Performance Quarterly*. Aug. 268-276.

Guba, E. G. (1981). Criteria for assessing the trustworthiness of naturalistic inquiries. ECTJ, 29(2), 75-92.

Guba, E. G., & Lincoln, Y. S. (1982). Epidemiological and methodological bases of naturalistic inquiry. ECTJ, 30(4), 233-252.

Hlynka, D. (1991). Postmodern excursions into educational technology. *Educational Technology*, 31(6), 27-30.

Hlynka, D. (1995). Six postmodernisms in search of an author. In G. J. Anglin(Ed.). *Instructional technology: Past, present, and future*(2nd Ed.)(pp.113-118). Englewood, CO: Library Unlimited, Inc.

Hlynka, D., & Belland, C. (1991)(Eds.). *Paradigm regained:The use of illuminative, semiotic and postmodern criticism as modes of inquiry in educational technology.* Engleewood Cliffs, NJ: Educational Technology Publications.

Horx, M. (2008). Technolution: Wie unsere zukunft sich entwickelt. Frankfurt, Genmany: Campus Verlag GmbH. 배명자(옮김)(2009). 테크놀로지의 종말: 인간은 똑똑한 기계를 원하지 않는다. 서울: 21세기북스.

Kerr, S. (2004). Toward a sociology of educational technology. In D. H. Jonassen. (Ed.). *Handbook of research on educational communications and technology*(pp.113–142). Mahwah, NJ: Lawrence Erlbaum.

Koetting, J. R. (1993). Educational technology, curruculum theory, and social foundations: Toward a new language of possibility. In R. Muffoletto & N. N. Knupfer(Eds.). *Computers in education: Social, political & historical perspectives*(pp.129–139). Cresskill, NJ: Hampton Press, Inc.

Koetting, J. R., & Malisa, M. (2004). Philosophy, research, and education. In D. H. Jonassen (Ed.), *Handbook of research on educational communications and technology*(2nd ed., pp.1009–1020). Mahwah, NJ: Lawrence Erlbaum.

Lave, J., & Wenger, E. (1991). Situated learning: Legitimate peripheral participation. New York: Cambridge University Press.

Marsick, V. J., & Watkins. K. E. (1990). Informal and incidental learning in the workplace. London: Routledge.

Martin, R. (2009). *The design of business: Why design thinking is the next competitive advantage.* Boston, MA: Harvard Business Press.

Maturana, H. R (2004). From being to doing, conversation with Bernhard Poerksen, trans. Wolfram Karl Koeck and Alison Rosemary Koeck. 있음에서 함으로. 서창현(옮김)(2006). 서울: 갈무리

Maturana, H. R., & Varela, F. J. (1980). *Autopoiesis and cognition: The realization of the living.* dordrecht, Holland: Reidel Publishing Company.

Maturana, H. R., & Varela, F. J. (1987). *The tree of knowledge: The biological roots of human understanding.* 최호영 옮김(1995). 앎의 나무. 서울: 자작아카데미.

Meijers, A. (ed.) (2009). *Philosophy of technology and engineering sciences*(Vol. 9). Burlington, MA: Elsevier.

Mellon, C. A. (1983). Instructional development as a social movement: An illustration of analogical theorizing. *Educational Communication and Technology Journal, 31*(4), 187–99.

Nichols, R. G., Robinson, R. S., & Wiegmann, B. (1993). Criticizing instructional materials evaluation: Adding meaningful dimension. *15th annual proceedings of selected research and development presentations at the 1993 National Convention of the Association for Educational Communication and Technology*(pp.743－51), New Orleans, LA.

Robinson, R. S., Weigmann, B., & Nichols, R. G. (1992). Socio－cultural methodology and analysis of historic and current instructional materials. In the *1992 Proceedings of the International Visual Literacy Associations.* Blacksburg, VA: International Visual Literacy Associations

Rowland, G. (1992). What do instructional designers actually do?: An initial investigation of expert practices PIQ, 5(2), 65－86.

Rowland, G. (1999). *A tripartite seed: The future creating capacity of designing, learning and systems.* Cresskill, NJ: Hampton Press.

Rowland, G. (2004). Shall we dance: A design epistemology for organizational learning and performance. *Educational Technology Research and Development,* 52(1), 33－48.

Rowland, G., Lesseur, P. M., & Basnet, K. (1994). Educating instructional designers: Differnet methods for different outcomes. *Journal of Educational Technology,* 34(6), 5－11.

Rothe, J. P. (1991). Critical evaluation of educational software from a social perspectives: Uncovering some hidden assumptions. In D. Hlynkg & J. C. Belland(Eds.). *Paradigms regained: The use of illuminative, semiotic and postmodern criticism as modes of inquiry in educational technology*(pp.367－83). Engleewood Cliffs, NJ: Educational Technology Publications.

Schon, D. A. (1983). *The reflective practitioner: How professional think in action.* New York, NY: Basick Books.

Schon, D. A. (1987). *Educating the reflective practitioner: Toward a new design for teaching and learning in the professions.* San Francisco, CA: Jossey－Bass.

Sheehan, M. D., & Johnson, R. B. (2012). Philosophical and methodological beliefs of instructional design faculty and professionals. *Educational Technology Research and Development,* 60(1), 131－153.

Simon, H. A. (1969). *The science of the artificial.* London: MIT Press.

Smith, K. M., & Boling, E. (2009). What do make of design? Design as a concept in educational technology. *Educational Technology.* 49(4), 3－17.

Solomon, D. L. (2000a). Philosophical inquiry in instructional technology. *A paper presented to the Research and Theory Division of the Association for Educational Communication and Technology,* February 18, 2000, Long Beach, CA.

Solomon, D. L. (2000b). Toward a post−modern agenda in instructional technology. *The 23rd Annual proceedings of selected research and development papers* presented at the National Convention of the Association for Educational Communication and Technology, Denver, CO, Octber 25−28, 2000.

Spector, J. M., Merrill, M. D., Elen, J., & Bishop, M. J. (Eds.)(2014). *Handbook of research on educational communication and technology*(4th ed.). New York: Springer.

Streibel, M. J. (1986). A critical analysis of the use of computers in education. *Educational Communication and Technology Journal*, 34(3), 137−161.

Tracey, M. W., Hutchinson, A., & Grzebyk, T. Q. (2014). Instructional designers reflective practitioners: Developing professional identity through reflection. *Educational Technology Research and Development*, 62(3), 315−334.

Vail, P. B. (1996). Learning as a way of being: Strategies for survival in a world of permanent white water. San Francisco, CA: Jossey−Bass.

Visscher−Voerman, I,. & Gustafson, K. L. (2004). Paradigms in theory and practice of education and training design. Educational Technology Research & Development, 52(2), 69−89.

Visscher−Voerman, I., & Plomp, T. (1996). Design approaches in training and education. In T. Plomp & D.P. Ely(Eds). *International Encyclopedia of educational technology*(2nd Ed.)(pp.22−26). New York: Elsevier Science.

Willis, J. (1995). A recursive, reflective instructional design model based on constructivist− interpretivist theory. *Educational Technology*, 35(6), 5−23.

Willis, J. (2000). A general set of procedures for constructivist instructional design: The new R2D2 model. *Educational Technology*, 40(2), 5−20.

Wilson, B. (1997). The postmodern paradigm. In C. R. Dills & A. J. Romoszowski (Eds.). *Instructional development paradigms*(pp.297−309). Engleewood Cliffs, NJ: Educational Technology Publications.

Wilson, E. O. (1998). *Consilience: The unity of knowledge.* New York, New York: Alfred A. Knopf. 최재천·장대익(옮김).(2005). 통섭: 지식의 대통합. 서울: 사이언스 북스.

Yeaman, A. R. J. (1991). Sociocultural aspects of computers in education. In M. R. Simonson & C. Hargrave(Eds.) *13th annual proceedings of selected research an development presentations at the 1991 National Convention of the Association for Educational Communication and Technology* (pp.990−93). Orlando, FL.

Yeaman, R. J. (1994). Deconstructing modern educational technology. *Educational*

Technology, 34(2), 15 – 24.

Yeaman, A, R. J., Hlynka, D., Anderson, J. H., Damarin, S. K., & Muffoletto, R. (1996). Postmodern and poststructural theory. In D. H. Jonassen(Ed.). *Handbook of research for educational communications and technology*(pp.253 – 295). New York: Simon & Schuster Macmillan.

You, Y. (1993). What can we learn from chaos theory?: An alternative approach to instructional systems design. *Educational Technology Research an Development,* *41*(3), 17 – 32.

제11장

미래 교육환경과 교육공학

조은순 ▋ 목원대학교 교수

    교육공학은 수십 년 동안 교육현장에서 효율적인 교육(수업을 포함한) 방법과 교사를 위한 가장 효과적인 수업내용 전달 전략과 실천 방안이 무엇인지 끊임없이 연구하고 개발해 왔다(Molenda, 2008, Nye, 2007). 우리나라 교육공학관련 논문들을 중심으로 지난 이삼 십여 년을 분석해 볼 때 교육공학자들은 거시적인 개념의 교육 틀에서 고민해야 하는 교육공학의 연구주제들과 미시적인 개념 틀에서의 실천중심 교육공학 연구주제들 사이에서 많은 고민을 해왔다(김동식, 1996, 김현진, 2015, 임현진외, 2014, 정현미, 양용칠, 2005). 한국 교육공학의 연구동향을 분석한 최근 연구들은 교수와 학습이 이루어지는 현장 중심의 수업설계와 개발 및 평가, 매체 및 자원의 활용과 관리 중심 연구주제로 분류를 하고 있으며(임현진 외, 2014), 교육공학 30년 역사를 중심으로 이들 주제를 좀 더 깊숙이 분석해 본 문헌들에서는 특히 테크놀로지와 교육정보화를 중심으로 한 미시적 연구 주제들에 많은 관심이 있었음을 알 수 있다(김현진, 2015, 임정훈, 2015, 송해덕, 김규식, 2015).

    교육에서 교육공학의 의미와 연계성 또는 교육공학의 기여도를 언급할 때 자주 등장하는 단어들은 교육적 결과와 프로세스에 영향을 주는 효과성과 효율성이다. 효과와 효율이라는 두 단어의 의미를 입증하기 위해 그동안 교육공학은 현장중심, 실천중심의 많은 연구들을 수행했지만 과연 미래교육의 발전 방향을 교육공학적 측면에서 분석하고 예측하면서 이끌어갔는지, 아니면 이미 정책적으로 만들어 놓은 전략의 수행을 위해 실행과 방법론적인 측면을 주로 고민해 왔는지 한 번 돌아볼 필요가 있다. 미래의 교육은 변화무쌍한 환경변화에 따라 흐름과 방향이 지속적으로 움직일 것이며 나날이 새로워지는 테크놀로지 발전에 크게 좌우될 것이라고 우리는 그동안의 학습효과로 충분히 예측할 수 있다. 그런데 뉴미디어는 이미 사회전반을 통해 활용되고 그 결과로 교수 학습현장에 깊숙이 들어와 있으며 그 바탕 위에서 또 다른 교육정책이 만들어지고 있다. 교육의 미래 전략은 이러한 순환구조 속에서 수립되고 있으며 다시 그 전략을 수업현장에 교사의 실행계획으로 풀어놓는다. 과연 교육공학적 개념과 활용이 얼마나 효과적이고 효율적으로 교육전반에 접목될 수 있으며 실제 수업실천에서 기대한 결과가 나올 수 있는지 찬찬히 돌아볼 필요가 있을 것이다. 송해덕과 김규식(2015)의 교육공학과 교육정책에 대한 논문에서 주장하는 것처럼 교육공학의 개념을 좁은 의미에서 교수와 학습의 방법론적인 활용, 즉 매체적용 정책과 넓은 의미에서 인간학습문제를 중심으로 하는 학습자중심정책으로 나누어 볼 때, 이제 교육공학은 이 둘의 관계를 위계적이면서도 상호보완적으로 씨실 날실처럼 잘 조직해야 하는 중요한 시점에 놓여 있다고 할 수 있다.

국내외 연구들에서도 교수 학습과정에서 매체의 활용은(이미 언급한 학자들 외에 Bates, 2005, Selwyn, 2011) 기존의 단순하고 보조적인 활용차원에서 교수와 학습의 전체 흐름에서 교수자와 학습자의 관계성 및 학습내용 전달과 이해를 위한 주도적인 역할로 옮겨가고 있음을 알 수 있다. 교수 학습과정에서 매체의 역할에 대한 개념을 결과중심의 수업 보조적 전략에서 과정중심의 학습자 인지 프로세스 중심 전략으로 이동해야 함을 의미하는 것으로 해석할 수 있다(Richey, 2008). 시대의 흐름과 새로운 테크놀로지의 발전, 그리고 교육에 거는 끝없는 기대감과 더불어 교수와 학습의 선진화를 앞세우는 교육정책들은 새로운 교육매체에 대한 연구를 이처럼 인간 중심 교수 학습과정에서의 핵심 역할로 변모 시켜 왔다(Richey, 2008). 그래서 미래의 교육환경을 언급하고 토론할 때 최신의 교육매체 또는 신기한 뉴 테크놀로지는 필수요소가 되었다. 경험의 원추를 통해 교육공학전공자들이 학습했던 2차원적 수업매체는 이제 3차원의 AR(Augmented Reality: 증강현실)이나 3D 프린터로 대체되고 있으며 교수와 학습 현장에 말 그대로 차원이 다른 변화를 가져오게 되었다. 이미 우리에게 그 내용이 익숙한

2020 미래교육보고서에서도 교육환경의 변화는 사회를 변화시키는 여러 요소들 중에서도 특히 테크놀로지가 주도하게 될 것이며, 그 안에서 교육의 수혜자인 학생들의 학교생활 양식에 많은 변화를 가져올 수밖에 없다고 한다. 학생들은 지금처럼 매일 학교에 가서 교사의 지침에 따라 수업내용을 익히고 평가를 받아 다음 단계학습으로 진행하는 것이 아니라, 배경 지식과 정보 습득 및 축적은 집에서 하고 학교에서는 대신 인성교육과 인맥 네트워크 형성 같은 인터넷 안에서 절대 접할 수 없는 스킨십 위주의 교육양상으로 변모할 것이라고 한다(박영숙, 2010, 박영숙 외 2015).

미래의 교육은 또한 노령화 사회로 급속히 진행됨에 따라 학교의 개념을 어린 학생들의 전용이 아닌 사람의 생애주기 전반에 걸친 평생교육의 차원으로 더욱 확대해야 할 것이며 이미 고등교육기관인 대학에서 평생교육의 확대 차원에서 성인대학의 필요성을 정책으로 검토하고 있다(교육부, 2015). 교사 한 명당 관리할 학생이 몇 명으로 교육의 질을 따지는 것보다 오히려 학생 한 명에 몇 명의 교사와 튜터가 학습과 학생활동을 분야별로 지원하는지, 그리고 얼마나 글로벌화된 네트워크가 학생을 도와주고 있는지 그 기준 자체가 달라짐으로써 가르치고 배우는 개념이 현재와는 무척 다르게 변모할 것이다(Envisioning Technology, 2013). 여기에 날로 새로운 기능이 더해지는 디지털의 발달은 더욱 빠르게 세대 간의 생각과 행동을 차별화시키고 우리의 생활방식 및 사고방식에 격차를 제공하게 될 것이며, 그에 따라 나오는 결과도 이전의 수업환경에서 예측 가능했던 것과는 차원이 달라질 수 있다. 그동안 교육공학이 집단 학습과 교실 환경이라는 실천적 측면의 교수와 학습 연구과제에 집중했다면 최근에 개별 인간 학습과 인간의 두뇌와 연결된 학습과정을 심도 있게 연구해야 한다는 당위성을 주장하는 브레인 중심 인간학습 연구주제들은 이제 교육공학과 미래교육을 논하기에 충분한 시사점을 제공한다(권형규, 2014).

이 장에서는 교육공학의 역할 및 주변과의 연계성을 통해 그동안 교육공학 분야의 연구 방향 어떻게 움직여 왔으며 이를 바탕으로 미래 교육(학교) 환경과 교육공학의 접목을 어떻게 조망할 것이며 교육공학자들은 과연 어떤 준비를 해야 할지 알아보고자 한다.

Ⅰ. 교육공학의 연구영역과 미래교육

미래 교육을 언급할 때 중요한 두 키워드는 사회와 인구의 변화 추이일 것이다. 우리나라 미래 전략을 분석한 자료에 따르면 미래 교육을 대표하는 핵심 단어는 개방형 학습, 인성과 창의성, 학점이수제와 학위, 평생교육, 글로벌 교육, 그리고 뉴미디어가 포함된다(카이스트 미래전략대학원, 2014). 인구감소와 개인소득 상승, 경제성장의 정체와 취업난, 기술발전과 빠른 확산, 평균수명 연장과 평생학습요구는 앞으로 교육공학이 연구해야 하는 영역의 폭과 깊이를 충분히 가늠하게 해준다.

우리나라의 교육공학은 그동안 사회변화상과 교육환경변화를 반영하면서 지속적으로 변모해 왔는데 그에 따른 교육공학의 연구영역과 주제들도 이를 반영한다. 지난 수십 년 동안 우리나라 교육공학 분야의 논문들을 연구영역과 주제에 따라 동향별, 매체별, 정책별로 각각 상세하게 분석해 놓은 최근 논문들은 다수가 있다(김현진, 2015; 임현진 외; 2014, 송해덕·김규식, 2015). 이들 논문을 참고로 하여 <표 11-1>에서는 우리나라 교육공학연구 분야의 대표 학술지인 교육공학연구와 교육정보미디어연구를 중심으로 교육공학의 연구영역별 세부연구주제의 변화추이를 살펴봄으로써 미래교육과 교육공학의 방향성을 연결지어 보았다. 교육공학의 분류체계가 그동안 미국 교육공학회인 AECT(Associations for Educational Communications and Technology)의 분류체계에 따라서 약간씩 변해왔는데, 2008년에는 이전의 설계, 개발, 평가를 창출의 단계로 통합해서 보았고 활용과 관리의 영역으로 나누어 크게 대분류하였다. 이 장에서는 이를 바탕으로 기존의 많은 연구들이 1994년의 분류체계를 중심으로 이루어져온 것과 또한 새로운 뉴미디어의 발전 및 교육환경의 급변을 연구에 반영해온 점을 고려해, 교육공학 30년의 역사를 이미 이 책의 다른 장들에서 다루어 왔기 때문에 이 장에서는 지난 5년간의 세부연구 주제 증감을 분석함으로써 교육공학 연구 주제들의 변화추이를 살펴보기로 한다. 먼저 교육공학 연구 학술지의 설계영역에 해당하는 교수전략 및 방법, 메시지 디자인은 지난 5년 동안 정량적인 측면에서 연구논문의 수가 상승추세를 보이고 있으며 이러닝 및 네트워크를 포함하는 컴퓨터기반 통합매체, 매체활용 정책과 보급에 대한 연구도 상승추세이다. 하지만 교육정책과 제도 측면으로의 접근, 활용과 관리영역에서의 관련 연구들

| 표 11-1 | 교육공학 연구동향에 따른 연구영역 순위 변화 추이 분석 |

(△) (▽) 5년간 상승/감소추세

학술지구분	연구영역	세부영역별 정량 순위
교육공학 연구	설계 (창출1)	1. 교수전략 및 방법 (△) 2. 메시지 디자인 (△) 3. 교수체제 설계 (ISD) 4. 학습자/교수자 특성
	개발 (창출2)	1. 도구개발 2. 컴퓨터기반 통합매체 (△) 3. 컴퓨터 기저매체
	평가 (창출3)	1. 총괄평가 2. 문제분석 3. 형성평가, 측정일반
	활용	1. 매체활용 (△) 2. 정책과 규제 (▽) 3. 혁신과 보급 (△) 4. 실행과 제도. (▽)
	관리	1. 전달체제 관리 2. 프로젝트 관리 (▽) 3. 자원관리
	기타	1. 학습환경 2. 교육공학 탐색 3. 뉴미디어접근 4. 학습이론접목
교육정보 미디어 연구	설계 (창출1)	1. 교수전략 및 방법 2. 학습자/교수자 특성 (△) 3. 교수체제 설계 (ISD) 4. 메시지 디자인
	개발 (창출2)	1. 도구개발 2. 컴퓨터기반 통합매체 3. 컴퓨터 기저매체
	평가 (창출3)	1. 총괄평가 2. 문제분석 3. 형성평가, 측정일반
	활용	1. 매체활용 2. 혁신과 보급 3. 실행과 제도(▽) 4. 정책과 규제(▽)
	관리	1. 전달체제 관리 (▽) 2. 프로젝트 관리 3. 자원관리
	기타	1. 교육공학 탐색 (▽) 2. 학습환경 3. 뉴미디어접근

은 감소 추세를 보이고 있다. 교육정보 미디어 학술지에서는 학습자나 교수자를 분석 대상으로 한 연구가 지속적으로 상승 추세이며 활용과 관리 측면에 대한 연구는 전반적으로 감소 추세인 것으로 보인다. 이런 추이는 그동안 교육공학에 관한 연구영역이 미시적인 실행중심 연구에 집중되어 있으며 거시적인 차원에서 주변 학문과의 연계 및 정책과 제도 측면에서의 협업에서는 한계가 있었음을 보여준다. 향후 미래의 교육환경을 고려해 교육공학 학문의 지평을 넓히고 주변 학문과의 융합을 고민한다면 거시적인 접근은 교육공학에서 반드시 필요할 것이다.

다른 한편으로 교육공학의 특성에 맞게 새로운 매체와 테크놀로지와 관련된 논문의 증가 및 이와 관련된 정보화정책 및 관리에 관한 연구들이 증가하는 추세이기는 하지만, 많은 연구가 초·중등 교육에 치우쳐 있으며 교수전략설계와 매체활용 측면에 많은 연구결과를 보여주고 있어(김현진, 2015, 송해덕, 김규식, 2015) 주변의 관련분야와 폭넓은 연구 역시 아쉬운 상황이다. 이들 자료에서 지적하는 바와 같이 교육공학적 접근을 통해 국가의 교육정책 실현을 위한 부분, 즉 평생교육이라든가 창의인재 양성과 같은 국가의 중·장기적인 인재 양성전략 수립에 교육공학의 역할은 반드시 필요한 부분이다. 하지만 그동안 교수와 학습 과정에서 교육공학의 미시적인 매체활용에 많은 기대를 걸고 이러닝, 유러닝, 모바일러닝, 스마트러닝, 로봇러닝 등 뉴미디어의 이름을 거론하면서 수업현장 에 단기 정책적으로 접근해 왔던 많은 연구주제들은 결과와 성과에 대한 열매 맺기에 실망해 단편적인 연구에서 그치는 경우가 많았던 것으로 추정된다. 대표 적으로 최근 들어 학생과 교사 그리고 학교가 새로운 학습방법으로 학생의 수준 과 적성에 맞도록 풍부한 자료와 정보기술을 활용하는 스마트 교육의 개념을 소 개하고, 이를 지역교육청 중심으로 확산하도록 많은 노력을 기울였지만 아직까지 스마트 교육에 대한 개념 정착화도 분분한 상황이며 주로 기기를 중심으로 테크 놀로지에 의존하는 개념의 스마트 교육 그리고 학습자 위주의 학습방법에 초점 을 맞추는 스마트러닝 개념을 그때그때 편이에 따라 사용되고 있는 실정임이 지 적되고 있다(김혜숙 외, 2013; 국가정보화전략위원회, 교육과학기술부, 2011). 이런 현 상은 정책을 실현하고 그 성과를 다음의 교육정책과 연계해서 새로운 정책설계 를 해야 하는 교육행정가들에게 또는 테크놀로지를 실행하는 수업 현장 전문가 들에게 교육공학에 대한 학문 정체성을 다시 고민하게 만드는 일이기도 하다.

위에서 언급했던 미래교육의 방향 중 평생교육, 인성과 창의성, 뉴미디어만 으로 국한해 교육공학 분야와 연결지어볼 때 효과성과 효율성을 단기간에 똑같 은 잣대로 만들어 낼 수는 없을 것이다. 중기적인 정책과 장기적인 정책으로 나 누어 단계별로 접근해야 하고 인재 양성을 위한 주변학문과의 융·복합적 연구 가 반드시 필요할 것이다. 또 교육공학의 학문 밖에서 먼저 협력과 연계성을 제 안하지 않는다고 해서 교육공학 분야가 단독으로 충분한 성과를 만들어 내기에 는 지난 30년의 결과에서 보여주듯이 교육공학만으로 홀로서기에는 역부족이었 다. 교육공학이 이렇게 저렇게 걸치고 있는 주변 학문과의 교집합은 지난 30년 동안에도 많았고 앞으로는 더욱 많아질 수밖에 없다. 감소추세에 있는 교육공학 의 연구 영역들이 우리나라 미래교육의 발전 방향과 맞고 또 다른 학문영역이 교육공학의 발전을 위해서 필요하다면 이제는 그 흐름 위에 올라가야 교육공학 이 발전하고 교육공학의 연구 분야도 폭과 깊이가 넓어질 것이다.

Ⅱ. 디지털 테크놀로지와 교육공학의 미래

1. 디지털시대 학습자와 교육공학

이미 사회전반에 걸쳐 세대 간 디지털 문해의 격차는 날로 심해지고 있는데, 특히 디지털 네이티브(Digital Native)로 일컬어지는 젊은 세대와 디지털 이미그런트(Digital Immigrant)로 구별되는 기성세대들은 학교생활과 사회생활에서 서로 다른 행동과 생활양상을 보여준다. 또 그로 인해 사회 곳곳에서와 마찬가지로 학교에서도 교사와 학생 간에 소통의 문제가 종종 발생하고 이로 인해 심각한 문제가 발생하기도 한다(Prensky, 2001; Prensky, 2010). 태어날 때부터 인터넷과 친숙하여 스마트 폰으로 소통하고 학습하며 생활해 온 디지털 네이티브 세대들은 교실에서 면대면으로 배우고 가르쳐야 학습이 이루어지고 지식과 정보를 머릿속에 넣고 다녀야 한다고 생각하는 기존 세대와 생각과 행동에서 확실히 구별된다. 젊은 세대들은 동시에 여러 일을 처리하는 멀티태스킹에 유능할 뿐만 아니라 도전적이고 재미있는 일에 반응하고, 관심 있는 일에 피드백과 반응이 신속하며 자기표현도 강하다. ITU(International Telecommunication Union)의 보고서에 의하면 최근 5년 이상 적극적으로 인터넷을 사용한 사람으로 디지털 네이티브를 정의내려 측정한 우리나라의 15~24세 디지털 네이티브 비율은 20여 개 선진국 중에서 제일 높은 99.6%를 보였다(ITU, 2013). 이는 디지털화가 사회 전반의 근간이 되어 가는 중요한 시점에서 사회진출과 사회 활동 등에서 디지털 격차로 인해 예기치 않은 변화와 충돌이 예상되는 부분이기도 하다. 특히 세대 간의 디지털 격차로 인해 학교 환경에서 교사와 학생 간의 대화와 소통, 문화와 생활양식, 교육의 성과와 결과에 상당한 영향을 미칠 수 있다.

전 세계에서 기하급수적으로 확산된 스마트 기기의 활용은 사람들이 디지털시대에 뒤떨어지지 않도록 스마트러닝의 가능성을 확대하면서 기존의 이러닝, 유러닝과 통합하며 현대 사회의 똑똑한 학습방법으로 받아들여지고 있다. 시간과 공간의 자유로움을 통해 교육과 학습을 개인 서비스 개념으로 접근하고 있으며 기존 교실수업에서 이루지 못한 개인 맞춤형 개별화 수업에 초점을 맞추고 있지만, 아직까지는 학습자 개인의 흥미와 학습동기, 사전 지식을 확장할 수 있는 범위에서의 첨단 기기 활용에 국한되고 있다(Li et al, 2015, Merrill, 2013, Spector, 2014). 교육적으로 학습자에게 진정 스마트한 학습이 제공되려면 학습

| 표 11-2 | 최근 2년의 교육공학관련 해외 뉴미디어연구 방향과 내용 |

연구방향	연구내용의 방향성 제시
학습환경 변화	- 학습 환경에 적용이 가능해야 하며 효율성과 효과성 그리고 참여할 수 있는 요인이 제공되어야 함(Spector, 2014) - 학생개인과 기관의 환경에 긍정적인 변화를 가져와야 함(Salmon, 2014)
상호작용	- 학생들의 생각을 교사나 동료학생들과 실시간 상호작용할 수 있어야 함 (Lin, Liu and Kinshuk, 2015) - 기계와 사람간의 상호작용이 있어야 함(Li, Kong& Chen, 2015)
수업의 질적 향상	- 인터넷상에서 제공되는 교과서 개념의 정보와 자료를 포괄적으로 의미함 (Lin, Liu and Kinshuk, 2015) - 학생들의 요구에 적합한 내용과 활동이 제공되어야 스마트러닝이라 할 수 있음 (Hwang, 2014) - 다양한 배경의 학습자들에게 원하는 학습내용과 활동을 제공할 수 있는 시스템 예를 들어 MOOC(Massive Open Online Courses)(Pacquette Marino, Rogozan Leonard, 2015)
자기주도 학습 및 자발적 참여	- 학생들이 자기주도적인 학습이 가능해야 하며 자기평가가 포함되어야 함 (Domun & Bahadur, 2014) - 학습자의 자발적 학습활동 참여유도를 위한 학습용 게임이 가능해야 함 (Khenissi, Essalmi, Jemni & Kinshuk, 2015) - 학습 환경을 통해 학생들이 도전하고 참여하도록 새로운 수업 전략을 포함해야 함(Lin, Liu and Kinshuk, 2015)
실제생활과 접목	- 상황에 적합한 내용과 환경이 제공되어야 하며 실제생활과 접목된 전략이 제공되어야 함(Hwang, 2014) - 실생활의 장면과 연계되어야 함(Li, Kong& Chen, 2015)
학습동기유발 및 행동변화 유도	- 교실 안에 첨단기기로 학습이 가능해야 하나 학생들의 학습동기와 행동의 변화가 연계되어야 함(Li, Kong& Chen, 2015) - 학습자위주의 학습편리성과 동기유발, 적극적인 참여 Salmon(2014) - 학생들의 학습이력이 포함되어야 하며 학습동기 유발이 가능해야 함(Domun & Bahadur, 2014) - 학생들의 참여와 행동변화가 가능해야 함(Khenissi, Essalmi, Jemni & Kinshuk, 2015)
학습지원	- 학습자의 학습이력과 함께 학습로드맵이 제공되어야 함(Pacquette Marino, Rogozan Leonard, 2015) - 특정한 수업목적에 맞고 학습활동을 지원할 수 있어야 함(Spector, 2014)

자의 상황을 고려한 그 어떤 환경에서도 시청각적인 학습 자료의 습득이 가능해야 하며 공식적이나 비공식적인 학습이 상시 가능해야 한다. 또한 학습활동에 도움이 되도록 동료학습자들과 협동학습이 가능해야 하며 교수자와 소통 또는 개별 학습자에게 필요한 튜터 개념의 지원이 가능해야 한다. 교육공학분야에서 첨단 디지털 뉴미디어가 교수와 학습에 제공해야 하는 다양한 연구주제에 대해 최근 2년간 해외 연구논문들을 살펴보면 <표 11-2>와 같다. 이들 연구 중 교육공학이 몰랐던 새로운 연구 방향 제시는 없다. 결국 새로운 미디어와 교육

공학의 접목도 이전에 잘 실행되지 않았던 부분에 대한 보완의 역할로 뉴 미디어를 받아들여야 할 것이나 굳이 관심을 두어야 하는 요소를 언급하자면 매체를 통해 학습자의 행동변화를 이끌어내야 하고 학습이력으로 연계해야 하는 부분 정도일 것이다. 분석하자면 미래에는 매체를 통해 학습자들이 행동변화가 이루어지도록 지속적으로 매체에 노출되어야 하며 학습이력을 통해 목표달성이 효율적이고 효과적으로 달성되어야 한다. 그동안 교수자가 단체수업에서 쉽게 달성하지 못하는 부분을 날로 지능형으로 발전하는 매체가 맡을 수 있는 영역이 될 수 있다는 중요한 의미가 되기도 한다.

위에서 분석한 지난 교육공학 연구에서 수업전략과 방법을 포함하는 교수설계 영역 연구가 개발과 활용 및 평가 등 다른 영역에 비해 양적으로 월등히 많은 관심을 보인 것처럼, 뉴미디어 디지털기기에 대한 최근 해외 연구들에서도 상호작용과 학습동기 유발, 학습자의 참여와 같은 교수와 학습 전략 설계에 대한 관심은 당연히 중요한 이슈들이다. 다만 학습자의 개인적인 학습상황만을 개선할 것이 아니라 전반적인 학습 환경의 스마트한 변화를 기대하며, 교실수업의 한계점인 실제생활과의 접목을 통해 수업의 질이 획기적으로 향상되는 디지털기기와 교육공학의 접목을 기대하고 있다. 결국 기존 교실수업 환경에서 다루지 못한 많은 희망사항들이 디지털 스마트 테크놀로지를 통해 이루어지기를 기대하는데, 이는 사회전반에 걸쳐 깊숙이 파고드는 디지털 기반의 생활환경과 교육공학과의 관계성을 거시적인 차원에서 정책적인 접근 전략으로 보면서 동시에 교수 학습의 방법적인 미시적인 접근과 잘 병합해야 한다는 의미이기도 하다. 기존에 교육공학이 익숙하게 접근했던 미식적인 접근에 치중하면 정책적으로 큰 흐름에서 동떨어질 수 있음으로 이제는 조심해야 한다.

2. 교육공학과 뉴미디어의 접목

테크놀로지의 발전으로 교수와 학습과정에 파고 들어오는 다양한 이름의 학습유형들, 예를 들어 이러닝, 블렌드러닝, 유러닝, 모바일러닝, 스마트러닝, 플립러닝과 같은 디지털 기기를 기반으로 하는 학습을 교수 학습과정에서 전략적으로 접근할 것인가 아니면 단순한 방법적인 측면으로 접근할 것인가는 혹은 이 둘을 모두 접목해서 좀 더 다이내믹한 교수와 학습과 디지털기계의 3차원적인 접근을 할 것이지는 지속적으로 논란이 되는 연구주제이다(Hwang, 2014; Salmon, 2014). 한 예로 국가 정보화 전략위원회(2011)에서 설정한 스마트교육의 개념은 학생의 자발성을 강조하는 자기주도성과 학생 개인에게 필요한 풍부한 정보를 제공한다는 점에서 스마트러닝을 학습의 방법적 관점으로 보고 있다. 테크놀로지를 기반으로 하는 스마트러닝을 방법적 접근으로 보는 것은 새로운 접근이 전혀 아니며 이는 기존의 다양한 테크놀로지가 교수 학습의 환경에 접목되었을 때처럼 학생들의 신기효과나 일시적인 관심집중 정도로 해석할 수도 있는 부분이다.

스마트러닝, 플립러닝과 같은 뉴미디어 러닝을 학습전략으로 보는 관점에서는 Hwang(2014)이 강조하는 시청각적 실제 현장 장면으로의 연계성이나 실제와 유사한 경험의 측면을 고려해볼 필요가 있다. 기존의 교실 수업에서 학습사들이 쉽게 접하기 어려운 가상의 실제 경험이 가능하며 학습자의 적극적인 활동 참여와 현장중심 체험위주 수업이 가능하다는 점에서 단편적으로 수업에 활용하는 매체중심 수업방법을 뛰어넘어, 뉴미디어 러닝은 목표달성을 위한 수업 과정의 흐름과 절차가 새로운 전략으로 구성되어야 하며 디지털화된 기계적 활용이 학생들의 수업활동에 맞도록 설계되어야 함을 의미한다. 미래교육의 중요한 키워드 중 하나인 평생교육을 감안할 때 공식적인 교실 수업뿐만 아니라 사회나 가정 어디서나 아무 때나 학습이 발생되는 비공식적 차원에서의 학습활동으로 확대하고 연장해볼 때 전략적인 접근의 의미는 더욱 커진다. 예를 들어 스마트러닝을 수업에 적용한다면 수업전개의 범위와 깊이, 공식적 학습과 비공식적 학습의 연속성, 다양한 사회문화적 배경을 가진 학습자들의 개별화 학습전략, 그들의 학습이력 관리에서 개별 학생의 학습스타일 진단과 처방에 이르기까지 스마트러닝이 폭넓게 접점을 이루는 교수와 학습의 전 단계에 걸쳐 총체적 전략설계가 구성되어야 함을 의미하는 것이다.

물론 총체적인 전략적 접근에 대한 설계는 단편적인 단위 수업과 학습자 활동적인 측면에서 유닛개념의 미시적 접근에 대한 수많은 경험을 통해 이루어질 수 있다. 한동안 초등과 중등학교뿐 아니라 고등교육에서도 스마트러닝에 대한 관심이 증폭되었던 점을 돌아보면, 현장의 교수 학습에서 커리큘럼 구성과 설계에 잘 스며들어 있지 않은 상황에서 단위수업에서만 단편적으로 활용된 스마트러닝은 먼저 교사들에게 적극적인 호응을 얻기 어려웠으며 학습자들도 스마트러닝에 대한 기대감에 많은 실망을 보이기도 했다(조은순 외 2015). 결국 교수와 학습현장에 새로운 테크놀로지가 접목될 때 이전의 유사한 경험과 차원이 다른 교수학습 성과를 내기 위해서는 거시적인 전략과 더불어 다양한 여러 패턴의 미시적 방법론이 접목되어야 한다. 이 복잡한 과정과 흐름 속에서 여러 교수학습주제와 패턴별 구체적인 내용과 방법설계가 병렬식으로 이루어지고 그 안에서 살아 움직이는 학습자의 인지적 흐름이 바탕이 될 때 테크놀로지가 미래 교육환경에 의미 있는 전략과 방법으로 자리매김을 할 수 있을 것이다.

III. 미래 교육환경의 변화와 교육공학

1. 미래 교육환경의 교수자와 학습자

미래 교육환경에 대한 상상은 일단 테크놀로지 즉, 인터넷과 디지털이라는 단어를 제외하고는 설명이 어려울 것이다. 브라질에 본사를 두고 있는 Envisioning Technology 연구소의 미래교육 보고서(2013)에 따르면 공간개념으로 볼 때 교실의 비중은 점차 줄어들 것이며 지식과 정보를 설명하고 보여주는 개념의 스튜디오나 가상공간의 개념이 지금의 교실과 교육기관을 대신하게 될 수 있다고 한다. 교실 개념은 카페 개념의 소통과 스킨십의 장으로 변화하게 될 것이며, 지금처럼 시간을 정해놓고 일정 시간 안에 정해진 양의 수업내용을 방법의 효율성을 따져가며 주입시키는 방식은 교수자나 학습자 모두에게 기피대상이 될 수 있다고 한다. 또한 전형적으로 교실 현장의 이미지였던 수업결과물과 발표물로 도배가 되어 있던 교실 벽은 첨단 기기를 사용하는 스크린으로 변모할 것이라고 한다. 이런 환경으로 변하게 되면 기존에는 책상과 의자에 앉아 있던 학습자들은 모두 일어서서 움직이게 되며 첨단 기기 앞에서 서로 토론하고 정보를 수집·제공하며 새로운 발견을 전 세계의 디지털 친구들에게 보여주고 즉각적인 피드백을 받게 되는 모습이 미래의 교실모습이 될 것이라고 한다.

개별 학습자들 사이에서도 디지털 경험에 대한 격차는 개별 학습자의 경제환경 격차와 유사하게 벌어질 수 있다. 통신수단의 근간이 스마트폰이 되면서 스마트폰으로 연결되는 경제, 사회, 교육, 문화적 접근에 대한 이해와 활용격차는 해마다 간격이 더욱 벌어지고 있다(나라지표, 2014). 이는 학습자들이 학교를 마치고 사회로 진출할 때 그들이 선택할 수 있는 직업의 종류와 그들이 속하게 되는 사회경제적 계층의 격차로도 연계될 수 있으며 생애 전반에 영향을 미칠 수 있다. 테크놀로지를 활용하는 수업환경을 언급할 때 교육환경이 사람을 따라 가야 할 것인가, 사람이 교육환경을 따라 가야 할 것인가는 오랫동안 논란의 대상이었다(Johnson & Liber, 2008). 사람들이 생활의 편리함을 위해 새로운 기기를 발명하지만 그 기능이 점차 고도화되는 어느 시점부터는 사람들이 첨단 기기를 사용하기 위해 기계의 성능을 배우려고 노력해야 하는 상황으로 바뀌게 된다. 예를 들어 날로 발전하는 스마트폰의 새로운 기능은 이제 평범한 사람들은 사용방법을 전부 익히지도 못하거나 제대로 사용도 못한 상태에서 성능이 업그레이드된 다음 버전으로 사용패턴을 이동해야 한다. 마찬가지로 수업현장에서도 사회발전상과 보조를 맞추기 위하여 새로운 테크놀로지를 계속 도입하지만 교수사와 학습자, 또는 학부모까지 새로운 테크놀로지의 활용에 대한 충분한 이해와 효과를 보기까지 최적의 시간을 확보하지 못한 상태에서 테크놀로지의 새로운 기능으로 계속 빠르게 움직여 결국 교육현장 전반의 불신으로 이어지게 만들기도 한다. 최근 스마트 교육 관련한 연구에서는 스마트 교육을 몇 년 동안 실시한 학교의 교수자들과 새로 진입한 학교 교수자들 간에 스마트 교육 이해도와 역량에서 유의미한 차이가 없음을 보고하였다(조은순 외, 2015). 이는 스마트 러닝에 대한 하드웨어적인 준비도와 마인드웨어적인 준비도가 크게 관련이 없다는 의미이며, 교수자 스마트러닝 역량을 교육성과에 초점을 맞춘 테크놀로지 활용보다 지식역량에 해당되는 교수설계에 초점을 맞추고 있어 과연 스마트 교육에 대한 교사역량의 중점을 어디에 둘 것인지 심각히 생각해 볼 여지를 제공하고 있다.

2. 교육공학적 관점에서 보는 미래교육기관의 역할

미래 사회를 예견하는 몇몇 키워드에 포함된 뉴미디어학습 유형은 빠른 속도로 전 세대에 걸쳐 전 세계로 확대되고 있다. 학습자들은 기본적인 지식을 습득하고 공유하며 동료학습자와 토론하고 문제를 해결하는 데 이미 스마트 기기를 자유자재로 활용하고 있으며 테크놀로지의 발전이 상당 부분 이를 뒷받침하고 있다. 학습자들은 뉴미디어를 통해 장소와 시간, 연령과 상관없이 기본 지식을 자발적으로 습득하고 교수자와 동료 학습자들을 면대면으로 만나 직접 소통하고 더불어 사는 인간성을 함양한다. 이렇게 되면 공식적인 교육과정과 비공식적인 교육과정이 잘 조화를 이루는 이상적인 교육환경이 조성될 수 있을 것이지만, 한편에서는 경제적인 계층차이, 디지털 경험이 많은 디지털 네이티브와 디지털 이미그런트 간의 갈등과 부조화로 인해 교육환경에는 순기능보다 오히려 역기능을 가져올 수 있다는 우려도 있다(Premsky, 2010).

일반적으로 학교 안에서 매일의 일상을 보내는 학생과 교사들에게 첨단 기계와 시스템의 활용은 충분한 시간을 가지고 익혀야 하는 또 다른 학습주제와 내용이 된다. 특히 나이 어린 학습자들은 디지털 첨단 기계에 몰입하여 학습과 오락 사이를 넘나들고 나이가 들수록 인터넷상에서 일어나는 온갖 불법과 편법 사이를 줄타기하는 여러 역기능들에 빠질 수 있다. 이는 우리가 디지털 기계의 학습의 효율적이고 효과적인 기능을 충분히 숙지 못한 상태에서 단편적으로만 기계를 사용하고 있기 때문이다. 스마트러닝의 궁극적인 목표는 학습자를 스마트하게 만드는 것이지 단지 건물이나 교실 환경을 스마트하게 만드는 것이 절대 아닐 것이다. 건물 안에서 생활하는 다양한 성향의 학습자들이 스마트 기기처럼 신속하게 항상 언제 어느 때나 일률적이고 효율적으로 학습을 하지 못하는 것은 학습자가 각기 다른 인간이기에 지극히 당연하다. 바쁘게 사회생활을 하는 직장인들도 기계가 진화하는 속도를 쉽게 따라가지 못하는데 하물며 배우는 환경에 있는 학습자들이 빠르게 변모하는 디지털 기기를 숙지해 날렵하게 사용하는 것이 요원한 일이다. 결국 기계는 학습자의 느린 학습 속도에 맞추어야 한다. 기계가 사람을 앞설 수 없기 때문이다. 그럼에도 불구하고 변화하는 사회에 대비해야 하는 교육의 궁극적인 목적 달성을 위해서 교육환경이 사회의 요구사항인 뉴미디어에 대해서 계속 연구와 적응을 시도해야 하는 것은 분명하다. 다만 교수설계 측면에서의 연구보다 스마트 환경에서 학습자를 스마트하게 지도하기 위해 필요한 교수자들의 핵심역량은 무엇이며 어떻게 교수자들을 연구할 것인지 구체화하는 연구가 필요할 것이다. 또한 학습자들도 좀 더 스마트한 학습활동을 자발적으로 참여하도록 유도하여 이들의 역량이 향상되도록 학습자들의 태도와 행동 변화에 대한 연구가 필요할 것이다.

그러므로 초·중등학생들이 사회에 진출하기 전까지 디지털 격차를 좁히기 위한 가장 효과적이고 효율적인 방법은 학생들이 학교에 머무르는 기간 동안 수업내용과 방법에서 첨단 디지털 시설과 기기 활용을 더욱 권장해 디지털 격차를 최소화하는 전략을 실현하는 것이다. 또한 교육환경에서 가장 중요한 교수자의 역할과 지도에서도 세대 간격에서 오는 디지털 리터러시 한계를 보일 수밖에 없는데, 태어나면서부터 디지털에 익숙한 학습자들을 그들보다 뒤늦게 디지털에 익숙해진 기성세대로서 교수자들 스스로 디지털 활용능력의 한계를 느낄 수밖에 없다. 이와 같은 맥락에서 디지털 중심의 미래 교육환경에 대한 다음과 같은 키워드들이 중요 이슈가 되고 있으며 교육환경에 미칠 수 있는 영향력을 고려해 점차 중요한 연구의 대상이 되고 있다(Envisioning Technology, 2013, Mitra, 2014).

1) 시설보다 사람(학습자) 중심의 디지털화

교육기관의 건물 전체 디지털화보다 먼저 교실의 테크놀로지 시설이 수업을 진행하고 학습자들이 학습활동하기에 최적으로 디지털화되어야 한다. 학습자들은 그동안 교실수업의 한계라고 여겨졌던 다른 나라 언어의 실생활 사용의 장벽과 문화교류의 차이점을 인터넷 환경 안에서 극복할 수 있으며 지식과 정보의 양적 열등감에서도 쉽게 벗어날 수 있다. 또한 학년별, 단계별 학습내용의 단절과 구분을 벗어나 교과의 개념을 뛰어넘음으로써 학습자 개개인의 수준에 맞는 학습 범위와 내용, 활동을 결정할 수 있는 융통성이 접목될 수 있다. 또 시설과 기기는 첨단화되었지만 교수와 학습의 질이 개선되지 않으면 교육의 성과는 기대할 수 없는데, 스마트해지는 첨단 기기는 수업전략과 활동의 질적 강화를 가능하게 해준다. 앞으로 구부러지는 전자종이(Electronic paper screen)나 학생들의 시선을 추적하거나 관심내용을 추적하는 기술들과 같은 스마트해지는 기기들이 교실 안에 들어올 것이기 때문에 이에 대응하여 학습자 개개인에 맞춘 교실 디지털화와 스마트한 수업성과를 연계할 수 있는 수업전략이 교사들에게 더욱 절실해질 것이다.

2) 인공지능형 개별학습자 지도

현재 교실수업의 여러 문제 중의 가장 심각한 것은 개별 학습자들에게 자신의 학습속도와 스타일에 맞는 수업이 제공되지 않고 학습자 개인의 다양한 사회문화적 배경을 고려한 수업활동이 주어지지 않는다는 것이다(Ogan & Johnson, 2015). 하지만 실제로 수업현장에서 교수자 한 명이 많은 수의 학습자들을 다루어야 하는 현실적인 문제를 고려하면 이런 문제점의 이상적인 해결책은 찾기 어렵지만, 디지털 기기를 통해 학습자 자신의 맞춤형 수업내용을 찾고 개별학습자에게 적합한 활동과 과제가 주어지는 것은 얼마든지 가능한 일이다. 또 교실 수업내용과 활동에 연계해서 학습자 개인에게 필요한 피드백을 스마트앱이나 플랫폼 안에서 해결할 수 있도록 설계하는 상호작용은 현재도 얼마든지 가능하다. 덧붙여 인공지능형 로봇의 활용도 응용범위와 적용대상이 점차 확대되고 있다. 하지만 학습자 개개인의 학습 성과가 의도한 대로 이루어지려면 개별 학습자 학습이력과 활동성향 및 스타일을 기억하고 수준과 단계에 맞는 활동 로드맵이 추천되어야 하며 적시에 피드백을 제공할 수 있어야 한다. 이를 위한 과제부여 알고리즘, 적정 강사 배정 알고리즘, 평가 알고리즘 등과 같은 심화된 개별화 학습 기능과 활동 또한 가능할 수 있도록 연계되어야 한다(Weragama & Reye, 2014).

3) 3차원적 디지털 경험

기존의 수업내용과 활동범위 안에서 학습자들이 경험하는 학습활동은 크게 직접체험과 간접체험으로 나누어져 있다. 연령이 어린 학생들은 오감을 통해 직접 경험하는 활동중심으로 수업활동이 꾸며지고 연령이 올라갈수록 시각과 청각 위주의 간접경험으로 구성되는 것이 보편적인 현상이었다. 이는 기존의 수업 경험에 대한 분류가 학습자들이 직접 목격하거나 접촉하는 실제 경험과 이것이 불가능할 경우 눈 또는 귀로 체험하는 2차원적 구경거리의 두 가지 중 하나였다고 볼 수 있다. 하지만 테크놀로지의 변화는 가상의 3차원적 경험을 가능하게 한다. 이미 영화에서 3D와 4D 경험이 가능한 것처럼 수업에서도 안경을 쓰고 실제와 아주 유사한 경험을 할 수 있는 헤드업 디스플레이나 인터액티브 증강공간 디스플레이 플랫폼(AR: Augmented Reality – 증강현실), 몰입형 가상현실(immersive virtual reality) 등이 비근한 사례들이다(Envision Technology, 2013). Immersive education사에서 제작한 미국의 아폴로 11 프로토타입을 통해 학습자들이 직접 달에 착륙하는 경험을 수업활동으로 하는 것이 좋은 사례가 될 수 있다.

3. 미래 교육환경에서 교육공학의 역할

교육공학적 관점에서 이상적인 교육환경을 그리자면 개별 기관이 미래사회를 반영해 교수자, 학습자, 교육과정에서 각각 체계적인 목표와 비전 및 수업과

정의 모든 요소들을 효과성과 효율성 측면에서 체계적으로 만들어야 할 것이다. 현재 사회가 디지털화, 교수자 역량 극대화, 학습자 개별지도, 학교기능 확장, 평생교육 확대 같은 미래 지향적인 역할을 각 교육기관에 요구하고 있지만, 이 또한 사람들이 움직이지 않으면 아무것도 목표를 달성하기 어려울 것이다. 교육의 변화가 말처럼 쉽지 않은 이유가 바로 정책도 전략도 실행도 모두 사람이 움직여야 하기 때문이다. 미래학교 환경을 언급할 때 빠지지 않는 스마트한 학습에 대한 희망과 이와 관련된 많은 연구들 또한 교수와 학습이 기획되어 실행되고 평가되는 거시적인 차원에서의 전체 틀을 보기보다 수업현장 중심으로 교사와 학생들의 활동 측면에서 단편적이고 부분적으로 접근함으로써 무엇이 얼마큼 어디까지 스마트해지고 변화하는지 총체적인 접근이 되지 못하고 있다고 지적하는 것이다. 예를 들어 수업현장이 지능형으로 학생 개인에게 맞춤 학습이 가능해지려면 교사와 학생간의 소통과 상호작용이 먼저 지능적으로 변화되어야 하며, 학생들 상호간의 협동과 참여가 학생 스스로의 필요에 의해 발생되어야 한다. 학교의 겉모습과 공간을 디지털화해서 기계적으로 스마트하게 만들면 그 안에서 생활하는 교사와 학생들이 자동으로 스마트해질 것이라고 착각하는 것은 지나간 교육공학의 30년 역사에서 충분히 시행착오를 겪었다.

그럼에도 학습자들에게 요구되는 창의적 사고와 능동적 행동 변화는 지금처럼 미래 교육에서도 핵심 요구 사항들일 것이다. 따라서 눈에 보이는 하드웨어적 시스템의 개선과 확장에 발맞추어 교수자와 학습자들을 위한 미래대비 역량 개선 전략 또한 체계적으로 설계되고 실행되어야 한다. 디지털 네이티브인 학습자들을 잘 유도하기 위해서는 교수자가 먼저 미래 교육환경 준비 역량을 길러야 하며 학생들 또한 공식적이고 형식적인 교육과정 외에 비공식적이고 비형식적인 학습을 언제 어디서든지 가능하도록 상시 학습체제 생활양식에 대한 기본 역량을 길러야 한다. 면대면 수업현장에 모이는 다양한 학생들의 사회문화적인 배경에 대한 이해와 학습자의 각기 다른 능력과 스타일에 대한 배려, 다문화 학생과 장애 학생과 같은 학습소수자에 대한 배려도 미래 학습 환경요소에 포함되어야 한다. 학습자들의 학습동기유발을 통해 적극적인 수업참여가 가능하도록 협동학습 위주의 수업형태와 테크놀로지 중심의 멀티태스킹 학습활동, 동료 및 자기 평가에 대한 적응 등 스마트 학습 환경에서 반드시 수반되어야 하는 질적 요소들에서도 교수자와 학습자 모두 익숙해지도록 교육공학적 전략설계와 직·

간접적 실전 연습이 필요하다.

　미래 교육환경이 과거의 교육환경처럼 사회계층간 격차와 학습자 개인별 차이를 극복하지 못하고 오히려 이전의 관습 위에 테크놀로지 격차까지 더해진다면 교육에 대한 근본적인 비판은 고사하고 교육공학적인 관점에서의 비판에 더 초점이 맞추어 질 수 있다. 교육목적 달성을 위해 인간과 테크놀로지의 관계성을 끊임없이 연구하고 줄다리기를 해야 하는 교육공학 학문분야에서는, 현재와 마찬가지로 미래에도 교수자들에게 사회 변화와 교육정책의 변화 그리고 그 변화들과 디지털기계와의 관계성을 연구하고 알리는 일이 교육공학 학문의 주요 내용이 될 것이다. 바람직한 미래교육환경의 자리매김을 위해서 교육공학분야는 먼저 미래학교의 기능을 재정의하고 그 바탕 위에 교사와 학생들의 미래기본 역량에 대한 정의와 역량교육 전략을 설계해야 한다. 바깥 환경이 바람직하게 변화했다고 해서 그 안에 거주하는 사람들의 태도와 행동이 자동으로 바람직하게 변화되는 것은 절대 아니다. 교육공학이 교육이 이루어지는 건물에 들어갔다고 해서 교수자와 학습자의 마인드에 접목되었다고 판단해서는 안 된다. 교육공학의 미래는 외부환경에서 교육정책적인 접근도 해야 하고 생활환경에서 스마트한 뉴미디어 시스템의 도입도 접근해야 하며, 무엇보다 교육환경 안의 사람들이 질적으로 스마트한 수업양식에 접근해야 한다. 가까운 미래에 교육공학학문의 지평은 가로축과 세로축에서 주변 학문과 지속적으로 헤쳐모여를 하면서 지난 30년 동안 연구해온 설계, 개발, 평가를 포함하는 창출의 개념과 활용과 관리의 접점 외에 새로운 단어들을 심도 깊게 발굴해야 할 것이다. 교육공학자들이 앞으로 풀어야 할 큰 숙제다.

참고
문헌

김동식(1996). 한국교육공학 연구동향 분석. 교육공학연구, 12(1).177 – 193.

(Translated in English) Kim. D. S. (1996). Trends in the research on Korean educational technology *Journal of Educational Technology*, 12(1). 177 – 193.

교육부 (2015). 평생교육 단과대학 시안. 서울: 교육부

(Translated in English) Ministry of Education (2015). Life long Education, Continuing College Studies. Sejong: Ministry of Education.

국가정보화전략위원회, 교육과학기술부(2011). 인재대국으로 가는 길: 스마트교육 추진전략. 서울: 교육과학기술부.

(Translated in English) Precidential Council on Information Society, Ministry of Education and Science Technology (2011). *The Policy of Smart – Education.* Seoul: Ministry of Education and Science Technology.

권형규(2014). 뇌기반 교육방법 및 교육공학. 서울: 교육과학사 (Translated in English) Kwon, H. (2015). Brain – Based Instructional Method and Technology. Seoul: Kyoyookbook

김현진(2015). 교육공학에서의 테크놀로지: 의미의 탐색과 한국 교육공학의 연구동향 분석을 중심으로. 교육공학연구, 31(2).287 – 310.

(Translated in English) Kim. H. (2015). Technology in educational technology: Exploration of meaning and analysis of trends in research of educational technology in Korea. *Journal of Educational Technology*, 31(2). 287 – 310.

김혜숙 · 계보경 · 길혜지 · 전종희(2013). 스마트교육이 학교교육에 미치는 영향: 세종시 연구학교를 중심으로. 한국교육, 40(3), 27 – 48.

(Translated in English) Kim, H. S., Kye, B. K., Kil, H. J., & Jeon, J. H. (2013). The Impact of Smart – Education on School Education: a Case of a Model School in Sejong City. *The Journal of Korean Education*, 40(3), 27 – 48.

박영숙(2010). 2020 미래교육보고서. 서울: 경향미디어.

(Translated in English) Park, Y. S. (2010). 2020 *Future Education Report.* Seoul: Kyunghyangmedia.

박영숙 · 제롬글렌(2015). 유엔미래보고서 2045. 서울: 교보문고

(Translated in English) Park, Y. S., & Jerome, G. (2015). *State of the Future* 2045. Seoul: Kyobo Book Centre.

임현진 · 유예솜 · 정재삼(2014). 최근 10년간 한국 교육공학 연구 동향 비교분석: '교육공학

연구'와 '교육정보미디어연구'를 중심으로. 교육정보미디어연구, 20(2), 137−159

(Translated in English) Lim, H. J., Yoo, Y. S., & Chung, J. S. (2014). The comparison analysis of domestic research trands of educational technology in last decade. *The Journal of Educational Information and Media*. 20(1) 137−159.

송해덕·김규식(2015). 국내 교육정보화 정책 변천에 따른 교육공학 연구 동향분석. 교육 공학연구, 31(2).341−363.

(Translated in English) Song, H−D, Kim K. (2015). Analyses on research trends in the field of educational technology according to the ICT policy changes. *Journal of Educational Technology*, 31(2). 341−363.

정현미·양용칠(2005). '교육공학연구' 20년 연구 흐름 분석. 교육공학연구, 21(4). 167−194..

(Translated in English) Chung, H. M. & Yang, Y. C. (2005). 'Journal of Educational Technology' 20 years. *Journal of Educational Technology*, 21(4). 167−194.

조은순·전영주·남민우·김현진(2015). 스마트교육의 미래 비전 방향. 세종: 세종특별자치 시 교육청.

(Translated in English) Cho, E. S., Jeon, Y. J., Nam, M. W., & Kim, H. J. (2015). *Visions and Directions of Smart−Education*. Sejong: Sejong City Office of Education.

카이스트 미래전략대학원(2014). 대한민국 국가미래전략 2015. 서울; 이콘

(Translated in English) KAIST (2014). National future Strategy. Kyungi: Icon

e−나라지표(2015). 정보격차현황. 인용: 2015. 4. 23. from

http://www.index.go.kr/potal/main/ EachDtlPageDetail.do?idx_cd=1367

(Translated in English) e−National index (2015). The Status of Digital Divide. Retrieved April 23, 2015, from

http://www.index.go.kr/potal/main/EachDtlPageDetail.do?idx_cd=1367

Bates, A. (2005). Technology, e−learning and distance education. London: Routledge

Blascovich, J., & Beall, A. C. (2010). Digital Immersive Virtual Environments and Instructional Computing, *Educational Psychology Review*, 22(1), 57−69

Domun, M., & Bahadur, G. (2014). Design and development of a self−assessment tool and investgating its effectiveness for e−learning. *European Journal of open, distance, and e−learning*. 17(1). 1−7 (online)

Envisioning Technology (2013). Future of Education. Retrieved April 23, 2015 from http://www.envisioning.io/education/

Ha, I & Kim, C. (2014). The research trend and the effectiveness of smart learning.

International Journal of Distributed Sensor Networks. Volume 2014, Article ID 537346, http://dx.doi.org/10.1155/2014/537346

Hwang, G. J. (2014). Definition, framework and research issues of smart learning environments—a context—aware ubiquitous learning perspective. *Smart Learning Environment, 1*(4). 1—14 (online)

ITU (2013). Measuring the information society report 2013. Retrieved April 23, 2015, from http://www.itu.int/pub/D—IND—ICTOI—2013/en

Johnson, M., & Liber, O. (2008). The personal learning environment and the human condition: from theory to teaching practice. *Interactive Learning Environment,* 16(1), 3—15.

Khenssi, M. A., Essalmi, F., Jemni, M., & Kinshuk (2015). The state of the art in smart learning. *Smart Learning Environment. 2*(2). 1—20.(online)

Li, B., Kong, S.C., & Chen, G. (2015). Development and validation of the smart classroom inventory. *Smart Learning Environment,* 2(3). 1—18.(online)

Lin, Y., Liu, T., & Kinshuk (2015). Research on teachers' needs when using e—textbooks in teaching. Smart Learning Environment, 1(3). 1—21 (online)

Merrill, M. D. (2013). *First principles of instruction: identifying and designing effective, efficient, and engaging instruction.* Wiley: San Francisco, CA.

Mitra S. (2014). The future of education. *The huffington post.* article on Jan 17 http://www.huffingtonpost.com/sramana—mitra/the—future—of—education—1_b_ 4617335.html

Molenda, M. (2008). Historical foundations. In M. J. Spector, M. D. Merrill, J. Merrienboer, & M. P. Driscoll (Eds.), Handbook of Research on Educational Communications and Technology (Third., pp. 3—20). New York, NY: Lawrence Earlbaum Associates.

Nye, D. (2007). Technology Matters: Questions to Live With. Cambridge MA: MIT Press.

Ogan, A. & Johnson, W. L. (2015). Preface for special issue on culturally aware educational technologies. *International Artificial Intelligence in Education Society,* 25(2). 173—176.

Paquette, G., Marino, O., Rogozan, D.,& Leonard, M. (2015). Competency—based personalization for massive online learning. *Smart Learning Environment. 2*(4). 1—19.(online)

Prensky, M. (2001). Digital Natives, digital Immigrants: Part I & II. *On the Horizon,* 9(6), 1—6.

Prensky, M. (2010). *Teaching digital natives: parenting for real learning*. Corwin
 Pub. Thousand Oaks: CA

Richey, R. C. (2008). "Reflections on the 2008 AECT Definitions of the Field".
 TechTrends 52 (1): 24−25.

Salmon, G. (2014). Learning innovation: a framework for transformation. *European
 Journal of Open, distance and e−learning. 17*(2) 219−235.

Selwyn, N. (2011). Education and technology: Key issues and debates. London:
 Continuum International Publishing Group

Spector, J. M. (2014). Conceptualizing the emerging field of smart learning
 environment, *Smart Learning Environment*, 1(2). 1−10 (online)

Weragama, D. & Reye, J. (2014). Analysing student programs in the PHP intelligent
 tutoring system. *International Artificial Intelligence in Education Society*, 24(2).
 162−188.

공저자 소개

나일주_ 서울대학교 교수
양용칠_ 안동대학교 교수
김현진_ 한국교원대학교 교수
송해덕_ 중앙대학교 교수
서민원_ 인제대학교 교수
송상호_ 안동대학교 교수
이지현_ 서울대학교 교수
임철일_ 서울대학교 교수

조일현_ 이화여자대학교 교수
임정훈_ 인천대학교 교수
최성우_ 숭실대학교 교수
송영민_ 공군본부 소령
하영자_ 교육부 중앙교육연수원 교수
유영만_ 한양대학교 교수
조은순_ 목원대학교 교수

교육공학 탐구

초판발행	2016년 6월 20일
중판발행	2023년 12월 20일
편 찬	한국교육공학회
엮은이	나일주 · 조은순
펴낸이	안종만 · 안상준
편 집	전채린
기획/마케팅	이선경
표지디자인	조아라
제 작	고철민 · 조영환

펴낸곳 (주)**박영사**
서울특별시 금천구 가산디지털2로 53, 210호(가산동, 한라시그마밸리)
등록 1959. 3. 11. 제300-1959-1호(倫)

전 화	02)733-6771
f a x	02)736-4818
e-mail	pys@pybook.co.kr
homepage	www.pybook.co.kr
ISBN	979-11-303-0327-7 93370

copyright©한국교육공학회, 2016, Printed in Korea

정 가   20,000원